# Réflexions mathématiques

4e SECONDAIRE

mathématiques

436

TOME 2

André Deschênes

Guy Breton

Antoine Ledoux

avec la collaboration de

Richard Bertrand

Claire Bourdeau

Éric Breton

CEC

LES ÉDITIONS CEC INC.

8101, boul. Métropolitain Est, Anjou, Qc, Canada. H1J 1J9
Téléphone: (514) 351-6010   Télécopieur: (514) 351-3534

Directrice de l'édition
*Josée Charbonneau*

Directrice de la production
*Lucie Plante-Audy*

Chargée de projet
*Diane Karneyeff*

Recherche iconographique
*Diane Karneyeff*
*assistée de Claude Bernard*

Réviseures linguistiques
*Diane Karneyeff*
*Monique Boucher*

Conception et réalisation graphique
*Matteau Parent Graphistes inc.*

Illustrations
*Danielle Bélanger*
*François Faucher*
*Caroline Hamel*
*Roch Larochelle*
*Catherine Lepage*
*Pierre Parent*

Infographie
*Claude-Michel Prévost*
*Mélanie Chalifour*
*Éric Fortier*
*Pascal Vaillancourt*

Maquette et réalisation de la page couverture
*Matteau Parent Graphistes inc.*

Dans cet ouvrage, la féminisation des titres
de fonctions et des textes s'appuie sur les
règles d'écriture proposées par l'Office de la
langue française dans le guide *Au féminin*,
Les Publications du Québec, 1991.

Dépôt légal : 1$^{er}$ trimestre 1997
Bibliothèque nationale du Québec
Bibliothèque nationale du Canada

ISBN 2-7617-1326-5
Imprimé au Canada

3 4 5

# Remerciements

Les auteurs et l'éditeur tiennent à remercier
à titre de rédacteur :

*Benoît Côté,*
> professeur, Université du Québec à Montréal

et les personnes suivantes qui ont collaboré au
projet à titre de consultants ou consultantes :

*Jean-Marc Angers,*
> enseignant, école secondaire Donnacona

*Claude Delisle,*
> animateur pédagogique

*Diane Demers,*
> consultante en mathématique

*Denise Dion,*
> enseignante retraitée, polyvalente de
> Charlesbourg

*Annie Gélinas,*
> enseignante, collège Durocher Saint-Lambert

*Suzanne Légaré,*
> animatrice pédagogique

*Marcel Legault,*
> enseignant retraité, école secondaire Henri-
> Bourassa, CÉCM

ainsi que ceux et celles qui ont collaboré
de près ou de loin au projet.

# TABLE DES MATIÈRES

# SIGNIFICATION DES PICTOGRAMMES

L'*Investissement* est une série d'exercices ou de problèmes qui permet d'appliquer immédiatement les notions de base qui viennent d'être apprises.

 ► FORUM

Le *Forum* est un moment de discussion, de mise en commun, d'approfondissement et d'approbation de la matière nouvellement présentée.

**MATH EXPRESS**

La rubrique *Math Express* constitue la synthèse théorique des sujets traités précédemment. Elle rassemble les grandes idées mathématiques qu'il faut retenir.

La *Maîtrise* est une suite d'exercices et de problèmes visant à consolider l'apprentissage. Les couleurs des touches ont chacune une signification particulière :

- : exercices et problèmes de base ;

- : problèmes d'application et de stratégie ;

- : problèmes favorisant le développement de la pensée inductive et déductive ;

- : problèmes favorisant les liens et le réinvestissement des connaissances mathématiques ;

- : problèmes intégrant l'usage de la calculatrice.

*Capsule* D'ÉVALUATION

La *Capsule d'évaluation* permet de dépister toute faiblesse en cours d'apprentissage. On y mesure les acquis conformément aux objectifs à atteindre.

*Rencontre avec...*

Sous la forme d'une entrevue, *Rencontre avec...* invite à connaître ceux et celles qui ont contribué à développer la mathématique à travers les âges.

**MES PROJETS**

La rubrique *Mes projets* est une invitation à mettre en application les apprentissages à travers une activité créatrice.

LEXI MATH

Le *Leximath* est un lexique mathématique. Il donne la signification des mots du langage mathématique.

# Feuille de travail .......

Ce pictogramme indique que cette page se retrouve dans le guide d'enseignement et peut être reproduite.

# Réflexion 5

## LES ISOMÉTRIES ...

### Les grandes idées

▶ Notion de preuve.
▶ Figures isométriques dans le plan.
▶ Cas d'isométrie des triangles.
▶ Figures isométriques dans l'espace.
▶ Figures équivalentes.

### Objectif terminal

▶ Résoudre des problèmes en utilisant les concepts d'isométrie et d'équivalence de figures.

### Objectifs intermédiaires

▶ Se familiariser avec le raisonnement déductif et la notion de preuve.
▶ Décrire les transformations géométriques qui définissent une isométrie.
▶ Caractériser ou déterminer des figures planes isométriques ou équivalentes.
▶ Identifier précisément l'isométrie qui associe deux figures isométriques.
▶ Déterminer les propriétés des figures planes isométriques ou équivalentes.
▶ Énoncer les conditions minimales entraînant la congruence de deux triangles.
▶ Caractériser et déterminer les propriétés des solides isométriques ou équivalents.
▶ Justifier une affirmation dans la résolution d'un problème.

| |
|---|
| CONDITIONNELLE ET BICONDITIONNELLE |
| IMPLICATION ET ÉQUIVALENCE LOGIQUE |
| LES DÉFINITIONS |
| LES PROPRIÉTÉS |

La géométrie est la science des figures de l'espace constituées d'ensembles de points régis par les transformations dites géométriques. Une bonne partie de la géométrie est consacrée à l'étude des figures à une, deux ou trois dimensions et aux relations entre ces figures.

Au premier cycle du secondaire, tu as étudié les figures planes et les solides. Tu as appris à les **reconnaître,** à nommer **leurs composantes,** à les **classer,** à les **définir** et à **énoncer leurs propriétés.**

> *Depuis les Grecs, qui dit mathématique dit démonstration.*
>
> Nicolas Bourbaki

Au second cycle du secondaire, on s'attardera davantage aux **propriétés des figures** et aux **relations** qu'on peut établir entre elles. En plus de les observer, on tentera de **démontrer** ces propriétés et ces relations. Au premier cycle, la géométrie était descriptive ; elle devient maintenant de plus en plus **déductive.**

Une démonstration fait toujours intervenir des phrases qui épousent différentes formes, dont les conditionnelles et les biconditionnelles.

## CONDITIONNELLE ET BICONDITIONNELLE

**Toujours des si…**

Si Lili est sage, le père Noël lui apportera de beaux jouets.

As-tu été sage ma petite Lili ?

Oui ! Père Noël !

Voici un beau jeu de construction pour toi !

Le langage utilise plusieurs formes de phrases. L'une des plus courantes est la **conditionnelle.** Une conditionnelle est usuellement formulée comme suit :

**Si**... (condition), **alors**... (conséquence).
$$P \rightarrow Q$$

Si P est la condition et Q la conséquence, symboliquement on écrit :
$$P \rightarrow Q$$
et on lit : «Si P, alors Q.»

**a)** Quelle phrase de la situation de départ est une conditionnelle ?

On peut également formuler une conditionnelle en interchangeant la condition et la conséquence :

**Si**... (conséquence), **alors**... (condition).
$$Q \rightarrow P$$

Cette dernière phrase est appelée la **réciproque** de la première.

**b)** Énonce la réciproque de la conditionnelle formulée dans la situation de départ.

On peut également énoncer une conditionnelle et sa réciproque en une seule et même phrase appelée **biconditionnelle** que l'on formule comme suit :

**P** si et seulement si **Q**
$$P \leftrightarrow Q$$

**c)** Écris une biconditionnelle qui a trait à la situation de départ.

Une conditionnelle, sa réciproque et une biconditionnelle peuvent être vraies ou fausses.

**d)** Détermine si les phrases données sont vraies ou fausses.

1) Si un triangle est équilatéral, alors il est isocèle.

2) Si un triangle est isocèle, alors il est équilatéral.

3) Un triangle est équilatéral si et seulement s'il est isocèle.

# IMPLICATION ET ÉQUIVALENCE LOGIQUE

## Critère d'admissibilité

Dans le prospectus d'une école secondaire, on peut lire que «le cours de mathématique 436 est un préalable au cours de mathématique 536». Léon-Maurice et Françoise ne s'entendent pas sur la signification à donner à cette phrase.

Si on réussit le cours de mathématique 436, alors on est admissible au cours de mathématique 536.

On est admissible au cours de mathématique 536 si et seulement si on a réussi le cours de mathématique 436.

***a)*** Y a-t-il une différence entre ces deux interprétations?

***b)*** Si oui, qui a raison?

Souvent, la réalisation d'une condition entraîne nécessairement la réalisation de la conséquence. Une conditionnelle qui répond à cette exigence est une **implication logique.** Si une biconditionnelle possède cette propriété dans les deux sens, on a alors une **équivalence logique.**

> Une **implication logique** suppose que, la condition étant réalisée ou étant vraie, la conclusion est également réalisée ou est nécessairement vraie. On écrit alors symboliquement:
>
> $$P \Rightarrow Q$$
>
> Une **équivalence logique** est une implication logique dans les deux sens. On la note ainsi:
>
> $$P \Leftrightarrow Q$$
>
> Une équivalence logique suppose que, la première partie étant vraie, la seconde est nécessairement vraie, et vice versa.

## Investissement 1

1. Détermine si chacune des phrases suivantes est une implication logique, une équivalence logique ou ni l'une ni l'autre.

   ***a)*** Si on voit le soleil, alors il fait jour.

   ***b)*** 2 x 3 = 6 si et seulement si 3 x 2 = 6.

   ***c)*** Si Jean est un joueur de hockey, alors Jean est millionnaire.

   ***d)*** Une figure plane est un quadrilatère si et seulement si elle a quatre côtés.

   ***e)*** Il fait froid si et seulement s'il grêle.

   ***f)*** Si un triangle a un angle obtus, alors il a deux angles aigus.

2. Détermine si les réciproques des conditionnelles de l'exercice précédent sont des implications logiques.

3. Détermine si la conditionnelle donnée est une implication logique.

   ***a)*** Si un angle mesure 150°, alors il est obtus.

   ***b)*** Si un quadrilatère a un angle droit, alors c'est un rectangle.

   ***c)*** Si un polygone a trois côtés, alors il a trois angles.

   ***d)*** Si deux angles sont complémentaires, alors la somme de leurs mesures est 90°.

   ***e)*** Si deux angles sont opposés par leur sommet, alors ils sont congrus.

*La grêle survient surtout en été quand il fait chaud. La taille des grêlons peut varier de 0,5 cm à plus de 5 cm.*

**4.** Donne la réciproque de chacune des conditionnelles de l'exercice précédent et indique si elle est une implication logique.

**5.** En te référant à l'exercice 1, détermine les cas pour lesquels la conditionnelle et sa réciproque peuvent constituer une équivalence logique.

**6.** Écris en un seul énoncé l'expression suivante : A → B et B → A.

**7.** Il existe une certaine relation entre le carré et le losange.

   ***a)*** Énonce une implication logique concernant ces deux figures géométriques.

   ***b)*** Cette implication logique peut-elle être transformée en une équivalence logique ?

**8.** Complète la conditionnelle afin d'obtenir une implication logique.

   ***a)*** Si un triangle a un angle droit, alors ...

   ***b)*** Si deux droites sont parallèles, alors ...

**9.** Complète ces phrases afin d'obtenir une équivalence logique.

   ***a)*** Un angle $A$ est congru à un angle $B$ si et seulement si ▬▬▬▬.

   ***b)*** Un angle $A$ est le supplément d'un angle $B$ si et seulement si ▬▬▬▬.

**10.** Énonce la conditionnelle que suggère chaque illustration et indique s'il s'agit d'une implication logique.

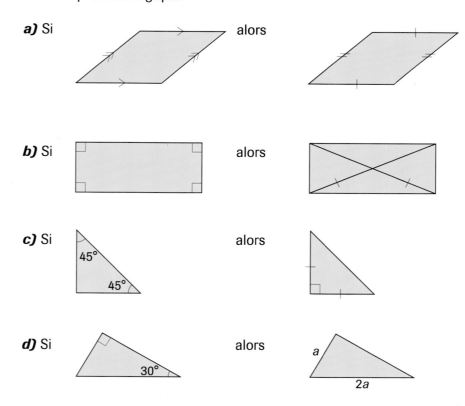

***a)*** Si        alors

***b)*** Si        alors

***c)*** Si        alors

***d)*** Si        alors

*Le travail du géomètre, comme celui du détective, s'appuie sur la logique et une stricte observation des faits.*

**11.** Vrai ou faux ?

    **a)** Dans les équivalences logiques, les conditionnelles sont nécessairement des implications logiques.

    **b)** Si une conditionnelle et sa réciproque sont des implications logiques, alors on peut former une équivalence logique à partir de ces deux phrases.

**12.** Sachant qu'une conditionnelle n'est fausse que dans le cas où la condition est vraie et la conclusion fausse, détermine la valeur de vérité des énoncés suivants.

    **a)** Si $2 = 3$, alors $3 = 4$.         **b)** Si $3^2 = 9$, alors $2^3 = 9$.

    **c)** Si $3^{-2} < 1$, alors $3^2 > 1$.     **d)** Si $a = b$, alors $a + c = b + c$.

 ► FORUM

    **a)** Dans une implication logique, si la condition est fausse, quelle valeur de vérité peut avoir la conséquence ? Justifiez votre réponse.

    **b)** Julia prétend que, dans une équivalence logique, si la première phrase est fausse, alors la seconde phrase est également fausse. A-t-elle raison ?

    **c)** En utilisant une calculatrice, déterminez la valeur de vérité des énoncés suivants :

        1) Si $\log 10 = 1$, alors $\ln 10 > 1$.         2) Si $\sin 30° = 0{,}5$, alors $\cos 30° = 0{,}5$.

## LES DÉFINITIONS

Les **définitions** sont l'un des types de phrases qu'on formule en géométrie.

**Définir,** c'est reconnaître les propriétés essentielles qu'on appelle **caractéristiques.**

### La nature des choses

On vient d'inventer une figure plane bizarre qu'on a appelée «zytour».

Ces figures sont des «zytours».         Ces figures ne sont pas des «zytours».

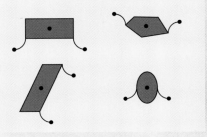 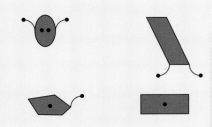

**a)** Parmi les figures ci-dessous, lesquelles sont des «zytours»?

**b)** Quelle définition peut-on donner d'un «zytour»?

Une **définition** est l'énoncé de ce qu'est un objet (concret ou abstrait) à l'aide de ses caractéristiques essentielles. Une définition est donc formée de deux parties:

1° l'**objet** à définir;

2° la ou les **caractéristiques essentielles** de cet objet.

Les définitions doivent constituer des équivalences logiques. Elles ont donc la forme d'une biconditionnelle. L'objet à définir constitue la première partie et la ou les caractéristiques essentielles forment la seconde partie de l'équivalence logique.

Voici des exemples.

Une figure est un angle si et seulement si elle est formée de deux demi-droites issues d'un même point.

Objet à définir          Caractéristiques essentielles

Une figure est un polygone si et seulement si elle est formée par une ligne brisée fermée.

Objet à définir          Caractéristiques essentielles

Ces deux équivalences logiques s'expriment plus simplement comme suit:

• Un angle est une figure formée de deux demi-droites issues d'un même point.

• Un polygone est une figure formée par une ligne brisée fermée.

**c)** Donne les caractéristiques essentielles qui permettent de définir:

1) un angle;          2) un polygone;          3) un «zytour».

Une bonne **définition** doit:

- **être une équivalence logique, ou une phrase réversible,** c'est-à-dire que l'objet défini implique les caractéristiques essentielles et que les caractéristiques essentielles impliquent l'objet défini;

- utiliser des termes **primitifs** (qu'on accepte sans définition) ou **déjà définis**;

- **être courte, claire et précise,** c'est-à-dire présenter uniquement la ou les caractéristiques essentielles, sans partie superflue ou répétitive;

- formuler la ou les caractéristiques essentielles en des **mots différents** de ceux qui sont utilisés pour désigner l'objet à définir.

# Investissement 2 ....................................

**1.** Ces paires d'angles sont des angles opposés par le sommet.

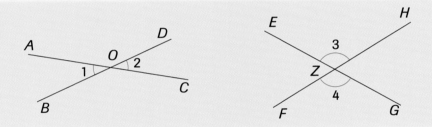

Ces paires d'angles ne sont pas des angles opposés par le sommet.

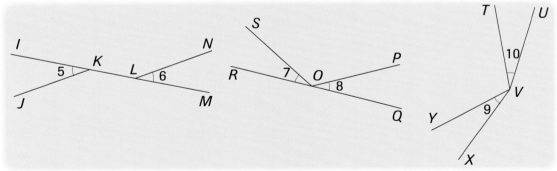

**a)** Parmi ces angles, lesquels sont des angles opposés par le sommet?

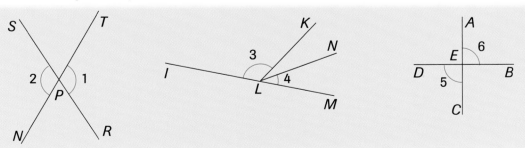

**b)** Donne une définition de deux angles opposés par le sommet.

**2.** Ces paires d'angles sont des angles adjacents.

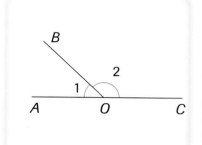 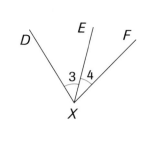 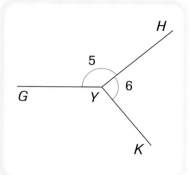

Ces paires d'angles ne sont pas des angles adjacents.

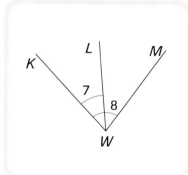 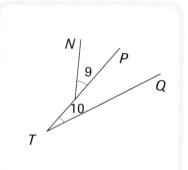

**a)** Parmi ces angles, lesquels sont des angles adjacents ?

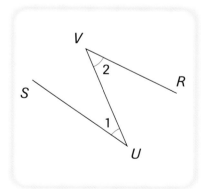 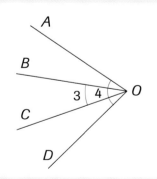 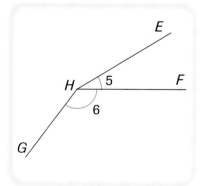

**b)** Donne une définition de deux angles adjacents.

**3.** Ces paires d'angles sont des angles supplémentaires.

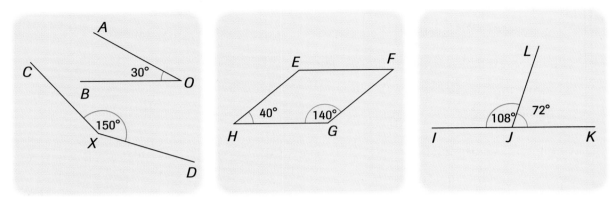

Ces paires d'angles ne sont pas des angles supplémentaires.

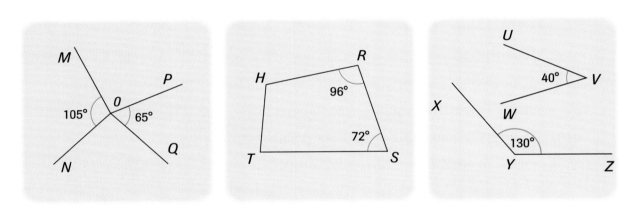

***a)*** Parmi ces angles, lesquels sont des angles supplémentaires?

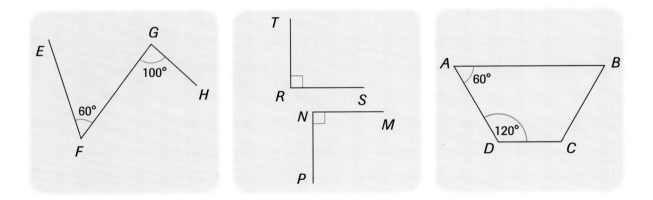

***b)*** Donne une définition de deux angles supplémentaires.

**4.** Donne une définition des termes suivants sous la forme d'une phrase qui met en évidence l'équivalence logique :

    **a)** droites parallèles ;

    **b)** droites sécantes.

**5.** Donne un exemple d'une ligne brisée qui :

    **a)** forme un polygone ;

    **b)** ne forme pas un polygone.

**6.** Reformule ces définitions en mettant en évidence la forme biconditionnelle.

    **a)** Une bissectrice est l'axe de symétrie d'un angle.

    **b)** Un quadrilatère est un polygone à quatre côtés.

    **c)** Des côtés consécutifs d'un polygone sont deux côtés issus d'un même sommet.

    **d)** Les angles opposés d'un quadrilatère sont les deux angles dont l'intersection n'est pas un côté du quadrilatère.

**7.** Pourquoi les définitions suivantes sont-elles incorrectes ?

    **a)** Un angle, c'est un angle.

    **b)** Un quadrilatère est une figure géométrique.

    **c)** Un angle aigu est un angle formant une pointe.

    **d)** Un trapèze est un quadrilatère qui a quatre angles et quatre côtés dont au moins deux sont parallèles.

**8.** Dans chaque cas, identifie le type de triangle.

**a)**

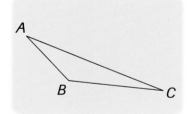

**b)**

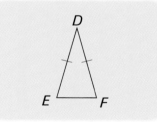

**c)**

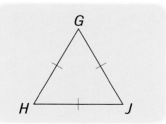

**d)**

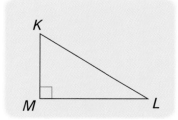

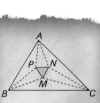

*Même si l'étude du triangle est très ancienne, on découvre encore aujourd'hui de nouvelles choses à son sujet. Vers 1930, Morley a observé que, si on appelle trisectrices les deux demi-droites qui partagent un angle en trois parties congrues, alors les trisectrices des angles d'un triangle quelconque se coupent en formant un triangle équilatéral.*

**9.** Nomme et définis les lignes remarquables dans chaque cas.

**a)**

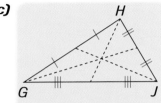

**b)**

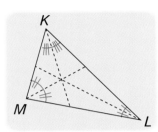

**c)**

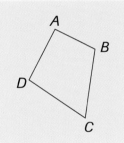

**d)**

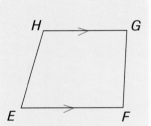

**10.** Donne le nom de chaque quadrilatère.

**a)**

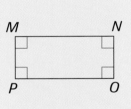

**b)**

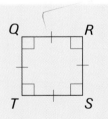

**c)**

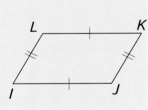

**d)**

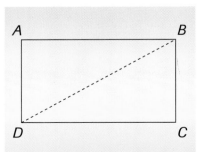

**e)**

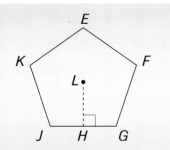

**11.** Nomme et définis la ligne remarquable dans chaque cas.

**a)**

**b)**

**c)**

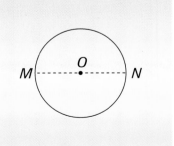

**12.** Donne une définition de polygone régulier.

► FORUM

On imagine ici des figures auxquelles on attribue un nom fictif.

**a)** Ces figures sont des «rozitards».          Ces figures ne sont pas des «rozitards».

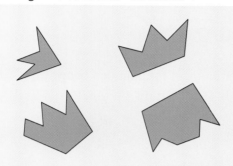          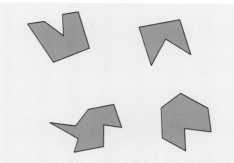

Parmi ces figures, indiquez lesquelles sont des «rozitards» et donnez une définition de ce terme.

1)           2)           3)           4)

**b)** Ces figures sont des «curinatos».          Ces figures ne sont pas des «curinatos».

          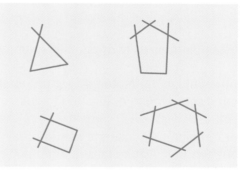

Parmi ces figures, indiquez lesquelles sont des «curinatos» et donnez une définition de ce terme.

1)           2)           3)           4)

**c)** Inventez votre propre figure et proposez à vos camarades un jeu semblable aux précédents.

## LES PROPRIÉTÉS

Pour définir un objet, on utilise sa ou ses caractéristiques essentielles. Cependant, les objets géométriques peuvent avoir d'autres propriétés que l'on ne peut qualifier d'essentielles. Ces **propriétés** s'énoncent le plus souvent sous la forme de **conditionnelles** et sont des **implications logiques**.

Voici un exemple.

«Les diagonales d'un rectangle sont congrues.» Cette propriété se traduit également comme suit :

**Si** une figure est un rectangle, **alors** ses diagonales sont congrues.

Condition                       Conséquence

Au premier cycle, tu as analysé des figures géométriques et formulé des **propriétés** qui les concernent. Qu'en reste-t-il? L'activité suivante va te permettre de répondre à cette question.

## Un retour sur le passé

Mesure tes souvenirs en te soumettant au test suivant! Chaque propriété complétée ou formulée correctement vaut un point.

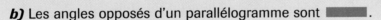

1.  Voici un parallélogramme. Complète les énoncés s'y rapportant.

    **a)** Les côtés opposés d'un parallélogramme sont ▬▬▬.

    **b)** Les angles opposés d'un parallélogramme sont ▬▬▬.

    **c)** Les angles consécutifs d'un parallélogramme sont ▬▬▬.

    **d)** Les diagonales d'un parallélogramme se coupent ▬▬▬.

2.  Par définition, un rectangle est un parallélogramme dont les angles sont droits. Donne quatre propriétés du rectangle.

3.  Par définition, un losange est un parallélogramme dont les quatre côtés sont congrus. Donne la propriété remarquable des diagonales du losange et que les diagonales du parallélogramme n'ont pas.

4.  Par définition, un carré est un parallélogramme dont les côtés et les angles sont congrus. Donne cinq propriétés du carré.

5.  Complète les énoncés suivants à propos du triangle.

    **a)** La somme des mesures des angles intérieurs d'un triangle est ▬▬▬.

    **b)** Dans tout triangle, la mesure d'un côté quelconque est inférieure à la somme des mesures des ▬▬▬.

    **c)** Dans tout triangle, la mesure d'un côté quelconque est supérieure à la différence des mesures des ▬▬▬.

    **d)** Dans tout triangle, au plus grand angle est opposé le plus ▬▬▬ côté.

6.  Énonce deux propriétés du triangle rectangle.

7. Par définition, un triangle est isocèle s'il a au moins deux côtés congrus. Complète les énoncés suivants à propos du triangle isocèle.

   ***a)*** Dans tout triangle isocèle, les angles opposés aux côtés congrus sont ▬▬▬ .

   ***b)*** L'axe de symétrie d'un triangle isocèle supporte une ▬▬▬ , une ▬▬▬ , une ▬▬▬ et une bissectrice de ce triangle.

8. Par définition, le triangle équilatéral est un triangle dont les trois côtés sont congrus. Donne deux autres propriétés du triangle équilatéral.

9. Énonce la principale propriété d'un triangle rectangle isocèle.

Ta mémoire est-elle fiable? Quel est ton score? En construisant des figures et en les observant attentivement, on peut suppléer aux défaillances de sa mémoire. La géométrie est bien plus une question de raisonnement qu'une question de mémoire. On peut même aller beaucoup plus loin.

En analysant les propriétés d'une figure, on peut se rendre compte que **certaines sont reliées** entre elles et que, souvent, une propriété peut être **déduite** d'une ou de plusieurs autres.

10. Pour obtenir trois points supplémentaires, découvre la propriété qui peut être déduite de celles qui sont données.

   ***a)*** La somme des mesures des angles intérieurs d'un triangle est 180°.
   Un triangle équilatéral est aussi équiangle.

   ***b)*** Dans tout triangle isocèle, les angles opposés aux côtés congrus sont congrus.
   Les angles aigus d'un triangle rectangle sont complémentaires.

   ***c)*** La somme des mesures des angles intérieurs d'un triangle est 180°.
   Tout angle intérieur d'un triangle est le supplément de l'angle extérieur qui lui est adjacent.

# Investissement 3

......................................................

**1.** Quel énoncé peut-on formuler en observant ces deux angles adjacents dont les côtés extérieurs sont en ligne droite?

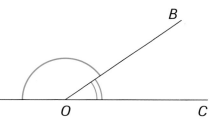

**2.** Un polygone convexe ne possède aucun angle intérieur rentrant. Parmi les polygones suivants, détermine ceux qui sont convexes.

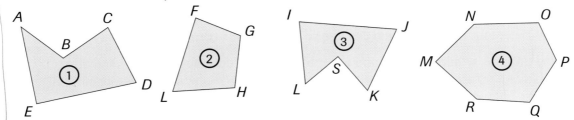

**3.** Complète ces énoncés concernant les polygones convexes.

**a)** Dans un polygone convexe, les diagonales issues d'un même sommet divisent ce polygone en autant de triangles qu'il y a de ▬▬ moins deux.

**b)** La somme des mesures des angles intérieurs d'un polygone convexe est égale à autant de fois 180° qu'il y a de ▬▬ moins ▬▬.

**c)** La somme des mesures des angles extérieurs d'un polygone convexe est égale à ▬▬.

**4.** De nombreuses observations faites sur le cercle se traduisent en énoncés. Complète les énoncés suivants.

**a)** Trois points non alignés déterminent ▬▬ et ▬▬ cercle.

**b)** Toutes les médiatrices des cordes d'un cercle se rencontrent au ▬▬ de ce cercle.

**c)** Tous les diamètres d'un cercle sont ▬▬.

**d)** Les axes de symétrie d'un cercle passent tous par ▬▬.

**e)** Dans un cercle, la mesure du rayon égale la ▬▬ de celle du diamètre.

> Il serait sage de vérifier tes dires en faisant quelques essais !

**f)** Dans un cercle, le rapport de la circonférence au diamètre est égal à la constante ▬▬.

**g)** Dans un cercle, un arc a une mesure en degrés égale à celle de l'▬▬ au centre qui l'intercepte.

**h)** Dans un cercle, le rapport des mesures de deux angles au centre est égal au rapport des mesures des deux ▬▬ interceptés par les côtés de ces angles.

**5.** Quelle autre propriété peut-on déduire dans chaque cas ?

**a)** La somme des mesures des angles intérieurs d'un quadrilatère est 360°.
Les angles d'un rectangle sont congrus.

**b)** L'aire d'un rectangle est le produit de sa base par sa hauteur.
La base et la hauteur d'un triangle sont la base et la hauteur d'un rectangle.

*Les Chinois inventèrent la brouette au Ier s. av. J.-C. Ce type traditionnel, avec une large roue centrale, peut être poussé ou tiré.*

**6.** L'étude des transformations géométriques nous a permis de découvrir plusieurs propriétés remarquables concernant les transformations. En voici quelques-unes ; complète-les.

*Maurits Cornelius Escher*, Limite carrée, *gravure sur bois, 1964.*

**a)** Toute translation transforme une droite en une droite ▨▨▨.

**b)** Toute droite de même direction qu'une translation est globalement ▨▨▨ par cette translation.

**c)** Toute droite est globalement invariante sous une rotation de 180° autour de l'un de ses ▨▨▨.

**d)** Une rotation de 180° autour d'un point extérieur à une droite transforme cette droite en une droite ▨▨▨.

**e)** ▨▨▨ d'une réflexion est une droite invariante point par point par cette réflexion.

**f)** Toute droite perpendiculaire à l'axe d'une réflexion est ▨▨▨ sous cette réflexion.

**g)** Une homothétie transforme toute droite en une droite ▨▨▨.

**h)** Une homothétie conserve les mesures des ▨▨▨.

**i)** Toute homothétie transforme les segments en segments dont les mesures sont ▨▨▨.

**7.** Parmi les transformations possibles du plan, on connaît le groupe des isométries.

**a)** Donne la définition d'une isométrie.

**b)** Nomme les principales isométries.

**8.** L'étude des solides de l'espace nous a permis de formuler certains énoncés. Complète ceux qui suivent.

**a)** Dans tout polyèdre, la somme du nombre de sommets et du nombre de faces est égale au nombre d'arêtes plus ▨▨▨.

**b)** L'aire latérale d'un prisme droit est égale au ▨▨▨ de la base multiplié par la ▨▨▨.

 ► FORUM

Donnez trois propriétés des solides dits réguliers ou solides de Platon.

*Euclide (III<sup>e</sup> s. av. J.-C.) est un célèbre géomètre de l'Antiquité. Son principal ouvrage, les Éléments de géométrie, a servi de base à l'enseignement de la géométrie jusqu'à nos jours. Euclide y traite des transformations géométriques sans toutefois utiliser ces termes. La théorie que nous connaissons aujourd'hui a été développée au siècle dernier.*

## D'AUTRES TYPES D'ÉNONCÉS

LES AXIOMES
LES CONJECTURES
LES THÉORÈMES

Outre les définitions et les propriétés, on rencontre en géométrie d'autres types d'énoncés. Ces énoncés sont classés selon leur degré de certitude.

## LES AXIOMES

### La vérité de La Palice

Le maréchal de La Palice fut un bon soldat!

Comme il s'est bien battu jusqu'à la dernière minute, ses soldats veulent lui rendre hommage.

Maréchal au cœur d'or, tu fais notre envie! Un quart d'heure avant ta mort, tu étais encore en vie! Ton courage et ta...

Voilà toute la vérité de La Palice! Mais la postérité a déformé les faits et n'a retenu que la naïveté des vers de l'hommage.

**a)** Que signifie aujourd'hui «une vérité de La Palice»?

Les **axiomes** sont des énoncés considérés comme évidents et acceptés comme vrais.

Voici quelques axiomes importants:

**Le tout est égal à la réunion des parties.**

**Toute quantité peut être remplacée par une autre qui lui est égale.**

**Le segment de droite représente le plus court chemin entre deux points.**

**Par deux points ne passe qu'une seule droite.**

**Étant donné un point et une direction, il n'y a qu'une seule droite de cette direction qui passe par ce point.**

**Étant donné deux figures isométriques, il existe au moins une isométrie qui les associe.**

**b)** Illustre par un dessin chacun des axiomes précédents.

Les axiomes s'ajoutent aux définitions et aux propriétés des objets géométriques pour former **la géométrie déductive.** On peut même considérer les propriétés les plus évidentes comme des axiomes. Cependant, plus on avance dans l'étude de la géométrie, moins les choses sont certaines. Il est possible de percevoir des propriétés ou des relations qui ne sont pas du tout évidentes et qui peuvent même se révéler fausses. De tels énoncés sont appelés des **conjectures.**

# LES CONJECTURES

### L'excommunication de Galilée

Jusqu'au XVII^e siècle, on croyait que la Terre était le centre de l'Univers, comme l'avait proposé Aristote. Toute la doctrine religieuse de l'époque traduisait ces idées.

Mais voilà que Copernic et Kepler remettent en cause cette conception de l'Univers. Galileo Galilei, dit Galilée, inventeur de la première lunette, observe le ciel.

En 1630, Galilée affirme :

En 1633, le tribunal de l'Inquisition créé par l'Église catholique prononce l'excommunication de Galilée.

En 1980, le pape Jean-Paul II déclare…

Mes observations du ciel confirment la conjecture de Copernic : Si la Terre est une planète, alors elle tourne autour du Soleil.

Galileo Galilei, vous êtes excommunié pour avoir tenté de prouver que la Terre tourne autour du Soleil.

L'Église reconnaît la justesse des idées de Galilée et le réhabilite membre du peuple de Dieu.

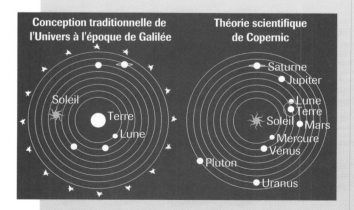

Conception traditionnelle de l'Univers à l'époque de Galilée

Théorie scientifique de Copernic

*a)* Copernic est l'initiateur de la conception moderne de l'Univers. Quelle est cette conception ?

*b)* Vers la fin de sa vie, Galilée affirma : «Toute science doit être conçue sur le modèle mathématique, elle doit reposer sur des axiomes et les énoncés doivent être déduits des axiomes par des raisonnements déductifs.» Que signifie cette affirmation ?

En mathématique, et particulièrement en géométrie, les énoncés qui ne sont pas immédiatement évidents doivent être **démontrés.** Mais pour ne pas restreindre l'imagination et la passion de la découverte, on s'est donné le droit d'émettre des conjectures, qui peuvent être vraies ou fausses. Cependant, pour n'induire personne en erreur, on se donne l'obligation de démontrer leur véracité ou leur fausseté.

*On peut souvent émettre plusieurs conjectures fausses avant d'en trouver une vraie!*

Pour être vraie, une conjecture doit s'appliquer à tous les cas. Par contre, pour montrer qu'une conjecture est fausse, il suffit de trouver un cas qui la contredit. Ce cas est appelé un **contre-exemple.**

Les conjectures ont très souvent la forme d'une conditionnelle dans laquelle la ou les conditions prennent le nom d'**hypothèses** et la conséquence, de **conclusion.**

Si ___**HYPOTHÈSES**___ , alors ___**CONCLUSION**___ .

Il est important d'apprendre à distinguer les hypothèses et la conclusion dans les conjectures. Généralement, les hypothèses sont amenées au début, et la conclusion termine l'énoncé de la conjecture.

*c)* Voici une conjecture : «Dans tout triangle rectangle, les angles aigus sont complémentaires.»

1) Quelle est la conclusion dans cette conjecture ?

2) Quelles sont les deux hypothèses que suppose cette conjecture ?

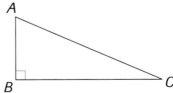

C'est une bonne stratégie de repérer d'abord la conclusion ; le reste de l'énoncé concerne alors les hypothèses nécessaires pour que la conclusion s'applique.

On illustre généralement la figure dont il est question dans la conjecture et l'on exprime le plus possible les hypothèses et la conclusion à l'aide de symboles géométriques.

*d)* Exprime en symboles géométriques les hypothèses et la conclusion de cette dernière conjecture.

# LES THÉORÈMES

Les théorèmes sont les conjectures dont on s'oblige à démontrer la véracité.

## Des conjectures à prouver

Un groupe d'amis se sont amusés à proposer différentes conjectures à partir de différentes illustrations. Voici ce qu'ils ont formulé à propos de l'illustration ci-contre.

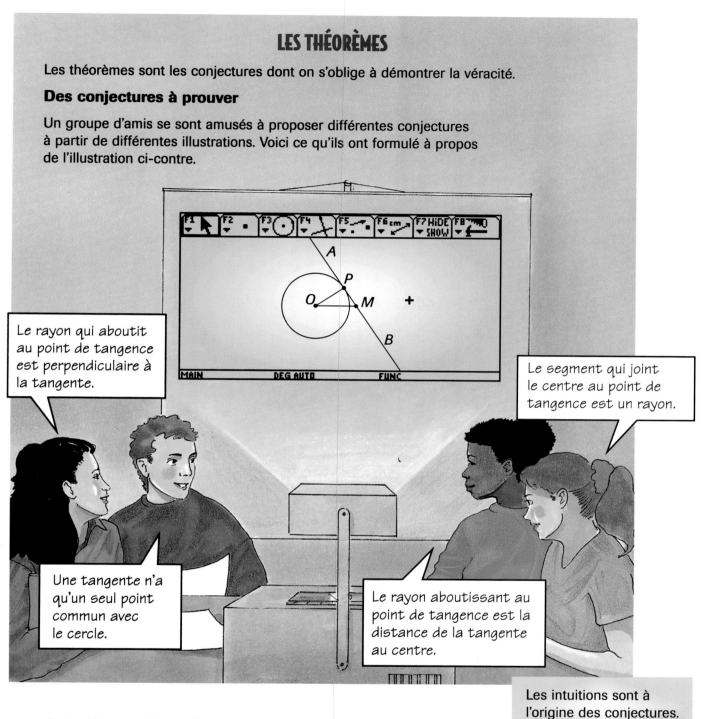

Le rayon qui aboutit au point de tangence est perpendiculaire à la tangente.

Le segment qui joint le centre au point de tangence est un rayon.

Une tangente n'a qu'un seul point commun avec le cercle.

Le rayon aboutissant au point de tangence est la distance de la tangente au centre.

Les intuitions sont à l'origine des conjectures.

*a)* Intuitivement, lesquelles de ces conjectures sont vraies?

*b)* Formule une autre conjecture à propos de cette illustration.

On ne construit pas la mathématique ou la géométrie sur des intuitions. On exige que les conjectures aient réussi le test de la démonstration.

**Toute conjecture démontrée s'appelle un théorème.**

On démontre en établissant une **preuve.** Une preuve peut prendre des formes diverses. La plupart des preuves présentent la conjecture suivie de ses **hypothèses** et de la **conclusion.** Une figure assure le support visuel de la situation. La preuve proprement dite est constituée d'**affirmations** et de **justifications** disposées sur deux colonnes.

**Énoncé ou conjecture :** _____

**Hypothèses :** _____

_____

**Conclusion :** _____

Figure

| AFFIRMATIONS | JUSTIFICATIONS |
|---|---|
| 1° _____ | 1° _____ |
| 2° _____ | 2° _____ |
| 3° _____ | 3° _____ |
| ... _____ | ... _____ |

Cette disposition a le mérite de présenter l'argumentation de façon claire et ordonnée.

Le but de la preuve est de montrer qu'étant donné les hypothèses, on a nécessairement la conclusion. Et pour le montrer, on doit faire des affirmations que l'on justifie immédiatement afin de ne pas laisser le doute s'introduire.

Les justifications sont généralement une **définition**, une **propriété** géométrique ou algébrique, un **axiome** ou un **théorème** déjà démontré. On peut illustrer le processus de la preuve comme suit :

*C'est à Euclide (IIIᵉ s. av. J.-C.) qu'on attribue le mérite d'avoir basé l'étude de la géométrie sur la notion de preuve.*

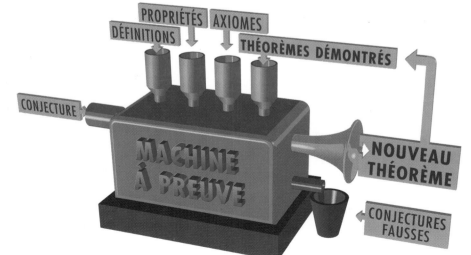

La conjecture fausse est rejetée et la conjecture vraie devient un théorème.

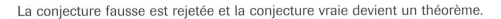

# Feuille de travail 7 ............

## Investissement 4

**1.** « Des angles adjacents dont les côtés extérieurs sont en ligne droite sont supplémentaires. »
Complète les hypothèses et la conclusion de cette conjecture.

**a) Hypothèses :** 1) $\angle ABC$ et $\angle CBD$ sont adjacents ▯.

2) Les demi-droites $BA$ et $BD$ sont en ligne droite ▯.

**b) Conclusion :** m $\angle ABC +$ m $\angle CBD =$ 180° ▯.

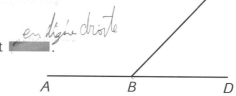
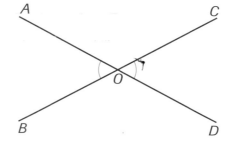

**2.** Repère les hypothèses et la conclusion dans les conjectures ci-dessous et traduis-les en symboles géométriques.

**a)** Les angles opposés par le sommet sont congrus.
(Cet énoncé est équivalent à : « Si des angles sont opposés par le sommet, alors ils sont congrus. »)

**Hypothèses :** <u>$\angle AOB = \angle COD$ sont opposés par le sommet</u>

**Conclusion :** <u>$\angle AOB$ et $COD$ sont congrus</u>

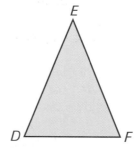

**b)** Si un triangle est isocèle, alors les angles opposés aux côtés congrus sont congrus.

**Hypothèses :** <u>$\triangle DEF$ est isocèle $\overline{DE} = \overline{EF}$</u>

**Conclusion :** <u>$\angle D = \angle F$</u>

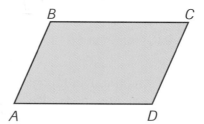

**c)** Si un quadrilatère est un parallélogramme, alors ses côtés opposés sont congrus.

**Hypothèses :** <u>$\angle B = \angle D \quad \angle A = \angle C$ Parallélogramme</u>

**Conclusion :** <u>$\overline{BC} = \overline{AD} \quad \overline{AB} = \overline{CD}$</u>

# Feuille de travail 8 ...............

**d)** Les angles opposés d'un parallélogramme sont congrus.

**Hypothèses :** _C'est un parallélogramme_

**Conclusion :** $\angle B = \angle D.$   $\angle A = \angle C$

**e)** Les diagonales d'un parallélogramme se coupent en leur milieu.

**Hypothèses :** _Parallélogramme déjoint_
_E est à l'intersection de $\overline{AC}$ et $\overline{BD}$_

**Conclusion :** $\overline{AE} = \overline{EC}$   $\overline{BE} = \overline{E.D}$

**f)** La somme des mesures des angles intérieurs d'un triangle est 180°.

**Hypothèses :** _ABC est un triangle_
_scalène_

**Conclusion :** $\angle A + \angle B + \angle C = 180°$

**g)** Les diagonales d'un losange sont perpendiculaires.

**Hypothèses :** _Quadrilatère ABCD est un losange_

**Conclusion :** $\overline{AC}$ est $\perp$ à $\overline{BD}$

**h)** L'axe de symétrie d'un triangle isocèle supporte une médiane, une médiatrice, une bissectrice et une hauteur de ce triangle.

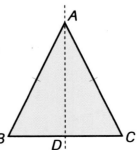

**Hypothèses :** _ABC est un triangle isocèle_

**Conclusion :** $\overline{BD} = \overline{DC}$   $\overline{DA} \perp \overline{BC}$
$\angle BAD = \angle DAC$

**3.** On a tenté diverses expériences avec le logiciel Cabri-Géomètre. Dans chaque cas, émets une conjecture.

**a)** On a tracé un triangle et les bissectrices des trois angles. Ensuite, on a déplacé le sommet *C* de façon aléatoire. Voici trois des images obtenues.

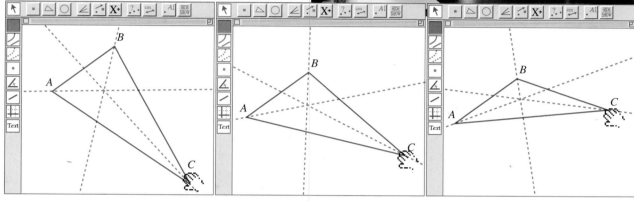

**b)** On a tracé un triangle et ses trois médiatrices. Ensuite, on a déplacé le sommet *C* de façon aléatoire. Voici trois des images obtenues.

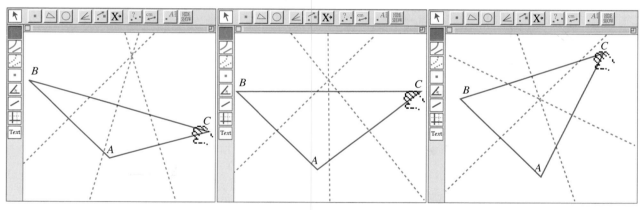

**c)** On a tracé un triangle et ses trois hauteurs. Ensuite, on a déplacé le sommet *C* de façon aléatoire. Voici trois des images obtenues.

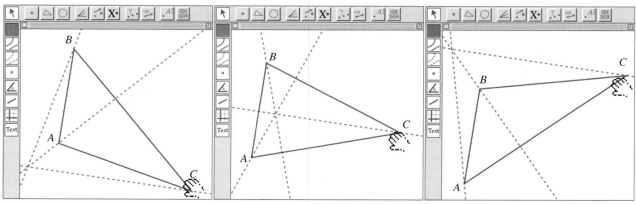

**4.** Dans un triangle *ABC*, on a tracé les bissectrices des angles *B* et *C* qui se rencontrent en *G* et coupent les côtés du triangle aux points *D* et *E*. Au sujet de cette figure, énonce :

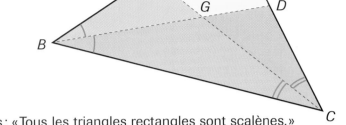

    **a)** une conjecture qui a des chances d'être vraie ;

    **b)** une conjecture qui a des chances d'être fausse.

**5.** Voici une conjecture au sujet des triangles : «Tous les triangles rectangles sont scalènes.» Démontre que cette conjecture est fausse à l'aide d'un contre-exemple.

**6.** On a observé sur une galette en terre cuite l'illustration de deux droites perpendiculaires à une même droite. Quelle conjecture te suggère cette construction ?

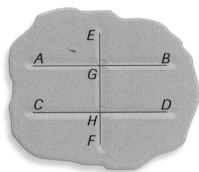

*Pierre de Fermat, un mathématicien du XVII<sup>e</sup> siècle, a émis une conjecture qui est demeurée 300 ans sans être prouvée. C'est en 1995 seulement qu'une démonstration en a été donnée. Elle comptait plus de 100 pages !*

**7.** Indique si la conjecture proposée te semble vraie ou fausse.

    **a)** Dans un cercle, tout triangle dont l'un des côtés est un diamètre du cercle est un triangle rectangle.

    **b)** Dans un cercle, tout triangle inscrit dont l'un des côtés est un diamètre du cercle est un triangle rectangle.

**8.** On trace un diamètre perpendiculaire à une corde dans un cercle.

    **a)** Formule une conjecture qui, selon ton intuition, devrait être vraie.

    **b)** Formule une autre conjecture que tu sais fausse et pour laquelle tu peux fournir un contre-exemple.

**9.** Sur papier ou à l'aide d'un logiciel approprié, réalise quelques constructions et vérifie si la conjecture de Mathias est sensée.

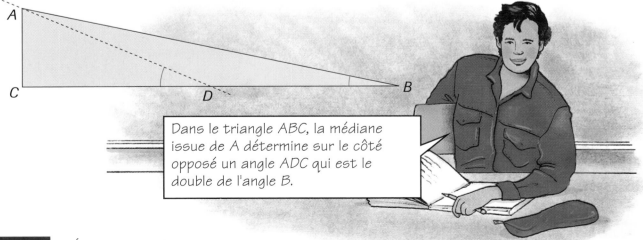

Dans le triangle ABC, la médiane issue de A détermine sur le côté opposé un angle ADC qui est le double de l'angle B.

**10.** Sur papier ou à l'aide d'un logiciel approprié, réalise quelques constructions et vérifie si la conjecture de Nadia est sensée.

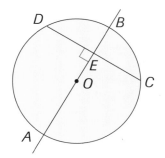

Tout diamètre sécant à une corde la coupe perpendiculairement en son milieu.

**11.** On énonce la conjecture suivante : « Si on double la hauteur d'un triangle isocèle, on double aussi la mesure de ses angles congrus. »

   **a)** Détermine la ou les hypothèses et la conclusion.

   **b)** Vérifie, à l'aide de quelques cas, si cette conjecture semble vraie ou fausse.

**12.** On énonce la conjecture suivante : « Si la hauteur d'un triangle rectangle mesure le double de sa base, l'un des angles aigus mesure le double de l'autre. »

   **a)** Détermine la ou les hypothèses et la conclusion.

   **b)** À l'aide de quelques cas, vérifie si cette conjecture semble vraie ou fausse.

**13.** Vérifie, en faisant différents essais, si les conjectures suivantes sont vraies ou fausses.

   **a)** Tous les angles ayant leur sommet sur un cercle et des côtés qui passent par les extrémités d'une même corde de ce cercle sont congrus.

   **b)** Si deux cordes se coupent dans un cercle, le produit des mesures des deux segments de l'une égale toujours le produit des mesures des deux segments de l'autre.

   **c)** Dans un triangle, la plus grande des trois hauteurs est toujours celle qui est relative au plus petit côté.

 ► FORUM

   **a)** Le mathématicien grec Pappus (≈ 300) a émis une conjecture concernant deux droites parallèles contenant respectivement les points *A*, *B*, *C*, et *A'*, *B'*, *C'*. Son observation portait sur les trois points d'intersection $\overline{AB'} \cap \overline{BA'}$, $\overline{AC'} \cap \overline{CA'}$ et $\overline{BC'} \cap \overline{CB'}$. Quelle est cette conjecture ?

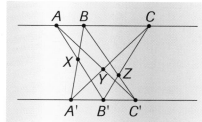

   **b)** Justin émet la conjecture suivante : « La somme de la suite infinie des fractions $(\frac{1}{2} + \frac{1}{4} + \frac{1}{8} + \frac{1}{16} + \ldots)$ est 1. » Utilisez un carré-unité pour le démontrer. Décrivez une stratégie qui appuie votre réponse.

## À PROPOS DES ANGLES

### L'angle, une figure complexe

> Un angle est la figure géométrique plane formée de **deux demi-droites ayant la même origine.**

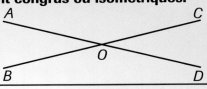

**a)** Selon cette définition, les côtés des angles ont-ils une longueur?

**b)** Comment peut-on concilier cette définition et le fait que, dans un polygone, les côtés des angles ont des longueurs? Explique cette apparente contradiction.

**c)** On classe les angles selon leurs mesures. Donne cette classification.

Deux droites sécantes forment 4 angles.

**d)** Nomme les angles formés par les droites sécantes ci-dessous.

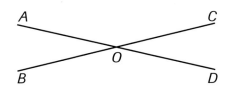

**e)** Quels sont les deux qualificatifs que l'on peut attribuer aux angles *AOB* et *COD*?

**f)** Y a-t-il une autre paire d'angles à laquelle on puisse attribuer ces deux mêmes qualificatifs?

**g)** On peut démontrer cette conjecture. Complète la preuve suivante, qui en fait un théorème.

---

### THÉORÈME 1

**Énoncé: Les angles opposés par le sommet sont congrus ou isométriques.**

**Hypothèse:** Les angles *AOB* et *COD* sont ▧.

**Conclusion:** $\angle AOB \cong \angle COD$.

| AFFIRMATIONS | JUSTIFICATIONS |
|---|---|
| 1° Soit la rotation *r* de 180° autour de *O*. | 1° Une rotation est complètement définie par son centre, son sens et sa ▧. |
| 2° Par *r*, on a: $r(O) = O$;<br>$r(OA) = OD$;<br>$r(OB) = OC$. | 2° Le centre d'une rotation est un point ▧.<br>Toute droite passant par le centre d'une rotation de 180° est globalement ▧. |
| 3° Par conséquent, $r(\angle AOB) = \angle COD$. | 3° D'après la correspondance établie en 2°. |
| 4° Donc $\angle AOB \cong \angle COD$. | 4° Puisque les rotations conservent les mesures des ▧. |

On peut également faire des observations intéressantes à propos des **angles formés par trois droites.**

*h)* Illustre par un dessin la figure formée de trois droites sécantes :

> 1) en un seul point ;

> 2) en deux points ;

> 3) en trois points.

Si l'on observe les angles formés par une droite sécante à deux autres, on peut définir des :

- **angles correspondants :** deux angles n'ayant pas le même sommet, situés du même côté de la sécante, l'un à l'intérieur, l'autre à l'extérieur des deux autres droites ;

- **angles alternes-internes :** deux angles n'ayant pas le même sommet, situés de part et d'autre de la sécante et à l'intérieur des deux autres droites ;

- **angles alternes-externes :** deux angles n'ayant pas le même sommet, situés de part et d'autre de la sécante et à l'extérieur des deux autres droites.

*i)* En te basant sur ces définitions, nomme, sur la figure ci-contre :

1) 4 paires d'angles correspondants ;

2) 2 paires d'angles alternes-internes ;

3) 2 paires d'angles alternes-externes.

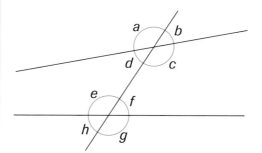

*j)* Quelle propriété particulière trois droites doivent-elles avoir pour n'être sécantes qu'en deux points seulement ?

Ce dernier cas nous intéresse particulièrement.

*k)* Les angles correspondants, alternes-internes ou alternes-externes présentent une propriété importante lorsqu'ils sont formés par deux droites parallèles et une sécante. Quelle est cette propriété ?

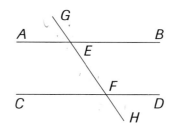

**I)** Nous allons démontrer cette conjecture. Complète les éléments manquants dans la preuve qui suit.

**Énoncé :** **Les angles correspondants, alternes-internes et alternes-externes formés par des parallèles et une sécante sont respectivement congrus ou isométriques.**

**Hypothèses :** *AB* II *CD* et *GH* est sécante.
Les angles *AEG* et *CFE* sont correspondants.
Les angles *BEF* et *CFE* sont .
Les angles *AEG* et *DFH* sont ▮.

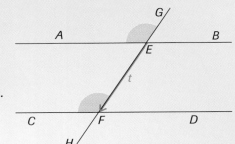

**Conclusions :** ∠ *AEG* ≅ ∠ *CFE*;
∠ *BEF* ≅ ∠ *CFE*;
∠ *AEG* ≅ ∠ *DFH*.

| AFFIRMATIONS | JUSTIFICATIONS |
|---|---|
| 1° Soit la translation *t* qui associe le point *E* au point *F*. | 1° Une translation est complètement définie par un point et son ▮. |
| 2° Par *t*, on a : *t*(*E*) = *F*; | 2° Par définition de *t*. |
| *t*(*AE*) = *CF*; | Car *CF* est la seule droite parallèle à *AB* passant par *F*. |
| *t*(*GE*) = *GE* ou *FE*. | Car toute droite de même direction que la translation est globalement invariante. |
| 3° On est donc assuré que : *t*(∠ *AEG*) = ∠ *CFE*. | 3° D'après la correspondance établie en 2°. |
| 4° Donc ∠ *AEG* ≅ ∠ *CFE*. | 4° Car les translations conservent les ▮ des ▮. |
| 5° On constate également que : ∠ *AEG* ≅ ∠ *BEF*. | 5° Les angles opposés par le ▮ sont congrus. |
| 6° Donc ∠ *BEF* ≅ ∠ *CFE*. | 6° Deux angles congrus à un même troisième sont congrus entre eux (transitivité). |
| 7° De plus, ∠ *CFE* ≅ ∠ *DFH*. | 7° Les angles opposés par le sommet sont ▮. |
| 8° Donc ∠ *AEG* ≅ ∠ *DFH*. | 8° Par transitivité. |

On appelle **inclinaison** d'une droite la mesure de l'angle formé par cette droite et une droite horizontale. L'angle d'inclinaison est mesuré à partir de l'horizontale dans le sens positif.

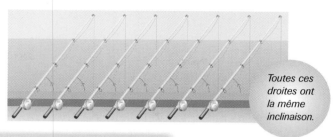

*Toutes ces droites ont la même inclinaison.*

Toutes les droites qui ont la même inclinaison appartiennent à la même **direction** et sont **parallèles.**

*m)* Dans un même plan :

1) Combien de directions différentes peut-on imaginer ?

2) Combien de droites peuvent appartenir à une même direction donnée ?

3) Combien de droites de même direction peuvent passer par un point donné ?

4) Les angles d'inclinaison de deux droites peuvent-ils être qualifiés d'angles correspondants ? Justifie ta réponse.

*n)* Analyse et complète la preuve suivante.

## THÉORÈME 3

**Énoncé :** **Si deux angles correspondants, alternes-internes ou alternes-externes sont congrus, alors ils sont formés par des droites parallèles.**

**Hypothèses :** Les angles *AEG* et *CFE* sont correspondants.

Les angles *AEG* et *CFE* sont congrus.

**Conclusion :** *AB // CD.*

| AFFIRMATIONS | JUSTIFICATIONS |
|---|---|
| 1° Soit la rotation *r* de centre *F*, dans le sens négatif, et ayant comme mesure l'inclinaison de la sécante. | 1° Une rotation est complètement définie par son ▬▬▬▬, son sens et sa grandeur. |
| 2° Par cette rotation, *r(GH)* est horizontale et *r(AB)* et *r(CD)* ont la même inclinaison. | 2° Car les rotations conservent les mesures des ▬▬▬▬ et ces deux angles sont congrus par hypothèse. |
| 3° Les deux droites images sont parallèles. | 3° Puisqu'elles ont la même inclinaison. |
| 4° Les deux droites initiales *AB* et *CD* sont parallèles. | 4° Puisque les rotations conservent le parallélisme dans les figures. |

**1.** On trace l'une des diagonales d'un parallélogramme.

    **a)** Nomme deux paires d'angles alternes-internes ainsi formés.

    **b)** Les angles 1 et 3 sont-ils alternes-internes? Justifie ta réponse.

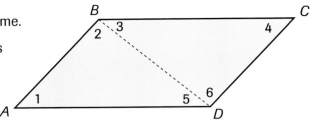

**2.** Sachant que *AB // CD* et que *FG ⊥ AB*, détermine la mesure de chacun des angles 1 à 8. Justifie chacune de tes réponses.

**3.** En te référant à la même figure, explique pourquoi les angles 5 et 6 ne sont pas des angles alternes-internes.

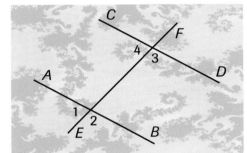

**4.** Dans la figure ci-contre, *AB // CD* et m ∠ 1 = 75°. Trouve les mesures demandées en justifiant chaque réponse:

    **a)** m ∠ 4;

    **b)** m ∠ 2;

    **c)** m ∠ 3.

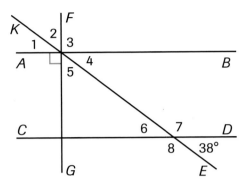

**5.** Lorsqu'un rayon lumineux frappe une vitre épaisse, il est dévié de sa course lors de son passage à travers la vitre, mais il ressort dans la même direction. Quel nom peut-on donner à chacune des paires d'angles suivants?

    **a)** ∠ 3 et ∠ 4

    **b)** ∠ 1 et ∠ 5

    **c)** ∠ 2 et ∠ 6

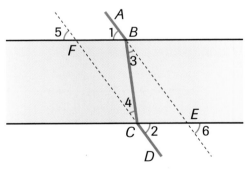

**6.** D'après les données fournies sur la figure ci-dessous, que vaut m ∠ a + m ∠ b?

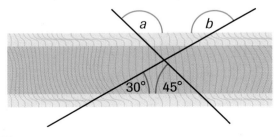

*Une boîte à onglets est formée de deux barres de bois à encoches pour guider la scie. On place entre ces barres la planche que l'on veut scier.*

**7.** Sur une photo, des arpenteurs ont construit le triangle isocèle *ABC*. Les côtés congrus mesurent 6,5 cm chacun. L'angle *BAC* mesure 72°. Le point *D* est situé sur le côté *AC,* à 1,3 cm de *A*. Ils ont aussi tracé *DE // AB*.

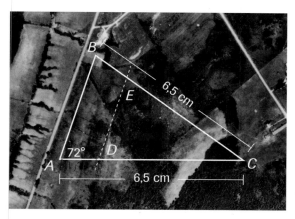

**a)** Quelle est la mesure de chacun des angles du triangle *CDE?* Justifie chaque réponse.

**b)** Quelle est la longueur du côté *CE?* Justifie ta réponse.

**8.** On trace un segment *AB* à l'aide d'une équerre. Ensuite, on glisse l'équerre suivant une ligne droite *BD* et l'on trace le segment *CD*. Qu'est-ce qui nous assure que les segments *AB* et *CD* sont parallèles?

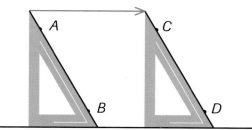

**9.** Dans la figure ci-contre, le pont *AB* sur la route *IH* est perpendiculaire à la rive *FG* de la rivière. Du point *A*, une chaloupe à moteur se dirige en ligne droite vers le quai situé au point *C*. Les rives sont parallèles. La ligne du trajet *JK* forme avec la rive un angle de 32°. Quelle est la mesure de l'angle que forme le pont avec la ligne du trajet de la chaloupe (∠ *JAI*) ? Justifie les étapes de ta démarche.

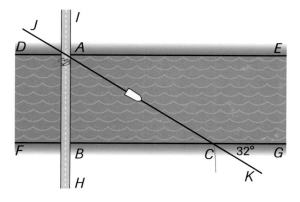

**10.** Assumant que la Terre est ronde et que les rayons du soleil sont parallèles, Ératosthène, qui vivait en Grèce au IIIe s. av. J.-C., a calculé le périmètre de la Terre. Il avait observé qu'un certain jour de l'année, à midi, les rayons du soleil éclairaient tout le fond d'un puits situé à Syène et qu'au même moment, les rayons formaient un angle de 7,5° par rapport à un puits situé à Alexandrie. Explique comment, en mesurant la distance entre Alexandrie et Syène, Ératosthène a pu évaluer le périmètre de la Terre.

*Je ne me suis trompé que de 250 km !*

**11.** Les droites *AB* et *CD* sont parallèles. De même, *GE* et *HF* sont parallèles. Démontre que ∠ 1 est congru à ∠ 4 en complétant la preuve suivante.

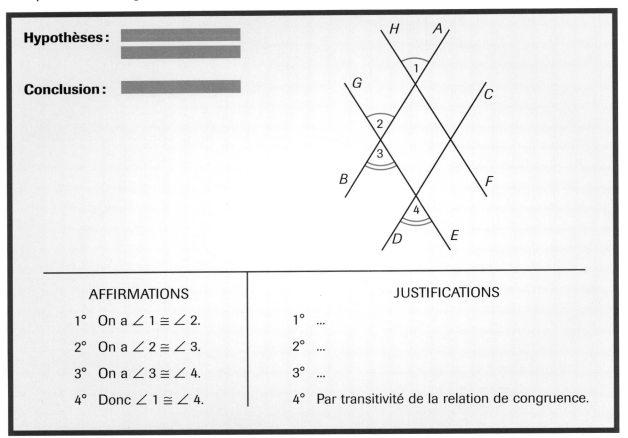

**Hypothèses :**

**Conclusion :**

| AFFIRMATIONS | JUSTIFICATIONS |
|---|---|
| 1° On a ∠ 1 ≅ ∠ 2. | 1° ... |
| 2° On a ∠ 2 ≅ ∠ 3. | 2° ... |
| 3° On a ∠ 3 ≅ ∠ 4. | 3° ... |
| 4° Donc ∠ 1 ≅ ∠ 4. | 4° Par transitivité de la relation de congruence. |

**12.** Dans la figure ci-dessous, le triangle *ABC* est isocèle et ∠ 1 ≅ ∠ 2. Démontre que ∠ 1 ≅ ∠ 3.

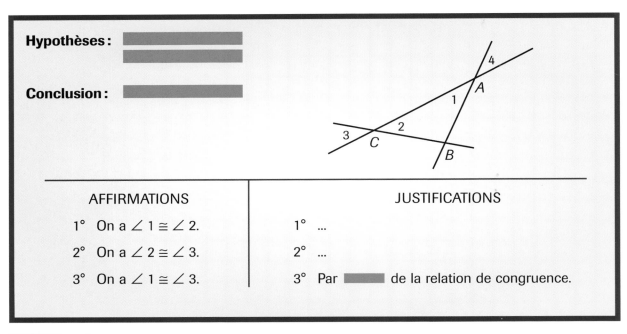

**Hypothèses :**

**Conclusion :**

| AFFIRMATIONS | JUSTIFICATIONS |
|---|---|
| 1° On a ∠ 1 ≅ ∠ 2. | 1° ... |
| 2° On a ∠ 2 ≅ ∠ 3. | 2° ... |
| 3° On a ∠ 1 ≅ ∠ 3. | 3° Par ▬ de la relation de congruence. |

**a)** Soit deux droites parallèles coupées par une sécante. On considère deux angles qui n'ont pas le même sommet, qui sont situés du même côté de la sécante et qui sont tous les deux à l'intérieur des droites parallèles. Ces angles ne portent pas de nom particulier.

1) Énoncez une conjecture au sujet de ces angles.

2) Démontrez la véracité de cette conjecture.

**b)** Considérez deux angles qui n'ont pas le même sommet, qui sont situés à l'extérieur des parallèles et du même côté de la sécante.

1) Quel énoncé pouvez-vous formuler au sujet de ces deux angles?

2) Démontrez votre conjecture.

## À PROPOS DES TRIANGLES

### Le triangle, une figure rigide

Le triangle est composé de **trois angles** et de **trois côtés** tous définis par **trois points** appelés **sommets**.

**a)**

À ton avis, pourquoi utilise-t-on « triangle » au lieu de « trilatère »?

Quoi qu'il en soit, le triangle est le polygone dans lequel les liens entre les angles et les côtés sont les plus forts : si la mesure d'un angle varie, il y a au moins une mesure de côté qui varie.

**b)** Complète l'énoncé qui traduit ce lien entre les côtés et les angles : **Au plus grand angle est opposé le plus ▬.**

Plus encore, si les côtés restent fixes, les angles restent fixes : le triangle est une **figure rigide.**

Le triangle ne cesse d'étonner tout le monde et plusieurs conjectures à son sujet ont fait l'objet de démonstrations.

**c)** Une première conjecture facile à démontrer est la suivante. Complète cette démonstration.

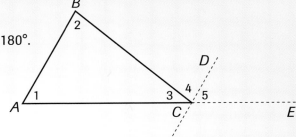

**THÉORÈME 4**

**Énoncé : La somme des mesures des angles intérieurs d'un triangle est 180°.**

**Hypothèse :** *ABC* est un triangle.

**Conclusion :** m ∠ 1 + m ∠ 2 + m ∠ 3 = 180°.

| AFFIRMATIONS | JUSTIFICATIONS |
|---|---|
| 1° Traçons *CD // BA* et prolongeons $\overline{AC}$ jusqu'en *E*. | 1° Afin d'obtenir des angles formés… |
| 2° On a alors : ∠ 2 ≅ ∠ 4 ;<br><br>∠ 1 ≅ ∠ 5. | 2° Les angles alternes-internes formés…<br><br>Les angles correspondants formés… |
| 3° On constate que les angles 3, 4 et 5 forment un angle plat. | 3° Car les points *A*, *C* et *E* sont alignés. |
| 4° D'où m ∠ 3 + m ∠ 4 + m ∠ 5 = 180°. | 4° Puisque la mesure d'un angle plat est ■■■. |
| 5° Donc m ∠ 1 + m ∠ 2 + m ∠ 3 = 180°. | 5° Par substitution de mesures égales. |

Les triangles isocèles et les triangles équilatéraux font l'objet de plusieurs conjectures démontrables. Cependant, le **triangle rectangle** continue d'émerveiller plusieurs personnes.

**d)** Quelle conjecture peut-on énoncer à propos des angles aigus d'un triangle rectangle ? Élabore une preuve rapide de cette conjecture en utilisant le triangle rectangle ci-contre.

**e)** Énonce la relation qui a fait la renommée de Pythagore à propos du triangle rectangle.

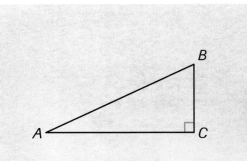

***f)*** Voici un autre énoncé concernant un triangle rectangle particulier. Complètes-en la démonstration.

## THÉORÈME 5

**Énoncé :** **Dans un triangle rectangle, la mesure du côté opposé à un angle de 30° est égale à la moitié de celle de l'hypoténuse.**

**Hypothèses :** m $\angle ABC =$ ▭ ;

m $\angle BAC =$ ▭ .

**Conclusion :** m $\overline{CB} =$ ▭ .

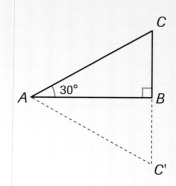

| AFFIRMATIONS | JUSTIFICATIONS |
|---|---|
| 1° On a m $\angle C = 60°$. | 1° Dans un triangle rectangle, les angles aigus sont ▭ . |
| 2° Traçons l'image du $\triangle ABC$ par une réflexion d'axe $AB$. | 2° Afin d'obtenir le $\triangle AC'B$. |
| 3° L'angle $C$ et l'angle $C'$ mesurent 60° chacun. De plus $\angle CAB$ et $\angle BAC'$ mesurent 30° chacun. | 3° Car les réflexions... |
| 4° Le $\triangle ACC'$ est équiangle. | 4° ... |
| 5° Les côtés du $\triangle ACC'$ sont congrus et m $\overline{AC} =$ m $\overline{CC'}$. | 5° Tout triangle équiangle est aussi ▭ . |
| 6° Mais m $\overline{CC'} = 2 \times$ m $\overline{CB}$. | 6° Car les réflexions... |
| 7° Donc m $\overline{AC} = 2 \times$ m $\overline{CB}$ ou m $\overline{CB} = \frac{1}{2} \times$ m $\overline{AC}$. | 7° Par substitution et en appliquant la règle de transformation de l'égalité par division. |

***g)*** On pourrait également démontrer l'énoncé réciproque du théorème précédent. Complète la formulation de cet énoncé réciproque :

Dans un triangle rectangle, si un côté mesure la moitié...

**1.** Dans une usine, on fabrique des fermes de toit. Voici le modèle préparé par la technicienne en architecture de l'usine.

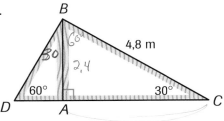

**a)** Quelle est la mesure de l'angle aigu *DBA* ?

**b)** Quelle est la mesure de la hauteur de la ferme ? Justifie ta réponse en donnant l'énoncé approprié.

**2.** Le triangle *DEF* est rectangle en *E*. On connaît les mesures données sur la figure ci-contre.

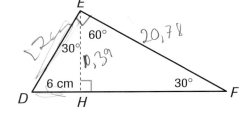

**a)** Détermine la hauteur du triangle *DEF*. Justifie chacune des mesures obtenues à l'aide d'un énoncé.

**b)** Détermine la mesure de $\overline{EF}$.

**3.** Un avion vole à une altitude de 5000 m. Le pilote aperçoit au loin sur la mer, droit devant lui, un navire sous un angle de dépression de 30°. Quelle distance sépare l'avion du navire ? Justifie ta réponse.

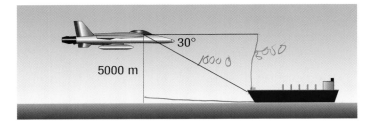

**4.** Dans le triangle rectangle ci-dessous, *a*, *b* et *c* représentent les mesures respectives des côtés opposés aux angles *A*, *B* et *C*. Dans chacun des cas suivants, on indique les mesures de deux éléments du triangle ; détermine les mesures des autres éléments.

**a)** m $\angle A = 30°$ et $a = 3$ cm

**b)** m $\angle B = 60°$ et $c = 80$ mm

**c)** $a = 1,8$ km et $c = 3,6$ km

**d)** $a = 2$ dm et $b = \sqrt{12}$ dm

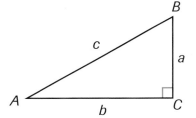

# ► FORUM

Quatre triangles rectangles possèdent chacun un angle mesurant 30°. Leur hypoténuse mesure respectivement 1 cm, 5 cm, 20 cm et 100 cm.

**a)** Pour chaque triangle, calculez le rapport de la mesure de la plus grande cathète à la mesure de la plus petite.

**b)** Comparez les résultats obtenus à la question précédente et formulez une conjecture. Assurez-vous de rédiger une phrase bien construite qui contient toutes les hypothèses nécessaires.

La notion de preuve s'appuie sur le raisonnement logique qui utilise principalement deux types de phrases :

- les **conditionnelles** de la forme «Si (condition P), alors (conséquence Q)» ;

- les **biconditionnelles** de la forme «P si et seulement si Q».

Ces deux types de phrases donnent respectivement naissance aux **implications logiques** et aux **équivalences logiques.**

Une **implication logique** est une conditionnelle dans laquelle la condition étant réalisée ou étant vraie, la conclusion est nécessairement réalisée ou nécessairement vraie :

$$P \Rightarrow Q$$

Une **équivalence logique** est une implication logique dans les deux sens :

$$P \Rightarrow Q \text{ et } Q \Rightarrow P \text{ qu'on écrit en abrégé } P \Leftrightarrow Q$$

Le plus souvent, on utilise ces deux types de phrases pour formuler les principaux énoncés géométriques. Ces énoncés sont :

1° les **définitions :** énoncés décrivant la nature des objets à l'aide de caractéristiques essentielles ;

2° les **propriétés :** énoncés de faits observables à propos d'objets.

3° les **axiomes :** énoncés considérés comme évidents et acceptés comme vrais ;

4° les **théorèmes :** conjectures qui demandent d'être prouvées avant d'être acceptées comme vraies.

Les principaux théorèmes concernant les relations entre deux angles sont :

- **Les angles opposés par le sommet sont congrus.**

- **Les angles adjacents qui ont leurs côtés extérieurs en ligne droite sont supplémentaires.**

- **Les angles correspondants, alternes-internes ou alternes-externes formés par des parallèles et une sécante sont congrus.**

- **Si deux angles correspondants, alternes-internes ou alternes-externes sont congrus, alors ils sont formés par deux droites parallèles.**

Les théorèmes les plus utilisés concernant les triangles sont :

- **La somme des mesures des angles intérieurs d'un triangle est 180°.**

- **Dans un triangle rectangle, le carré de la mesure de l'hypoténuse est égal à la somme des carrés des mesures des cathètes.**

- **Dans un triangle rectangle, les angles aigus sont complémentaires.**

- **Dans un triangle rectangle, la mesure du côté opposé à un angle de 30° vaut la moitié de celle de l'hypoténuse.**

**1** Dans chacun des cas suivants, indique lequel des deux nombres est le plus grand en évaluant mentalement les expressions.

**a)** 25° 13' ou 25,2°

**b)** Le complément de 25° ou le supplément de 120°

**c)** 190 % de 90° ou 110 % de 180°

**d)** $3\pi$ ou $\sqrt{80}$

**2** On donne les mesures de deux angles d'un triangle. Calcule mentalement la mesure du troisième angle.

**a)** 42° et 63°

**b)** 63° et 65°

**c)** 90° 30' et 49° 30'

**d)** 45° et 124° 15'

**3**

> Détermine mentalement le pourcentage correspondant à une remise de :

**a)** 12 $ sur un prix marqué de 50 $ ;

**b)** 1,25 $ sur 5 $ ;

**c)** 0,80 $ sur 4 $ ;

**d)** 45 $ sur 300 $.

**4** Quelle expression algébrique représente la mesure du troisième angle d'un triangle si les mesures des deux autres sont représentées par les expressions données ?

**a)** $2x°$ et $3x°$

**b)** $2a°$ et $(a + 10)°$

**c)** $(5a + 20)°$ et $(30 - 2a)°$

**d)** 100° et $2n°$

**5** Détermine les implications et les équivalences logiques dans les phrases suivantes.

**a)** Un élève est accepté à l'université si et seulement s'il a fait des études collégiales.

**b)** Le noir est la couleur la plus foncée.

**c)** Une figure plane est un triangle, alors elle a trois angles intérieurs.

**d)** Si un segment est une diagonale, alors il joint deux sommets d'un polygone.

**e)** Deux droites sont perpendiculaires si et seulement si elles forment un angle droit.

**6** Illustre par une figure chacune des définitions suivantes.

**a)** En un sommet d'un polygone, l'angle extérieur est l'angle formé par un côté et le prolongement de l'autre côté.

**b)** Un angle est dit plein si et seulement si ses deux côtés forment une droite.

**7** Détermine si les énoncés suivants sont toujours, parfois ou jamais vrais.

*a)* Un axiome doit être démontré pour être considéré comme un axiome.

*b)* Un théorème est une démonstration.

*c)* Une conjecture est toujours vraie.

*d)* On démontre un théorème à l'aide d'un exemple.

*e)* Un seul contre-exemple est suffisant pour démontrer qu'une conjecture est fausse.

**8** Trace un trapèze isocèle *ABCD* où *M* est le milieu de $\overline{AB}$, *N* le milieu de $\overline{BC}$, *P* le milieu de $\overline{CD}$ et *Q* le milieu de $\overline{AD}$. Trace le quadrilatère *MNPQ*. Énonce des conjectures au sujet de la figure obtenue.

**9** Ces figures sont des «zigzags»:

Celles-ci ne sont pas des «zigzags»:

Donne une définition d'un «zigzag» et identifie, parmi les figures ci-dessous, celles qui sont des «zigzags».

A)          B)           C)           D)

**10** Ces zigzags sont des «dents de scie»:

Ceux-ci ne sont pas des «dents de scie»:

Donne une définition de «dents de scie» et identifie, parmi les figures ci-dessous, celles qui sont des «dents de scie».

A)          B)           C)           D)

**11** En utilisant les figures et le symbolisme approprié, formule les hypothèses et la conclusion dans les énoncés suivants.

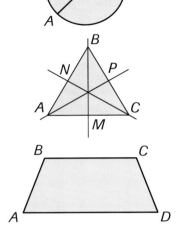

**a)** Dans un cercle, la mesure du rayon est égale à la demi-mesure du diamètre.

**b)** Les axes de symétrie d'un triangle équilatéral supportent les médianes, les médiatrices, les bissectrices et les hauteurs de ce triangle.

**c)** Dans un trapèze isocèle, les deux angles intérieurs aux extrémités d'une même base sont congrus.

**12** Pour chacune des conjectures suivantes, trace une figure et formule la conclusion.

**a)** Si un polygone est convexe, alors la somme des mesures de ses angles extérieurs est égale à 360°.

**b)** Toutes les médiatrices des cordes d'un cercle se rencontrent au centre du cercle.

**c)** Tous les diamètres d'un cercle sont congrus.

**13** Les droites $D_1$ et $D_2$ sont parallèles. Nomme tous les angles qui ont la même mesure que l'angle $b$ et justifie chacune de tes réponses.

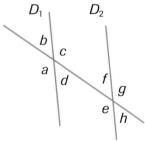

**14** Voici des rues sécantes deux à deux.

**a)** Nomme un angle qui devrait être congru à ∠ 1 afin que la rue $D_1$ soit parallèle à la rue $D_2$.

**b)** Nomme un angle qui devrait être congru à ∠ 1 afin que la rue $D_3$ soit parallèle à la rue $D_4$.

**c)** Si ∠ 2 ≅ ∠ 15, quelles rues devraient être parallèles?

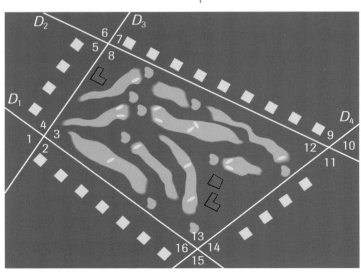

**15**

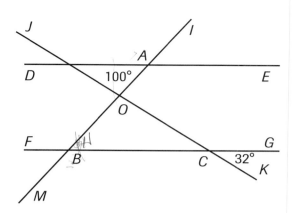

Dans la figure ci-contre, la droite *IM* coupe la droite *JK* en formant un angle *JOI* de 100°. De plus, m ∠ *GCK* = 32°. Quelle est la mesure de ∠ *IAE*? Justifie chaque étape de ton raisonnement.

**16** Dans la figure ci-contre:

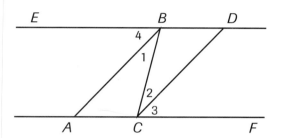

**a)** Quelle conclusion peut-on tirer du fait que m ∠ 1 = m ∠ 2? Pourquoi?

**b)** De plus, m ∠ 3 = m ∠ 4. Quelle autre conclusion peut-on tirer? Pourquoi?

**c)** Quel type de quadrilatère est alors *ABDC*? Pourquoi?

**17** Lorsque deux droites parallèles sont coupées par une sécante:

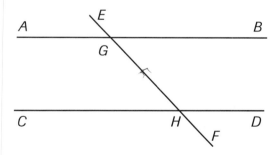

**a)** Les angles alternes-externes sont congrus ou isométriques. Détermine précisément l'isométrie qui applique l'angle *DHF* sur l'angle *AGE*.

**b)** Les angles correspondants sont congrus. Détermine précisément l'isométrie qui applique l'angle *DHF* sur l'angle *BGH*.

**18** Dans la figure ci-contre, $\overline{BC}$ est parallèle à $\overline{DE}$ et perpendiculaire à $\overline{AD}$. De plus, m $\overline{AB}$ = 5 cm, m $\overline{BD}$ = 3 cm et m $\overline{AC}$ = 10 cm.

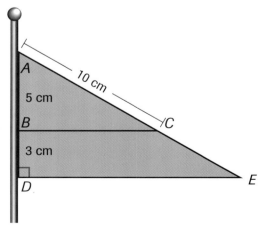

**a)** Quelle est la mesure de l'angle *ACB*? Justifie ta démarche.

**b)** Quelle est la mesure de l'angle *AED*? Donne l'énoncé qui justifie ta réponse.

**c)** Quelle est la mesure du côté *BC*? Quel énoncé justifie ton calcul?

**d)** Quelle est la mesure de chacun des côtés suivants?

1) $\overline{CE}$          2) $\overline{AE}$          3) $\overline{DE}$

**19** On sait que m ∠ *CHF* = 125°.

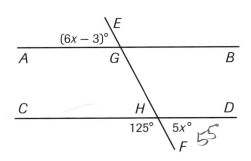

**a)** Détermine les mesures des angles *CHG* et *EGB*, sachant que m ∠ *DHF* = 5*x*° et que m ∠ *AGE* = (6*x* − 3)°.

**b)** De combien de degrés doit-on modifier la mesure de ∠ *AGE* pour que *AB* devienne parallèle à *CD*?

**20** Si *AB // CD*, détermine les valeurs de *x* et de *y*.

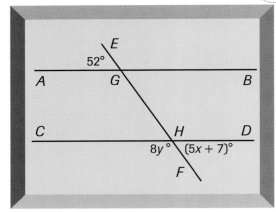

**21** Si *AB // CD*, quelle est la mesure de ∠ *BGE*?

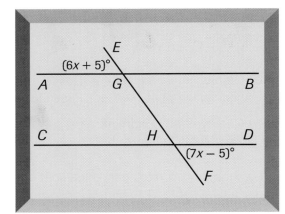

**22** Soit un angle *BAC* et sa bissectrice *AD*. D'un point quelconque *E* pris sur *AB*, on trace une parallèle à *AC*. Cette droite coupe *AD* en *F*.

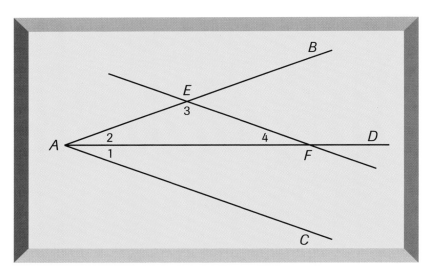

**a)** Compare les côtés *AE* et *EF* du triangle *AEF*. Peut-on formuler une conjecture impliquant ces deux côtés?

**b)** Justifie chacune des affirmations suivantes par un énoncé.

1) m ∠ 2 = m ∠ 1

2) m ∠ 1 = m ∠ 4

3) m ∠ 2 = m ∠ 4

4) △ *AEF* est isocèle.

5) m $\overline{AE}$ = m $\overline{EF}$

**23** On considère plusieurs triangles rectangles ayant chacun un angle mesurant 30°. On s'intéresse à la relation entre les mesures des deux cathètes. La mesure du côté opposé à l'angle mesurant 30° est la variable indépendante. La mesure du côté opposé à l'angle mesurant 60° est la variable dépendante.

*a)* Construis une table de valeurs représentant cette situation.

*b)* Calcule quelques taux de variation. Que constate-t-on ?

*c)* De quel type est cette fonction ?

*d)* Trace le graphique de cette fonction.

*e)* Donne la règle de cette fonction.

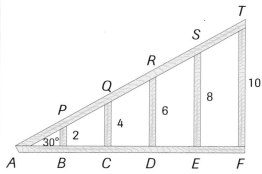

**24** Si $\overline{AB}$ // $\overline{DE}$, quelle est la mesure de l'angle *CDE* ?

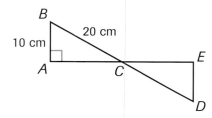

**25** Détermine l'aire de ce parallélogramme. Justifie tes calculs.

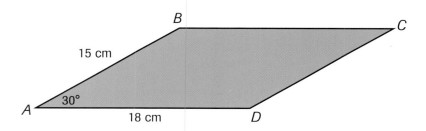

**26** **LE CLOCHER DE L'ÉGLISE**

La façade d'une église comporte deux clochers verticaux et un toit asymétrique. On connaît les mesures des angles formés par les clochers et les versants du toit : m ∠ 1 = 40° et m ∠ 2 = 65°.

*a)* Quelle est la mesure de l'angle 3 formé par les deux versants du toit ?

*b)* Quelle règle permet de trouver la mesure de l'angle 3 à partir de m ∠ 1 et m ∠ 2, quelles que soient ces valeurs ?

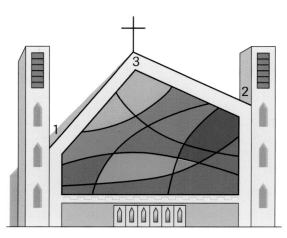

## 27 LE RÉFLECTEUR

Un miroir est placé sur un plan incliné. L'angle d'inclinaison est de 35°. Un rayon lumineux arrive de l'espace et frappe le réflecteur. La lumière est réfléchie suivant un angle congru à l'angle d'arrivée. On constate que le rayon réfléchi est parallèle au côté *BC*. La droite *HE* est perpendiculaire au réflecteur au point de réflexion. Détermine la mesure de l'angle *HGD*. Justifie chaque étape de ta démarche.

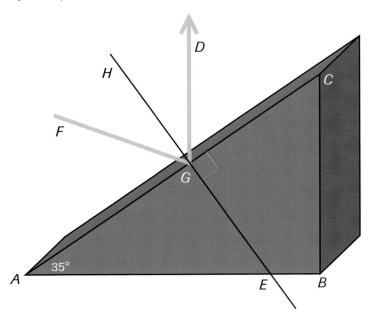

## 28 L'ÉCURIE DE BLANCHE-NEIGE

Amanda a représenté l'écurie de sa jument blanche. Les poutres *CE* et *BF* sont parallèles au sol et les murs *BJ* et *FH* sont perpendiculaires au sol. Les parties de toit *CD* et *ED* ont la même longueur. L'angle *ABJ* mesure 42°. Quelle est la mesure de l'angle *DEC*? Justifie chacune des étapes de ta démarche.

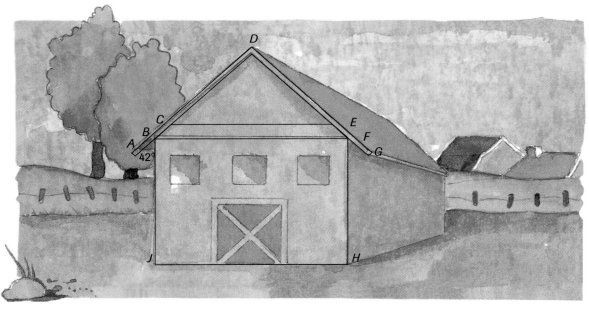

## 1. TOUT N'EST PAS VRAI

En utilisant un contre-exemple, montre que la conjecture suivante est fausse:
«Tout triangle qui a un angle mesurant 30° et un côté qui mesure le double
d'un autre côté est rectangle.»

## 2. LE REMARQUABLE TRIANGLE RECTANGLE

Démontre que le triangle dont les côtés mesurent respectivement 6 cm, 8 cm et 10 cm
est un triangle rectangle.

## 3. LE DELTAPLANE

Un bateau tire un homme en deltaplane à l'aide
d'une corde de 100 m fixée à 1 m au-dessus
de l'eau. La corde forme avec l'horizontale
un angle de 30°. À quelle hauteur approximative
au-dessus de l'eau
se trouve l'homme?
Justifie les étapes
de ta démarche.

## 4. LE RÉSEAU ROUTIER

On a représenté sur papier une vue
aérienne d'un réseau routier. Les
routes *AB* et *CD* sont parallèles.
Des arpenteuses ont relevé
les mesures de deux angles et
les ont indiquées sur le relevé.

Quelle est la mesure de chacun
des angles 1 à 6? Justifie chaque
réponse par le ou les énoncés appropriés.

## 5. L'ÉRUPTION DU VOLCAN

Une éruption a pulvérisé la partie supérieure
d'une montagne *ABC* ayant les mesures et le profil
triangulaire illustré ci-contre. Dans ce profil,
le dessus *DE* de la montagne est parallèle
à sa base *AC*.

Quelle était la hauteur de la montagne
avant l'éruption? Justifie chaque étape
de ta démarche.

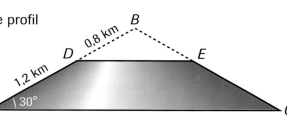

## FIGURES ISOMÉTRIQUES

### Les photocopies

Sur des transparents, on a reproduit en quatre exemplaires la photo d'une moto. On a ensuite éparpillé ces exemplaires sur une surface plane.

A

**a)** Identifie l'isométrie qui permet d'associer la moto A à chacun des exemplaires.

1)

2)

3)

4)

Les isométries sont les transformations du plan comprenant les **translations,** les **rotations,** les **réflexions** et les **symétries glissées.** Ces transformations associent les figures du plan à d'autres figures dites **isométriques.**

Par définition, deux figures associées ou associables par une isométrie sont dites **isométriques.**

Deux figures planes sont **isométriques** si et seulement s'il existe une isométrie qui les associe.

**b)** Donne quelques caractéristiques de deux figures isométriques.

Les isométries sont, par définition, les transformations qui **conservent les distances** entre les **points du plan** et, en particulier, entre les **points des figures.**

En conservant les distances entre les points, les isométries associent nécessairement des figures qui ont les mêmes mesures d'angles et les mêmes mesures de côtés, soit des figures **isométriques.**

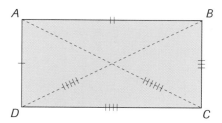
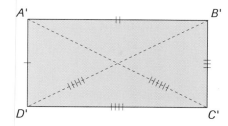

En conservant les distances entre deux points, les isométries nous assurent également que toutes les paires de lignes homologues (hauteurs, médianes, bissectrices…) sont congrues.

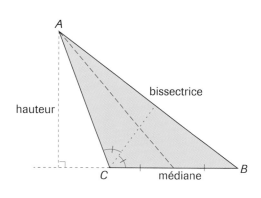
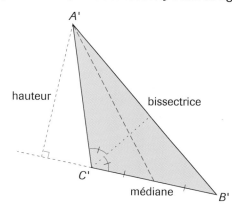

Les figures isométriques ont donc le **même périmètre** et la **même aire,** et le **rapport des mesures des lignes homologues** est égal à **1.**

Les éléments homologues de figures planes isométriques ont la même mesure ou sont congrus.

De plus, les figures isométriques, ayant tous leurs éléments homologues congrus, sont parfaitement **superposables.**

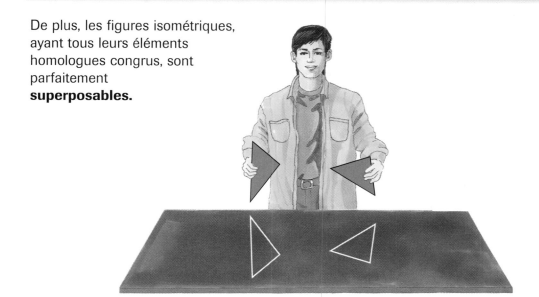

À un élève qui lui demandait s'il y avait, pour étudier la géométrie, un chemin plus court que de suivre l'ordre des Éléments, Euclide répondit «qu'il n'y avait pas de voie directe réservée aux rois».

En plus de conserver les mesures des angles et les mesures des côtés des figures, les isométries possèdent un certain nombre d'autres **propriétés.**

***c)*** Identifie les isométries qui :

1) transforment toute droite en une droite parallèle.

2) possèdent un point fixe (un point qui est sa propre image).

3) ont des invariants (c'est-à-dire des sous-ensembles du plan qui sont leur propre image par cette isométrie).

4) conservent l'orientation du plan ou des figures (c'est-à-dire qu'elles ne retournent pas le plan et les figures).

5) conservent le parallélisme et la perpendicularité dans les figures.

6) ont des traces parallèles.

> Une trace est la droite qui passe par un point et son image.

# IDENTIFICATION DES ISOMÉTRIES

## Une question de traces et d'orientation

Certaines isométries retournent le plan et les figures, d'autres pas. On dit que certaines conservent l'**orientation** du plan et des figures, alors que d'autres inversent cette orientation.

***a)*** Qu'en est-il pour chaque type d'isométrie ?

1) Translation

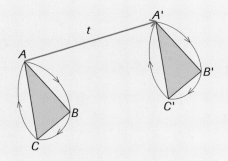

2) Rotation

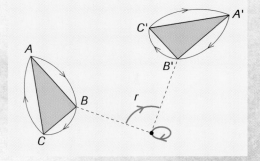

3) Réflexion

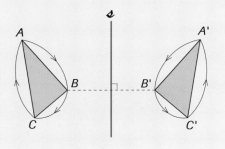

4) Symétrie glissée

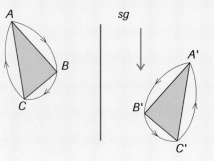

Certaines isométries associent les figures selon des traces parallèles, d'autres pas.

**b)** Détermine ce qui en est pour chaque type d'isométrie.

1) Translation

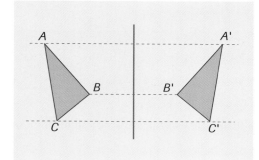

2) Rotation

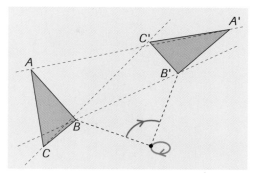

3) Réflexion

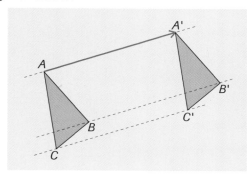

4) Symétrie glissée

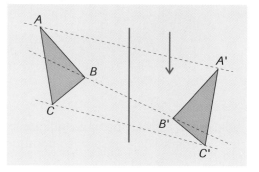

On utilise l'orientation et les traces pour identifier les isométries.

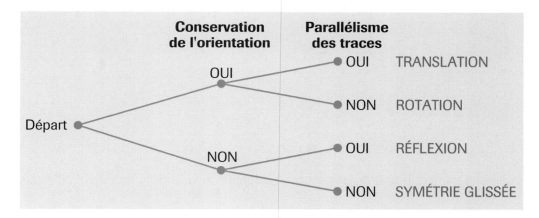

Comme il n'y a que **quatre cas possibles** si l'on considère l'orientation des figures et le parallélisme des traces, on est assuré qu'il n'y a que quatre types d'isométries, chaque type correspondant à une branche de l'arbre ci-dessus.

En présence de deux figures isométriques, il est facile d'identifier l'isométrie qui les associe simplement en observant l'**orientation** des figures et les **traces** des points.

**1.** Les figures données sont-elles isométriques ? Justifie ta réponse.

*Thalès de Milet (vers −625, −546), mathématicien, physicien, astronome et philosophe grec, aurait été le premier à énoncer que les angles à la base d'un triangle isocèle sont congrus.*

**a)**

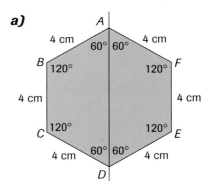

**b)**

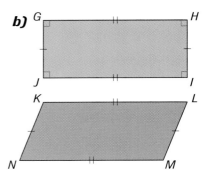

**2.** Voici deux transformations. Indique si ces transformations conservent les distances et si les figures associées sont isométriques.

**a)**

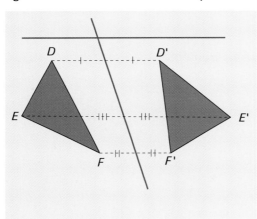

**b)**

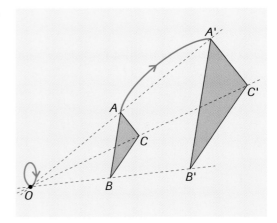

**3.** On donne des paires de figures isométriques. Identifie le type d'isométrie qui les associe.

**a)**

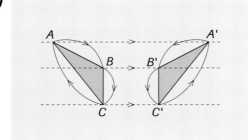

**b)**

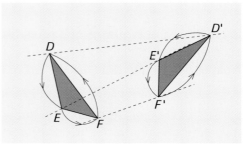

**c)**

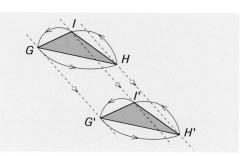

**d)**

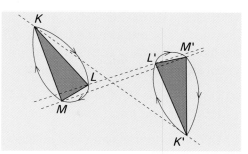

**e)**

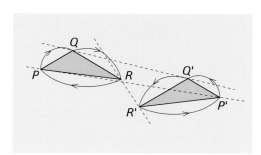

**f)**

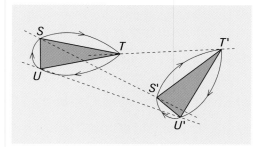

**4.** On donne quatre figures isométriques. Détermine le type d'isométrie qui associe la figure A à chacune des autres.

A    1)    2)    3)

**5.** Deux figures isométriques sont associées par une réflexion. Quel type d'isométrie associe une de ces figures à l'image de l'autre par:

**a)** une rotation?                    **b)** une translation perpendiculaire à l'axe?

**c)** une autre translation?

**6.** Deux figures isométriques sont associées par une translation. Quel type d'isométrie associe une de ces figures à l'image de l'autre par:

**a)** une rotation?

**b)** une réflexion dont l'axe est perpendiculaire à la flèche de translation?

**c)** une autre réflexion?

**7.** De combien de façons peut-on découper ce carré pour obtenir deux figures isométriques?

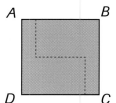

**8.** Combien y a-t-il de façons de plier un triangle équilatéral en deux pour obtenir chaque fois deux triangles isométriques?

**9.** Voici cinq exemplaires du même triangle dans un plan cartésien. Le triangle *ABC* est isométrique aux autres triangles et on le considère comme étant la figure initiale.

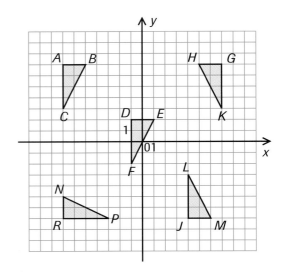

**a)** Quel triangle peut être associé au triangle *ABC* par une translation?

**b)** Décris cette translation en utilisant une expression de la forme $t_{(a, b)}$.

**c)** Quel triangle peut être associé au triangle *ABC* par une réflexion?

**d)** Décris cette réflexion en utilisant l'un des symboles suivants : $s_x$, $s_y$, $s_◹$ ou $s_◺$.

**e)** Quel triangle peut être associé au triangle *ABC* par une rotation autour de l'origine?

**f)** Une rotation de centre *O* et d'angle *a* est notée $r_{(O, a)}$. En utilisant ce symbolisme, décris la rotation précédente.

**g)** Quel triangle peut être associé au triangle *ABC* par une symétrie glissée?

**h)** Une symétrie glissée fait intervenir deux types de transformations. Quels sont-ils?

**i)** Sachant que $sg_{(d, a, b)}$ décrit une symétrie glissée équivalente à une réflexion d'axe *d* suivie d'une translation $t_{(a, b)}$, décris la symétrie glissée précédente.

**10.** Dans un plan cartésien, on donne le triangle dont les sommets sont les points suivants : *A*(2, 1), *B*(7, 1) et *C*(2, 3).

**a)** Trace le triangle *ABC*.

**b)** Ensuite, trace l'image du triangle *ABC* ou le triangle associé au triangle *ABC* par l'isométrie décrite.

1) $r_{(O, -90°)}$ 　　　　2) $s_y$ 　　　　3) $t_{(2, -3)}$ 　　　　4) $sg_{(x, 2, 0)}$

**c)** Quelle caractéristique importante possèdent toutes ces images?

 ► FORUM

**a)** Décrivez la seule droite qui est globalement invariante par une symétrie glissée.

**b)** Décrivez toutes les rotations de centre *O* pour lesquelles le pentagone régulier *ABCDE* est une figure globalement invariante.

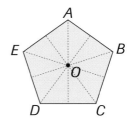

**c)** L'identité est la transformation qui associe chaque point à lui-même. À quel type d'isométrie appartient l'identité? Justifiez votre réponse.

**d)** L'homothétie n'est pas une isométrie. Il existe cependant deux homothéties particulières qui sont des isométries. Décrivez ces homothéties.

# DESCRIPTION DES ISOMÉTRIES

## Le papier peint

Voici un papier peint réalisé par un artiste. Sur ce papier peint, les motifs sont isométriques, c'est-à-dire qu'ils peuvent être associés deux à deux par une isométrie. Il est aisé d'identifier ces isométries.

***a)*** Quel type d'isométrie permet d'associer les motifs 2 et 3 du papier peint ?

L'analyse des traces et de l'orientation des figures nous renseigne sur le type d'isométrie qui associe ces deux figures. Cependant, parmi toutes les translations possibles du plan, on peut se demander laquelle précisément associe ces deux motifs. Pour répondre à cette question, il est nécessaire de connaître les **éléments essentiels qui définissent une translation.**

***b)*** Quels sont les éléments qui distinguent une translation d'une autre translation ?

***c)*** Donne une définition de chacun de ces éléments.

Il est possible de préciser la **direction,** le **sens** et la **longueur** d'une translation simplement en traçant une flèche qui joint un point et son image. Cette flèche est appelée **flèche de translation.**

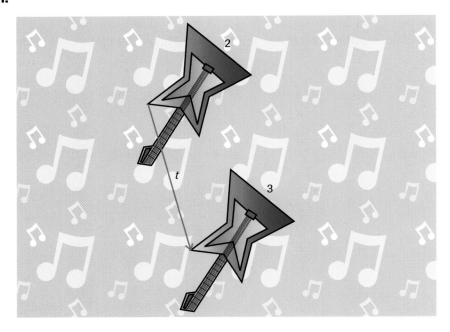

> **Une translation est complètement définie par un point et son image.**

***d)*** Quel type d'isométrie permet d'associer les motifs 1 et 3 du papier peint?

L'analyse des traces et de l'orientation des figures nous renseigne sur le type d'isométrie qui associe ces deux figures. Cependant, parmi toutes les rotations possibles du plan, on peut se demander laquelle précisément associe ces deux motifs. Pour répondre à cette question, il est nécessaire de connaître les **éléments essentiels qui définissent une rotation.**

***e)*** Quels sont les éléments qui distinguent une rotation d'une autre rotation?

***f)*** Donne une définition de chacun de ces éléments.

Le procédé suivant permet de déterminer ces éléments:

1° On trace deux segments qui joignent chacun un point à son image.

2° On trace les médiatrices de ces deux segments.

3° Le point d'intersection des médiatrices est alors le **centre** de cette rotation.

4° Le **sens** de la rotation est celui d'un point vers son image.

5° La **grandeur** de la rotation correspond à la mesure de l'angle obtenu en joignant le centre à un point et à son image.

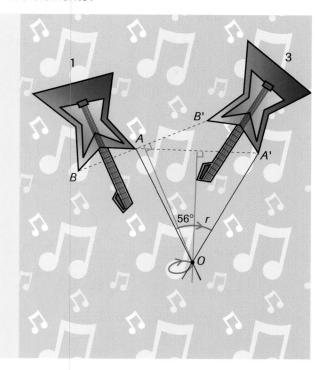

> **Une rotation est complètement définie par son centre, son sens et sa grandeur.**

*g)* Quel type d'isométrie permet d'associer les motifs 2 et 4 du papier peint?

L'analyse des traces et de l'orientation des figures nous renseigne sur le type d'isométrie qui associe ces deux figures. Cependant, parmi toutes les réflexions possibles du plan, on peut se demander laquelle précisément associe ces deux motifs. Pour répondre à cette question, il est nécessaire de connaître les **éléments essentiels qui définissent une réflexion.**

*h)* Quel est l'élément qui distingue une réflexion d'une autre réflexion?

*i)* Donne une définition de cet élément.

Pour déterminer l'axe de réflexion, il suffit de tracer une perpendiculaire passant au milieu du segment qui joint un point et son image.

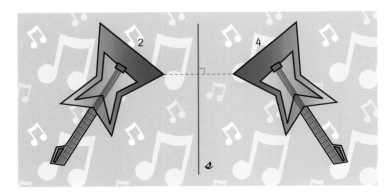

**Une réflexion est complètement définie par son axe.**

**j)** Quel type d'isométrie permet d'associer les motifs 4 et 6 du papier peint?

Ici aussi, l'analyse des traces et de l'orientation des figures nous renseigne sur le type d'isométrie qui associe les deux figures. Cependant, parmi toutes les symétries glissées possibles du plan, on peut se demander laquelle précisément associe ces deux motifs. Pour répondre à cette question, il est nécessaire de connaître les **éléments essentiels qui définissent une symétrie glissée.**

**k)** Quels sont les éléments qui distinguent une symétrie glissée d'une autre symétrie glissée?

Le procédé suivant permet de déterminer ces éléments:

1° On trace deux segments qui joignent chacun un point à son image.

2° On repère les points milieux de ces deux segments.

3° On trace la droite qui passe par ces deux points milieux: c'est l'**axe** de réflexion de la symétrie glissée.

4° Par une réflexion selon cet axe, on détermine l'image de l'un des points de la figure initiale.

5° On détermine la **flèche de translation** en joignant l'image du point obtenue par la réflexion et son homologue dans la figure image.

**Une symétrie glissée est complètement définie par son axe de réflexion et sa flèche de translation.**

Ainsi, on peut donc non seulement donner le nom de l'isométrie qui relie deux figures isométriques, mais également **décrire de façon précise cette isométrie.** Cette habileté est particulièrement utile dans la **composition des isométries.**

**Composer** deux isométries, c'est **faire suivre ces deux isométries l'une à la suite de l'autre;** en d'autres termes, c'est associer une première figure à une deuxième figure, puis associer cette deuxième figure à une troisième figure.

Le résultat de cette composition est l'**isométrie unique qui associe la première à la troisième figure sans se soucier de la deuxième.**
Ce résultat est appelé la **composée.**

L'opération composition se note à l'aide du symbole «o», qu'on lit «rond» ou «après». Ainsi, **t o r** correspond à l'**isométrie équivalant** à faire suivre *r* de *t* pour associer la figure 1 à la figure 3.

*l)* Pourquoi est-on assuré que la composée de ces deux isométries est une isométrie?

*m)* Dans la figure précédente, quel type d'isométrie associe directement la figure 1 à la figure 3?

*n)* Dans la figure ci-dessous, on a fait suivre une translation d'une réflexion.
Quelle est l'isométrie équivalente qui associe directement la figure 1 à la figure 3?

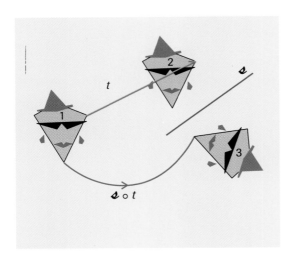
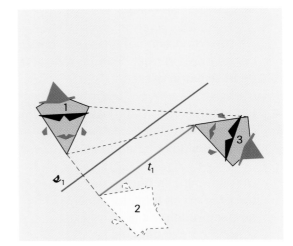

*o)* Voici la table de composition de toutes les isométries. Reproduis et complète cette table.

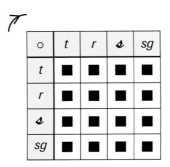

| ○ | $t$ | $r$ | ✺ | $sg$ |
|---|---|---|---|---|
| $t$ | ■ | ■ | ■ | ■ |
| $r$ | ■ | ■ | ■ | ■ |
| ✺ | ■ | ■ | ■ | ■ |
| $sg$ | ■ | ■ | ■ | ■ |

**La composition de deux isométries est une isométrie.**

Après avoir identifié le type d'isométrie qui correspond à une composition de deux ou plusieurs isométries, il est facile de décrire précisément l'isométrie identifiée en utilisant les techniques vues précédemment.

On scinde généralement le groupe des isométries en deux sous-groupes : les **déplacements** qui comprennent les translations et les rotations, et les **retournements** qui correspondent aux réflexions et aux symétries glissées.

1. Dans chaque cas, deux figures isométriques sont présentées. Identifie et décris l'isométrie qui applique la figure 1 sur la figure 2.

**a)**

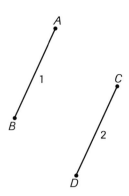

**b)**

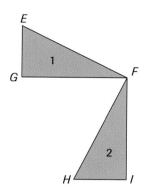

**c)**

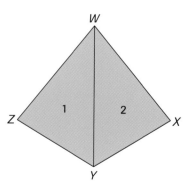

**d)**

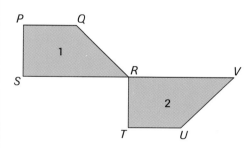

**e)**

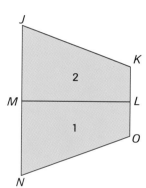

**f)**

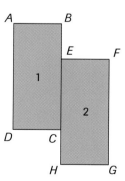

**g)**

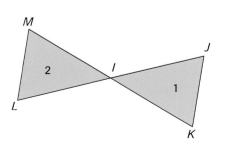

**h)**

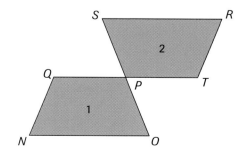

# Feuille de travail 9 .............

**2.** On donne une figure et son image par une isométrie. Identifie l'isométrie en traçant tous les éléments qui la définissent.

**a)**

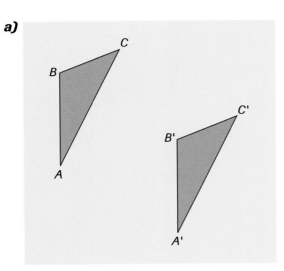

**b)**

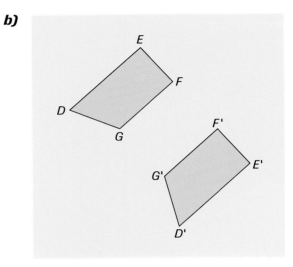

**c)**

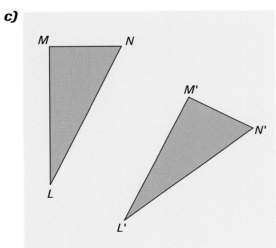

**d)**

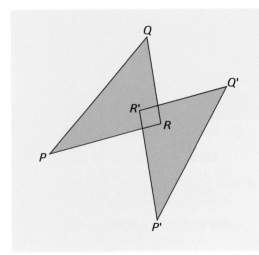

**e)**

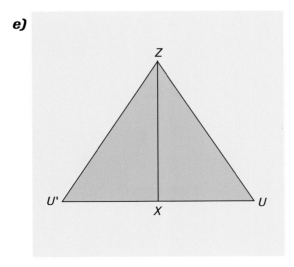

**f)**

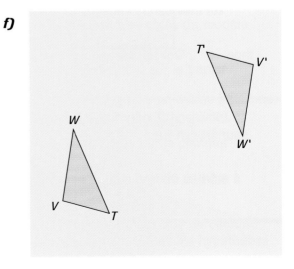

# Feuille de travail 10 ...............

**3.** On donne deux figures isométriques. Identifie et décris l'isométrie qui les associe en traçant tous les éléments qui la définissent.

**a)**

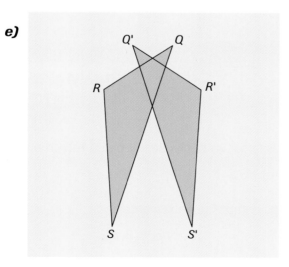

**b)**

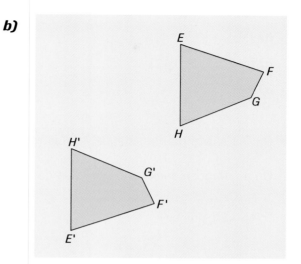

**c)**

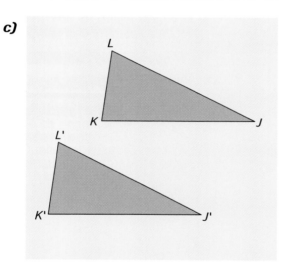

**d)**

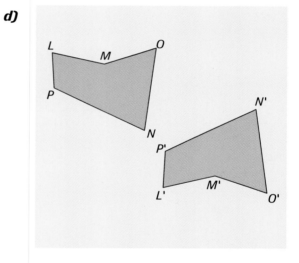

**e)**

**f)**

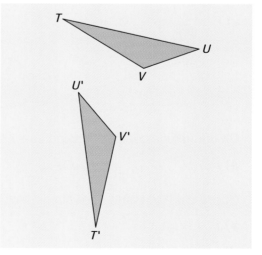

**4.** Comment lit-on les expressions suivantes?

**a)** $sg \circ t$

**b)** $t \circ \textit{s}$

**c)** $r \circ t$

**d)** $r_1 \circ r_2$

**5.** On fait suivre une translation $t$ d'une réflexion $\textit{s}$. Identifie l'isométrie équivalente à $\textit{s} \circ t$.

**6.** On a composé deux isométries. De quel type est la composée?

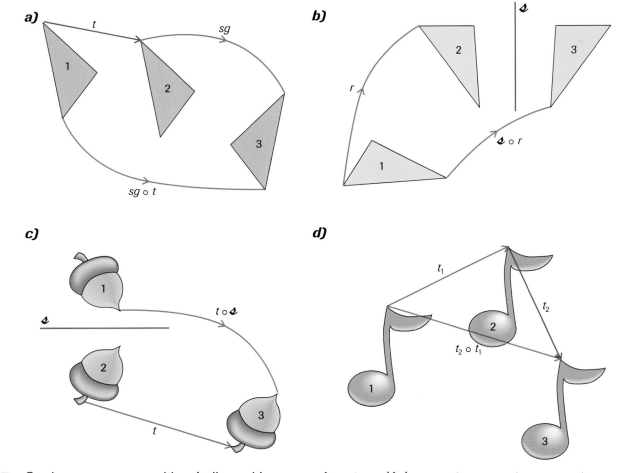

**7.** On donne une composition. Indique si la composée est un déplacement ou un retournement.

**a)** $r \circ t$  **b)** $\textit{s} \circ sg$  **c)** $r \circ \textit{s}$  **d)** $t \circ t^{-1}$

**8.** Quelle est l'isométrie équivalente à chacune des compositions suivantes?

**a)** $t_{(4,\,3)} \circ t_{(2,\,1)}$  **b)** $t_{(3,\,-2)} \circ t_{(2,\,4)}$  **c)** $t_{(a,\,b)} \circ t_{(c,\,d)}$

**d)** $r_{(O,\,90°)} \circ r_{(O,\,90°)}$  **e)** $r_{(O,\,90°)} \circ r_{(O,\,180°)}$  **f)** $r_{(O,\,-90°)} \circ r_{(O,\,180°)}$

**9.** On a composé deux isométries. Identifie et décris précisément l'isométrie équivalente à cette composée en traçant les éléments nécessaires.

**a)** $t_2 \circ t_1$

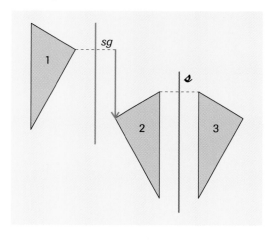

**b)** $t \circ r$

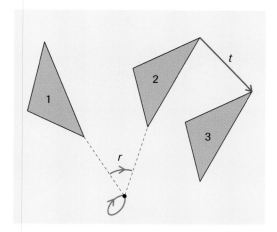

**c)** $s \circ sg$

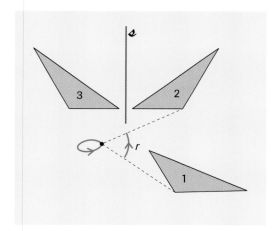

**d)** $s \circ r$

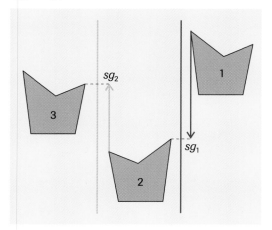

**e)** $r_2 \circ r_1$

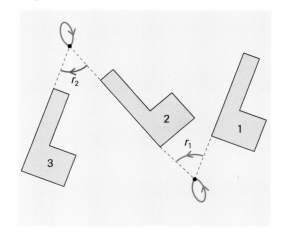

**f)** $sg_2 \circ sg_1$

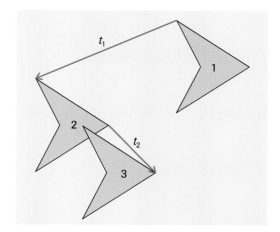

# Feuille de travail 12 ...............

**10.** On a composé deux isométries. Identifie et décris l'isométrie équivalente à la composée en traçant les éléments nécessaires qui la définissent.

**a)**

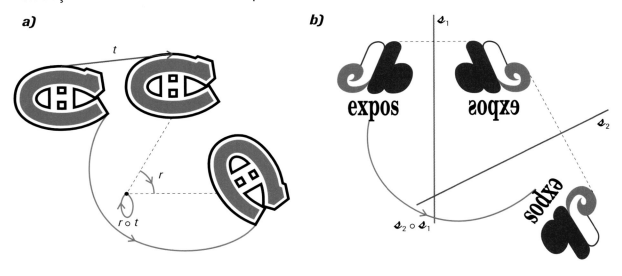

**b)**

**c)**

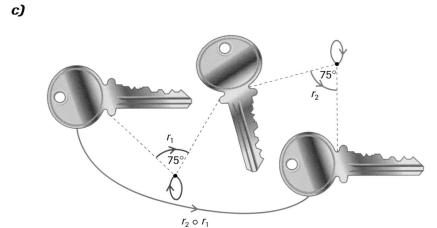

**d)**

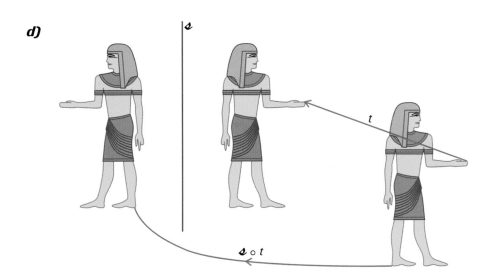

# Feuille de travail 13 ..............

**11.** Trace l'image de la figure donnée par la composition indiquée, puis décris la composée obtenue.

**a)** *s* o *t*

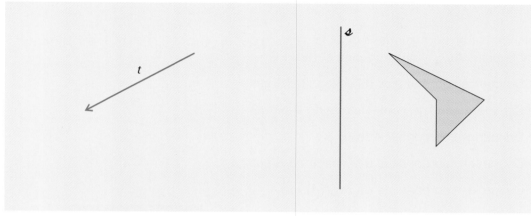

**b)** *r* o *sg*

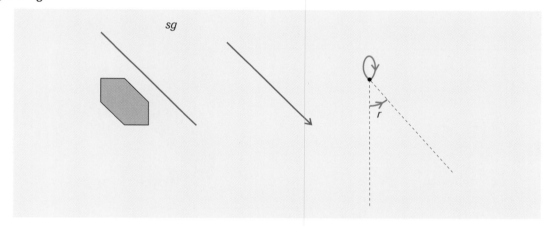

**12.** Trace l'image du quadrilatère *ABCD* par chacune des compositions suivantes :

**a)** $t_{(-6, -10)}$ o $r_{(O, -90°)}$

**b)** $s_y$ o $s_x$

**c)** $s_y$ o $sg_{(y, 0, -7)}$

**13.** Identifie et décris l'isométrie équivalente à chacune des composées de l'exercice précédent.

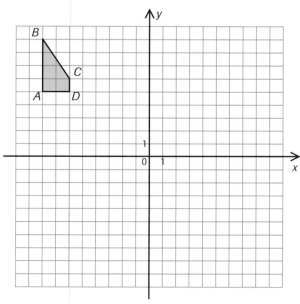

**14.** On compose trois rotations de même centre. Les rotations ont respectivement des angles mesurant 60°, 90° et -45°.

*a)* Décris la composée de ces trois rotations.

*b)* La composée de plusieurs rotations de même centre est-elle toujours une rotation ?

**15.** Voici deux transformations : $r_{(0, 90°)}$ : $(x, y) \mapsto (-y, x)$ et $t_{(3, 4)}$ : $(x, y) \mapsto (x + 3, y + 4)$. Soit le point $A(6, 1)$ dans un plan cartésien.

*Félix Klein (1848-1925), un mathématicien allemand, présenta en 1872 une classification des géométries basée sur les transformations. Les isométries y sont associées à la géométrie d'Euclide.*

*a)* Donne les coordonnées de l'image de $A$ par $r$.

*b)* Comment peut-on noter l'image de $A$ par $r$ ?

*c)* Donne les coordonnées de $t(A)$.

*d)* Donne les coordonnées de l'image de $A$ par $t \circ r$.

*e)* Donne les coordonnées de $r \circ t(A)$.

**16.**

On dit qu'une composée d'isométries est une identité si l'image de toute figure par cette composition est la figure initiale elle-même. Lesquelles des composées suivantes sont des identités ?

*a)* $s_x \circ s_x$

*b)* $r_{(O, 90°)} \circ r_{(O, 180°)} \circ r_{(O, 90°)}$

*c)* $s_y \circ r_{(O, 180°)}$

*d)* $t_{(3, 4)} \circ t_{(4, 3)}$

*e)* $sg_{(x, 5, 0)} \circ sg_{(x, -5, 0)}$

*f)* $sg_{(\boxtimes, -3, 3)} \circ s_{\boxtimes} \circ t_{(3, -3)}$

**17.** Deux isométries dont la composée est une identité sont dites réciproques. Décris la réciproque de chaque isométrie.

*a)* $t_{(2, -3)}$        *b)* $r_{(O, 90°)}$        *c)* $s_x$        *d)* $sg_{(x, -2, 0)}$

# ► FORUM

*a)* Tranh prétend qu'une translation peut toujours être remplacée par la composition de deux réflexions. Qu'en pensez-vous ?

*b)* Il ajoute qu'une rotation est aussi le résultat de la composition de deux réflexions. Qu'en pensez-vous ?

*c)* Pourrait-on en déduire qu'une symétrie glissée peut toujours être remplacée par la composition de trois réflexions ? Expliquez.

## THÉORÈMES DE BASE

### Des raccourcis

Tout polygone est décomposable en un certain nombre de triangles. Cette caractéristique confère aux triangles une importance bien particulière. En étudiant le triangle, on étudie en quelque sorte tous les polygones. Les triangles isométriques retiennent d'abord notre attention.

Les **triangles isométriques** ont **tous leurs angles homologues congrus** et **tous leurs côtés homologues congrus.** Cependant, est-on obligé de vérifier que les **trois paires d'angles** et les **trois paires de côtés homologues sont respectivement congrus avant de conclure que les triangles sont isométriques?**

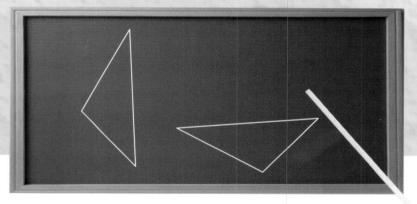

Pour répondre à cette question, examinons les cas suivants.

### Une paire d'éléments congrus

***a)*** Deux triangles qui ont un côté congru ou un angle congru sont-ils nécessairement isométriques?

1) Les deux triangles ci-dessous ont un côté congru. Ces triangles sont-ils isométriques?

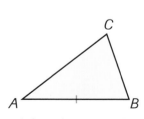
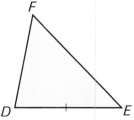

2) Les deux triangles ci-dessous ont un angle congru. Ces triangles sont-ils isométriques?

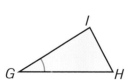
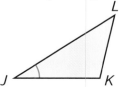

Ces deux contre-exemples montrent que des triangles qui ont un côté congru ou un angle congru ne sont pas nécessairement isométriques.

***b)*** Deux triangles qui ont respectivement deux côtés congrus, ou deux angles congrus, ou un angle et un côté congrus, sont-ils nécessairement isométriques?

1) Les deux triangles ci-dessous ont deux côtés congrus. Ces triangles sont-ils isométriques?

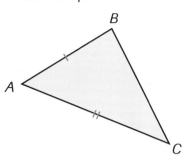 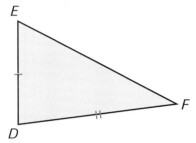

2) Les deux triangles ci-dessous ont deux angles congrus. Ces triangles sont-ils isométriques?

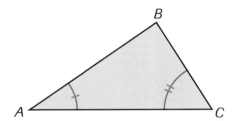 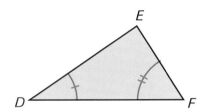

3) Les deux triangles ci-dessous ont un angle et un côté congrus. Ces triangles sont-ils isométriques?

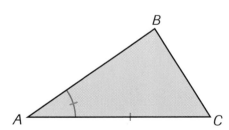 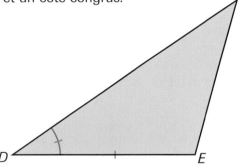

Deux triangles qui ont respectivement deux côtés congrus, ou deux angles congrus, ou un angle et un côté congrus, ne sont pas nécessairement isométriques.

***c)*** Deux triangles qui ont respectivement trois côtés congrus, ou trois angles congrus, ou deux angles et un côté congrus, ou deux côtés et un angle congrus, sont-ils nécessairement isométriques? Formulons chaque cas posé dans cette question sous la forme d'une conjecture que nous allons tester ou vérifier.

**Conjecture 1 :** Deux triangles qui ont tous leurs côtés homologues congrus sont nécessairement isométriques.

1) Sur deux feuilles différentes, construis au compas deux triangles dont les côtés mesurent respectivement 3 cm, 4 cm et 5 cm.

2) Ces deux triangles sont-ils parfaitement superposables ou isométriques ?

Cette construction nous incite à penser que la conjecture 1 est vraie.

**THÉORÈME 6**

> Démontrons-la pour en faire un théorème.

**Énoncé :** **Deux triangles qui ont tous leurs côtés homologues congrus sont nécessairement isométriques. (CCC)**

**Hypothèses :** $\overline{AB} \cong \overline{DE}$;
$\overline{BC} \cong \overline{EF}$;
$\overline{AC} \cong \overline{DF}$.

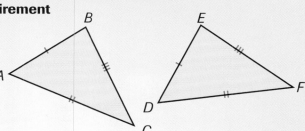

**Conclusion :** $\triangle ABC \cong \triangle DEF$.

| AFFIRMATIONS | JUSTIFICATIONS |
|---|---|
| 1° Soit l'isométrie $\mathscr{I}$ qui établit la correspondance suivante : $\mathscr{I}(A) = D$; $\mathscr{I}(B) = E$; | 1° Une telle isométrie existe puisque, d'après les hypothèses, $\overline{AB} \cong \overline{DE}$. |
| 2° Traçons un cercle de centre $A$ passant par $C$. Son image est un cercle de centre $D$ passant par $F$. Traçons un autre cercle de centre $B$ passant par $C$. Son image est un cercle de centre $E$ passant par $F$. Donc $\mathscr{I}(C) = F$. | 2° Construction.<br><br>Puisque $\overline{AC} \cong \overline{DF}$.<br>Puisque $\overline{BC} \cong \overline{EF}$.<br><br>Puisque l'intersection $C$ des cercles initiaux a comme image l'intersection $F$ des cercles images. |
| 3° On a donc : $\mathscr{I}(\angle A) = \angle D$; $\mathscr{I}(\angle B) = \angle E$; $\mathscr{I}(\angle C) = \angle F$. | 3° À cause de la correspondance établie en 1° et 2°. |
| 4° D'où : $\mathrm{m} \angle A = \mathrm{m} \angle D$; $\mathrm{m} \angle B = \mathrm{m} \angle E$; $\mathrm{m} \angle C = \mathrm{m} \angle F$. | 4° Car les isométries conservent les mesures des angles. |
| 5° On peut donc affirmer que : $\triangle ABC \cong \triangle DEF$. | 5° Puisque les éléments homologues des deux triangles sont congrus. |

Une fois prouvée, la conjecture 1 devient un théorème qu'on symbolise par les lettres **CCC.**

**d)** Parmi les conjectures suivantes, certaines sont vraies et d'autres sont fausses. Pour déterminer lesquelles sont vraies et lesquelles sont fausses, on tentera de construire deux triangles non isométriques qui respectent les conditions imposées dans la conjecture. Si on y parvient, on utilisera cette construction comme contre-exemple pour affirmer que la conjecture est fausse. Sinon, on tentera de la démontrer.

---

**Conjecture 2 :** Deux triangles qui ont tous leurs angles homologues congrus sont nécessairement isométriques.

1) Construis deux triangles dont les trois angles sont congrus.

2) Ces deux triangles sont-ils nécessairement isométriques?

3) D'après ta construction, cette conjecture est-elle vraie?

---

**Conjecture 3 :** Deux triangles qui ont un côté congru compris entre des angles homologues congrus sont nécessairement isométriques.

1) Construis, sur deux feuilles différentes, deux triangles ayant chacun un côté de 5 cm compris entre des angles de 40° et de 50°.

2) Ces triangles sont-ils nécessairement isométriques?

3) D'après ta construction, cette conjecture est-elle vraie?

4) Pourquoi les deux triangles ci-contre ne sont-ils pas isométriques?

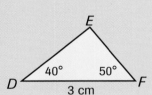
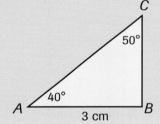

---

**Conjecture 4 :** Deux triangles qui ont un angle congru compris entre des côtés homologues congrus sont nécessairement isométriques.

1) Sur deux feuilles différentes, construis deux triangles ayant un angle de 60° compris entre des côtés de 4 cm et de 5 cm.

2) Ces deux triangles sont-ils parfaitement superposables?

3) D'après ta construction, cette conjecture est-elle vraie?

4) Pourquoi les deux triangles ci-contre ne sont-ils pas isométriques?

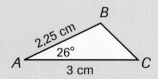
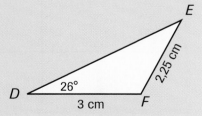

**e)** Parmi les conjectures 2, 3 et 4, lesquelles semblent vraies ?

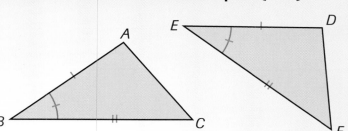

Démontrons-les.

## THÉORÈME 7

**Énoncé :**  **Deux triangles qui ont un angle congru compris entre des côtés homologues congrus sont nécessairement isométriques. (CAC)**

**Hypothèses :** $\overline{AB} \cong \overline{DE}$;
$\angle ABC \cong \angle DEF$;
$\overline{BC} \cong \overline{EF}$.

**Conclusion :** $\triangle ABC \cong \triangle DEF$.

| AFFIRMATIONS | JUSTIFICATIONS |
|---|---|
| 1° Soit l'isométrie $\mathscr{I}$ qui établit la correspondance suivante : $\mathscr{I}(B) = E$; $\mathscr{I}(C) = F$. | 1° Une telle isométrie existe puisque, d'après les hypothèses, $\overline{BC} \cong \overline{EF}$. |
| 2° Par $\mathscr{I}$, on a : $\mathscr{I}$(demi-droite $BA$) = (demi-droite $ED$) | 2° Puisque, par hypothèse, $\angle ABC \cong \angle DEF$. |
| 3° Par conséquent, on est assuré que : $\mathscr{I}(A) = D$. | 3° Car, d'après les hypothèses, $\overline{AB} \cong \overline{DE}$. |
| 4° On a alors : $\mathscr{I}(\triangle ABC) = \triangle DEF$. | 4° D'après la correspondance des sommets établie en 1° et 3°. |
| 5° On peut donc affirmer que : $\triangle ABC \cong \triangle DEF$. | 5° Puisqu'il existe une isométrie qui les associe. |

Il suffit donc de montrer que deux triangles ont **une paire d'angles homologues congrus** formés par des **côtés homologues congrus** pour déduire que **les triangles sont isométriques** ou qu'ils ont tous leurs autres éléments homologues congrus.

**f)**

Pourquoi symbolise-t-on ce théorème de la façon suivante : CAC ?

**g)** Est-il important que ces trois éléments (côté, angle, côté) soient consécutifs ?

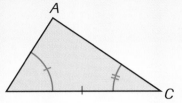 Démontrons la dernière conjecture.

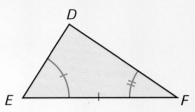 **THÉORÈME 8**

**Énoncé :** **Deux triangles qui ont un côté congru compris entre des angles homologues congrus sont nécessairement isométriques. (ACA)**

**Hypothèses :** $\angle$ ABC $\cong \angle$ DEF ;
$\overline{BC} \cong \overline{EF}$ ;
$\angle$ BCA $\cong \angle$ EFD.

**Conclusion :** $\triangle ABC \cong \triangle DEF$.

| AFFIRMATIONS | JUSTIFICATIONS |
|---|---|
| 1° Soit l'isométrie $\mathscr{I}$ qui établit la correspondance suivante : $\mathscr{I}(B) = E$ ; $\mathscr{I}(C) = F$. | 1° Une telle isométrie existe puisque, d'après les hypothèses, $\overline{BC} \cong \overline{EF}$. |
| 2° Par $\mathscr{I}$, on a : $\mathscr{I}$(demi-droite $BA$) = $ED$ ; $\mathscr{I}$(demi-droite $AC$) = $FD$. | 2° Puisque, d'après les hypothèses, $\angle ABC \cong \angle DEF$ et $\angle BCA \cong \angle EFD$. |
| 3° Par conséquent, on est assuré que : $\mathscr{I}(A) = D$. | 3° Car le point d'intersection $A$ des deux demi-droites initiales a pour image $D$, point d'intersection des deux demi-droites images. |
| 4° On a alors : $\mathscr{I}(\triangle ABC) = \triangle DEF$. | 4° À cause de la correspondance des sommets établie en 1° et 3°. |
| 5° On peut donc affirmer que : $\triangle ABC \cong \triangle DEF$. | 5° Puisqu'il existe une isométrie qui les associe. |

Il suffit donc de montrer que deux triangles ont **une paire de côtés homologues congrus** adjacents à **deux paires d'angles homologues congrus** pour déduire que **les triangles sont isométriques** ou qu'ils ont tous leurs autres éléments homologues congrus.

On retiendra donc que les conditions minimales suivantes entraînent que deux triangles sont isométriques :

**1° Deux triangles qui ont tous leurs côtés homologues congrus sont nécessairement isométriques. (CCC)**

**2° Deux triangles qui ont un angle congru compris entre des côtés homologues congrus sont nécessairement isométriques. (CAC)**

**3° Deux triangles qui ont un côté congru compris entre des angles homologues congrus sont nécessairement isométriques. (ACA)**

1. Avec trois bâtonnets ayant respectivement 10 cm, 12 cm et 15 cm de longueur, combien de triangles non isométriques est-on capable de fabriquer?

2. Dans la figure ci-contre, de quelle autre information a-t-on besoin pour conclure que les deux triangles sont isométriques?

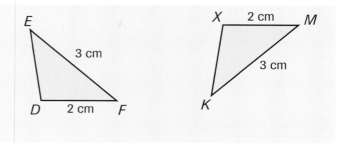

3. On donne les deux triangles ci-contre.

   a) Quel théorème permet de conclure qu'ils sont isométriques?

   b) Sachant que les deux triangles sont isométriques, quelle isométrie permet de les associer?

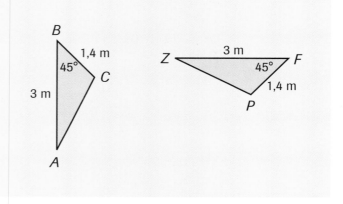

4. On dispose de deux pailles de 8 cm et de deux pailles de 10 cm. Comment doit-on placer les deux pailles de longueur différente pour commencer la construction de deux triangles isométriques?

5. Montre, en te servant d'un exemple, que deux côtés homologues congrus ne sont pas suffisants pour engendrer deux triangles isométriques.

6. 

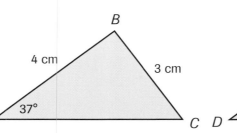

Ces deux triangles correspondent-ils au cas CAC? Justifie ta réponse.

**7.** Dans chacun des cas, détermine si les deux triangles sont isométriques. Si oui, indique quelle justification permet de tirer cette conclusion (ACA, CAC ou CCC).

**a)**

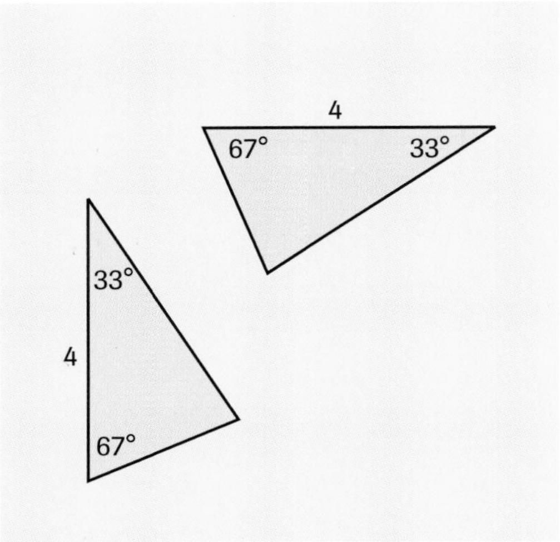

**b)**

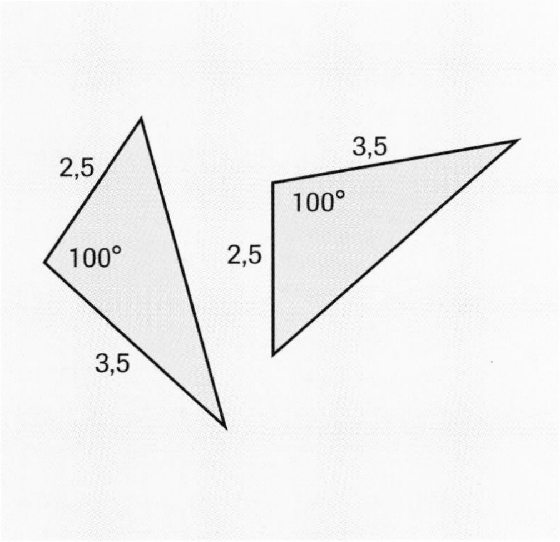

**c)**

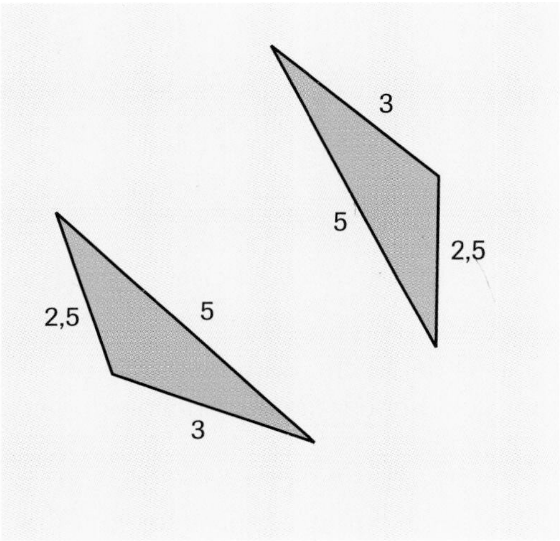

**d)**

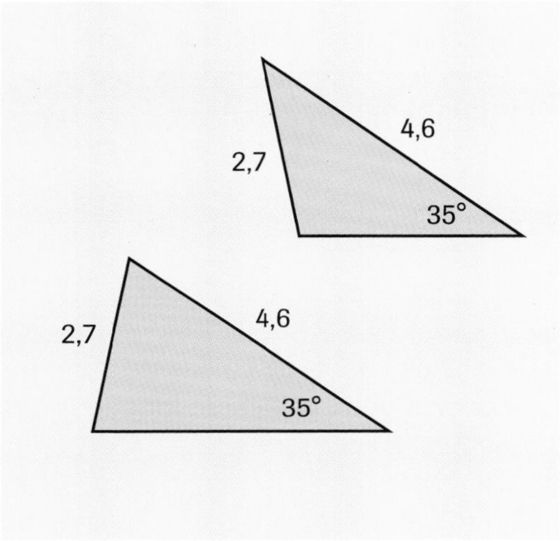

**e)**

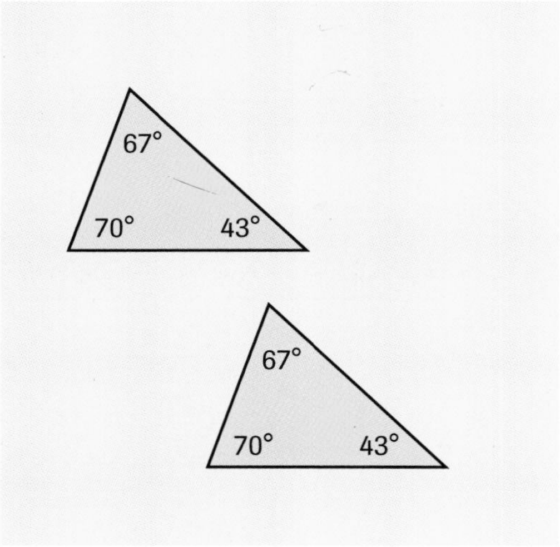

**f)**

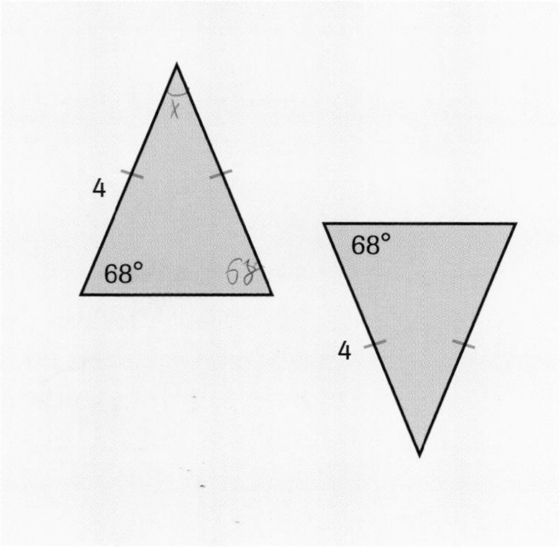

**8.** Deux horloges sont identiques. La première indique 12:45. La petite aiguille de la deuxième est près de 5. Quelle heure indique approximativement la deuxième horloge si les aiguilles des deux horloges constituent les côtés de deux triangles isométriques?

**9.** Dans un même plan :

*a)* Construis les deux triangles suivants :

1) le triangle *ABC* dont les côtés mesurent 6 cm, 8 cm et 10 cm ;

2) le triangle *DEF* ayant un angle de 90° formé par des côtés de 6 cm et de 8 cm.

*b)* Les deux triangles construits sont-ils isométriques? Justifie ta réponse.

> «À bas Euclide, plus de triangles!» aurait déjà dit un mathématicien. C'est que le triangle a occupé l'esprit des géomètres pendant plus de 20 siècles, éclipsant ainsi le parallélogramme alors considéré comme la figure essentielle.

**10.** La figure *ABCD* est un parallélogramme. On trace la diagonale *AC*. Complète le raisonnement qui montre que les deux triangles *ADC* et *ABC* sont isométriques.

**THÉORÈME 9**

**Énoncé :** **Toute diagonale d'un parallélogramme engendre deux triangles isométriques.**

**Hypothèses :** *ABCD* est un ▬▬▬.
$\overline{AC}$ est une ▬▬▬.

**Conclusion :** ▬▬▬▬▬

| AFFIRMATIONS | JUSTIFICATIONS |
|---|---|
| 1° On a : $\overline{AD} \cong \overline{CB}$ et $\overline{AB} \cong \overline{CD}$. | 1° Car les côtés opposés d'un parallélogramme sont ▬▬▬. |
| 2° De plus : $\overline{AC} \cong \overline{AC}$. | 2° Car $\overline{AC}$ est un côté ▬▬▬ aux deux triangles. |
| 3° Donc : $\triangle ADC \cong \triangle ABC$. | 3° Deux triangles qui ont... |

**11.** La figure *EFGH* est telle que $\overline{EG}$ est la bissectrice des angles *FEH* et *FGH*. Complète la preuve suivante qui montre que les triangles *EFG* et *EHG* sont isométriques.

**THÉORÈME 10**

**Énoncé :** **Si la diagonale d'un quadrilatère est la bissectrice de deux angles opposés, alors elle forme deux triangles isométriques.**

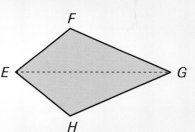

**Hypothèse :** $\overline{EG}$ est ▬▬▬.

**Conclusion :** $\triangle EFG \cong$ ▬▬▬.

| AFFIRMATIONS | JUSTIFICATIONS |
|---|---|
| 1° On a: ∠ FEG ≅ ∠ HEG.<br>∠ FGE ≅ ▰. | 1° Car EG est une ▰. |
| 2° De plus: $\overline{EG}$ ≅ ▰. | 2° Car le côté EG est ▰. |
| 3° Donc: △ EFG ≅ ▰. | 3° Deux triangles qui ont... |

**12.** Dans un triangle isocèle *ABC,* on élève la médiatrice *EB* du côté non congru. Démontre que l'on forme ainsi deux triangles isométriques.

**THÉORÈME 11**

**Énoncé:** **L'axe de symétrie d'un triangle isocèle partage ce triangle en deux triangles isométriques.**

**Hypothèses:** *ABC* est un ▰.
*EB* est une ▰.

**Conclusion:** △ *ABE* ≅ ▰.

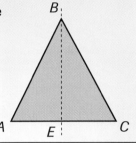

| AFFIRMATIONS | JUSTIFICATIONS |
|---|---|
| 1° On a: $\overline{AE}$ ≅ $\overline{CE}$. | 1° Car l'axe de symétrie *EB* est la médiatrice de $\overline{AC}$. |
| 2° De plus: ∠ *AEB* ≅ ∠ *CEB*. | 2° Car *EB* est une médiatrice, donc une ▰. |
| 3° Enfin: $\overline{EB}$ ≅ $\overline{EB}$. | 3° Car $\overline{EB}$ est un côté ▰ aux deux triangles. |
| 4° Donc: △ *AEB* ≅ △ *CEB*. | 4° En vertu de l'énoncé ▰. |

**13.** Dans les figures suivantes, les côtés et les angles marqués du même nombre de traits sont congrus. Dans chaque cas:

*a)* trouve une troisième paire d'éléments congrus et donne l'énoncé qui justifie ton affirmation;

*b)* indique ensuite, en notation symbolique, quel théorème te permet de conclure que les triangles sont isométriques.

1)

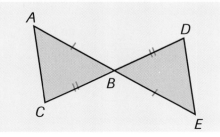

2)

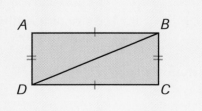

3)

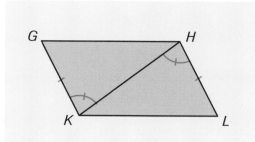

4)

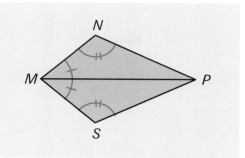

**14.** Dans chaque cas, indique si l'on peut conclure que les triangles *ABC* et *DEF* sont isométriques.

**a)** m $\overline{AB}$ = m $\overline{EF}$, m $\overline{BC}$ = m $\overline{DE}$ et m $\angle B$ = m $\angle E$;

**b)** m $\overline{AB}$ = m $\overline{EF}$, m $\overline{BC}$ = m $\overline{DE}$ et m $\angle B$ = m $\angle D$.

**15.** Ce schéma montre l'angle de tir au but d'un ailier gauche.

**a)** Décris la position de la rondelle pour qu'un ailier droit ait le même angle de tir au but.

**b)** Démontre que les deux triangles ainsi formés sont isométriques.

**16.** On joint les extrémités de deux cordes congrues au centre d'un cercle. Sur quel théorème peut-on s'appuyer pour affirmer que les deux triangles ainsi formés sont isométriques?

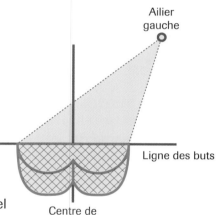

*Jocelyn Thibault, gardien de buts du Canadien en 1996.*

 ► FORUM

Discutez de la véracité des énoncés suivants en vous basant sur les théorèmes symbolisés par CCC, CAC ou ACA.

**a)** Deux triangles équilatéraux qui ont une paire de côtés congrus sont isométriques.

**b)** Deux triangles isocèles qui ont une paire de côtés congrus sont isométriques.

**c)** Deux triangles rectangles dont l'hypoténuse est de même longueur sont isométriques.

# APPLICATIONS DES TRIANGLES ISOMÉTRIQUES

## Des déductions

On peut utiliser les triangles isométriques pour démontrer d'**autres énoncés** et également pour **déduire la mesure** de certains éléments de ces triangles.

***a)*** Explique comment on peut utiliser l'énoncé CAC pour déduire que les diagonales d'un rectangle sont congrues.

***b)*** Explique comment un constructeur de maisons peut utiliser les diagonales pour s'assurer que les fondations sont rectangulaires.

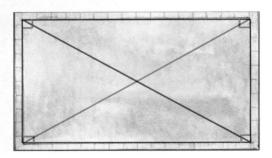

***c)*** Deux motoneigistes quittent le chalet en sens opposé sur une même route qui va d'est en ouest. Elles roulent toutes deux à la même vitesse. Six minutes plus tard, l'une emprunte un sentier qui se dirige vers le sud et l'autre un sentier qui se dirige vers le nord. Deux kilomètres plus loin, chacune arrête son véhicule. Si la première est à 4,5 km du chalet, à quelle distance se trouve l'autre ? Justifie ta réponse.

Ainsi, il est possible de **démontrer d'autres énoncés** ou de **déduire des mesures** simplement en montrant que deux triangles sont isométriques.

La démarche à privilégier est la suivante :

1° démontrer que deux triangles sont isométriques en utilisant les énoncés CCC, CAC ou ACA ;

2° déduire la congruence des autres éléments homologues en s'appuyant sur l'énoncé suivant : **« Dans les figures isométriques, tous les éléments homologues sont congrus. »**

**1.** Complète la démonstration de l'énoncé suivant.

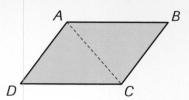

**THÉORÈME 12**

**Énoncé :** **Les angles opposés d'un parallélogramme sont congrus.**

**Hypothèses :** *ABCD* est un ▬▬.
$\angle$ *B* est opposé à $\angle$ *D*.

**Conclusion :** $\angle$ *B* $\cong$ $\angle$ *D*.

| AFFIRMATIONS | JUSTIFICATIONS |
|---|---|
| 1° Traçons la diagonale *AC*. | 1° Afin d'obtenir deux triangles. |
| 2° Dans ces deux triangles, on a : $\overline{AB} \cong \overline{CD}$ $\overline{BC} \cong \overline{DA}$. | 2° Les côtés opposés d'un parallélogramme sont ▬▬ deux à deux. |
| 3° De plus : $\overline{AC} \cong \overline{CA}$. | 3° Car ce côté est ▬▬. |
| 4° Et, par conséquent : $\triangle ABC \cong \triangle CDA$. | 4° En vertu de ▬▬. |
| 5° On peut donc affirmer que : $\angle B \cong \angle D$. | 5° Dans les triangles isométriques, les éléments homologues sont ▬▬. |

**2.** Complète la démonstration suivante.

**THÉORÈME 13**

**Énoncé :** **Dans un cercle, deux angles au centre congrus déterminent des cordes congrues.**

**Hypothèse :** Les angles *AOB* et *COD* sont des angles au centre ▬▬.

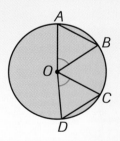

**Conclusion :** ▬▬

| AFFIRMATIONS | JUSTIFICATIONS |
|---|---|
| 1° On a : $\overline{AO} \cong \overline{BO} \cong \overline{CO} \cong \overline{DO}$. | 1° Les rayons d'un même cercle sont ▬▬. |
| 2° De plus : $\angle AOB \cong \angle COD$. | 2° D'après ▬▬. |
| 3° D'où : $\triangle AOB \cong$ ▬▬. | 3° En vertu de ▬▬. |
| 4° Donc : $\overline{AB} \cong \overline{CD}$. | 4° Dans les triangles isométriques, les éléments homologues sont ▬▬. |

**3.** Démontre, en faisant une preuve complète, les deux conjectures suivantes.

**a)**

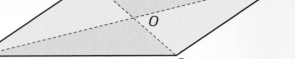
**THÉORÈME 14**

**Énoncé :** **Les diagonales d'un parallélogramme se coupent en leur milieu.**

**Hypothèses :** $ABCD$ est un ▓▓▓▓.
$\overline{AC}$ et $\overline{BD}$ sont des diagonales qui se coupent en $O$.

**Conclusion :** $\overline{OA} \cong \overline{OC}$ ;
$\overline{OB} \cong \overline{OD}$.

| AFFIRMATIONS | JUSTIFICATIONS |
|---|---|
| 1° Les $\triangle AOB$ et $\triangle COD$ sont isométriques. En effet : $\overline{AB} \cong$ ▓▓▓▓ ; $\angle OAB \cong$ ▓▓▓▓ ; $\angle OBA \cong$ ▓▓▓▓. | 1° En vertu de ▓▓▓▓. |
| 2° D'où : $\triangle AOB \cong$ ▓▓▓▓. | 2° … |
| 3° Donc $\overline{OA} \cong$ ▓▓▓▓ ; $\overline{OB} \cong$ ▓▓▓▓. | 3° … *Les côtés homologues sont congrus* |

**b)**

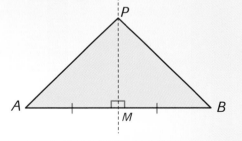
**THÉORÈME 15**

**Énoncé :** **Tout point d'une médiatrice d'un segment est également distant des extrémités du segment.**

**Hypothèse :** $PM$ est la ▓▓▓▓ du segment $AB$.

**Conclusion :** ▓▓▓▓.

| AFFIRMATIONS | JUSTIFICATIONS |
|---|---|
| 1° Les triangles $APM$ et $BPM$ sont isométriques. En effet : … … … | 1° En vertu de ▓▓▓▓. |
| 2° … | 2° … |
| 3° … | 3° … |

**4.** Les segments *AE* et *BD* se coupent en leur milieu.

   **a)** Détermine la mesure de ∠ *B* en donnant l'énoncé qui justifie ton calcul.

   **b)** En vertu de quel énoncé (CCC, ACA, CAC) les deux triangles sont-ils isométriques?

   **c)** Détermine m ∠ *D* et donne l'énoncé qui justifie ta réponse.

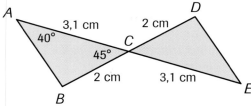

**5.** La figure *MNPQ* est un parallélogramme. Les diagonales se coupent en formant un angle de 60° et l'une d'elles forme un angle droit avec deux côtés.

   **a)** Détermine m $\overline{OM}$ et donne l'énoncé qui justifie ta réponse.

   **b)** Détermine m ∠ *NOP* et donne l'énoncé qui justifie ta réponse.

   **c)** En vertu de quel énoncé (CCC, ACA, CAC) les triangles *QOM* et *NOP* sont-ils isométriques?

   **d)** Donne la mesure de ∠ *OPN* et l'énoncé qui justifie ta réponse.

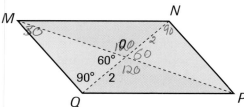

**6.** Les éléments de la figure ci-contre ont les mesures indiquées.

   **a)** Sur quel énoncé peut-on se baser pour affirmer que les triangles *ABX* et *SPX* sont isométriques?

   **b)** Détermine la mesure de $\overline{AX}$ et donne l'énoncé qui justifie ta réponse.

   **c)** Détermine m ∠ *AXB* et donne l'énoncé qui justifie ta réponse.

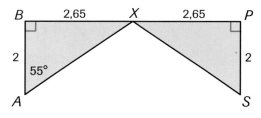

   **d)** Détermine m ∠ *PXS* et donne l'énoncé qui justifie ta réponse.

**7.** Dans la figure ci-dessous, le parallélogramme *ABDE* et le rectangle *BCEF* ont les mesures indiquées. Donne l'énoncé qui permet de déduire:

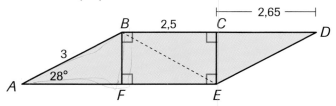

   **a)** la mesure de ∠ *CDE*;

   **b)** la mesure de ∠ *ABF*;

   **c)** que les triangles *ABF* et *DEC* sont isométriques;

   **d)** la mesure de $\overline{AF}$;

   **e)** la mesure de $\overline{BF}$;

   **f)** l'aire du rectangle *FBCE*;

   **g)** l'aire du parallélogramme *ABDE*;

   **h)** la longueur de la diagonale *BE*.

**8.** On sait que le losange est un parallélogramme dont les quatre côtés sont congrus; on sait aussi que les diagonales d'un parallélogramme se coupent en leur milieu.

**a)** Quel énoncé permet de conclure que les triangles *AOB* et *AOD* sont isométriques?

**b)** Démontre maintenant que les diagonales du losange se coupent perpendiculairement.

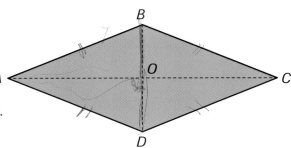

**9.** On joint les deux extrémités de la base d'un triangle isocèle au milieu des deux côtés congrus. Démontre que ces deux segments sont congrus.

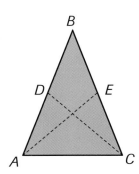

**10.** Un cerf-volant est un quadrilatère qui a deux paires de côtés consécutifs congrus et des côtés opposés non congrus. Démontre qu'un cerf-volant a deux angles opposés congrus.

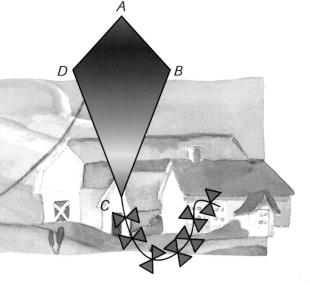

► FORUM

Voici deux énoncés. Essayez de trouver des raisons qui pourraient convaincre les autres élèves qu'ils sont vrais.

**a)** Deux triangles rectangles dont les hypoténuses sont congrues et qui ont une paire de cathètes congrues sont isométriques.

**b)** Deux triangles rectangles dont les hypoténuses sont congrues et qui ont une paire d'angles aigus congrus sont isométriques.

Dans un plan, les **isométries** sont les transformations qui conservent les **distances** entre les points.

On distingue quatre types d'isométries : les **translations,** les **rotations,** les **réflexions** et les **symétries glissées.**

**Composer** ces isométries, c'est les faire suivre l'une à la suite de l'autre. Le résultat est appelé la **composée.** Cette composée est elle-même une **isométrie** puisque les distances entre les points sont conservées.

On identifie le type d'isométrie entre deux figures en observant l'**orientation** des figures et les **traces** des sommets des deux figures.

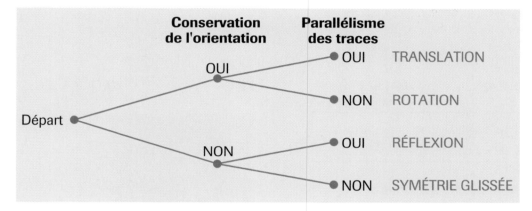

Les isométries engendrent les **figures isométriques.** À cause de la conservation des distances entre les points, les isométries assurent que les **figures isométriques** ont les **mêmes mesures d'angles** et les **mêmes mesures de côtés.**

Deux figures sont isométriques si elles sont associées par une isométrie ou si elles ont les mêmes mesures d'angles et les mêmes mesures de côtés.

Cependant dans le cas de deux triangles, il n'est pas nécessaire de vérifier la congruence de ces six paires d'éléments homologues. Ces conditions minimales assurent l'isométrie de deux triangles :

• **Deux triangles qui ont tous leurs côtés homologues congrus sont nécessairement isométriques. (CCC)**

• **Deux triangles qui ont une paire d'angles homologues congrus compris entre des côtés homologues congrus sont nécessairement isométriques. (CAC)**

• **Deux triangles qui ont une paire de côtés homologues congrus compris entre des angles homologues congrus sont nécessairement isométriques. (ACA)**

On utilise fréquemment ces conditions minimales pour **prouver d'autres énoncés géométriques** très utiles et **résoudre des problèmes de déduction de mesures.**

**1** Indique vers quelle valeur tend la fraction donnée lorsque $x$ prend des valeurs de plus en plus grandes.

**a)** $\dfrac{1}{x}$      **b)** $x^2$      **c)** $\dfrac{x}{x}$      **d)** $x^{-1}$

**2** Énonce les règles des signes de la division.

**3** Si $a = {}^-8$ et $b = {}^-6$, calcule mentalement la valeur numérique représentée par l'expression donnée.

**a)** $\dfrac{a + b}{ab}$      **b)** $\dfrac{a + b}{a - b}$      **c)** $(a + b)(a - b)$      **d)** $ab \div {}^-a$

**e)** $\dfrac{2a + b}{a - 2b}$      **f)** $\dfrac{2a + 2b}{2a - 2b}$      **g)** $\dfrac{a + 2b}{2ab}$      **h)** $\dfrac{3a + 3b}{3ab}$

**4** Sachant que $(a + b)^2 = a^2 + 2ab + b^2$, calcule mentalement la valeur de :

**a)** $(20 + 4)^2$      **b)** $(30 + 6)^2$      **c)** $(40 + 4)^2$      **d)** $(100 + 2)^2$

**5** Estime combien de temps il faut pour dire 10 000 fois ton nom.

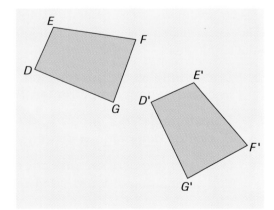

**6** On estime qu'une personne sur 7 personnes de sexe masculin est daltonienne. Combien de personnes de sexe masculin sont daltoniennes sur un groupe de 100 personnes prises au hasard ?

**7** Identifie l'isométrie qui associe chacune des paires de figures isométriques suivantes.

**a)**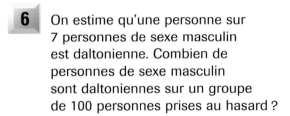

**b)**

**8** Quelle isométrie est le résultat de chacune des compositions suivantes ?

**a)** $t_{(2, 4)} \circ t_{(3, -5)}$      **b)** $s_x \circ sg_{(x, 5, 0)}$      **c)** $r_{(O, -45°)} \circ r_{(O, -135°)}$      **d)** $s_x \circ s_y$

# Feuille de travail 14 ............

**9** Identifie et décris précisément l'isométrie correspondant à chacune des composées.

**a)**

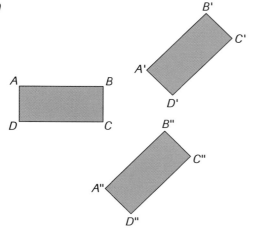

**b)**

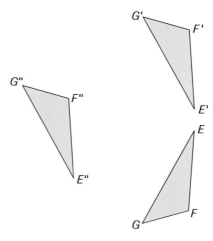

**c)**

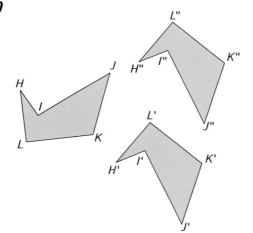

**d)**

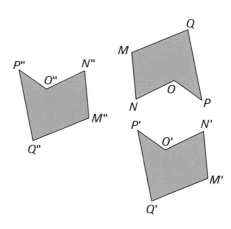

**10** Dans chacun des exercices suivants, trouve l'image de la figure initiale par la composition d'isométries donnée, puis trouve l'isométrie unique qui applique la figure initiale sur son image finale.

**a)** $s_2 \circ s_1$

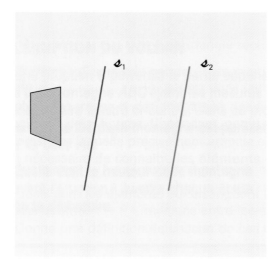

**b)** $sg_2 \circ sg_1$

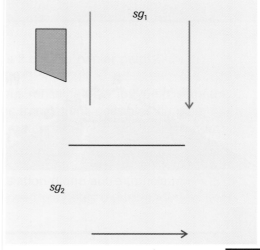

**11** Pourquoi la composée d'une translation et d'une réflexion ne peut-elle être ni une rotation ni une translation?

**12** Si la longueur d'une translation est différente de 0, la composée ⨼ o *t* peut-elle être autre chose qu'une symétrie glissée? Si oui, dans quel cas?

**13** Si la longueur d'une translation est différente de 0, la composée *sg* o *t* peut-elle être autre chose qu'une symétrie glissée? Si oui, dans quel cas?

**14** Pourquoi la composée *t* o *r* ne peut-elle être ni une réflexion ni une symétrie glissée?

**15** Les figures suivantes possèdent les mesures et les propriétés décrites. Indique si les triangles donnés sont isométriques. Si oui, justifie ta réponse.

*a)*

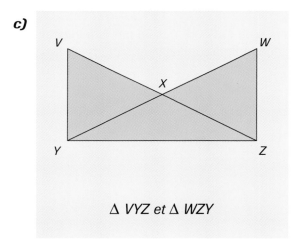

△ MNR et △ TQS

m ∠ MNR = m ∠ TQS
m $\overline{MN}$ = m $\overline{TQ}$
m $\overline{NR}$ = m $\overline{QS}$

*b)*

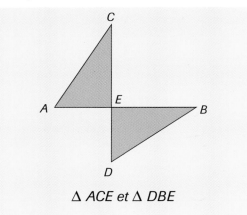

△ ACE et △ DBE

$\overline{AB}$ ⊥ $\overline{CD}$
m ∠ CAE = m ∠ BDE
m $\overline{AE}$ = m $\overline{DE}$

*c)*

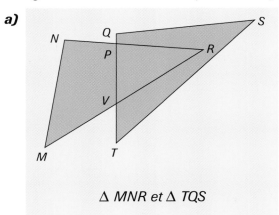

△ VYZ et △ WZY

m $\overline{XY}$ = m $\overline{XV}$ = m $\overline{XW}$ = m $\overline{XZ}$
m $\overline{VY}$ = m $\overline{WZ}$

*d)*

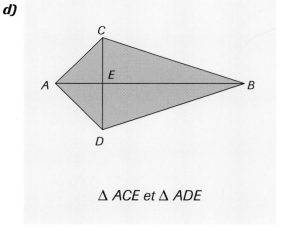

△ ACE et △ ADE

$\overline{CD}$ ⊥ $\overline{AB}$
*E* est le milieu de $\overline{CD}$.

**16**

Des maçons ont monté un mur en utilisant quatre couleurs de briques. Ils ont formé les triangles ADF et CGE rectangles en D et G respectivement. Ils ont respecté les mesures suivantes :

$$\text{m } \overline{DE} = \text{m } \overline{EF} = \text{m } \overline{FG} = 2 \text{ m}$$
$$\text{m } \overline{AD} = \text{m } \overline{CG} = 3 \text{ m}$$
$$\text{m } \angle DAF = 53°$$

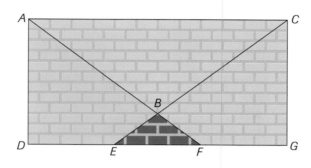

**a)** Les triangles *ADF* et *CGE* sont-ils isométriques ? Pourquoi ?

**b)** Quelle est la mesure de l'angle *ECG* ? Justifie ta réponse.

**c)** Calcule m $\overline{EC}$ et m $\angle CEG$. Justifie les résultats obtenus.

**d)** Les quadrilatères *ABED* et *CBFG* sont-ils isométriques ? Pourquoi ?

**e)** Le triangle *EBF* est-il isocèle ? Pourquoi ?

**17** Dans la figure ci-contre, *C* est le milieu de $\overline{BD}$ et $\overline{AB} \text{ // } \overline{DE}$. De plus, les points *A*, *C* et *E* sont alignés. Justifie chacune des affirmations suivantes :

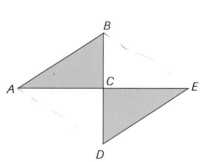

**a)** m $\angle ACB$ = m $\angle ECD$    **b)** m $\angle ABC$ = m $\angle EDC$

**c)** $\triangle ABC \cong \triangle EDC$    **d)** m $\overline{AC}$ = m $\overline{CE}$

**e)** Le point *C* est aussi le milieu de $\overline{AE}$.

**18** Dans la figure ci-contre, l'angle *BAC* mesure 42°, *AD* est la bissectrice de cet angle. Le point *D* est situé à 6 cm de *A*. Le segment *BD* est perpendiculaire à $\overline{AB}$ et mesure 2,15 cm. De plus, $\overline{CD}$ est perpendiculaire à $\overline{AC}$.

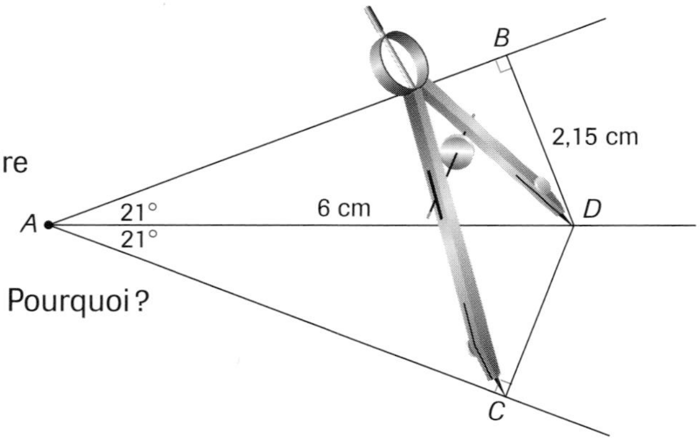

**a)** Les triangles *BAD* et *CAD* sont-ils isométriques ? Pourquoi ?

**b)** Quelle est la mesure de $\overline{CD}$ ? Justifie ta réponse.

**c)** Quelle est la mesure de $\overline{AC}$ ? Justifie ta réponse.

**19** Deux triangles rectangles ont chacun une hypoténuse de 13 cm et une cathète de 12 cm.

*a)* Démontre que ces deux triangles sont isométriques.

*b)* Deux triangles rectangles qui ont deux côtés quelconques congrus sont-ils toujours isométriques? Démontre ta réponse.

**20** On trace la médiane *AM* d'un triangle *ABC*.

On trace le segment *MD* qui a la même direction et la même longueur que la médiane.

On relie finalement le point *D* aux points *B* et *C*.

Donne les raisons qui permettent de conclure que m $\overline{AB}$ = m $\overline{CD}$.

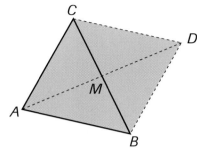

**21** **LE LOGO DE L'ORGANISATION**

Le logo d'une organisation internationale est formé d'un triangle équilatéral rouge. À l'intérieur de ce triangle est tracé un autre triangle blanc dont les sommets sont les milieux des côtés du grand triangle.

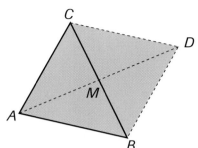

*a)* Le triangle blanc est-il équilatéral? Indique toutes les raisons qui justifient ta réponse.

*b)* Les petits triangles rouges et le triangle blanc sont-ils isométriques? Indique toutes les raisons qui justifient ta réponse.

*c)* Combien y a-t-il de parallélogrammes isométriques dans cette figure?

**22** **LE TERRAIN DE BASEBALL**

Au baseball, les trois buts et le marbre doivent être les sommets d'un carré.

Le préposé au terrain place les buts de façon à ce que la distance entre des buts consécutifs soit exactement 30 m. Peut-il être assuré que les buts sont correctement placés? Sinon, comment peut-il s'en assurer?

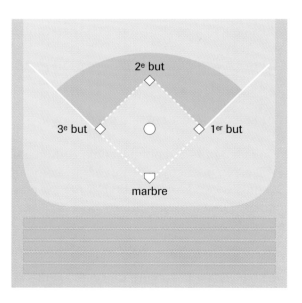

## 1. DEUX TRIANGLES

Dans chacun des cas, indique si les triangles *ABC* et *DEF* sont isométriques et justifie ta réponse. Construis rapidement ces deux triangles afin de bien voir la situation.

**a)** m $\overline{AB}$ = m $\overline{EF}$, m $\overline{BC}$ = m $\overline{FD}$ et m $\overline{AC}$ = m $\overline{DE}$

**b)** m $\overline{AB}$ = m $\overline{DE}$, m $\angle A$ = m $\angle D$ et m $\angle B$ = m $\angle E$

**c)** m $\overline{AB}$ = m $\overline{DE}$, m $\angle A$ = m $\angle F$ et m $\angle B$ = m $\angle D$

## 2. LES VÉLIPLANCHISTES

Andrée et Benoît préparent une compétition de planche à voile. Chaque course opposera deux véliplanchistes. *A* est le point de départ et *B* le point d'arrivée. Chaque véliplanchiste doit toutefois contourner la bouée qui marque son trajet.

Les deux trajets doivent avoir la même longueur. À l'aide d'un appareil, Andréa et Benoît déterminent deux angles congrus de part et d'autre de la ligne qui relie les points de départ et d'arrivée. Ensuite, ils placent chaque bouée à 200 m du point *B* dans les directions déterminées par les angles.

Sont-ils assurés que les deux trajets ont la même mesure? Justifie ta réponse.

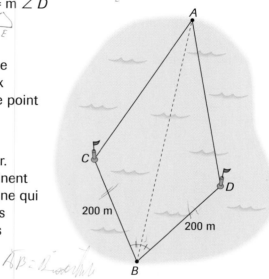

## 3. LA LARGEUR DE LA RIVIÈRE

Anne-Marie est placée au point *A*, face à un arbre situé de l'autre côté d'une rivière. Elle fait un quart de tour sur elle-même (90°) et avance d'une certaine distance jusqu'au point *B* où elle plante un piquet. Elle avance alors d'une distance égale à celle qu'elle vient de parcourir et se rend ainsi au point *C*. Elle tourne de nouveau de 90° et avance jusqu'à un point *D* qui est aligné avec le point *B* et l'arbre.

**a)** Quelle est la seule distance qu'Anne-Marie doit mesurer pour connaître la largeur de la rivière sans la traverser?

**b)** Justifie ta réponse à l'aide d'une preuve.

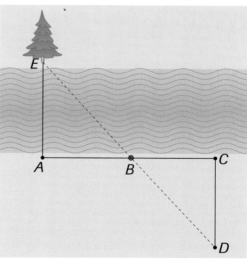

## 4. Démontre que dans un trapèze isocèle, les hauteurs abaissées des extrémités de la petite base sur la grande base déterminent deux triangles isométriques.

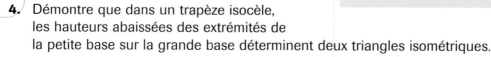

# TRANSFORMATIONS DANS L'ESPACE

## Un monde à trois dimensions

### Activité 1 : Une ville à construire

Ces figures représentées dans un plan sont les fondations des édifices d'une ville.

En introduisant une nouvelle dimension, on crée des figures de l'espace à trois dimensions. Ainsi, une ville est née.

La ville peut aussi être souterraine.

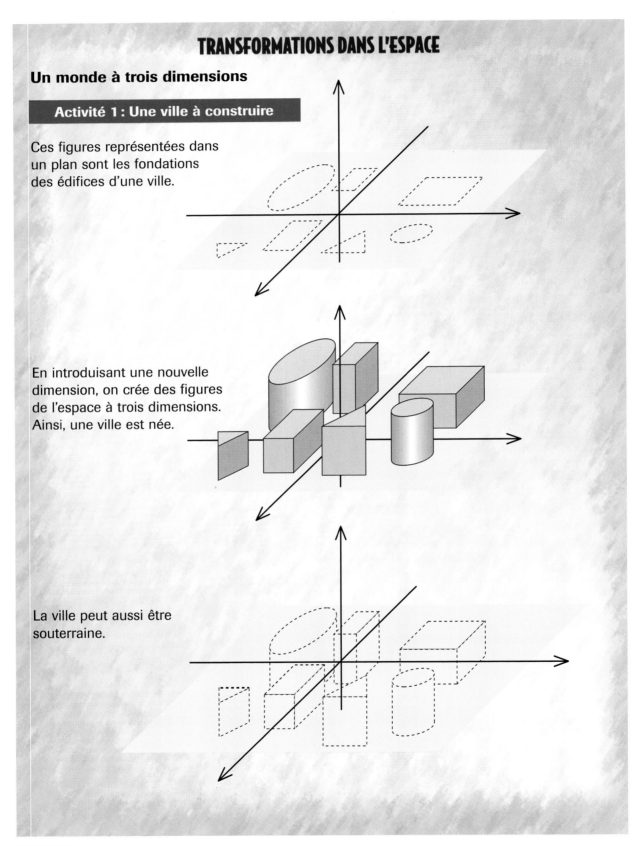

Il est possible de se repérer et de représenter les figures dans cet espace. Ainsi, en introduisant un troisième axe, on détermine trois plans qui partagent l'espace en huit parties. Chacune de ces parties est un **octant.**

Chaque point de l'espace peut être repéré à l'aide de trois nombres.

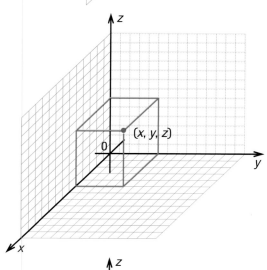

Ainsi, *P* a comme coordonnées (5, 8, 3): on avance alors de cinq unités sur l'axe des *x*; puis, on se déplace de huit unités parallèlement à l'axe des *y*; enfin, on s'élève de trois unités parallèlement à l'axe des *z*.

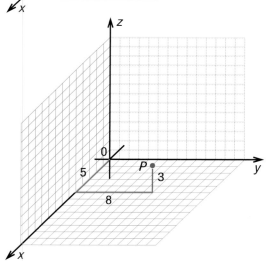

Pour un point de l'espace:

- l'**abscisse** correspond à une valeur de **l'axe des x;**

- l'**ordonnée** correspond à une valeur de **l'axe des y;**

- la **cote** correspond à une valeur de **l'axe des z.**

On connaît les transformations du plan. De la même façon, on peut imaginer des transformations de l'espace à trois dimensions. Certaines peuvent déformer les objets en ne conservant pas la distance entre les points. D'autres conservent la distance entre les points ; ce sont les **isométries.**

*a)* Dans chaque cas, on présente un solide et son image par une transformation dans l'espace. Détermine les transformations qui sont des isométries. (Il n'y a pas ici d'effet de perspective.)

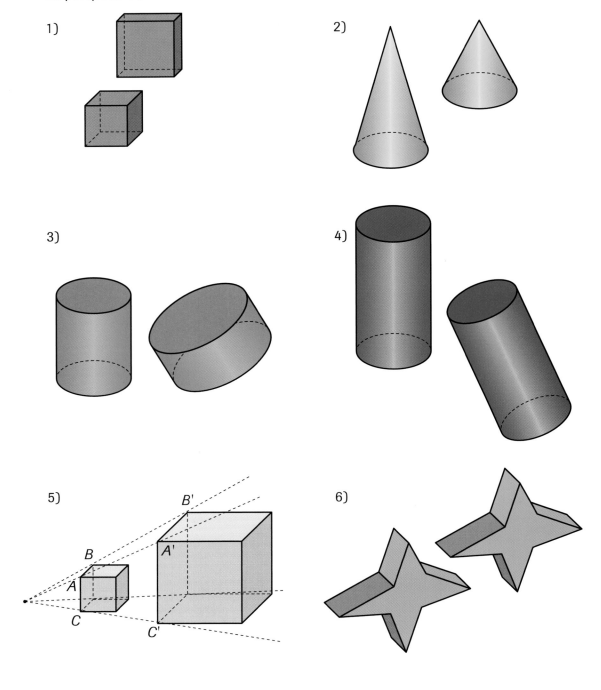

**b)** Quel type d'isométrie associe les deux solides donnés dans l'espace ?

1)

2)

3)

4)

5)

6)

7)

8)

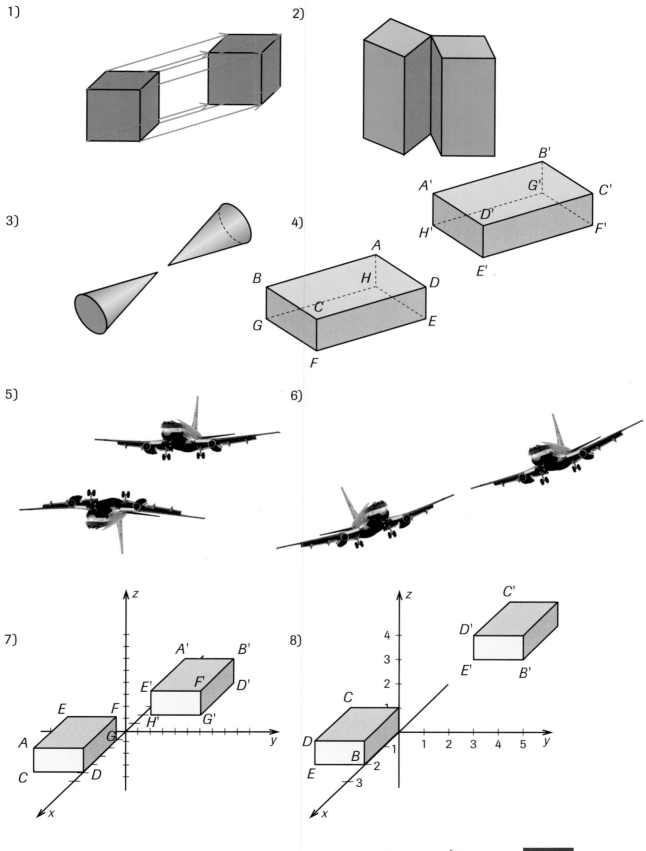

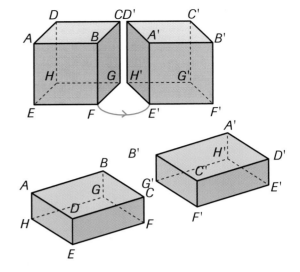

**c)** Analyse l'illustration et détermine si l'énoncé donné est vrai ou faux.

1) Une rotation dans l'espace est une rotation autour d'un axe.

2) Une réflexion dans l'espace est une réflexion par rapport à un plan.

**d)** Décris les mouvements qu'il faut effectuer pour porter le solide 1 en position du solide 2, si cela est possible.

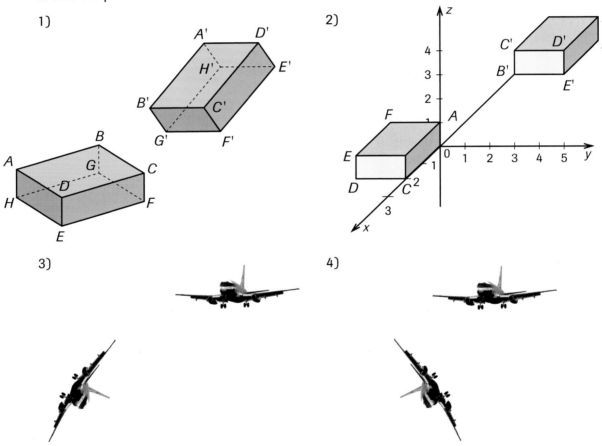

1)

2)

3)

4)

Toutes les transformations qui conservent les distances entre les points dans l'espace sont des isométries. Deux **solides** qui peuvent être mis en relation par une isométrie sont dits **isométriques.**

Les distances entre les points de l'espace étant conservées par les isométries, les **figures isométriques** ont nécessairement les **mêmes mesures** et particulièrement les mêmes **mesures d'arêtes,** la **même aire** pour chacune des faces homologues, la **même aire latérale,** la **même aire totale** et le **même volume.**

................................................

**1.** Décris les mouvements qui permettent de porter le solide 1 à la position du solide 2.

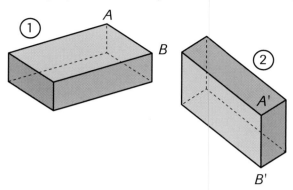

**2.** On effectue la réflexion du solide donné par rapport au plan de sa base. Dans chaque cas, décris le solide obtenu si l'on considère le solide initial et le solide image réunis :

    **a)** un cylindre ;          **b)** un prisme droit ;          **c)** une demi-boule.

**3.** Quelle définition peut-on proposer pour les solides isométriques ?

**4.** Quelles informations peut-on tirer du fait que des solides sont isométriques ?

**5.** Dans la figure ci-contre, l'image du point $A$ par une translation est le point $(1, 1, 1)$.

    **a)** Quelles sont les coordonnées de l'image de $B$ par cette translation ?

    **b)** Quelle est l'aire totale de l'image de ce prisme ?

    **c)** Quel est le volume de l'image de ce prisme ?

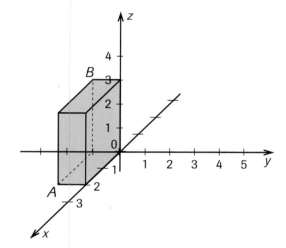

**6.** Trois cylindres sont isométriques. Le premier a un volume de $1000\pi$ cm³, et l'aire de la base du deuxième est de $200\pi$ cm². Quelle est la hauteur du troisième ? Justifie ta réponse.

**7.** Deux cônes isométriques ont respectivement une base dont l'aire est de 25 cm² et une hauteur de 10 cm. Quel est le volume de chacun ?

**8.** Deux pyramides droites à base carrée peuvent être mises en correspondance par une translation suivie d'une rotation suivie d'une réflexion. La hauteur de la première est de 12 cm. Le volume de la seconde est de 100 cm³.

    **a)** Quel est le périmètre de la base de la première pyramide ?

    **b)** Quelle est la mesure de l'apothème de la seconde pyramide ?

    **c)** Quelle est la mesure d'une arête latérale de la première pyramide ?

**9.** Vrai ou faux?

**a)** Deux solides isométriques ont nécessairement la même forme.

**b)** De deux solides isométriques, celui qui a la plus grande hauteur a le plus grand volume.

**10.** Sur une tablette d'épicerie se trouvent deux boîtes de conserve: l'une est posée à l'envers. Décris une isométrie qui peut les mettre en correspondance.

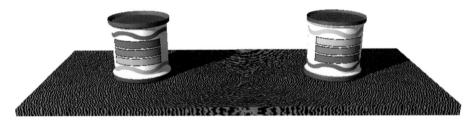

 ► FORUM

**a)**

On considère un prisme droit à base rectangulaire. On transforme ce solide de façon à diviser par deux sa hauteur mais à doubler sa largeur.

1) A-t-on modifié le volume du prisme?

2) Les deux solides sont-ils isométriques? Justifiez votre réponse.

**b)** On considère deux boules de même rayon dans l'espace. Combien d'isométries peuvent les mettre en correspondance dans cet espace? Justifiez votre réponse.

# UNE QUESTION D'AIRE ET DE VOLUME

## Activité 1 : Des figures équivalentes

Dans cette illustration, *AE* est parallèle à *MN*. Entre ces deux parallèles, on a construit plusieurs triangles en reliant un point de *AE* aux extrémités de $\overline{MN}$.

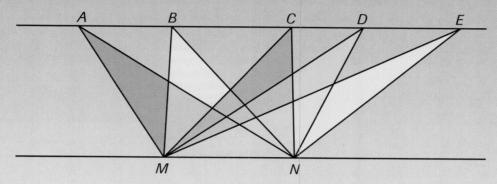

**a)** Peut-on affirmer que ces triangles sont isométriques ?

**b)** Quelles caractéristiques ces triangles ont-ils en commun ? Justifie ta réponse.

Voici plusieurs parallélogrammes de même base formés en utilisant deux droites parallèles.

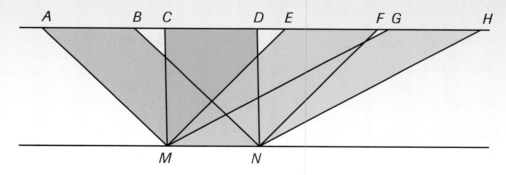

**c)** Ces parallélogrammes sont-ils isométriques ?

**d)** Quelle caractéristique ces parallélogrammes ont-ils en commun ?
Justifie ta réponse.

> Deux figures planes qui ont la même aire sont dites **équivalentes.**

De la même façon, on définit deux **solides équivalents** comme étant deux solides qui ont le **même volume.**

Il peut être intéressant de comparer le périmètre et l'aire de figures planes.

*a)* On a fixé deux clous. À l'aide d'une ficelle fermée, on forme divers triangles ayant une même base.

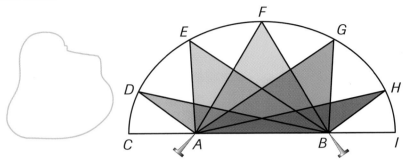

1) Que peut-on dire des périmètres de tous les triangles qu'il est possible de former?

2) Montre que ces triangles n'ont pas la même aire.

3) Quelle forme a le triangle qui a la plus grande aire?

*b)* Avec la même ficelle, on forme des rectangles. Supposons, pour cette expérience, que la ficelle mesure 18 cm.

1) Complète la table de valeurs suivante :

| Hauteur | Base | Aire = base • hauteur |
|---------|------|------------------------|
| $x$ | $9 - x$ | $Y_1 = x(9 - x)$ |
| 1 | 8 | 8 |
| 2 | 7 | 14 |
| 3 | ■ | ■ |
| 4 | ■ | ■ |
| 5 | ■ | ■ |
| 6 | ■ | ■ |
| 7 | ■ | ■ |
| 8 | ■ | ■ |
| 9 | ■ | ■ |

2) À l'aide d'une calculatrice, recherche pour quelle valeur de la base l'aire est maximale.

3) Quelle est la hauteur lorsque l'aire est maximale?

4) Quelle forme a le rectangle lorsque l'aire est maximale?

Après ces deux activités, il est logique de poser la conjecture suivante.

Pour un périmètre donné, la figure à *n* côtés qui a la plus grande aire est la figure régulière.

On pourrait vérifier que cette conjecture est vraie pour l'ensemble des polygones.

## Activité 3 : Une aire fixe

Un rectangle a une aire de 360 cm². On modifie les dimensions de ce rectangle de telle sorte que l'aire reste fixe. On recherche les dimensions du rectangle qui a le plus petit périmètre.

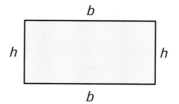

*a)* Voici une table de valeurs pour cette situation. Complète-la en utilisant une calculatrice.

Si $b = X$, $h = Y_1 = 360 \div b$
et $P = Y_2 = 2X + 2Y_1$.

| b | $h = 360 \div b$ | $P = 2b + 2h$ |
|----|----|----|
| 10 | ■ | ■ |
| 20 | ■ | ■ |
| 30 | ■ | ■ |
| 40 | ■ | ■ |
| 50 | ■ | ■ |
| 60 | ■ | ■ |
| 70 | ■ | ■ |

*b)* En diminuant le pas de variation de la variable indépendante sur l'intervalle où le périmètre semble avoir la plus petite valeur, recherche avec plus de précision le rectangle qui a le plus petit périmètre.

| b | $h = 360 \div b$ | $P = 2b + 2h$ |
|------|----|----|
| 18,5 | ■ | ■ |
| 18,6 | ■ | ■ |
| 18,7 | ■ | ■ |
| 18,8 | ■ | ■ |
| 18,9 | ■ | ■ |
| 19 | ■ | ■ |
| 19,1 | ■ | ■ |

*c)* Quelles sont les dimensions du rectangle qui a une aire de 360 cm² et, en même temps, le plus petit périmètre ?

*d)* Quelle conjecture pourrait-on émettre à la suite de cette expérience ?

On a calculé le périmètre de polygones réguliers convexes équivalents, c'est-à-dire ayant tous la même aire. La table de valeurs suivante présente ces données.

**a)**

Analyse cette table de valeurs.

| Polygone régulier | Nombre de côtés | Aire (en cm²) | Longueur d'un côté | Périmètre (en cm) |
|---|---|---|---|---|
| Triangle équilatéral | 3 | 120 | 16,647 | 49,941 |
| Carré | 4 | 120 | 10,954 | 43,818 |
| Pentagone régulier | 5 | 120 | 8,352 | 41,758 |
| Hexagone régulier | 6 | 120 | 6,796 | 40,777 |
| Heptagone régulier | 7 | 120 | 5,746 | 40,225 |
| Octogone régulier | 8 | 120 | 4,985 | 39,882 |
| Ennéagone régulier | 9 | 120 | 4,406 | 39,653 |
| Décagone régulier | 10 | 120 | 3,949 | 39,492 |
|  | 20 | 120 | 1,950 | 38,993 |
|  | 100 | 120 | 0,388 | 38,839 |
|  | 200 | 120 | 0,194 | 38,834 |
|  | 1000 | 120 | 0,039 | 38,8325 |
| ... | ... | 120 | ... | ... |
| Cercle | Infini | 120 | Infiniment petit | 38,832 518 |

**b)** Quelles conjectures cette table de valeurs t'inspire-t-elle ?

## Activité 5 : Prisme rectangulaire et volume

On peut également se poser bien des questions quant à l'aire totale et au volume de solides. En voici une des plus intéressantes qui se rapporte au monde de l'industrie.

On fabrique des boîtes de carton qui ont la forme de prismes rectangulaires. Quelles doivent être les dimensions de la boîte qui coûte le moins cher à fabriquer et qui possède le plus grand volume ?

**a)** Qu'est-ce qui peut faire varier le coût de fabrication d'une boîte de carton ?

**b)** On a fabriqué différents prismes rectangulaires ayant la même aire totale. Détermine celui qui a le plus grand volume. Les mesures sont en centimètres.

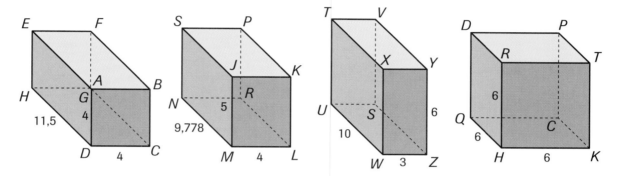

**c)** Imagine un autre prisme rectangulaire de dimensions différentes mais qui a également une aire totale de 216 cm².

1) Calcule son volume.

2) Du prisme que tu as dessiné et des autres prismes illustrés, lequel a le plus grand volume ?

**d)** Quelle conjecture t'inspire cette activité ?

**e)** Détermine le rayon de la boule dont l'aire totale est de 216 cm².

**f)** Calcule le volume de cette boule.

**g)** Quelle autre conjecture t'inspirent les deux dernières questions ?

## Activité 6 : Solides équivalents et aire totale

Sur le marché, les contenants ont des formes diverses. Plusieurs de ces formes sont équivalentes, c'est-à-dire qu'elles ont le même volume. Dans l'industrie, pour un volume donné, on recherche souvent les formes qui ont la plus petite aire totale.

**a)** Imagine trois prismes rectangulaires de même volume et recherche celui qui a la plus petite aire totale.

**b)** Compare le prisme que tu as trouvé à l'aire totale :

1) d'un cube de même volume ;            2) d'une boule de même volume.

**c)** Tire deux conjectures qui t'apparaissent vraies dans la présente activité.

Environ 250 ans av. J.-C., Archimède, un mathématicien grec, s'est intéressé particulièrement aux aires et aux volumes des corps ronds. Il compara entre autres les aires et les volumes du cône, du cylindre et de la sphère de même rayon et de même hauteur.

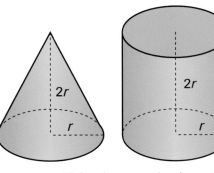
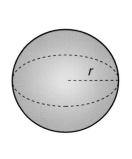

Lequel de ces trois solides a :

    1) la plus grande aire totale ?          2) le plus grand volume ?

Toutes les activités faites jusqu'à présent amènent à penser que les formes régulières minimisent ou maximisent les mesures d'aire ou de volume.

# Investissement 12

**1.** Voici trois figures régulières qui ont le même périmètre, soit 84 cm. Laquelle a la plus grande aire ? Justifie ta réponse.

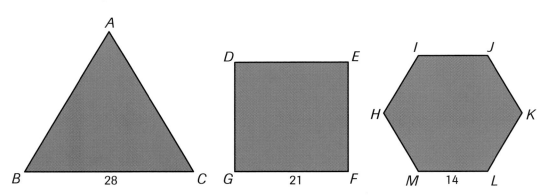

**2.** Voici trois figures régulières planes qui ont la même aire, soit 62,4 unités carrées. Laquelle de ces figures équivalentes a le plus petit périmètre ?

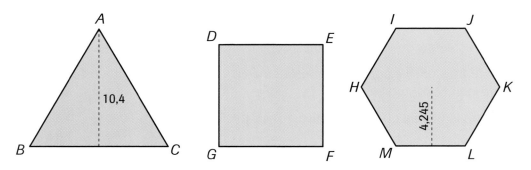

**3.** Le quadrilatère *ABCD* est un carré.

**a)** Quelle est l'aire:

1) du carré *ABCD*?

2) du triangle *EDB*?

**b)** Quel qualificatif peut-on donner à ces deux dernières figures?

**c)** Lequel du carré *ABCD* ou du triangle *EDB* a le plus petit périmètre? Justifie ta réponse.

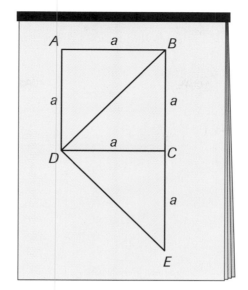

**4.** On a un prisme rectangulaire droit dont le volume est 36 cm³. Si les dimensions sont entières, on a les cas présentés dans la table ci-contre.

**a)** Calcule l'aire totale ($A_t$) de chacun.

**b)** Quelle conjecture ces calculs suggèrent-ils?

| Dimensions | $A_t$ |
|---|---|
| 1 x 1 x 36 | ■ |
| 1 x 2 x 18 | ■ |
| 1 x 3 x 12 | ■ |
| 1 x 4 x 9 | ■ |
| 1 x 6 x 6 | ■ |
| 2 x 2 x 9 | ■ |
| 2 x 3 x 6 | ■ |
| 3 x 3 x 4 | ■ |

**5.** Voici deux prismes, l'un droit et l'autre oblique.

**a)** Calcule le volume de chacun.

**b)** Lequel a la plus petite aire totale?

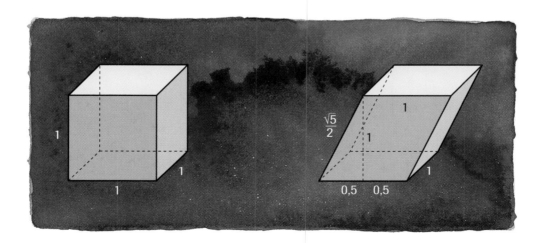

**6.** Cette table présente les dimensions de certains prismes rectangulaires.

**a)** Complète cette table.

| Longueur | Largeur | Hauteur | Volume | Aire totale |
|---|---|---|---|---|
| 10 | 10 | 10 | ■ | ■ |
| 5 | 20 | 10 | ■ | ■ |
| 5 | 8 | 25 | ■ | ■ |
| 8 | 10 | 12,5 | ■ | ■ |
| 5 | 40 | ■ | 1000 | ■ |
| 1 | 10 | ■ | 1000 | ■ |
| 1 | 1 | ■ | 1000 | ■ |
| 0,5 | 40 | ■ | 1000 | ■ |
| 1000 | 2 | ■ | 1000 | ■ |

**b)** Quel énoncé t'inspire cette table?

**7.** On considère toutes les possibilités entières pour les dimensions d'un prisme rectangulaire droit dont l'aire totale est 864 cm². 

| Dimensions | $A_t$ (en cm²) | Volume (en cm³) |
|---|---|---|
| 2 x 2 x 107 | 864 | 428 |
| 3 x 4 x 60 | 864 | 720 |
| 3 x 6 x 46 | 864 | 828 |
| 3 x 18 x 18 | 864 | 972 |
| 4 x 4 x 52 | 864 | 832 |
| 4 x 10 x 28 | 864 | 1120 |
| 4 x 12 x 24 | 864 | 1152 |
| 6 x 6 x 33 | 864 | 1188 |
| 6 x 7 x 30 | 864 | 1260 |
| 6 x 12 x 20 | 864 | 1440 |
| 8 x 8 x 23 | 864 | 1472 |
| 9 x 10 x 18 | 864 | 1620 |
| 12 x 12 x 12 | 864 | 1728 |

**a)** Analyse cette table et tire une conclusion.

**b)** Est-il possible de trouver un prisme rectangulaire dont le nombre exprimant l'aire totale soit le même que celui exprimant le volume?

**8.** On considère des prismes de 10 cm de hauteur ayant comme base un polygone régulier de 3, 4, 5, ..., *n* côtés et dont le périmètre est de 120 cm.

Analyse chaque colonne de cette table et tire une conclusion.

| Nombre de côtés | Mesure du côté | Aire de la base | Aire totale | Volume |
|---|---|---|---|---|
| 3 | 40 | 692,82 | 2585,64 | 6928,2 |
| 4 | 30 | 900 | 3000 | 9000 |
| 5 | 24 | 990,99 | 3181,98 | 9909,9 |
| 6 | 20 | 1039,23 | 3278,46 | 10 392 |
| 10 | 12 | 1107,97 | 3415,94 | 11 080 |
| 20 | 6 | 1136,48 | 3472,96 | 11 365 |
| 30 | 4 | 1141,72 | 3483,44 | 11 417 |
| *n* | 120/*n* | | | |

**9.** Une orange, une banane et un avocat ont le même volume. Lequel de ces fruits a la pelure la moins étendue? Justifie ta réponse.

**10.** On veut fabriquer un écrin plaqué or dont le volume est de 260 cm³.

*a)* Est-il préférable que l'écrin ait la forme d'une boule, d'un cylindre ou d'un prisme? Justifie ta réponse.

*b)* Quelle quantité d'or sera nécessaire pour fabriquer l'écrin si 1 g d'or couvre 100 cm²?

**11.** Une firme veut mettre sur le marché une nouvelle sorte de farine. Au cours d'une réunion de production, on décide de la forme que devrait avoir la boîte. Il s'agit d'un format contenant 2000 cm³ de farine.

*a)* La comptable avance que le contenant devrait avoir l'aire totale la plus petite possible compte tenu du prix du matériau que l'on désire utiliser pour fabriquer la boîte. Quelle forme remplit cette condition?

*b)* Pour une question de commodité, on doit s'en tenir à une boîte ayant la forme d'un prisme rectangulaire. Quelles doivent être les dimensions du contenant?

*c)* Le directeur du marketing indique qu'une enquête menée auprès de 500 consommateurs et consommatrices démontre qu'ils préfèrent les boîtes qui ne sont pas trop larges, soit de 10 cm ou moins. Quelles dimensions devrait-on privilégier dans ce dernier cas?

**12.** On possède six punaises. On trace un plan cartésien dont chacun des axes est gradué en centimètres. On place une punaise au point (0, 0) et une autre au point (2, 0). On veut construire un polygone dont l'aire est $6\sqrt{3}$ cm² et dont le périmètre est le plus petit possible. Donne les coordonnées des points où l'on doit placer les quatre autres punaises.

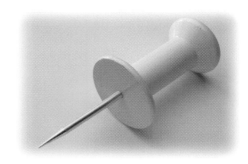

**13.** Marina fabrique des monuments de neige pour le carnaval. Elle utilise un seau de 20 l dans lequel elle mélange de la neige et de l'eau. Elle a sculpté différentes formes en utilisant pour chacune le contenu complet d'un seau : une boule, un tétraèdre régulier, un cube, un cône et un cylindre. Elle peint ensuite ces formes de différentes couleurs. Quel solide nécessitera la plus petite quantité de peinture ? Justifie ta réponse.

 ► FORUM

Déterminez les dimensions entières des solides donnés sachant que le nombre exprimant leur volume est le même que celui exprimant leur aire totale.

**a)** Sphère (1 solution)

**b)** Cône (2 solutions)

**c)** Cylindre (3 solutions)

**d)** Prisme rectangulaire droit (10 solutions)

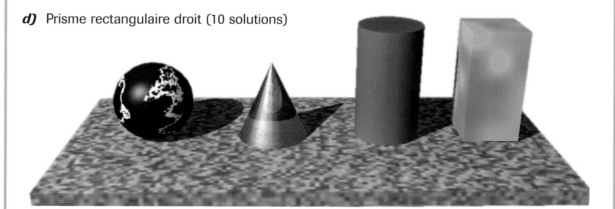

Monsieur de Fermat, on vous surnomme le Prince des Amateurs. Expliquez-nous pourquoi !

On m'a donné le titre d'amateur parce que les mathématiques ont toujours été mon passe-temps favori. Ma profession d'avocat, puis de juge, me laissait suffisamment de temps pour « jouer » avec les mathématiques. Je n'étais pas intéressé à produire des écrits et je cherchais surtout à m'amuser avec les nombres. C'est ainsi que j'ai conçu, dans mes temps libres, la théorie des nombres.

Les historiens vous considèrent pourtant comme le plus grand mathématicien du XVIIe siècle !

J'étais passionné par les mathématiques et je me suis intéressé à plusieurs sujets. Ainsi, j'ai créé avec Pascal la théorie de la probabilité. Je suis aussi, avec Descartes, l'un des fondateurs de la géométrie analytique. Mais c'est surtout l'étude des nombres entiers qui est à la base de ma renommée.

Vous avez écrit un seul manuscrit, signé d'un pseudonyme. Pour quelle raison ?

Je ne cherchais pas la célébrité et je préférais faire part de mes travaux dans des lettres à mes amis ou à des mathématiciens avec qui je correspondais. Mais la plupart de mes découvertes se retrouvent dans les marges des livres de mathématiques que j'annotais lorsque me venait une idée intéressante. Après ma mort, mon fils Clément Samuel a réuni les lettres que mes correspondants avaient gardées ainsi que mes notes. Puis, il les a publiées.

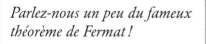

Parlez-nous un peu du fameux théorème de Fermat !

Il s'agit d'une note que j'ai laissée en marge dans un livre de Diophante : Arithmétique. Il y avait un problème qui consistait à trouver des carrés qui sont la somme de deux autres carrés. Cela m'a amené à découvrir qu'on ne peut avoir de solution entière à l'équation $x^n + y^n = z^n$ pour $n > 2$. J'ai alors noté ceci : « J'ai trouvé une merveilleuse démonstration de cette proposition, mais je ne peux l'écrire dans cette marge car elle est trop longue. » Par la suite, on a voulu trouver cette démonstration !

> *Vous avez soulevé toute une polémique qui a duré plus de 300 ans !*

> *En effet ! Euler, 100 ans plus tard, réussit à démontrer le théorème pour n = 3. Par la suite, plusieurs ont essayé, mais sans succès, de le démontrer. C'est Kummer, en 1847, qui fit le plus avancer la recherche de la démonstration de ce théorème. Plusieurs concours furent lancés pendant trois siècles, mais personne ne réussit une démonstration sans faille. En 1993, Andrew Wiles affirma avoir une démonstration parfaite, mais on constata par la suite qu'il y avait des erreurs dans sa démonstration. C'est en 1995 seulement qu'on proposa une démonstration qui fut jugée acceptable.*

Pierre de Fermat est un mathématicien français qui mérite amplement d'être reconnu comme le plus grand mathématicien de son siècle. La théorie moderne des nombres qu'il a développée lui mérite, à elle seule, le droit d'être immortalisé dans l'histoire des mathématiques.

En travaillant sur les nombres premiers, Fermat a observé que certains nombres premiers impairs sont le résultat de la somme de deux carrés parfaits (ex.: $5 = 1 + 4$ ou $17 = 1 + 16$). Cependant, ce n'est pas le cas pour tous les nombres premiers impairs (ex.: 7 ou 11). En poursuivant ses recherches, il a découvert une propriété commune à tous les nombres premiers impairs qui peuvent s'exprimer sous la forme de la somme de deux carrés parfaits.

***a)*** Complète le tableau ci-dessous afin de découvrir la propriété commune aux nombres premiers impairs qui peuvent s'exprimer sous la forme de la somme de deux carrés parfaits. Donne la propriété découverte.

| Nombre premier | Somme | Nombre premier | Somme |
|---|---|---|---|
| 3 | Non | 19 | Non |
| 5 | 1 + 4 | 23 | Non |
| 7 | Non | 29 | 4 + 25 |
| 11 | Non | 31 | Non |
| 13 | 4 + 9 | 37 | 1 + 36 |
| 17 | 1 + 16 | 41 | 16 + 25 |

***b)*** En utilisant la propriété observée par Fermat, détermine si les nombres premiers suivants sont le résultat de l'addition de deux carrés parfaits. Si oui, donne ces deux nombres carrés.

1) 5077          2) 2803          3) 8081          4) 4019

# MES PROJETS

## Projet 1   L'art de décorer

Invente un motif et, à l'aide des isométries, crée un papier peint ou une courtepointe en vue d'une exposition sur le thème de la décoration intérieure.

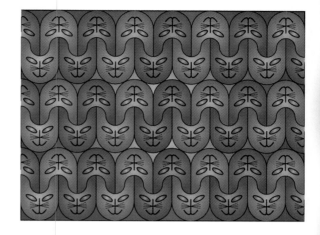

## Projet 2   Des dessins à la manière de Escher

En t'inspirant du principe des constructions de Escher, invente un dessin.

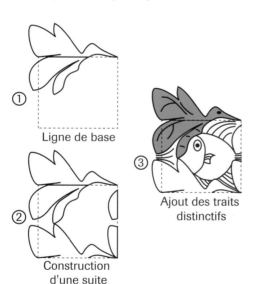

① Ligne de base

② Construction d'une suite

③ Ajout des traits distinctifs

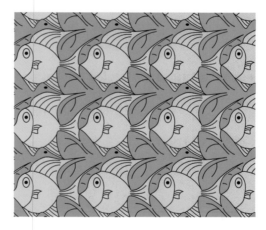

## Projet 3   Pourquoi une telle figure ?

Quand on joint les milieux des côtés consécutifs d'un quadrilatère, on obtient un autre quadrilatère.

Fais une étude complète de cette situation. Indique quelles sortes de quadrilatères on obtient selon que le quadrilatère de base est un quadrilatère quelconque, un trapèze non isocèle, un trapèze isocèle, un parallélogramme, un losange, un cerf-volant, un rectangle ou un carré.

Illustre ta présentation d'exemples, les plus différents possible. Tire des conclusions et justifie-les.

# JE CONNAIS LA SIGNIFICATION DES EXPRESSIONS SUIVANTES :

**Isométrie :** transformation du plan ou de l'espace qui conserve les distances entre les points.

**Composition :** opération qui consiste à faire suivre des transformations.

**Composée :** transformation unique résultant de la composition de deux transformations.

**Figures ou solides isométriques :** figures ou solides mis en correspondance par une isométrie ou ayant les mêmes mesures.

**Définition :** énoncé décrivant la nature des objets à l'aide de caractéristiques essentielles.

**Axiome :** énoncé considéré comme évident et accepté comme vrai.

**Conjecture :** énoncé qui peut être vrai mais qui n'a pas été prouvé.

**Théorème :** énoncé qui a été prouvé à l'aide d'un raisonnement déductif à partir de définitions, d'axiomes ou de théorèmes déjà démontrés.

**Réciproque :** énoncé qui affirme en hypothèse la conclusion d'un autre énoncé et vice-versa.

**Contre-exemple :** exemple qui démontre qu'une conjecture est fausse.

**Angles correspondants :** deux angles n'ayant pas le même sommet, formés par deux droites et une sécante à ces droites, et qui sont situés du même côté de la sécante, l'un entre les deux autres droites, l'autre à l'extérieur de ces droites.

**Angles alternes-internes :** deux angles n'ayant pas le même sommet, formés par deux droites et une sécante à ces droites, qui sont situés de part et d'autre de la sécante et qui sont tous les deux à l'intérieur des deux autres droites.

**Angles alternes-externes :** deux angles n'ayant pas le même sommet, formés par deux droites et une sécante à ces droites, qui sont situés de part et d'autre de la sécante et qui sont tous les deux à l'extérieur des deux autres droites.

**Figures équivalentes :** figures planes ayant la même aire.

**Solides équivalents :** solides ayant le même volume.

**Cote :** troisième coordonnée d'un point de l'espace qui permet de situer un point par rapport à un plan.

# Réflexion 6

## LES SYSTÈMES D'ÉQUATIONS À DEUX VARIABLES

### Les grandes idées

▶ Systèmes d'équations du premier et du second degré à deux variables.

▶ Résolution par table de valeurs.

▶ Résolution graphique.

▶ Résolution algébrique : comparaison, substitution et réduction.

▶ Interprétation et justification.

### Objectif terminal

▶ Résoudre des problèmes à l'aide d'un système d'équations à deux variables.

### Objectifs intermédiaires

▶ Traduire une situation par un système de deux équations du premier degré à deux variables.

▶ Résoudre graphiquement et algébriquement un système de deux équations du premier degré à deux variables.

▶ Traduire une situation par un système de deux équations, l'une du premier degré à deux variables et l'autre du second degré à deux variables.

▶ Résoudre graphiquement et algébriquement un système de deux équations, l'une du premier degré à deux variables et l'autre du second degré à deux variables.

## DÉFINITION DE SYSTÈME LINÉAIRE

### Les deux vidéoclubs

Dans une municipalité, deux vidéoclubs
se disputent la clientèle. Au club A,
la carte de membre est gratuite
et la location d'un film coûte 4 $.
Au club B, on exige des frais d'adhésion
de 20 $ et les films y sont loués 3 $ chacun.

**a)** Kilan a loué 11 films depuis qu'il a adhéré
au club A. Combien a-t-il payé pour louer
ces films?

**b)** Combien cela lui aurait-il coûté s'il s'était
inscrit au club B plutôt qu'au club A?

**c)** Combien coûte la location de 24 films
dans chaque commerce?

**d)** Lequel des deux clubs est le plus avantageux pour Kilan s'il loue environ 30 films par année?

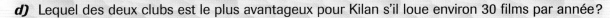

Il est fréquent dans la vie d'avoir à comparer
deux fonctions différentes provenant de situations
analogues afin de faire le meilleur choix ou de
prendre la meilleure décision.

Ces situations nous amènent à comparer
deux variables dont les valeurs dépendent
d'une même variable indépendante.

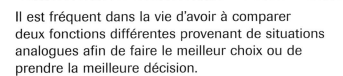

| | Même variable indépendante | Deux variables dépendantes différentes | |
|---|---|---|---|
| | **X** | **Y₁** | **Y₂** |
| | Nombre de films loués | Coûts au club A | Coûts au club B |

*C'est en 1956 que le premier magnétoscope,
l'Ampex, a été mis au point aux États-Unis. Cet
appareil est utilisé pour l'enregistrement magnétique
d'images captées par une caméra de télévision
ou un téléviseur et reproduites ensuite sur un écran
de télévision.*

**e)** Complète la table de valeurs ci-dessous qui met en parallèle
les coûts dans chaque club selon le nombre de films loués.

**Location de films**

| Nombre de films loués | 0 | 5 | 10 | 15 | 20 | 25 | 30 | 35 |
|---|---|---|---|---|---|---|---|---|
| Coûts au club A (en $) | ■ | ■ | ■ | ■ | ■ | ■ | ■ | ■ |
| Coûts au club B (en $) | ■ | ■ | ■ | ■ | ■ | ■ | ■ | ■ |

**f)** À partir des taux de variation et des valeurs initiales, donne l'équation de chaque
fonction en utilisant la même variable $n$ pour le nombre de films, et $C_A$ et $C_B$ pour
les coûts respectifs aux clubs A et B:

$$C_A = \rule{3cm}{0.4cm}$$
$$C_B = \rule{3cm}{0.4cm}$$

Lorsqu'on compare des variables dépendantes sur la base d'une même variable indépendante, on obtient un ensemble de **deux ou plusieurs équations** qu'on appelle un **système d'équations.**

*g)* Y a-t-il un nombre de films pour lequel les coûts seraient les mêmes dans les deux vidéoclubs?

> **Résoudre un système d'équations,** c'est rechercher la ou les valeurs de la variable indépendante pour lesquelles les variables dépendantes prennent **la même valeur.**
>
> On considère comme **solution** d'un système tout couple de nombres (**p**, **q**) tel qu'à **p**, valeur de la variable indépendante, correspond une même valeur **q** pour les variables dépendantes.

Si toutes les équations formant le système sont **linéaires,** le système est également qualifié de linéaire.

Pour **traduire une situation par un système d'équations linéaires,** il suffit de rechercher les **taux de variation** $a_1$ et $a_2$, et les **valeurs initiales** $b_1$ et $b_2$, correspondant à chaque équation:

$$Y_1 = a_1 x + b_1$$
$$Y_2 = a_2 x + b_2$$

# RÉSOLUTION PAR TABLE DE VALEURS

## Grossir pour survivre

*Dans certaines cultures, on prête aux cornes de rhinocéros des vertus aphrodisiaques. La chasse illégale qu'on livre à cette espèce pour s'en approprier les cornes est sans doute responsable de son déclin.*

Une stature imposante est un moyen de protection pour plusieurs animaux. C'est le cas notamment du rhinocéros et de l'hippopotame. Les prédateurs s'attaquent aux jeunes animaux de ces espèces, mais se tiennent loin des adultes. Les jeunes doivent donc grossir rapidement pour survivre. Les jeunes rhinocéros pèsent environ 40 kg à la naissance et croissent de 17 kg par mois. Les petits hippopotames ne pèsent que 25 kg en naissant, mais augmentent leur masse de 23 kg par mois. On s'intéresse à la relation qui existe entre le nombre de mois écoulés depuis leur naissance et la masse des jeunes de chacune de ces espèces.

*a)* Construis une table de valeurs entières pour les 5 premiers mois des jeunes de chaque espèce.

*b)* Y a-t-il une valeur de la table pour laquelle la masse du jeune hippopotame est la même que celle du jeune rhinocéros?

*c)* Si l'on continue la table pour un plus grand nombre de mois, finira-t-on par trouver une solution? Pourquoi?

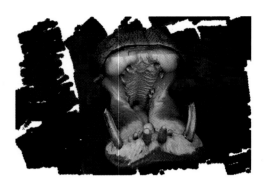

Les canines de l'hippopotame sont recourbées et pointent comme des défenses. Chacune mesure près de 70 cm de long et peut peser jusqu'à 4 kg.

**d)** Au cours de quel mois la masse de l'hippopotame devient-elle plus grande que celle du rhinocéros?

**e)** Afin d'obtenir une réponse plus précise, construis une table qui débute à 2 mois, en augmentant de 0,1 mois chaque fois.

**f)** À quelle fraction du troisième mois les deux animaux ont-ils la même masse? Quelle est cette masse?

On peut réussir à résoudre des systèmes simplement en construisant des tables de valeurs. Avec un peu de chance, la solution du système peut être obtenue directement.

En **diminuant le pas de variation** de la variable indépendante, on peut rechercher la solution avec autant de **précision** que l'on désire.

| X | Y₁ | Y₂ |
|---|----|----|
| 2 | 74 | 71 |
| 2.1 | 75.7 | 73.3 |
| 2.2 | 77.4 | 75.6 |
| 2.3 | 79.1 | 77.9 |
| 2.4 | 80.8 | 80.2 |
| 2.5 | 82.5 | 82.5 |
| 2.6 | 84.2 | 84.8 |

X=2.5

## Loin des yeux, près du coeur

Samuel et Hélène sont de grands amis, mais l'un étudie au Cégep de Rimouski et l'autre au Cégep de l'Outaouais. Ils se téléphonent au moins deux fois par semaine. La compagnie de Samuel lui demande 7,95 $ par mois et 0,38 $ par minute de communication. La compagnie d'Hélène demande 14,55 $ de frais fixes par mois, mais ne réclame que 0,23 $ par minute d'appel.

**a)** On s'intéresse aux relations entre les coûts mensuels des appels interurbains selon le nombre total de minutes d'utilisation. Écris le système d'équations linéaires qui représente cette situation.

**b)** Édite les règles des deux fonctions en utilisant $x$ pour représenter le nombre de minutes d'appel, et $Y_1$ et $Y_2$ pour les coûts selon la compagnie. Fais afficher les tables de valeurs pour un pas de variation de 1.

En 1985, Cantel et Bell Mobilité lançaient le téléphone cellulaire au Canada. En l'an 2000, on estime que 400 millions de personnes dans le monde utiliseront un téléphone sans fil. Pour mieux «brancher» la planète, le téléphone se «débranche»!

*Pour le transport en masse de données ou de la voix sur les réseaux, la fibre optique est plus économique et plus fiable que les ondes.*

*c)* Que remarque-t-on au sujet de la différence entre les valeurs de $Y_1$ et $Y_2$ au fur et à mesure que les valeurs de la variable indépendante augmentent?

| X | Y₁ | Y₂ |
|---|---|---|
| 1 | 8.33 | 14.78 |
| 2 | 8.71 | 15.01 |
| 3 | 9.09 | 15.24 |
| 4 | 9.47 | 15.47 |
| 5 | 9.85 | 15.7 |
| 6 | 10.23 | 15.93 |
| 7 | 10.61 | 16.16 |

X=1

*d)* Fais défiler la table jusqu'à ce que cette différence soit nulle, c'est-à-dire que $Y_1 = Y_2$. Quelle est la solution de ce système?

| X | Y₁ | Y₂ |
|---|---|---|
| 40 | 23.15 | 23.75 |
| 41 | 23.53 | 23.98 |
| 42 | 23.91 | 24.21 |
| 43 | 24.29 | 24.44 |
| 44 | 24.67 | 24.67 |
| 45 | 25.05 | 24.9 |
| 46 | 25.43 | 25.13 |

X=44

*e)* Qui devrait appeler l'autre le plus souvent?

## La boutique avant-gardiste

Pour stimuler ses employés et employées, la propriétaire d'une boutique de vêtements leur offre une prime de rendement en plus de leur salaire de base. Raphaëlla a travaillé 15 h cette semaine et a bénéficié d'une prime de 25,26 $. Elle constate qu'elle a gagné exactement le même salaire que la semaine précédente, alors qu'elle avait travaillé 17 h et obtenu une prime de 11,58 $. On recherche son salaire horaire.

*a)* Dans cette situation, quelle quantité devrait être représentée par la variable indépendante?

*b)* Traduis cette situation par un système d'équations linéaires et affiche ces dernières à l'écran d'édition d'une calculatrice à affichage graphique.

*c)* La table ci-dessous montre un pas de variation de 1. Y a-t-il une valeur de x pour laquelle $Y_1$ et $Y_2$ prennent la même valeur?

| X | Y₁ | Y₂ |
|---|---|---|
| 1 | 40.26 | 28.58 |
| 2 | 55.26 | 45.58 |
| 3 | 70.26 | 62.58 |
| 4 | 85.26 | 79.58 |
| 5 | 100.26 | 96.58 |
| 6 | 115.26 | 113.58 |
| 7 | 130.26 | 130.58 |

X=1

*En 1880, le chimiste allemand Adolf von Baeyer réussit la première synthèse de l'indigotine. Jusquelà, l'indigo naturel, colorant donnant un bleu foncé, était extrait des feuilles de l'indigotier.*

**d)** À partir de quelle valeur de $x$, dans la table, les valeurs de $Y_2$ deviennent-elles plus grandes que celles de $Y_1$?

**e)** Quelle conclusion peut-on tirer dès maintenant au sujet de la solution du système?

On peut obtenir une réponse plus précise en réduisant le pas de variation à 0,1 par exemple, et en prenant 6,5 comme abscisse minimale au départ.

**f)** À partir de quelle valeur de $x$, dans la table, les valeurs de $Y_2$ deviennent-elles plus grandes que celles de $Y_1$?

**g)** Détermine le salaire horaire de Raphaëlla en diminuant le pas de variation à 0,01 et en prenant 6,8 comme abscisse minimale au départ.

**h)** Quel a été le salaire hebdomadaire de Raphaëlla la semaine dernière?

| X | Y1 | Y2 |
|---|---|---|
| 6.5 | 122.76 | 122.08 |
| 6.6 | 124.26 | 123.78 |
| 6.7 | 125.76 | 125.48 |
| 6.8 | 127.26 | 127.18 |
| 6.9 | 128.76 | 128.88 |
| 7 | 130.26 | 130.58 |
| **7.1** | 131.76 | 132.28 |

X=7.1

| X | Y1 | Y2 |
|---|---|---|
| 6.8 | 127.26 | 127.18 |
| 6.81 | 127.41 | 127.35 |
| 6.82 | 127.56 | 127.52 |
| 6.83 | 127.71 | 127.69 |
| **6.84** | 127.86 | 127.86 |
| 6.85 | 128.01 | 128.03 |
| 6.86 | 128.16 | 128.2 |

X=6.84

# RÉSOLUTION GRAPHIQUE

## Les marathoniens et les marathoniennes

Pierre-Antoine et Sophie s'entraînent pour le prochain Marathon de Montréal. Pierre-Antoine est plus avancé dans son entraînement et court à la vitesse moyenne de 15 km/h. Sophie maintient une vitesse de 12 km/h.

Lors du dernier entraînement, Pierre-Antoine est parti une demi-heure après Sophie.

Le graphique ci-dessous montre les relations entre le temps écoulé depuis le départ de Sophie et la distance parcourue par chacun.

*Hommes et femmes participent au Marathon de Montréal qui a lieu chaque année en septembre.*

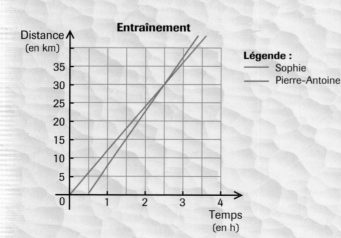

**Entraînement**

Légende :
— Sophie
— Pierre-Antoine

*Le marathon, une course de 42,195 km, commémore l'exploit du soldat grec Philippidès. Il courut 39 km, depuis la plaine de Marathon jusqu'à Athènes, en 490 av. J.-C., pour apporter la nouvelle de la victoire de la Grèce sur l'armée perse.*

La misogynie légendaire du baron Pierre de Coubertin interdit aux femmes, jusqu'en 1960, toute course supérieure à 400 m. Il fallut attendre les Jeux olympiques de 1984, à Los Angeles, pour voir le marathon féminin inscrit comme épreuve officielle.

**a)** Combien de temps après le départ de Sophie, Pierre-Antoine l'a-t-il rejointe?

**b)** À ce moment-là, quelle distance les deux coureurs avaient-ils franchie?

**c)** Peut-on dire que l'abscisse du point d'intersection des deux droites est la valeur de la variable indépendante pour laquelle les deux variables dépendantes prennent la même valeur?

**d)** Quelles sont les coordonnées du point de rencontre des deux droites?

**e)** Quelle est la solution de ce système d'équations?

> Dans la représentation cartésienne, les **coordonnées du point d'intersection** de deux droites constituent la **solution** du système d'équations représenté par ces droites.

La résolution d'un système par la méthode graphique est très intéressante, car le graphique fournit beaucoup d'autres informations.

## Les montgolfières

Au cours d'un festival, une montgolfière est à 50 m au-dessus du sol et elle monte à une vitesse de 12 m/min. Un deuxième ballon se trouve à 150 m du sol et amorce sa descente à une vitesse de 20 m/min. On s'intéresse aux relations entre le temps écoulé depuis le début des manoeuvres et l'altitude des deux montgolfières.

La théorie des montgolfières repose sur le principe d'Archimède: la force ascensionnelle d'un ballon est égale à la différence entre la masse de l'air déplacé par le ballon et la masse de ce ballon.

**a)** Quel système d'équations linéaires correspond à cette situation?

**b)** Le graphique ci-contre correspond à ce système. Évalue approximativement la solution de celui-ci.

**c)** Peut-on toujours déterminer avec précision les coordonnées du point d'intersection de deux droites dans un plan cartésien? Explique ta réponse.

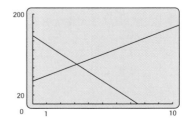

Une **solution graphique** n'est souvent qu'**approximative.** Dans certaines situations, il est très satisfaisant de se contenter d'une approximation, mais, dans d'autres circonstances, la précision est de rigueur.

**d)** On peut obtenir une plus grande précision en plaçant le curseur au point d'intersection des deux droites. Quelle lecture peut-on faire ici de la solution?

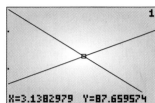

**e)** En effectuant un agrandissement autour du curseur et en repositionnant le curseur sur le point d'intersection, on augmente encore le degré de précision de la solution. Quelle solution est affichée ici?

En répétant ce dernier processus, on gagne chaque fois de la précision au niveau de la solution.

# Investissement

**1.** Deux commerces de piscines au détail rémunèrent leurs vendeurs et vendeuses selon des tarifs différents. Chez Pisci-Club, le salaire hebdomadaire de base est de 375 $, auquel on ajoute 25 $ par piscine vendue. À l'Entrepôt de la piscine, le salaire hebdomadaire de base n'est que de 250 $, mais une prime de 50 $ est attribuée pour chaque piscine vendue.

**a)** Construis une table de valeurs pour étudier le salaire hebdomadaire des vendeurs et vendeuses de ces deux entreprises selon le nombre de piscines vendues.

**b)** Quel salaire recevra une vendeuse de Pisci-Club si elle vend 8 piscines durant la semaine?

**c)** Quel salaire recevra un vendeur de l'Entrepôt de la piscine s'il vend également 8 piscines durant la semaine?

**d)** Combien de piscines doit vendre un employé de Pisci-Club pour obtenir un salaire hebdomadaire de 600 $?

**e)** Combien de piscines doit vendre une employée de l'Entrepôt de la piscine pour obtenir elle aussi un salaire hebdomadaire de 600 $?

**f)** Pour quel nombre de piscines vendues le salaire est-il le même dans les deux commerces?

**2.** En construisant des tables de valeurs, avec ou sans l'aide d'une calculatrice, détermine la solution de chacun des systèmes suivants.

**a)** $y = 7x - 9$
$y = 4x + 6$

**b)** $y = 1,5x + 4,5$
$y = 2,25x + 2,25$

**c)** $y = -3x + 14$
$y = 5x + 6$

**d)** $y = 2x + 27$
$y = 5x + 33$

**3.** Dans une région du Québec, les agents et agentes de la faune ont estimé à 835 la population femelle de loutres et à 320 la population femelle de castors. Pour assurer la survie des castors dans cette région, on en a interdit la chasse pour une durée de 5 ans. Durant cette période, la population de castors femelles a augmenté de 35 par année alors que la population de loutres femelles a diminué de 75 par année.

**a)** Écris le système d'équations qui permet de suivre l'évolution des populations femelles de loutres et de castors durant la période d'interdiction de la chasse aux castors.

**b)** Représente graphiquement ce système.

**c)** Quelles sont les populations femelles de loutres et de castors à la fin de la période d'interdiction de la chasse aux castors?

**d)** Combien de temps après le début de l'interdiction de chasser le castor les populations femelles de loutres et de castors étaient-elles les mêmes?

**e)** En général, pourquoi est-il plus important de porter une attention particulière à la population des femelles plutôt qu'à celle des mâles pour contrôler une espèce?

Le castoréum, une substance huileuse tirée des glandes du castor, est utilisé en parfumerie et comme remède antispasmodique.

**4.** Un couple de jeunes professionnels achète une maison de 85 000 $. La banque leur consent un prêt hypothécaire. Ils ont le choix de verser 5 % du prix d'achat et 649,50 $ par mois par la suite, ou de verser 10 % du prix d'achat et 615,25 $ par mois. On s'intéresse à la relation entre le nombre de mois écoulés depuis l'achat de la maison et la somme totale versée dans chaque hypothèque.

**a)** Traduis cette situation en un système d'équations linéaires.

**b)** Quelle serait la signification de l'expression «résoudre le système» dans cette situation?

**c)** Si l'on voulait construire une table de valeurs pour résoudre ce système linéaire, faudrait-il examiner des nombres de mois inférieurs ou supérieurs à 120?

**d)** Après combien d'années auraient-ils versé la même somme, peu importe l'option de paiement retenue?

**5.** En 1996, la population de Saint-Jérôme, dans les Laurentides, comptait près de 25 600 habitants et habitantes. Une étude prévoyait que cette population devrait croître de 1000 personnes par année. Dans la région du Bas-Saint-Laurent, la population de Rimouski atteignait 32 400 la même année. On envisageait un taux d'accroissement de 600 personnes par année.

*a)* Écris le système d'équations linéaires représentant les relations entre le nombre d'années écoulées depuis 1996 et les populations futures de ces deux villes.

*b)* Construis une table de valeurs comparant la population des deux villes de 1996 à 2006, dans l'hypothèse où les prévisions des études se réalisent.

*c)* En 2001, laquelle des deux villes sera la plus populeuse selon cette hypothèse?

*d)* En quelle année les deux villes auront-elles la même population?

*Saint-Jérôme, fondée en 1834, est un carrefour régional de services, de commerces et d'industries. Elle fut le point de départ de la colonisation des Laurentides.*

*Rimouski, ville du Bas-Saint-Laurent, tire son nom de la rivière qui traverse son territoire et remonte à un mot micmac, animouski, de animousk : chien et ki : demeure.*

**6.** Voici un système d'équations linéaires : $y = 5 + 3x$ et $y = \dfrac{8x + 5}{2}$.

*a)* Parmi les couples (0, 5), (-1, ⁻³⁄₂) et (2,5, 12,5), détermine celui qui est la solution de ce système d'équations linéaires.

*b)* Décris une situation qui pourrait être représentée par ce système.

**7.** Pendant les chaudes journées d'été, Raymonde adore faire de la motomarine. Au lac Noir, deux bases de plein air offrent la possibilité de louer une telle embarcation. Voici une table de valeurs qui permet à Raymonde de comparer les coûts de la location d'une motomarine selon le temps d'utilisation.

En 1996, environ 40 % des quelque 168 000 motomarines vendues en Amérique du Nord étaient fabriquées au Québec.

**Location d'une motomarine**

| Temps (en h) | 1 | 2 | 3 | 4 |
|---|---|---|---|---|
| Coût à la base de plein air A (en $) | 40 | 60 | 80 | 100 |
| Coût à la base de plein air B (en $) | 28 | 56 | 84 | 112 |

**a)** Explique pourquoi cette table de valeurs donne une bonne idée de la solution de ce système d'équations.

**b)** Après combien de temps les coûts de la location d'une motomarine deviennent-ils équivalents d'une base à l'autre ?

**8.** Détermine une solution approximative de chacun des systèmes d'équations linéaires suivants en représentant graphiquement le système sur papier.

**a)** $y = 6 - 2x$

$y = 3x + 1$

**b)** $y = x - 1$

$y = \dfrac{3x}{4}$

**c)** $y = 2x$

$y = 3x + 1$

**d)** $y = 1 - \dfrac{x}{2}$

$y = \dfrac{3x}{2} - 3$

**9.** Résous les systèmes d'équations suivants à l'aide d'une calculatrice à affichage graphique.

**a)** $Y_1 = 1 - x$

$Y_2 = 500 - 2x$

**b)** $Y_1 = 4x + 200$

$Y_2 = {}^-2x + 500$

**c)** $Y_1 = \dfrac{x}{2} + \dfrac{3}{5}$

$Y_2 = {}^-0,25x + \dfrac{3}{4}$

**10.** Dans une usine, on procède à une opération visant à modifier le contenu de certains réservoirs. La quantité de liquide, en kilolitres, dans les réservoirs 1 et 2 peut être calculée par les équations suivantes, où $t$ représente le temps écoulé, en heures, depuis le début de l'opération. Le contremaître exige un compte rendu écrit de l'opération.

$$Q_1 = 1500 - 200t \qquad Q_2 = 300 + 100t$$

**a)** L'un des deux réservoirs se vide. À quel rythme se vide-t-il ?

**b)** Dans un même plan cartésien, trace les deux droites associées aux équations.

**c)** Dans combien de temps les deux réservoirs contiendront-ils la même quantité de liquide ?

**d)** Quelle quantité de liquide y aura-t-il dans le réservoir 2 lorsque le réservoir 1 sera vide ?

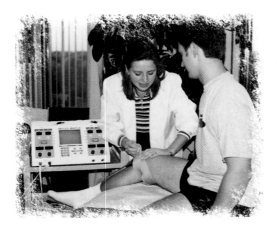

**11.** Deux emplois sont offerts à une physiothérapeute. À la clinique A, on lui offre un salaire de 275 $ par semaine plus 5 $ par patient ou patiente qu'elle traitera au cours de la semaine. À la clinique B, on lui offre un salaire de 150 $ par semaine plus 7 $ par patient ou patiente.

*a)* Traduis cette situation par un système d'équations linéaires.

*b)* Détermine graphiquement le nombre de patients ou patientes que la physiothérapeute devrait traiter en une semaine pour obtenir le même salaire dans les deux cas.

*On appelle physiothérapie le traitement de maladies par des procédés physiques tels que les massages, la gymnastique, la chaleur, l'électricité, l'eau ou les ultrasons.*

**12.** Frédérique habite à 1,5 km de l'aréna et Marianne à 2,1 km. Elles partent à la même heure pour se rendre à l'aréna. Les équations suivantes permettent de calculer la distance qu'il reste à parcourir à chacune pour arriver à l'aréna selon le temps écoulé depuis leur départ. Dans ces équations, la distance est exprimée en mètres et le temps en minutes.

$$D_F = 1500 - 50t$$
$$D_M = 2100 - 60t$$

*a)* Résous graphiquement ce système d'équations linéaires.

*b)* Combien de temps s'écoule-t-il entre l'arrivée à l'aréna de Frédérique et celle de Marianne?

*c)* À quelle vitesse devrait marcher Marianne pour arriver à l'aréna en même temps que Frédérique?

 ► FORUM

*a)* Imaginez une situation correspondant à un système d'équations linéaires où la valeur de l'une des variables dépendantes est toujours plus grande que celle de l'autre variable dépendante pour une même valeur de la variable indépendante.

1) Décrivez la situation dans un français correct.

2) Que répondriez-vous dans un tel cas si l'on demandait de résoudre ce système linéaire?

*b)* Anna a obtenu le double des voix qu'a obtenues Lili lors de l'élection du conseil étudiant. La seule autre candidate en lice a recueilli 35 votes. Combien de votes sont allés à Anna si la boîte de scrutin contenait 332 bulletins valides? Expliquez comment on peut utiliser une table de valeurs pour résoudre ce problème.

## MÉTHODE DE COMPARAISON

### Une zone de sécurité

*Au Kenya, le parcours migratoire des grands troupeaux de gazelles varie selon la localisation des zones de pluie. Il semble que, pour se diriger, ces troupeaux se repèrent au bruit des orages.*

La gazelle se tient toujours à 100 m du guépard. Il y a là une raison mathématique. On évalue que la vitesse de la gazelle peut atteindre 25 m/s et qu'elle peut courir plusieurs minutes à cette vitesse. Le guépard peut courir plus vite que la gazelle, soit à 30 m/s. Cependant, il ne peut soutenir ce rythme bien longtemps. C'est pour cette raison que la gazelle maintient cette distance qui représente l'écart de sécurité. Dans une poursuite, si l'on dit que la gazelle l'a échappé belle, on peut se demander pendant combien de temps le guépard a maintenu sa vitesse maximale.

**a)** Si la gazelle se met à courir, écris la règle de la relation entre le temps ($t$), en secondes, qui s'écoule depuis son départ et la distance ($D_1$), en mètres, qui sépare la gazelle du lieu où se trouve le guépard.

**b)** Bien sûr, le guépard amorce sa poursuite à sa vitesse maximale au même moment. Écris la règle de la relation entre le temps ($t$), en secondes, qui s'écoule et la distance ($D_2$), en mètres, franchie par le guépard.

*Le guépard est un carnivore digitigrade de type coureur. Il peut atteindre une vitesse de 110 km/h. Il tue habituellement ses proies d'une morsure à la gorge.*

Si l'on dit que la gazelle l'a échappé belle, c'est que le guépard a failli mettre la patte sur elle. On a représenté cette situation dans le graphique cartésien ci-dessous.

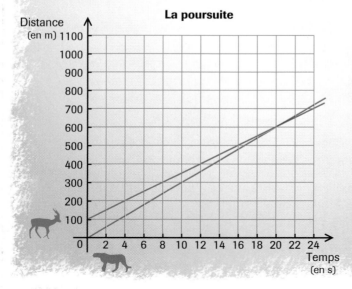

**c)** Après combien de secondes le guépard a-t-il abandonné sa course si la gazelle l'a échappé belle?

**d)** Au moment où le guépard va mettre la patte sur la gazelle, les deux bêtes sont-elles à la même distance du lieu de départ du guépard? Quelle est cette distance?

Au point d'intersection des deux droites, les valeurs des deux variables dépendantes sont égales. Cela nous autorise à écrire:

$$D_1 = D_2 \text{ ou } 25t + 100 = 30t.$$

En résolvant cette dernière équation, on obtient :

$$25t + 100 = 30t$$
$$100 = 5t \qquad \text{(règle de soustraction)}$$
$$20 = t \qquad \text{(règle de division)}$$
$$t = 20$$

où $t$ est l'abscisse du point d'intersection. Connaissant l'abscisse du point d'intersection, il est simple d'en calculer l'ordonnée. Il suffit de remplacer la variable indépendante par cette abscisse dans l'une des règles de fonction.

$$D_1 = 25 \times 20 + 100 \ \Rightarrow\ D_1 = 600 \qquad \text{ou} \qquad D_2 = 30 \times 20 \ \Rightarrow\ D_2 = 600$$

Cette dernière méthode est de type algébrique et est appelée **méthode de comparaison.**

MÉTHODE DE COMPARAISON

La méthode algébrique de comparaison consiste à :

1° isoler la même variable dans chacune des équations ;

2° poser l'égalité des deux expressions algébriques qui expriment l'une des variables ;

3° résoudre l'équation ainsi obtenue ;

4° remplacer la valeur obtenue dans l'une des équations du système afin de calculer la valeur de l'autre variable du couple solution.

Les grands avantages de la méthode de comparaison sont les suivants : elle est d'application directe lorsque les équations sont écrites sous la forme fonctionnelle et elle permet d'obtenir des solutions exactes.

# MÉTHODE DE SUBSTITUTION

### Les jeux vidéo

Suzie est une adepte des jeux vidéo. À l'arcade où elle joue, elle est la championne du jeu vidéo «Supercourse». Le propriétaire de l'arcade vient d'acquérir un nouveau jeu, «Compétition ultime». Le prix d'une partie de ce nouveau jeu est le double de celui de «Supercourse». À sa dernière visite à l'arcade, Suzie a dépensé 20 $ pour 7 parties de «Compétition ultime» et 26 parties de «Supercourse».

*a)* En utilisant la variable $x$ pour représenter le prix d'une partie de «Supercourse» et la variable $y$ pour représenter le prix d'une partie de «Compétition ultime», traduis cette situation par un système d'équations linéaires.

*b)* Que remarque-t-on au sujet de la position de la variable $y$ dans chaque équation ?

*c)* Quelle est la signification courante des mots «substitut» et «substituer»?

***d)*** Quelle équation à une variable obtient-on en remplaçant la variable *y* par l'expression 2*x* dans la deuxième équation ?

***e)*** Quel est le prix d'une partie de «Supercourse» ? de «Compétition ultime» ?

Cette façon de résoudre un système d'équations est appelée **méthode de substitution.**

La **méthode de substitution** est souvent utilisée quand l'une des variables est isolée dans une équation mais non dans l'autre.

$$y = a_1x + b_1$$
$$a_2x + b_2y = c_2$$

À la variable *y*, on **substitue une expression qui lui est égale** ($a_1x + b_1$). On obtient alors une équation à une seule variable ($a_2x + b_2(a_1x + b_1) = c_2$). En résolvant cette équation, on détermine la valeur de l'abscisse du point d'intersection. On trouve l'ordonnée à partir de la valeur de l'abscisse dans l'une des équations du système.

### Le solde du disquaire

*Fabrication robotisée de disques compacts dans un environnement contrôlé.*

Dans le but d'écouler un surplus de cassettes et de disques compacts difficiles à vendre, un disquaire offre les deux choix suivants :

## Choix A :

**1 DC et 6 cassettes pour 27 $**

## Choix B :

**2 DC et 4 cassettes pour 28 $**

Carla et Manuel veulent profiter ensemble de l'un de ces rabais mais ils désirent connaître le prix d'une cassette et celui d'un DC pour partager les frais. Ils ont traduit cette situation par le système d'équations suivant :

$$x + 6y = 27$$
$$2x + 4y = 28$$

où *x* représente le coût d'un DC et *y* le coût d'une cassette.

***a)*** Aucune des variables n'est isolée. Toutefois, il est facile d'isoler la variable *x* dans la première équation afin d'obtenir une expression qui lui est égale. Quelle est cette expression ?

***b)*** Quelle équation à une variable obtient-on en remplaçant la variable *x* dans la deuxième équation par l'expression qui lui est égale ?

***c)*** Quel est le prix d'une cassette ? d'un DC ?

## MÉTHODE DE SUBSTITUTION

La méthode algébrique de substitution consiste à:

1° isoler, si nécessaire, l'une des variables dans l'une des équations;

2° remplacer cette variable dans l'autre équation par l'expression qui lui est égale;

3° résoudre l'équation obtenue;

4° remplacer la valeur obtenue dans l'une des équations du système afin de calculer la valeur de l'autre variable du couple solution.

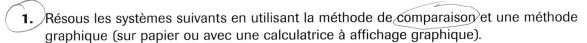

## Investissement 2

**1.** Résous les systèmes suivants en utilisant la méthode de comparaison et une méthode graphique (sur papier ou avec une calculatrice à affichage graphique).

**a)** $y = 3x - 5$
$y = 5x - 8$

**b)** $y = {}^-4x + 5$
$y = x + 10$

**c)** $y + 1 = x + 6$
$y - 4 = {}^-x + 3$

**d)** $2y = 4x + 10$
$3y = 12x$

**e)** $y = 0,4x + 3,25$
$y = 1,2x - 5,5$

**f)** $y = \dfrac{3x}{2} + 5$
$y = \dfrac{2x + 3}{3}$

**2.** Résous chaque système d'équations linéaires par la méthode de substitution en isolant d'abord une variable dans l'une des équations.

**a)** $x + 3y = 5$
$7x + 6y = 20$

**b)** $x - 8 = 2y + 2$
$3x + 5y + 3 = 0$

**c)** $2x + 3y = 25$
$5x + y = 30$

**d)** $2x = 8 - 4y$
$17x - 31y = 3$

**3.** Maxime a planté un arbre de 135 cm de hauteur près de sa maison. Cet arbre croît au rythme de 15 cm par an. Anne-Lyne, sa soeur, a planté un arbre d'une autre espèce qui mesure 75 cm de haut mais qui croît de 20 cm par an. On s'intéresse au nombre d'années que prendront les deux arbres pour atteindre la même taille.

**a)** Quelles équations forment le système correspondant à cette situation?

**b)** Dans combien d'années approximativement les deux arbres auront-ils la même taille?

*L'épinette noire est l'espèce arborescente qui domine le paysage du nord du Québec. Dans les étendues glacées du Québec subarctique, certaines formations se maintiennent en place depuis plus de 2000 ans!*

**4.** Andréi doit acheter un moteur pour faire fonctionner une pompe. Il a le choix entre un moteur de 1 force à 125 $ ou un moteur de 2 forces à 150 $. Le moteur de 1 force consomme plus d'énergie que l'autre. La technicienne lui explique que la consommation d'énergie du premier coûte 0,25 $ aux 24 h, tandis que celle du second ne coûte que 0,15 $ aux 24 h. On veut connaître le nombre de jours d'utilisation nécessaires pour que les coûts, incluant l'achat et l'utilisation, soient les mêmes dans chaque cas.

*Le newton (du nom du célèbre physicien, mathématicien et astronome anglais Isaac Newton) est une unité de mesure de force correspondant à une accélération de 9,8 m/s² communiquée à une masse de 1 kg.*

**a)** Traduis cette situation par un système d'équations linéaires en utilisant la variable $d$ pour le nombre de jours d'utilisation et les variables $C_1$ et $C_2$ pour le coût total de chaque moteur.

**b)** Résous algébriquement le système que forment ces deux équations.

**c)** Quel moteur Andréi devrait-il choisir s'il prévoit une utilisation de 100 jours par an pendant 5 ans?

**5.** L'arrivée des disques compacts (DC) a révolutionné le monde de la musique. Les revenus générés par les ventes de cassettes et de DC d'une disquaire le confirment. Au moment de l'arrivée dans son magasin des DC, la vente de cassettes générait des revenus de 18 500 $ par année. Depuis, les revenus associés à la vente de cassettes ont diminué de 425 $ par année. Par contre, les revenus générés uniquement par la vente de DC ont augmenté de 3430 $ annuellement.

**a)** Traduis cette situation par un système d'équations linéaires.

**b)** Pendant combien de temps la disquaire a-t-elle vendu des DC avant que les revenus générés par la vente de cassettes et de DC soient égaux?

**c)** Peut-on affirmer que l'arrivée des DC a réjoui la disquaire? Explique.

**6.** On organise une expédition dans le Golfe du Saint-Laurent afin de repérer une épave vieille de 400 ans. À un certain moment, à cause du mauvais temps qui sévit à la surface, la responsable de l'expédition doit faire remonter les deux caméras qui sont sous l'eau. La première caméra se trouve à 30 m sous la surface de l'eau et est remontée à la vitesse de 1,2 m/s. La seconde est à 50 m sous l'eau et est remontée à la vitesse de 2,2 m/s.

**a)** Donne le système d'équations qui correspond aux relations entre la distance parcourue par chaque caméra avant d'arriver à la surface de l'eau en fonction du temps écoulé depuis le début de leur remontée.

**b)** Résous ce système d'équations à l'aide d'une méthode algébrique.

*La navigation n'a jamais été aisée dans le Golfe du Saint-Laurent. Un certain nombre de navires y ont fait naufrage.*

**7.** L'assistance à un match de baseball est de 45 000 personnes. On considère qu'il y a 8 fois plus de partisans et partisanes de l'équipe locale que de l'équipe adverse. Combien y a-t-il de partisans et partisanes de l'équipe locale ?

**8.** Un serveur de restaurant examine ses pourboires à la fin de la soirée. De la somme qu'il a amassée, il constate que 51 $ sont constitués de 38 pièces de 1 $ ou 2 $. Combien de pièces de 2 $ a-t-il reçues ?

**9.** La hauteur d'un rectangle est trois fois plus longue que sa base. Son périmètre est de 98 cm. Quelles sont les dimensions de ce rectangle ?

*La pièce de 2 $ est bimétallique avec un anneau externe de nickel et un noyau de cupro-aluminium. Quant à la pièce de 1 $, le placage est d'aurate - bronze, dans un rapport de 88 % de cuivre et de 12 % d'étain ; le flanc est en nickel pur.*

# ► FORUM

En vous référant au problème 3 :

**a)** Déterminez dans combien d'années l'arbre d'Anne-Lyne aura :

1) 1 m de plus que celui de Maxime ;

2) le double de la taille de celui de Maxime.

**b)** Si l'on suppose que le taux de croissance de chaque arbre a toujours été constant, est-il possible que l'arbre de Maxime ait déjà eu :

1) le double de la taille de celui de sa soeur ?

2) le triple de la taille de celui de sa soeur ?

## MÉTHODE DE RÉDUCTION

### Un aller-retour en avion

*Le biréacté* Global Express *construit par Canadair-Bombardier.*

Compte tenu de la légèreté relative d'un avion bimoteur, le temps nécessaire à ce type d'avion pour franchir une distance donnée peut varier selon la direction et l'intensité du vent.

Ainsi, lors d'une journée venteuse, un avion bimoteur a effectué la liaison Montréal-Toronto en 1 h 30 min avec un vent contraire. Par contre, lors de son retour à Montréal, l'avion a franchi la même distance en seulement 1 h 15 min grâce à un vent favorable. Le vent soufflait alors avec la même intensité qu'au moment de l'aller.

Trajet pour l'aller

Trajet pour le retour

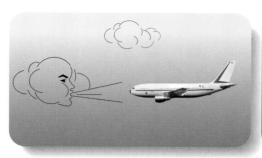

*Un vent contraire a pour effet de ralentir un avion, alors qu'un vent favorable a pour effet de le faire aller encore plus vite.*

**a)** Sachant que les villes de Montréal et Toronto sont distantes d'environ 600 km et que la vitesse se calcule en divisant la distance par le temps, détermine la vitesse moyenne à laquelle s'est effectué le trajet :

1) d'aller avec un vent contraire ;           2) de retour avec un vent favorable.

En aéronautique, on utilise les équations ci-dessous afin de déterminer l'influence du vent sur la vitesse moyenne d'un avion ; $V_a$ représente la vitesse d'un avion, sans vent, et $V_v$ correspond à la vitesse du vent.

$$\text{(Vitesse d'un avion avec un vent contraire)} = V_a - V_v$$
$$\text{(Vitesse d'un avion avec un vent favorable)} = V_a + V_v$$

En remplaçant les vitesses calculées précédemment dans leur équation respective, on obtient le système d'équations suivant :

$$V_a - V_v = 400$$
$$V_a + V_v = 480$$

Pour le couple solution, ou au point d'intersection, les variables indépendantes ont la même valeur, et les variables dépendantes également. De plus, on constate que l'addition des deux équations permet d'éliminer une variable et, ainsi, de déterminer la valeur de l'autre :

$$
\begin{aligned}
    V_a - V_v &= 400 \\
  + \quad V_a + V_v &= 480 \\
  \hline
    2V_a + 0 &= 880
\end{aligned}
$$

**b)** Quelle a été la vitesse moyenne de l'avion bimoteur si l'on ne tient pas compte du vent ?

**c)** Quelle était la vitesse du vent lors de ce voyage ?

Cette façon de résoudre un système d'équations est appelée **méthode de réduction.**

La **méthode algébrique de réduction** permet de **recourir aux opérations** sur les deux équations du système dans le but d'éliminer l'une des variables et, ainsi, de calculer la valeur de l'autre variable dans le couple solution.

## Une erreur dans la facture?

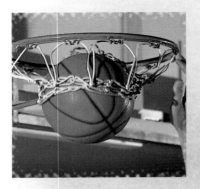

*Le ballon de basket est sphérique et a une circonférence de 75 à 78 cm. Il pèse entre 600 et 650 g.*

Chaque année, la responsable des sports d'une école secondaire doit procéder à l'achat du matériel nécessaire aux diverses activités sportives. L'année dernière, l'achat de 18 ballons de volley-ball et 7 ballons de basket-ball avait coûté 365 $. Cette année, son budget ayant été réduit et les prix étant demeurés les mêmes, elle a commandé un ballon de moins. Grande fut sa surprise lorsqu'elle reçut une facture de 412,50 $ pour l'achat de 9 ballons de volley-ball et 15 ballons de basket-ball. Supposant une erreur, elle vérifia les prix de chaque catégorie de ballon. Pour déterminer ces prix, réponds aux questions suivantes sachant que $a$ représente le coût unitaire d'un ballon de volley-ball et $b$ celui d'un ballon de basket-ball.

| Année précédente | $18a + 7b = 365$ |
|---|---|
| Cette année | $9a + 15b = 412{,}50$ |

**a)** Quelle équation aurait-on obtenue pour cette année si la responsable avait acheté le double de ballons de chaque catégorie?

**b)** A-t-on modifié le coût unitaire de chaque catégorie de ballon en doublant la commande?

**c)** En comparant cette dernière équation avec celle qui traduit l'achat de l'année précédente, que doit-on faire pour obtenir une équation à une seule variable?

$$18a + 7b = 365$$
$$18a + 30b = 825$$

**d)** Quel est le prix d'un ballon de basket-ball? de volley-ball?

Dans le but d'éliminer l'une des deux variables, on doit souvent **multiplier** les équations qui composent le système par des facteurs appropriés. On forme ainsi un **système équivalent** au premier système. Par addition (ou soustraction) des équations membre à membre, on engendre une équation à une seule variable. Cette dernière équation permet de calculer la valeur de l'une des coordonnées du couple solution.

## MÉTHODE DE RÉDUCTION

La méthode algébrique de réduction consiste à:

1° écrire les deux équations sous la forme suivante:

$$a_1x + b_1y = c_1$$
$$a_2x + b_2y = c_2$$

2° multiplier, si nécessaire, l'une des équations, ou les deux, pour former un système équivalent au premier dans lequel les coefficients d'une même variable sont égaux ou opposés;

3° rechercher une équation à une seule variable par addition ou soustraction des équations du dernier système;

4° résoudre l'équation obtenue afin de calculer l'une des coordonnées du point d'intersection;

5° remplacer la valeur obtenue dans l'une des équations du système afin de calculer la valeur de l'autre variable qui lui est associée.

**1.** Résous les systèmes suivants par la méthode de réduction.

**a)** $2n + 3m = 13$
  $n - 2m = {}^-4$

**b)** $5a + 8b = 29$
  $3a + 6b = 21$

**c)** $^-3x + 2y = 5$
  $4x - y = 10$

**d)** $3s - 4t = 1$
  $6s + 3t = 13$

**2.** Vallier et Natacha célèbrent leur anniversaire de naissance. Natacha, l'aînée, déclare: «La somme de nos âges est de 70 ans et leur différence est de 12 ans.» Quel est l'âge de chacun?

**3.** Un camionneur emprunte deux types de routes pour aller chercher des marchandises. Sur chacune de ces routes, il roule aux vitesses maximales permises par la loi. Au cours d'un trajet de 547,5 km, il roule pendant 2,5 h sur une route de type A et 4 h sur une route de type B. Il doit ensuite livrer la marchandise à un entrepôt situé à 495 km du lieu où il se trouve. Pour s'y rendre, il emprunte une route de type A pendant 3 h et une route de type B également pendant 3 h.

**a)** Traduis cette situation par un système d'équations linéaires à deux variables.

**b)** Quelle est la limite de vitesse permise sur une route de type A?

**c)** À quelle vitesse roulait le camionneur sur la route de type B?

**4.** À la charcuterie, on peut obtenir 0,5 kg de saucisson et 1 kg de jambon pour 7 $. On peut aussi acheter 1 kg de saucisson et 0,5 kg de jambon pour 7,43 $. Quel est, au kilogramme, le prix du jambon et celui du saucisson?

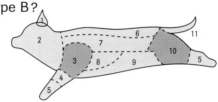

*Le jambon est une charcuterie obtenue par salaison, cuisson ou fumage de l'épaule ou de la cuisse de porc.*

**5.** Hugo aimerait participer aux Jeux olympiques en patinage de vitesse. Chaque semaine, il doit patiner sur un anneau de glace et s'entraîner dans un gymnase. La semaine dernière, il a consacré 20,5 h à sa préparation, soit 5 entraînements sur l'anneau de glace et 7 au gymnase. Cette semaine, il compte s'entraîner 8 fois sur l'anneau de glace et 4 fois au gymnase pour un total de 22 h. Quelle est la durée d'un entraînement sur l'anneau de glace? au gymnase?

**6.** Pour payer ses études, Gaétane travaille à temps partiel dans une parfumerie. Elle donne aussi des cours de gymnastique. La semaine dernière, elle a gagné 141,50 $ pour 16 h de travail à la parfumerie et 3 cours de gymnastique. Cette semaine, elle a gagné 40 $ de plus en donnant 6 cours de gymnastique et en travaillant 18 h à la parfumerie.

**a)** Combien Gaétane touche-t-elle pour un cours de gymnastique?

**b)** Quel est son salaire horaire à la parfumerie?

► FORUM

En vous référant au problème 2:

**a)** Résolvez le problème en utilisant les méthodes algébriques de comparaison et de substitution.

**b)** Pourquoi est-il plus naturel d'utiliser la méthode de réduction pour résoudre ce problème?

**c)** Résolvez ce problème en utilisant une seule variable.

# Sujet 3 LES SYSTÈMES LINÉAIRES PARTICULIERS

DROITES PARALLÈLES
DROITES CONFONDUES
LIGNES BRISÉES

## DROITES PARALLÈLES

### L'être humain et le chimpanzé proviennent-ils de la même souche?

Les primates, le chimpanzé en particulier, ont beaucoup de ressemblances avec l'être humain. Des études ont comparé leur croissance. La gestation dure 9 mois chez l'être humain et 4 mois seulement chez le chimpanzé. À la naissance, un enfant pèse en moyenne 3,6 kg et le petit chimpanzé 1,7 kg. Durant les premiers mois de leur vie, le petit de l'homme et celui du chimpanzé croissent en moyenne tous les deux au rythme de 0,4 kg par mois.

*L'être humain partage 98 % de ses gènes avec le gorille et 99 % avec le chimpanzé. Des indices indiscutables de parenté...*

**a)** En utilisant $x$ pour représenter le nombre de mois écoulés depuis la naissance, écris les deux équations exprimant la masse $M_1$ de l'être humain et la masse $M_2$ du chimpanzé.

**b)** Trace le graphique cartésien représentant ce système d'équations linéaires.

**c)** Décris la position des deux droites l'une par rapport à l'autre.

**d)** À quel moment après leur naissance la masse de l'enfant et celle du chimpanzé sont-elles identiques?

> Lorsque le graphique représentant un système d'équations linéaires est composé de **deux droites parallèles non confondues,** le système n'a **aucune solution.**

**e)** Quel est le taux de variation de chacune des équations qui composent le système?

**f)** Quelle est la valeur initiale de chacune de ces mêmes équations?

> Lorsque les deux équations linéaires qui composent un système ont le **même taux de variation,** mais des **valeurs initiales différentes,** le système n'a **aucune solution.**

**g)** Qu'obtient-on en essayant de résoudre ce système d'équations linéaires à l'aide de la méthode de comparaison?

**h)** Est-ce que 0 peut égaler 1,9?

> La résolution d'un **système d'équations sans solution** par une méthode algébrique conduit à une **impossibilité.**

# DROITES CONFONDUES

## Le remplissage des piscines

Deux voisins préparent leur piscine pour la saison estivale. Simon possède une piscine hors terre d'une capacité de 52 000 l. Elle est à moitié pleine. Pour la remplir, il utilise deux boyaux d'arrosage qui déversent chacun 30 l d'eau par minute. Stéphane possède une piscine creusée de 65 000 l. Elle contient 40 % de sa capacité. Stéphane utilise un seul boyau qui a un débit de 1 l par seconde. Ils commencent le remplissage en même temps.

*Le chlore, un élément chimique du groupe des halogènes, est un gaz qui se liquéfie aisément. C'est un oxydant apte à détruire les bactéries. On l'utilise abondamment pour le traitement de l'eau des aqueducs municipaux et on s'en sert comme désinfectant dans les piscines.*

**a)** Avant le remplissage, combien de litres d'eau y a-t-il dans la piscine :

    1) de Simon ?                                 2) de Stéphane ?

**b)** Quelle quantité d'eau s'ajoute par minute dans la piscine :

    1) de Simon ?                                 2) de Stéphane ?

**c)** Écris le système d'équations linéaires exprimant le nombre de litres d'eau dans la piscine de chacun selon le temps écoulé en minutes depuis le début du remplissage.

**d)** Trace le graphique cartésien représentant ces relations.

**e)** Décris la position des deux droites l'une par rapport à l'autre.

**f)** À quel moment les deux piscines contiennent-elles la même quantité d'eau ?

> Lorsque le graphique représentant un système d'équations linéaires est composé de **deux droites confondues,** ou superposées, le système a une **infinité de solutions.**

**g)** Que peut-on affirmer quant au taux de variation et à la valeur initiale des deux équations qui composent le système ?

> Lorsque les deux équations linéaires qui composent un système ont le **même taux de variation** et la **même valeur initiale,** le système a une **infinité de solutions.**

**h)** Qu'obtient-on en essayant de résoudre ce système d'équations linéaires à l'aide de la méthode de comparaison ?

**i)** Peut-on nier que 0 égale 0 ?

> La résolution d'un **système d'équations avec une infinité de solutions** par une méthode algébrique conduit à une **égalité vraie.**

**j)** Donne trois solutions de ce système.

# LIGNES BRISÉES

## L'exercice physique

Des études ont démontré qu'une personne en bonne condition physique dépense en moyenne 50 kJ/min au cours d'un exercice physique intense.

Une personne en moins bonne condition dépense 100 kJ durant la première minute, mais par la suite cette consommation est réduite à 40 kJ/min. On a représenté ces relations par un graphique pour les 10 premières minutes.

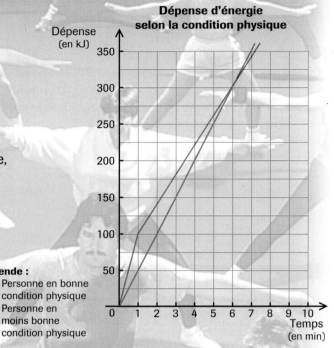

**Dépense d'énergie selon la condition physique**

**Légende :**
— Personne en bonne condition physique
— Personne en moins bonne condition physique

*Il faut faire un exercice physique intense, pendant un bon moment, pour dépenser les quelque 1255 kJ contenus dans une tablette de chocolat.*

**a)** Quel est le taux de variation de la dépense énergétique d'une personne en bonne condition physique ?

**b)** Quel est le taux de variation de la dépense énergétique d'une personne en moins bonne condition physique :

  1) entre 0 et 1 min ?

  2) entre 1 et 6 min ?

*Le joule est une unité de mesure de travail, d'énergie et de quantité de chaleur. Le kilojoule, qui vaut 1000 J, est utilisé en diététique comme unité de mesure de la valeur énergétique des aliments.*

Dans une équation linéaire, un **changement** soudain du **taux de variation** se traduit par une modification du tracé dans le graphique cartésien et engendre une **ligne brisée.**

**c)** Après combien de minutes d'exercice les personnes en bonne condition physique et celles qui le sont moins ont-elles dépensé le même nombre de kilojoules ?

**d)** Combien de kilojoules auront-elles dépensés à ce moment-là ?

Dans certaines situations, il peut y avoir **plus d'une solution.** La méthode graphique permet de les déceler aisément.

# Investissement 4

1. Donne l'équation linéaire dont la représentation graphique est une droite parallèle à la droite associée à l'équation $y = \frac{-3x}{2} + 17$.

2. Écris une autre équation dont la représentation graphique est une droite confondue avec celle représentant l'équation $y = 14x + 19$.

3. D'un simple coup d'oeil, détermine si les systèmes suivants ont une seule solution, une infinité de solutions ou n'ont aucune solution.

   **a)** $y = 3x - 7$
   $y = 3x + 2$

   **b)** $y = {}^-3x$
   $y = {}^-3x + 4$

   **c)** $y = 4x - 7$
   $y = {}^-4x + 7$

   **d)** $y + 2 = 13x + 4{,}45$
   $y + 1 = 13x + 3{,}45$

   **e)** $y + 1 = {}^-5x - 7$
   $y + 3 = {}^-5x - 7$

   **f)** $y = 2x + 5$
   $2y = 4x + 10$

   **g)** $2y = 3x - 12$
   $y = \frac{3x}{2} - 6$

   **h)** $x + 2y = 5{,}25$
   $0{,}5x + y = 25{,}2$

4. Lors d'une expérience sur la déshydratation des aliments, on a placé deux fruits dans un four à micro-ondes. Le premier fruit était composé de 54 ml d'eau et il a fallu 162 s pour éliminer l'eau. Pour déshydrater l'autre fruit, qui contenait 67 ml d'eau, il a fallu 486 s. Sachant que le processus de déshydratation se traduit par une équation linéaire, détermine après combien de secondes la quantité d'eau était la même dans les deux fruits.

*Les Égyptiens accordaient une telle importance aux mathématiques que l'emploi de cette science était l'apanage héréditaire d'une noble caste de scribes qui tenaient les comptes, publics ou privés.*

5. À l'aide d'un ordinateur, Naïma affiche les tables de valeurs de trois systèmes de deux équations linéaires. Que peut-on affirmer quant au nombre de solutions que présente chaque système si Naïma déclare que :

   **a)** pour une abscisse donnée, la différence des ordonnées correspondantes est toujours nulle?

   **b)** pour des abscisses croissantes, la différence entre les ordonnées correspondantes diminue de plus en plus, puis augmente de plus en plus?

   **c)** pour une abscisse donnée, la différence entre les ordonnées correspondantes est toujours constante et non nulle?

6. Voici les règles de trois fonctions linéaires $f_1$, $f_2$ et $f_3$.

   **a)** Détermine le nombre de solutions du système formé des règles de :

   1) $f_1$ et $f_2$;  2) $f_1$ et $f_3$;  3) $f_2$ et $f_3$.

   **b)** Justifie tes réponses.

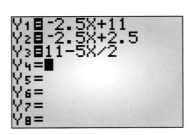

**7.** Frank doit passer deux tests la même journée. Le test de physique se compose de 20 questions et chaque bonne réponse vaut 1 point. En chimie, le test comprend 20 questions : on accorde 5 points par bonne réponse.

    **a)** Trace le graphique cartésien du résultat, en pourcentage, de Frank en fonction du nombre de questions réussies pour chaque test.

    **b)** Décris la position relative des deux droites ainsi obtenues.

    **c)** Ce système d'équations présente combien de solutions ? Explique.

**8.** Imagine une situation réaliste qui donne lieu à un système d'équations linéaires qui admet une infinité de solutions.

**9.** Durant les 6 premiers mois de l'année, la valeur des actions de la compagnie A a suivi la règle $V_A = 90 + 10m$, où $m$ représente le nombre de mois écoulés depuis le début de l'année. Pour les 6 derniers mois, la valeur des actions a suivi la règle $V_A = 270 - 20m$. La valeur des actions de la compagnie B a suivi la règle $V_B = 20 + 5m$ durant toute l'année.

    **a)** Trace le graphique cartésien représentant ces deux relations.

    **b)** Après combien de mois la valeur des actions des deux compagnies a-t-elle été la même ?

    **c)** Quel a été le plus grand écart entre la valeur des actions des deux compagnies ?

    **d)** Pendant quel mois cet écart maximal s'est-il produit ?

    **e)** Dans quelle compagnie aurait-il été préférable d'investir ?

**10.** Lors d'un marathon de 42 km, disputé en fauteuils roulants, les deux favoris ont adopté des stratégies différentes. Tout au long du parcours, Karl a roulé au même rythme, soit à 23,4 km/h. Pour sa part, Ada s'est distancé du peloton dès le départ, en maintenant une vitesse de 32 km/h lors des 30 premières minutes. Par la suite, il a roulé à une vitesse de 20 km/h jusqu'à la ligne d'arrivée.

    **a)** Trace le graphique cartésien de la distance parcourue, en kilomètres, par ces deux athlètes selon le temps, en heures, écoulé depuis le départ de la course.

    **b)** Combien de solutions le système d'équations correspondant à cette situation admet-il ?

    **c)** Explique pourquoi la fin de cette course a été très excitante.

    **d)** Quelle stratégie a porté fruit ?

    **e)** Détermine le temps pris par chacun de ces athlètes pour :

        1) franchir la mi-distance ;        2) terminer le marathon.

# ►FORUM

L'eau pure est incolore, inodore et sans saveur. Toutefois, l'ajout de certaines substances change les caractéristiques de l'eau. On a réalisé une expérience pour déterminer l'effet de la pollution sur une propriété de l'eau. Un premier cube de glace obtenu à partir d'eau pure et un second à partir d'eau polluée ont été placés dans des contenants séparés au-dessus d'une source de chaleur. On a ensuite noté, toutes les minutes, la température de l'eau dans chaque contenant. L'eau pure a atteint 0 °C en 4 min et a bouilli en 10 min. L'eau polluée a atteint 0 °C en 6 min et, après 15 min, sa température n'était que de 95 °C. On remarque que l'eau polluée met plus de temps à bouillir que l'eau pure.

**a)** Pour l'eau pure et l'eau polluée, imaginez le graphique représentant les relations entre la température de l'eau et le temps écoulé depuis le début de l'expérience.

**b)** Les deux courbes ont-elles un point d'intersection?

**c)** Quelle est la signification d'une telle solution, si elle existe? Expliquez votre réponse.

## Sujet 4 LA RÉGRESSION LINÉAIRE

| NUAGE DE POINTS ET DROITES |
| ÉQUATION DE DROITE |

## NUAGE DE POINTS ET DROITES

### Dans combien de temps la femme sera-t-elle plus rapide que l'homme?

Selon certaines recherches américaines, les femmes améliorent leurs performances en course à pied plus rapidement que les hommes. Cette constatation a amené les chercheurs et les chercheuses en activité physique à se poser la question suivante: «Quand les femmes courront-elles plus rapidement que les hommes?» Voici les données sur lesquelles ils se sont basés pour leur étude.

**Record d'athlétisme (au 800 m) chez les hommes et les femmes**

| Année | Record masculin (en s) | Record féminin (en s) |
|---|---|---|
| 1925 | 111,9 | 144,0 |
| 1935 | 109,7 | 135,6 |
| 1945 | 106,6 | 132,0 |
| 1955 | 105,7 | 125,0 |
| 1965 | 104,3 | 118,0 |
| 1975 | 104,1 | 117,5 |
| 1985 | 101,73 | 113,3 |

**a)** De 1925 à 1985, de combien de secondes les records ont-ils été améliorés:

1) chez les hommes?                    2) chez les femmes?

**b)** Quelle était la différence entre le record masculin et le record féminin:

1) en 1925?                    2) en 1985?

**c)** Place des points rouges dans le graphique pour représenter les données fournies dans la table de la page précédente concernant les records masculins selon les années.

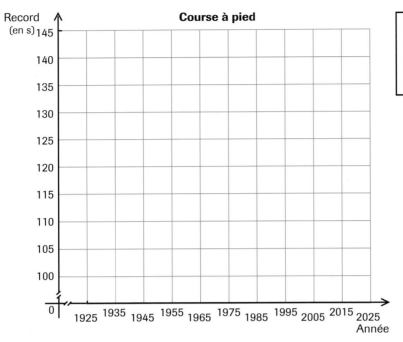

Course à pied

Record (en s)

Le graphique cartésien montrant un ensemble de points éparpillés est appelé **« nuage de points »**.

**d)** Place ensuite des points bleus représentant les records successifs des femmes.

Les points rouges ne sont pas alignés ; il est impossible de faire passer une droite par tous ces points. Toutefois, il est possible de **faire passer une droite assez près** de tous les points rouges pour les représenter convenablement.

**e)** Trace en rouge une droite qui se rapproche le plus possible des points rouges.

**f)** Trace en bleu une droite qui se rapproche le plus possible des points bleus.

**g)** En prolongeant les deux droites, détermine en quelle année, approximativement, le record des femmes égalera celui des hommes.

Les données correspondant aux couples d'une relation linéaire issue de la vie courante ne sont pas toujours parfaitement exactes. Pour mathématiser une situation, il faut souvent l'idéaliser. **Trouver une droite** qui est le **plus près possible** d'un **ensemble de points** plus ou moins alignés, c'est effectuer une **régression linéaire.** On appelle cette droite «**droite de régression**».

# ÉQUATION DE DROITE

## La calculatrice : un outil efficace

La droite de régression est la représentation graphique d'une équation linéaire de la forme $y = \mathbf{a}x + \mathbf{b}$. Avec une calculatrice graphique, il est possible d'afficher les points correspondant aux données recueillies et de calculer la règle de la droite de régression.

Il suffit d'introduire les couples de données dans des listes, de choisir un premier graphique pour représenter la relation entre les deux premières listes et un second graphique pour représenter la relation entre la première et la troisième liste. Il faut ensuite fixer les valeurs de la fenêtre d'affichage qui conviennent à ces données et faire afficher les points.

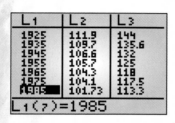
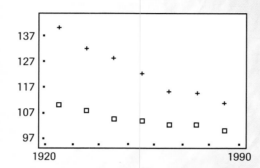

Les équations traduisant ces relations peuvent être déterminées et introduites à l'écran d'édition afin de faire afficher les droites.

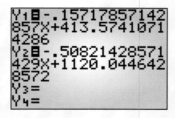
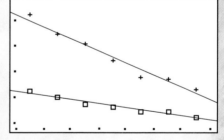

Dans ce dernier graphique, on ne peut voir les coordonnées du point d'intersection des deux droites de régression.

Un ajustement des valeurs de la fenêtre d'affichage permet d'extrapoler les records mondiaux au 800 m pour les hommes et les femmes. Dans le graphique ci-dessous, on a extrapolé jusqu'en l'an 2025.

**h)** En quelle année le record des hommes et celui des femmes seront-ils les mêmes ?

**i)** Quel sera ce temps record ?

**j)** Que peut-on penser de cette extrapolation ? Va-t-elle se réaliser ?

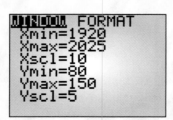
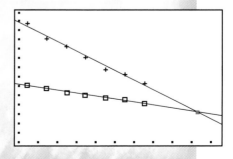

# Feuille de travail 16 ...............

## Investissement 5 ...................................

**1.** Les quatre graphiques suivants montrent des nuages de points représentant les couples de diverses relations. Dans chacun des cas, trace une droite qui s'éloigne le moins possible de ces points.

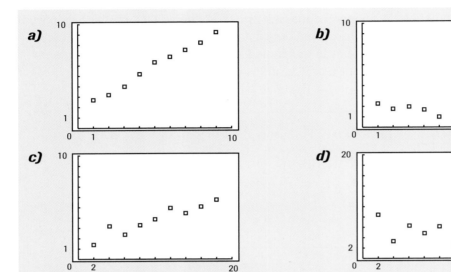

**2.** Pour chacune des relations représentées à l'exercice 1 :

   **a)** détermine approximativement le taux de variation et la valeur initiale ;

   **b)** écris une règle qui décrit assez bien chacune de ces relations.

**3.** Représente cette table de valeurs dans le plan cartésien ci-contre et trace une droite de régression, c'est-à-dire une droite qui représente bien l'ensemble de ces points.

| Âge (en a) | Masse (en kg) |
|---|---|
| 0 | 6 |
| 1 | 14 |
| 2 | 22 |
| 3 | 28 |
| 4 | 32 |
| 5 | 39 |
| 6 | 41 |

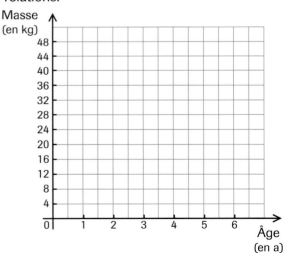

**4.** À partir de la table de valeurs de l'exercice 3 :

   **a)** Donne la règle qui décrit assez bien la relation de la table après avoir déterminé la moyenne des taux de variation et la valeur initiale de la relation.

   **b)** Trace dans le même plan la droite qui correspond à la règle précédente.

   **c)** Compare cette droite avec celle qu'on obtient en recherchant l'équation de régression à l'aide d'une calculatrice.

**5.** Dans un quartier de Montréal, on a relevé tous les dix ans, depuis 1950, le nombre de logements. Les résultats obtenus sont présentés ci-dessous.

| Année | Nombre de logements |
|-------|---------------------|
| 1950 | 330 |
| 1960 | 520 |
| 1970 | 915 |
| 1980 | 1405 |
| 1990 | 2190 |

**a)** Quelle quantité serait-il préférable de choisir comme variable indépendante?

**b)** Choisis le pas de graduation pour chacun des axes ainsi que les valeurs minimales des variables qui conviennent le mieux pour construire le graphique de cette relation.

**c)** Place dans le plan les points correspondant aux valeurs de la table.

**d)** Trace la droite de régression.

**e)** Est-ce qu'un modèle linéaire semble approprié pour représenter la réalité dans cette situation? Explique.

**6.** On procède à une expérience sur le comportement des êtres humains dans une situation de mouvement accéléré. Toutes les minutes, on note la vitesse du véhicule et la fréquence cardiaque du conducteur ou de la conductrice.

**a)** Construis un premier graphique cartésien représentant la vitesse atteinte en fonction du temps écoulé depuis le début de l'expérience.

**b)** Trace la droite de régression la plus précise possible.

**c)** On veut aussi placer les points représentant la fréquence cardiaque du conducteur ou de la conductrice selon le temps écoulé depuis le début de l'expérience. Pourquoi est-il impossible de placer ces points dans le même graphique?

**d)** Trace le graphique cartésien représentant la fréquence cardiaque selon le temps écoulé.

**e)** Trace la droite de régression qui te semble le mieux convenir.

**f)** À ton avis, laquelle des deux relations est la mieux représentée par un modèle linéaire? Justifie ta réponse.

*L'accélération provoque divers effets: par compression ou déplacement de masses, les poumons, le cerveau et l'intestin sont perturbés; le rythme cardiaque et la circulation sanguine sont troublés.*

**Expérience sur l'accélération**

| Temps écoulé (en min) | Vitesse (en km/h) | Fréquence cardiaque (en pulsations/min) |
|-----------------------|-------------------|------------------------------------------|
| 1 | 16 | 70 |
| 2 | 34 | 72 |
| 3 | 49 | 74 |
| 4 | 65 | 71 |
| 5 | 85 | 70 |
| 6 | 100 | 75 |
| 7 | 110 | 74 |
| 8 | 130 | 73 |
| 9 | 145 | 80 |
| 10 | 162 | 89 |

**7.** On a mené une expérience avec un groupe composé de fumeurs et de non-fumeurs, tous âgés de 40 ans à l'origine. Pendant dix ans, on les a fait courir sur une distance de 1 km chaque année. On a calculé le temps moyen de la course dans chaque catégorie. Voici les données recueillies.

**Expérience du kilomètre**

| Âge (en a) | Temps moyen (en min) | |
|---|---|---|
| | Non-fumeurs | Fumeurs |
| 40 | 5,32 | 6,12 |
| 41 | 5,34 | 6,72 |
| 42 | 5,32 | 6,90 |
| 43 | 5,83 | 7,01 |
| 44 | 5,93 | 7,04 |
| 45 | 6,12 | 7,82 |
| 46 | 6,34 | 8,95 |
| 47 | 7,02 | 9,30 |
| 48 | 7,01 | 10,54 |
| 49 | 7,14 | 11,20 |

**a)** Utilise ces données pour construire un graphique cartésien des relations entre l'âge et le temps dans chaque catégorie.

**b)** Trace les droites qui se rapprochent le plus possible de chaque ensemble de points correspondant aux valeurs de la table.

**c)** Le modèle linéaire semble-t-il être un modèle très près de la réalité pour cette situation? Explique ta réponse.

**d)** Tire au moins deux conclusions à propos de ces relations.

# ► FORUM

**a)** Une petite entreprise met un nouveau produit sur le marché. Voici le nombre de ventes réalisées chaque semaine durant les 7 premières semaines de la mise en marché :

> 100, 152, 230, 350, 497, 750, 1050.

1) Dans un graphique cartésien, placez les points représentant la relation entre chaque semaine et le montant des ventes.

2) Y a-t-il un modèle qui vous semble plus adéquat qu'une droite pour représenter cette situation? Si oui, lequel?

3) Si l'on trace une droite de régression, quel montant des ventes indique-t-elle pour la 10e semaine?

4) Si l'on choisit l'autre modèle, quel montant des ventes indique-t-il pour la 10e semaine?

**b)** On appelle **coefficient de corrélation** un nombre compris entre ⁻1 et 1 qui indique le degré de coïncidence des points avec la droite qui représente ces points. Plus l'ensemble des points se rapproche d'une droite, plus la corrélation est forte. Ce coefficient est positif si cette droite a un taux de variation positif, et négatif dans le cas contraire. Discutez du coefficient de corrélation entre les variables dans les graphiques suivants.

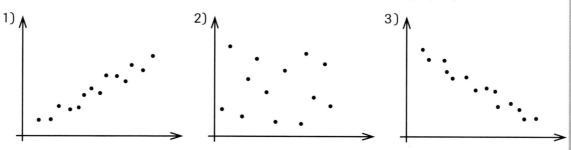

Un **système d'équations linéaires** est composé de deux équations (ou plus) du premier degré à deux variables. Ces deux équations sont souvent les règles de fonctions linéaires.

Pour **résoudre un système** linéaire, il faut rechercher un **couple de nombres (p, q)** vérifiant simultanément les équations du système.

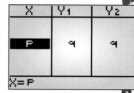

On peut résoudre un système d'équations linéaires à l'aide d'une **table de valeurs.** Si l'on n'obtient pas la solution recherchée, on peut s'en approcher en **diminuant le pas de variation** de la variable indépendante.

On peut également résoudre un système d'équations linéaires en représentant chaque équation dans un même plan cartésien et en estimant, si elles existent, les **coordonnées du point d'intersection** qui représente la solution du système. Trois cas peuvent se produire :

1° Droites sécantes      2° Droites confondues      3° Droites parallèles disjointes

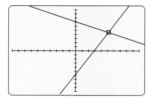     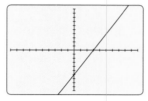    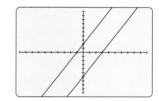

Une seule solution      Infinité de solutions      Aucune solution

On peut imaginer des systèmes correspondant à des lignes brisées. De tels systèmes peuvent avoir un nombre quelconque de solutions.

On peut également résoudre des systèmes d'équations linéaires par des **méthodes** dites **algébriques.** Le choix de ces méthodes dépend bien souvent de la forme des équations qui composent le système.

| Méthode algébrique | Comparaison | Substitution | Réduction |
|---|---|---|---|
| **Forme des équations** | Lorsque la même variable est isolée dans les deux équations. $y = a_1x + b_1$ $y = a_2x + b_2$ | Lorsqu'une variable est isolée dans une seule équation. $a_1x + b_1y = c_1$ $y = a_2x + b_2$ | Lorsqu'aucune variable n'est isolée. $a_1x + b_1y = c_1$ $a_2x + b_2y = c_2$ |
| Dans chaque cas, on peut comparer, substituer ou réduire la variable de son choix. | | | |

On peut aussi vouloir comparer deux relations qui se traduisent dans un plan cartésien par des nuages de points. On peut rechercher des droites représentatives de ces nuages de points. De telles droites sont appelées des **droites de régression.**

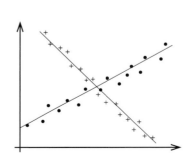

Deux droites de régression linéaire peuvent constituer un système linéaire que l'on peut résoudre par les mêmes méthodes.

**1** Calcule mentalement ces expressions.

**a)** 3,6 x 6 + 3,6 x 4    **b)** $\dfrac{4,2 \times 28}{2,1}$    **c)** $\dfrac{2}{5}$ x 350    **d)** 0,75 x 324

**2** Effectue ces calculs mentalement.

**a)** $\sqrt{3} \times \sqrt{12}$    **b)** $\sqrt{75} + \sqrt{3}$    **c)** $2\sqrt{5} + 7\sqrt{5}$    **d)** $(\sqrt{12})^2$    **e)** $2\sqrt{3} \times 4\sqrt{27}$

**3** Estime la valeur de ces expressions.

**a)** $\dfrac{\sqrt{390} + \sqrt{145}}{\sqrt{106}}$    **b)** $\dfrac{2\sqrt{10} + 8}{\sqrt{11}}$    **c)** $\dfrac{3\sqrt{5} - 3\sqrt{2}}{2\sqrt{2}}$    **d)** $\dfrac{3\sqrt{5} \times 3\sqrt{2}}{2\sqrt{2} \times 5\sqrt{5}}$

**4** Réduis mentalement ces expressions, s'il y a lieu.

**a)** $12ab + 3ab^2 - 5ab + 9ab^2$    **b)** $\dfrac{2xy + 5xy}{7xy}$

**c)** $-5ac \cdot -9ac^2$    **d)** $36a^3b^2 + {}^-4ab$

**5** Pour calculer la cotisation syndicale qu'elle doit prélever sur la paye d'un employé ou d'une employée, la comptable utilise la formule :

$$Y_1 = 0{,}03x, \text{ où } x \text{ représente le salaire d'une personne.}$$

Pour certaines personnes, elle prélève aussi des fonds pour une oeuvre de charité selon la formule :

$$Y_2 = 5 + 0{,}01x$$

**a)** Dans cette situation, que signifie l'expression «résoudre le système d'équations linéaires»?

**b)** Détermine un salaire pour lequel la cotisation syndicale est plus élevée que le don de charité.

**c)** Donne un salaire pour lequel la cotisation syndicale est moins élevée que le don de charité.

*C'est au XVIIᵉ s. que René Descartes définit par les premières lettres de l'alphabet (a, b, c) les quantités supposées connues et par les dernières (x, y, z) les quantités inconnues.*

**6** Le plus lourd métal connu est l'osmium ; il est presque deux fois plus lourd que le plomb. La relation entre le volume du plomb et sa masse est donnée par la règle $M = 11{,}4v$, où $M$ représente la masse en grammes et $v$ le volume exprimé en centimètres cubes. Pour l'osmium, on a la règle $M = 22{,}4v$.

**a)** Dans un même graphique, trace les droites associées à ces deux équations.

**b)** Pour quel volume les deux métaux ont-ils la même masse?

**c)** Quelle est la seule solution possible pour un système composé de fonctions de variation directe?

*Un ballon de football en osmium pèserait 120 kg.*

**7** Les membres de la famille Langevin planifient un voyage dans un pays chaud pour les vacances de Noël. Ils projettent d'aller à Miami ou à Cuba. Pour Miami, les frais de transport sont de 2500 $ et l'hébergement coûte 170 $ par jour. À Cuba, les frais de transport sont de 2950 $ et l'hébergement coûte 140 $ par jour. Puisqu'ils recherchent le meilleur prix, les membres de la famille Langevin considèrent, dans chaque cas, le coût du voyage en fonction du nombre de jours de vacances.

*a)* Traduis cette situation par un système d'équations linéaires.

*b)* En construisant une table de valeurs, détermine combien de jours de vacances les membres de la famille Langevin doivent prendre pour que les coûts soient les mêmes à Miami et à Cuba.

*c)* À quel endroit devraient-ils aller s'ils ne peuvent s'absenter plus de 12 jours?

*d)* Quel endroit devraient-ils choisir s'ils veulent prendre 3 semaines de vacances?

**8** Voici un système d'équations linéaires.

*a)* Parmi les écrans suivants, lesquels permettent d'afficher une table de valeurs qui contient la solution de ce système?

A)
```
TABLE SETUP
 TblMin=0
 ΔTbl=.75
Indpnt: Auto Ask
Depend: Auto Ask
```

B)
```
TABLE SETUP
 TblMin=2
 ΔTbl=.5
Indpnt: Auto Ask
Depend: Auto Ask
```

C)
```
TABLE SETUP
 TblMin=3
 ΔTbl=.25
Indpnt: Auto Ask
Depend: Auto Ask
```

*b)* Donne la solution de ce système linéaire sous la forme d'un couple de nombres.

**9** Michel et Pierre pratiquent le motocross sur une petite piste qu'ils ont aménagée tout près de leur chalet. Michel prend 22 s pour effectuer un tour. Pierre a une meilleure moto et ne met que 17 s. Ils ont fait une course. Malheureusement, le moteur de la moto de Pierre a calé au départ et il est parti 176 s après Michel.

*a)* Quand Pierre a réussi à partir, combien de tours Michel avait-il déjà effectués?

*b)* Écris les règles exprimant le nombre de tours effectués par chacun des coureurs en fonction du temps écoulé depuis le début de la course.

*c)* Qui a été le vainqueur si la course comptait:

1) 30 tours?      2) 36 tours?

*d)* Depuis combien de temps Michel courait-il lorsque Pierre l'a rejoint?

*e)* Quel couple de nombres représente la solution de ce système?

**10** À l'achat d'une voiture neuve, Annie emprunte la somme de 22 000 $ qu'elle doit rembourser en effectuant des paiements mensuels de 500 $. Pour sa part, Frédéric achète un bateau et doit rembourser son emprunt de 15 000 $ en versant 300 $ chaque mois à la banque. On considère les relations entre le temps écoulé depuis leurs emprunts effectués le même jour et le solde des prêts d'Annie et de Frédéric.

*L'apparition de la monnaie, aux environs du VIIe s. avant l'ère chrétienne, favorisa le commerce de banque.*

**a)** Établis le système d'équations linéaires correspondant à cette situation.

**b)** Représente graphiquement ce système d'équations et détermine sa solution à l'aide d'une méthode algébrique.

**c)** Pendant combien de mois Annie est-elle plus endettée que Frédéric?

**11** Voici la représentation graphique d'un système d'équations linéaires.

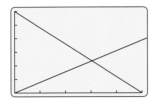  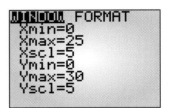

**a)** Estime la solution de ce système en tenant compte des valeurs de la fenêtre ci-dessus.

**b)** Explique comment, à l'aide d'une calculatrice à affichage graphique, on pourrait fournir une réponse plus précise.

**c)** Imagine une situation qui donne lieu à un système semblable.

**12** Le couple (4, 5) est la solution d'un système d'équations linéaires. Le taux de variation dans la première équation est $\frac{1}{2}$ et celui dans la seconde est $-\frac{3}{4}$.

**a)** Construis le graphique cartésien représentant ce système.

**b)** Est-ce que la droite représentant la fonction de variation directe $y = \frac{4x}{5}$ passe aussi par le point (4, 5)?

**13** Résous chacun des systèmes linéaires suivants par la méthode qui semble la plus appropriée.

**a)** $y = x + 5$
$y = -2x + 6$

**b)** $3y = x + 7$
$y = 1 - x$

**c)** $3x - 4y = 8$
$-1,5x - 11y = 9$

**d)** $y = 3 - \frac{2x}{5}$
$x = 3,5y - 2$

**14** Deux secrétaires sont engagées par une maison d'édition afin de dactylographier le manuscrit d'un roman. La première secrétaire commence son travail à 09:00 et dactylographie en moyenne 35 mots/min. La seconde secrétaire commence son travail à 10:00 et dactylographie en moyenne 50 mots/min.

**a)** Traduis cette situation par un système d'équations linéaires.

**b)** Combien de temps après son arrivée, la seconde secrétaire a-t-elle dactylographié autant de mots que la première secrétaire?

**c)** À ce moment-là, combien de mots ont-elles tapés ensemble?

**15** Deux haltérophiles, Anton et Boris, estiment que la charge qu'ils peuvent soulever se calcule à l'aide des formules ci-dessous. La variable $t$ représente le temps écoulé en semaines depuis le début de leur entraînement, et les charges sont exprimées en kilogrammes.

$$M_A = 168 + t$$
$$M_B = 153 + 1{,}4t$$

**a)** Pendant combien de semaines complètes Anton est-il plus performant que Boris?

*L'haltérophilie est à la fois une forme d'exercice physique et un sport de compétition. Depuis les Jeux olympiques de 1972, deux techniques sont évaluées en compétition: l'arraché et l'épaulé-jeté.*

**b)** Quelle est la différence entre les deux charges soulevées par les deux haltérophiles si une compétition a lieu 25 semaines après le début de leur entraînement?

**16** Un premier centre de photocopies demande 2 $ pour les frais d'utilisation des machines et 5 ¢ la photocopie. Un second centre demande 1 $ de frais d'utilisation des machines et 7 ¢ la copie. Pour combien de pages à photocopier est-il préférable d'aller au premier centre?

**17** Un mélange d'eau et d'iode pèse 600 g. La masse de l'iode est 5 fois plus grande que celle de l'eau. On utilise la variable $x$ pour représenter la masse de l'eau et $y$ pour la masse de l'iode.

*L'iode est un corps simple de la famille des halogènes. On l'utilise en sciences de la santé comme désinfectant (teinture d'iode) et pour prévenir le goitre. On l'utilise aussi en industrie et en photographie.*

**a)** Traduis cette situation par deux équations.

**b)** Quelle est la masse de l'eau et la masse de l'iode qui composent le mélange?

**18** Lucette et Dave veulent fêter le 25e anniversaire de mariage de leurs parents. Ils visitent deux salles de réception. Pour louer la première salle, on leur demande 12 $ par personne et 50 $ pour le service. Pour la seconde salle, on leur demande 15 $ par personne, mais aucuns frais de service. Quelle salle Lucette et Dave devraient-ils choisir s'ils attendent entre 50 et 70 personnes pour la fête? Utilise un graphique pour justifier ta réponse.

**19** Dans un triangle rectangle dont l'angle $A$ mesure 30°, la somme des mesures de l'hypoténuse et du côté opposé à l'angle $A$ est 33 cm.

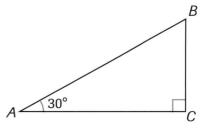

**a)** Traduis cette situation par un système de deux équations.

**b)** Quel est le périmètre de ce triangle?

**20** Le périmètre d'un rectangle est de 34 cm. Sa longueur mesure 2 cm de plus que le triple de sa largeur. Quelles sont les dimensions de ce rectangle?

**21** La somme de deux nombres est 2. Six fois le premier nombre moins le double du second donne également 2. Quels sont ces deux nombres?

**22** Mme Paré a déboursé 29 $ pour l'admission au zoo de 3 adultes et 2 enfants. Un billet d'adulte coûte 1 $ de plus que le double du prix d'un billet pour enfant. Quels sont les prix d'admission pour adulte et pour enfant à ce zoo?

**23** Une salle de spectacles pour groupes musicaux peut accueillir 604 personnes assises. Les rangées ont toutes 20 ou 24 sièges. Il y a 5 rangées de 20 sièges de moins que de rangées de 24 sièges. Combien y a-t-il de rangées dans cette salle?

**24** Un vérificateur examine les rapports de dépenses de deux employées qui ont voyagé dans le cadre de leur travail. Les frais de repas sont remboursés et un montant est alloué pour chaque kilomètre de voyage effectué avec l'auto personnelle de l'employée. Mme Béland réclame 65 $ pour ses repas et déclare avoir parcouru 500 km. Mme Clermont a déboursé 105,50 $ en repas et ses déplacements ont totalisé 350 km. Les deux employées réclament le même montant.

**a)** Traduis cette situation par un système d'équations linéaires.

**b)** Résous ce système.

**c)** Quel est le montant alloué par kilomètre?

**25** Un coffret à bijoux de forme cylindrique a un diamètre de 20 cm. Sa hauteur est inférieure de 2 cm à celle d'un autre coffret qui a la forme d'un prisme droit. Le côté de la base carrée de ce dernier mesure 20 cm. La somme des volumes de ces deux coffrets est de 6313,27 cm³. Quels sont les hauteurs et les volumes des deux coffrets?

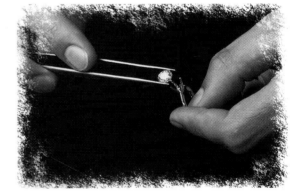

*Le diamant est le matériau le plus dur sur terre. Composé de carbone pur, sa dureté est due aux liens de covalence qui en unissent les atomes. Seul un diamant peut tailler un autre diamant.*

**26** Voici quatre équations définissant des relations. Chacune peut être représentée par une droite dans un plan cartésien.

1) $y = 4x + 10$
2) $y + 3 = 8x + 20$
3) $2y = 8x + 20$
4) $y - 8x = 23$

**a)** Pour chacune d'elles, détermine le taux de variation et la valeur initiale.

**b)** Indique quelles équations sont représentées par des droites:

1) sécantes;
2) parallèles disjointes;
3) confondues.

**27** La longueur d'un rectangle est le triple de sa largeur. De plus, le périmètre est égal à 8 fois la largeur. Quelles sont les dimensions de ce rectangle? S'il y a plus d'une réponse, donne quelques exemples.

**28** En effectuant des fouilles archéologiques, on a retrouvé des couronnes appartenant à des rois qui ont vécu au Moyen Âge. À cette époque, on fabriquait des couronnes en or et en argent. Une de ces couronnes est composée de 250 cm³ d'or et de 142 cm³ d'argent, et pèse 6076 g. Une autre couronne est composée de 50 cm³ d'or et de 160 cm³ d'argent, et pèse 2597 g. Détermine la masse d'un centimètre cube d'or et d'un centimètre cube d'argent.

*L'or étant peu résistant, on le mélange souvent à d'autres métaux pour en améliorer la dureté. Sa pureté est évaluée en carats.*

**29** Selon les pays, le mode de taxation sur les produits et les services diffère. On considère les règles exprimant le montant, en dollars, de la taxe en fonction du coût du produit ou du service dans deux pays. Voici le graphique généré par ces règles de fonctions:

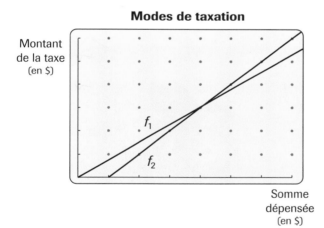

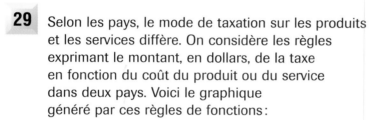

**a)** Décris le mode de taxation utilisé dans chacun de ces pays.

**b)** Détermine la règle associée à chacun de ces deux modes de taxation.

**c)** En portant le curseur sur l'une des droites, estime les coordonnées du point d'intersection.

**d)** Détermine algébriquement le point de rencontre de ces deux droites.

**e)** Vérifie ta réponse en faisant afficher la table de valeurs correspondant à ces deux fonctions.

**f)** À partir de cette table de valeurs, détermine dans quel pays la taxe est la moins élevée pour l'achat:

1) d'une pomme ; 2) d'un réfrigérateur.

**30** L'été dernier, Luc a gagné 1250 $. Il prévoit utiliser cet argent à raison de 30 $ par semaine durant l'année scolaire. Maryse avait en sa possession 200 $ au début de l'année scolaire et elle travaille dans une boutique quelques heures par semaine. Elle prévoit économiser 20 $ par semaine. On observe leurs relevés bancaires. À quel moment verra-t-on le même solde ? Détermine graphiquement la solution du système linéaire représentant ces relations.

**31** On donne un système d'équations :

$$y = 4x - 7$$
$$y = kx + 11$$

*a)* Quelle valeur faut-il attribuer à k pour que ce système n'ait pas de solution ?

*b)* Indique la position relative des deux droites représentant ces deux équations si :

1) $k = 4$                                    2) $k \neq 4$

**32** Voici un autre système d'équations linéaires :

$$y = {}^{-}x + 6$$
$$y + x = k$$

*a)* Quelle valeur faut-il attribuer à k pour que le système ait une infinité de solutions ?

*b)* Les valeurs attribuées à k jouent-elles un rôle en ce qui concerne le nombre de solutions ?

**33** L'oncle André, qui pèse 112 kg, et l'oncle Raynald, dont la masse est de 99 kg, ont décidé de suivre une diète pour améliorer leur condition physique. Chaque semaine, ils notent soigneusement leur masse.

*L'obésité est une cause importante des maladies du coeur. L'électrocardiographie est une technique médicale qui permet d'explorer la fonction cardiaque en traduisant graphiquement (électrocardiogramme) les phénomènes électriques qui se produisent au cours de la révolution cardiaque.*

**Diètes**

| Nombre de semaines | Masse d'André (en kg) | Masse de Raynald (en kg) |
|:---:|:---:|:---:|
| 0 | 112 | 99 |
| 1 | 107 | 96 |
| 2 | 105 | 95 |
| 3 | 103 | 94 |
| 4 | 103 | 95 |
| 5 | 100 | 92 |
| 6 | 100 | 89 |
| 7 | 95 | 86 |
| 8 | 91 | 83 |
| 9 | 87 | 84 |

*a)* En utilisant deux couleurs différentes, place dans un plan cartésien les points représentant la masse en kilogrammes de chacun des oncles en fonction du nombre de semaines écoulées depuis le début de leur diète.

*b)* Pour chaque ensemble de points, trace la droite de régression.

*c)* Prolonge les deux droites tracées en *b)*. D'après ce modèle, dans combien de semaines les deux oncles auront-ils la même masse ?

*d)* Quelle sera cette masse ?

**34** Dans certains domaines, les hommes ont été mieux rémunérés que les femmes pour un même travail. La table de valeurs suivante montre le salaire annuel d'un homme et d'une femme, selon les années, pour un certain métier.

**Évolution du salaire**

| Année | Salaire d'un homme (en $) | Salaire d'une femme (en $) |
|-------|---------------------------|----------------------------|
| 1950  | 14 600                    | 7 050                      |
| 1960  | 19 050                    | 13 800                     |
| 1970  | 24 750                    | 22 225                     |
| 1980  | 31 900                    | 29 000                     |
| 1990  | 38 500                    | 36 000                     |

*a)* Représente ces données dans un même graphique.

*b)* Trace les droites les plus représentatives de l'évolution du salaire annuel dans ce métier en utilisant des couleurs différentes pour distinguer les données.

*c)* Que représentent les coordonnées du point d'intersection des deux droites de régression?

*d)* À partir du graphique, estime la solution de ce système d'équations.

*e)* Théoriquement, si l'évolution des salaires se poursuivait au même rythme, à partir de quelle année le salaire des femmes serait-il supérieur à celui des hommes?

**35** Dans un grand hôtel, les téléphonistes ont un salaire de 10 $/h pour les 30 premières heures et 15 $/h pour les heures subséquentes. Les commissionnaires gagnent 12 $/h, peu importe le nombre d'heures travaillées dans la semaine.

*a)* Trace le graphique du salaire hebdomadaire de chacune des catégories d'emploi en fonction du nombre d'heures travaillées durant la semaine.

*b)* Après combien d'heures de travail les téléphonistes ont-ils un meilleur salaire hebdomadaire que les commissionnaires?

**36** **LES MOTOCYCLISTES**

Deux motocyclistes ont parcouru la même distance en un même temps. Antoine a roulé à 90 km/h mais s'est arrêté 45 min pour manger et bavarder. Karine a roulé à 80 km/h et ne s'est arrêtée que 15 min. Détermine la distance qu'ils ont parcourue et la durée totale de leur randonnée.

*Le véritable créateur de la motocyclette est Henry Hildebrand qui, en 1855, après avoir construit un petit moteur à vapeur, l'adapta à une bicyclette.*

**37** **LE DIAMÈTRE DE JUPITER**

Le diamètre de la Lune égale les ³⁄₁₁ de celui de la Terre. Le diamètre de Jupiter, la plus volumineuse des planètes du système solaire, est de 142 800 km. Cette mesure équivaut à 9 fois le diamètre de la Terre plus 8 fois celui de la Lune. Quel est le diamètre terrestre?

*Jupiter possède 16 satellites, dont les 4 plus connus ont été découverts par Galilée en 1610: Io (activité volcanique intense), Europe (surface couverte de glace), Ganymède et Callisto.*

## 38  L'ÂGE DE JACQUES CARTIER

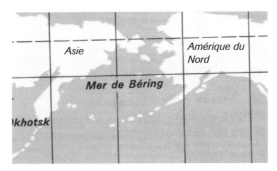

Jacques Cartier a découvert le Canada. Si l'on considère les nombres formés par les deux premiers chiffres et les deux derniers chiffres de son année de naissance, ces nombres ont une somme de 105 et une différence de 77. En quelle année Jacques Cartier est-il né?

*L'Amérique aurait été colonisée lors de la dernière glaciation, il y a 10 000 ans, alors qu'un pont de glace unissait l'Asie et l'Amérique.*

## 39  LA LUTTE AU DÉFICIT

Le gouvernement propose une mesure visant à réduire ses dépenses. Cette mesure coûterait 12 000 000 $, mais permettrait d'économiser 250 000 $ par mois. L'opposition rétorque qu'il serait préférable de ne dépenser que 9 000 000 $ et que l'on économiserait quand même 200 000 $ par mois. Dans combien de temps les mesures proposées seront-elles équivalentes pour les contribuables?

## 40  L'HECTOMÈTRE OLYMPIQUE

Dans la table de valeurs ci-dessous, on a répertorié le temps, en secondes, du gagnant ou de la gagnante de la course du 100 m chez les femmes et chez les hommes selon les années olympiques.

**Course du 100 m**

| Année olympique | Temps pour les femmes (en s) | Temps pour les hommes (en s) |
|---|---|---|
| 1976 | 11,01 | 10,06 |
| 1980 | 11,06 | 10,25 |
| 1984 | 10,97 | 9,99 |
| 1988 | 10,54 | 9,92 |
| 1992 | 10,82 | 9,96 |

Voici les nuages de points et les équations correspondant à cette table de valeurs:

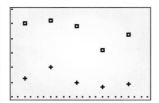

*a)* À l'aide de ces informations, commente la situation (écris au moins 5 lignes).

*b)* À quoi peut-on attribuer les différences et l'évolution des performances chez la femme et chez l'homme?

### 1. DES GYMNASTES EN HERBE

Karina et Vincent enseignent la gymnastique à de jeunes enfants. Ils sont rémunérés respectivement 12 $ et 10 $ l'heure. Karina a des déductions fixes de 52 $ et Vincent de 36 $. On considère la relation entre le nombre d'heures travaillées et leur salaire.

*a)* Traduis cette situation par un système d'équations.

*b)* Construis une table de valeurs correspondant à ces relations.

*c)* Détermine la solution de ce système à l'aide de la table de valeurs.

*d)* Dans ce contexte, comment peut-on interpréter la solution de ce système?

### 2. L'ASCENSION

Une première montgolfière s'élève dans les airs à une vitesse de 20 m/min. Une seconde quitte le sol 8 min plus tard et s'élève à une vitesse de 30 m/min. Après combien de minutes les deux montgolfières seront-elles à la même altitude?

*a)* Donne le système d'équations traduisant ces relations.

*b)* Résous ce système par la méthode graphique.

### 3. LES POURBOIRES

Un groupe d'élèves étudient en service de tables. Lors d'un exercice pratique dans un lieu public, on convient de se partager les pourboires. Si l'on remet 11 $ à chaque élève, il reste 6 $ à partager. Il manque 3 $ pour que tous et toutes puissent obtenir 12 $.

*a)* Donne le système d'équations qui traduit cette situation si *x* correspond au nombre d'élèves et *y* au montant des pourboires.

*b)* À combien s'élèvent les pourboires à partager et combien chaque élève a-t-il obtenu?

### 4. LES CARTES DE HOCKEY

Jacques et Antonio possèdent chacun une collection de cartes représentant des joueurs de hockey de la Ligue nationale. Ensemble, ils en ont 522. Ils effectuent un échange: Jacques donne 6 cartes à Antonio, mais Antonio n'en remet que 2 à Jacques vu la rareté des cartes. Tous les deux ont alors le même nombre de cartes.

*a)* Traduis cette situation par un système d'équations.

*b)* Combien de cartes chacun avait-il avant l'échange?

### 5. LES INTERURBAINS

Jeanne-Mance habite Montréal. En février, elle a parlé au téléphone pendant 7 min avec André qui réside en Gaspésie, et durant 18 min avec ses parents qui demeurent au Lac-Saint-Jean. Les coûts de ces interurbains totalisent 9,78 $. Au mois de mars, elle a discuté pendant 12 min avec André et a fait un appel de la même durée au Lac-Saint-Jean. Pour ces interurbains, Jeanne-Mance a dû défrayer 9,60 $.

*a)* Traduis cette situation par un système d'équations.

*b)* Combien coûte une minute d'interurbain en Gaspésie et au Lac-Saint-Jean lorsqu'on appelle de Montréal?

**6.** Décris la position relative des deux droites associées à ce système d'équations linéaires et résous-le.

$$2y - 24 = 4x$$
$$x - \frac{y}{2} = {}^-8$$

*Le premier vol d'un ballon habité eut lieu le 20 novembre 1783. Ce ballon à air chaud, construit par les frères Joseph et Étienne Montgolfier, avait une hauteur de 23 m et un diamètre de près de 15 m. C'était un ensemble fragile formé d'une toile doublée de papier et chauffé par un fourneau dans lequel on brûlait de la paille hachée.*

 **AUTRES TYPES DE SYSTÈMES**

## SYSTÈMES SEMI-LINÉAIRES

On peut imaginer toutes sortes de systèmes faisant intervenir des équations à deux variables de n'importe quel degré. Parmi tous ces systèmes possibles, ceux qui font intervenir une équation linéaire et une équation du second degré nous intéressent particulièrement. Voici une situation donnant lieu à un tel système.

### La tordeuse des bourgeons de l'épinette

La tordeuse des bourgeons de l'épinette est une chenille qui se régale des aiguilles des conifères et, plus particulièrement, de celles des épinettes. En 1985, plusieurs régions du Québec ont été infestées par la tordeuse des bourgeons de l'épinette. Pour remédier à cette situation, on a fait différentes expériences en milieu contrôlé. Une chercheuse a répandu pendant 20 jours une certaine quantité d'un type d'insecte qui s'attaque à la tordeuse. Elle a suivi de près la croissance de la population des tordeuses ($P_T$) et des insectes ($P_i$) dans un milieu contrôlé. Le graphique suivant montre les résultats qu'elle a observés durant ces 20 jours.

La tordeuse des bourgeons de l'épinette est le plus grand ravageur forestier au Canada.

**Population de la tordeuse et de l'insecte prédateur**

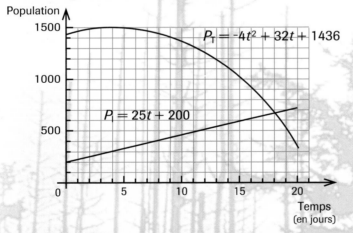

$$P_T = \text{-}4t^2 + 32t + 1436$$

$$P_i = 25t + 200$$

Biologiste analysant des échantillons au microscope électronique.

**a)** Au moment où l'on a introduit l'insecte, quelle était la population de la tordeuse des bourgeons de l'épinette?

**b)** Décris comment a varié la population des deux espèces durant ces 20 jours.

**c)** Peut-on qualifier ce système de linéaire? Explique.

**d)** Après combien de jours la population d'insectes a-t-elle surpassé celle de la tordeuse?

Il est fréquent de rencontrer des situations se traduisant par une **équation linéaire** et par une **équation dont l'une des variables est du second degré.** Il convient donc de s'interroger sur leurs méthodes de résolution.

# MÉTHODE GRAPHIQUE

## L'envoi d'un colis

Avant d'envoyer un colis à son amie à l'occasion de son anniversaire de naissance, Céline s'informe auprès de deux entreprises spécialisées dans la livraison afin de connaître les coûts d'expédition. Dans les deux cas, le coût ($C$) d'un envoi est déterminé par la distance ($d$) que doit parcourir le colis pour arriver à destination.

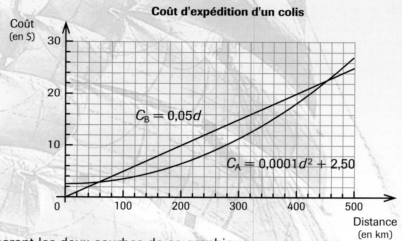

**Coût d'expédition d'un colis**

$C_B = 0,05d$

$C_A = 0,0001d^2 + 2,50$

**a)** En comparant les deux courbes de ce graphique, indique l'entreprise à laquelle Céline devrait confier son colis s'il doit parcourir une distance de :

1) 40 km ;      2) 255 km ;      3) 500 km.

**b)** En considérant la situation, que représentent les points d'intersection des deux courbes de ce graphique ?

**c)** À partir du graphique, estime la valeur des coordonnées des deux points d'intersection.

*Aux XVIIe et XVIIIe siècles, les colons de la Nouvelle-France remettaient aux capitaines des navires marchands le courrier destiné à l'Europe. Le service postal était irrégulier et peu sûr. Les tavernes des ports tenaient souvent lieu de bureaux de poste.*

La méthode de **résolution graphique** d'un système d'équations permet d'évaluer très **rapidement** les coordonnées du point ou des points d'intersection. Toutefois, les solutions graphiques ne constituent souvent que des **approximations.**

La calculatrice à affichage graphique permet d'augmenter rapidement le degré de précision de ces approximations.

**d)** Édite les règles du système d'équations précédent en faisant correspondre $Y_1$ à $C_A$ et $Y_2$ à $C_B$.

```
Y1■0.0001X²+2.50
Y2■0.05X
Y3=
Y4=
Y5=
Y6=
Y7=
Y8=
```

**e)** Entre les valeurs de la fenêtre d'affichage qui permettent d'obtenir une représentation graphique convenable, puis estime les solutions à partir du graphique obtenu.

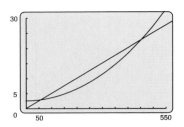

**f)** En déplaçant le curseur sur l'une des courbes et en effectuant la lecture des coordonnées qui correspondent aux points d'intersection, on obtient une première approximation des solutions du système. Interprète les informations que l'on trouve dans ces deux écrans.

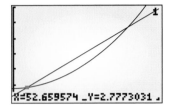
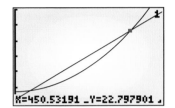

**g)** Pour obtenir encore plus de précision, on utilise l'option qui permet d'effectuer un agrandissement autour du curseur. Quelles solutions sont alors affichées pour ce système d'équations?

1)

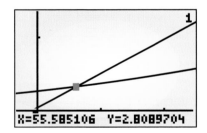

2)

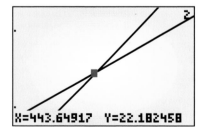

En procédant à des agrandissements autour du point d'intersection, on augmente la précision des coordonnées qui représentent les solutions.

On peut donc résoudre de tels systèmes par la méthode graphique.

# TABLE DE VALEURS

## Les écluses

*Le canal Welland, d'une longueur de 45 km, fait partie de la Voie maritime du Saint-Laurent. Il relie le lac Érié et le lac Ontario. Huit écluses y sont aménagées pour compenser les 100 m de dénivellation entre les deux lacs.*

Chaque jour, plusieurs bateaux empruntent la Voie maritime du Saint-Laurent pour aller livrer ou chercher des marchandises. À cause des dénivellations du fleuve à certains endroits, ces bateaux doivent franchir des écluses pour suivre leur itinéraire. Selon le cas, on doit remplir l'écluse d'eau à l'aide de la gravité ou la vider à l'aide d'un système de pompes. Dans les deux cas, l'opération s'effectue en environ 10 min.

*a)* Les règles $H_R = -0,05t^2 + t + 13$ et $H_V = -0,5t + 18$ représentent respectivement la hauteur ($H$) de l'eau, en mètres, dans l'écluse en fonction du temps ($t$), en minutes, lors du remplissage et du vidage. Édite ces deux fonctions.

*b)* Fixe l'abscisse minimale à 0 et le pas de variation de la variable indépendante à 1.

*c)* Dans la table de valeurs, y a-t-il une valeur de $x$ pour laquelle $Y_1 = Y_2$ ?

*d)* Entre quelles valeurs de $x$, $Y_1$ est-il le plus près de $Y_2$ ?

*e)* Quelle conclusion peut-on tirer de cette table de valeurs ?

| X | Y1 | Y2 |
|---|----|----|
| 0 | 13 | 18 |
| 1 | 13.95 | 17.5 |
| 2 | 14.8 | 17 |
| 3 | 15.55 | 16.5 |
| 4 | 16.2 | 16 |
| 5 | 16.75 | 15.5 |
| 6 | 17.2 | 15 |

X=0

En réduisant le pas de variation de la variable indépendante à 0,1 et en prenant 3 comme abscisse minimale, on obtient une table de valeurs beaucoup plus précise.

*f)* En se référant à la table de valeurs ci-contre, entre quelles valeurs de $x$, $Y_1$ est-il le plus près de $Y_2$ ?

| X | Y1 | Y2 |
|---|----|----|
| 3.5 | 15.888 | 16.25 |
| 3.6 | 15.952 | 16.2 |
| 3.7 | 16.016 | 16.15 |
| 3.8 | 16.078 | 16.1 |
| 3.9 | 16.14 | 16.05 |
| 4 | 16.2 | 16 |
| 4.1 | 16.26 | 15.95 |

X=3.8

*g)* En réduisant le pas de variation à 0,01 et en prenant 3,8 comme abscisse minimale, détermine après combien de temps la hauteur de l'eau dans l'écluse est la même qu'on remplisse ou qu'on vide l'écluse.

| X | Y1 | Y2 |
|---|----|----|
| 3.8 | 16.078 | 16.1 |
| 3.81 | 16.084 | 16.095 |
| 3.82 | 16.09 | 16.09 |
| 3.83 | 16.097 | 16.085 |
| 3.84 | 16.103 | 16.08 |
| 3.85 | 16.109 | 16.075 |
| 3.86 | 16.115 | 16.07 |

X=3.82

On peut résoudre un système composé d'une équation du premier degré et d'une équation du second degré à deux variables en construisant une table de valeurs. En diminuant le pas de variation de la variable indépendante, on peut obtenir des solutions plus précises.

1. Construis une table de valeurs pour chaque équation, trace le graphique cartésien et donne approximativement les solutions des systèmes d'équations suivants.

   **a)** $y = x^2$
   $y = 2x$

   **b)** $y = 2(x - 5)^2 + 1$
   $y = x + 4$

   **c)** $y = {}^-2(x + 2)(x - 3)$
   $y = {}^-3x - 2$

2. À l'aide des options graphiques d'une calculatrice, résous les systèmes d'équations suivants. Exprime les solutions au dixième près.

   **a)**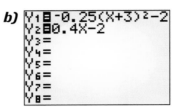

   **b)**
   ```
   Y₁ = -0.25(X+3)²-2
   Y₂ = 0.4X-2
   Y₃ =
   Y₄ =
   Y₅ =
   Y₆ =
   Y₇ =
   Y₈ =
   ```

   **c)**

3. Au début de l'été, le propriétaire d'une maison décide de confier l'entretien de sa pelouse à une entreprise spécialisée. Il compare les prix de deux entreprises qui offrent le service d'entretien de pelouses n'excédant pas 120 m². Dans les deux cas, le prix (P) varie selon l'aire du terrain à entretenir.

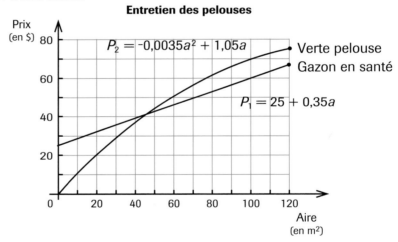

**Entretien des pelouses**

$P_2 = {}^-0{,}0035a^2 + 1{,}05a$ — Verte pelouse / Gazon en santé

$P_1 = 25 + 0{,}35a$

   **a)** Laquelle des deux entreprises exige des frais de déplacement?

   **b)** À combien s'élèvent ces frais?

   **c)** Résous graphiquement ce système d'équations.

   **d)** En tenant compte de la situation, que représente la solution de ce système?

   **e)** Si la surface gazonnée a une aire de 85 m², avec quelle entreprise le propriétaire devrait-il passer un contrat d'entretien? Explique.

   **f)** Une vieille dame confie l'entretien de son petit parterre de 17 m² à l'entreprise Verte pelouse plutôt qu'à Gazon en santé. Combien épargne-t-elle?

**4.** Réponds aux questions suivantes en résolvant graphiquement le système d'équations associé à chaque situation.

**a)** Au cours des 5 dernières années, l'évolution de la population de souris d'une région semble avoir suivi la règle $y = 20\ 000 - 50x^2$, où $x$ est le nombre d'années écoulées depuis le début des observations. Pour la même période, dans la même région, l'évolution de la population de chats a suivi la règle $y = 7000 + 300x$. Si la tendance se maintient, dans combien d'années peut-on prévoir qu'il y aura autant de chats que de souris dans cette région?

**b)** Deux compagnies se sont inscrites à la Bourse de Montréal la même journée. Pour la période semestrielle qui a suivi, une compagnie a enregistré des gains, et la valeur de ses actions ($V$) a suivi la règle $V_1 = 3,50 + 0,01s^2$, où $s$ représente le nombre de semaines écoulées depuis l'inscription à la Bourse. Par contre, l'autre compagnie a connu plusieurs difficultés, et la valeur de ses actions a suivi la règle $V_2 = 9,20 - 0,10s$. Combien de semaines après leur début à la Bourse la valeur des actions des deux compagnies a-t-elle été la même?

*Chaque jour, 11,5 millions d'actions sont échangées sur le parquet de la Bourse de Montréal, pour une valeur totale d'environ 154 millions de dollars.*

**5.** En construisant des tables de valeurs, avec ou sans l'aide d'une calculatrice, détermine, au centième près s'il y a lieu, les solutions de chacun des systèmes suivants.

**a)** $y = 2x^2$
    $y = 8$

**b)** $y - 8 = {}^-0,5x^2 - x$
    $y = 2x$

**c)** $2y + 2x = 4x^2 + 3$
    $2y - 7 = 4x$

**d)** $y = {}^-3$
    $0,5y - 2 = {}^-(x - 3)^2$

**6.** Une maison de sondage recherche des téléphonistes pour recueillir des données. Elle offre un premier mode de rémunération hebdomadaire ($S_1$), qui consiste en un salaire de base de 200 $ plus 1,50 $ par personne interrogée. La seconde option est un salaire défini par la règle $S_2 = 254 + 0,01p^2$, dans laquelle $p$ représente le nombre de personnes interrogées.

**a)** Complète la table de valeurs ci-contre.

**b)** Quel mode de rémunération devrait choisir Jérôme s'il pense être capable de sonder environ 130 personnes par semaine?

**c)** En fixant le pas de variation de la variable $p$ à 5, construis une table de valeurs qui permet de connaître le nombre de personnes qu'il faut interroger pour que le salaire soit le même selon les deux modes de rémunération.

**Salaire d'un ou d'une téléphoniste**

| $p$ | $S_1$ | $S_2$ |
|-----|-------|-------|
| 0   |       |       |
| 25  |       |       |
| 50  |       |       |
| 75  |       |       |
| 100 |       |       |
| 125 |       |       |
| 150 |       |       |

**7.** Cette table de valeurs montre la vitesse moyenne des automobilistes qui sont passés sur un pont qui débouche dans un quartier résidentiel, selon les heures de la matinée.

**Contrôle de la vitesse**

| Heure | Vitesse sur le pont (en km/h) | Vitesse dans le quartier résidentiel (en km/h) |
|-------|-------------------------------|-------------------------------------------------|
| 4:00 | 74,5 | 45 |
| 5:00 | 47,0 | 45 |
| 6:00 | 30,5 | 45 |
| 7:00 | 25,0 | 45 |
| 8:00 | 30,5 | 45 |
| 9:00 | 47,0 | 45 |
| 10:00 | 74,5 | 45 |

*Venise, la «capitale mondiale des ponts» avec ses 145 ponts qui enjambent les canaux de la ville.*

**a)** Sachant que la vitesse moyenne enregistrée sur le pont entre 4:00 et 10:00 suit un modèle du second degré, traduis cette situation par un système.

**b)** À partir de cette table, explique comment estimer rapidement les solutions de ce système.

**c)** En réduisant le pas de variation de la variable indépendante à 0,1 h, détermine à quels moments la vitesse du trafic sur le pont et dans le quartier résidentiel est la même.

**8.** Les deux règles ci-contre correspondent aux meilleurs temps, en secondes, de deux nageurs au 50 m brasse, entre 16 ans et 28 ans.

**a)** Résous ce système d'équations en donnant chaque solution sous la forme d'un couple de nombres.

**b)** Interprète chacune des solutions obtenues.

**c)** Entre 16 ans et 28 ans, quel a été le meilleur temps effectué par chacun de ces nageurs à la brasse sur une distance de 50 m?

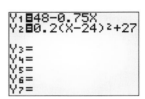

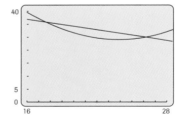

**a)** La méthode de résolution graphique permet de déceler rapidement le nombre de solutions qu'admet un système d'équations et d'estimer les solutions. Voici des systèmes formés de deux équations du second degré. Donne le nombre de solutions de chacun et une approximation des coordonnées des couples solutions.

1) $y = -x^2 + 5x + 6$
   $y = 2x^2 - 4x + 2$

2) $y = -2x^2 + 3x - 1$
   $y = 3x^2 - 4x + 2$

3) $y = 2x^2 + 4x + 2$
   $y = x^2 + 2x + 1$

**b)** Invente un système de deux équations du second degré qui n'a pas de solution.

# MÉTHODE DE COMPARAISON

## La fluctuation de la valeur d'un timbre

Lors de son émission, un timbre possède une valeur nominale. Mais, pour les philatélistes, la valeur marchande d'un timbre ne dépend pas uniquement de sa valeur à l'émission. En effet, cette valeur peut varier selon les attributs du timbre, notamment son année d'émission, sa rareté et son état de conservation. Le graphique suivant montre la variation de la valeur ($V$) de deux timbres selon le temps ($t$) écoulé depuis leur émission.

Le premier timbre canadien fut émis en 1851. Aujourd'hui, ce timbre vaut plus de 10 000 $.

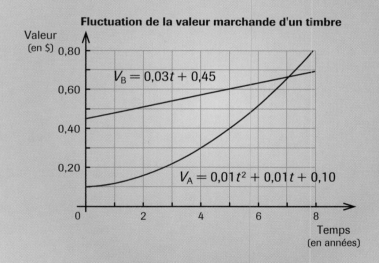

**Fluctuation de la valeur marchande d'un timbre**

$V_B = 0,03t + 0,45$

$V_A = 0,01t^2 + 0,01t + 0,10$

Valeur (en $)

Temps (en années)

**a)** Quelle est la valeur de chaque timbre à l'émission ?

**b)** Pour un ou une philatéliste, quel timbre constitue le meilleur placement ? Explique.

**c)** Dans cette situation, que représente l'expression $V_A = V_B$ ?

**d)** Pour un collectionneur ou une collectionneuse, combien de temps après leur émission ces timbres ont-ils la même valeur ?

La méthode de comparaison consiste à isoler la même variable dans chaque équation et à poser l'égalité des seconds membres.

**e)** Pourquoi, au point d'intersection, peut-on poser cette égalité ?

*La philatélie est née en 1840 lorsque le premier timbre-poste adhésif fut émis à Londres.*

Ainsi, pour les points d'intersection, on peut écrire:
$$V_A = V_B$$

$$0,01t^2 + 0,01t + 0,10 = 0,03t + 0,45$$

En résolvant cette dernière équation à l'aide de la formule du second degré, on obtient:

$$100 \times (0,01t^2 + 0,01t + 0,10) = (0,03t + 0,45) \times 100$$
$$t^2 + t + 10 = 3t + 45$$
$$t^2 + t - 3t + 10 = 3t - 3t + 45$$
$$t^2 - 2t + 10 = 45$$
$$t^2 - 2t + 10 - 45 = 45 - 45$$
$$t^2 - 2t - 35 = 0$$
$$(t - 7)(t + 5) = 0$$
$$t_1 = 7 \text{ et } t_2 = {}^-5$$

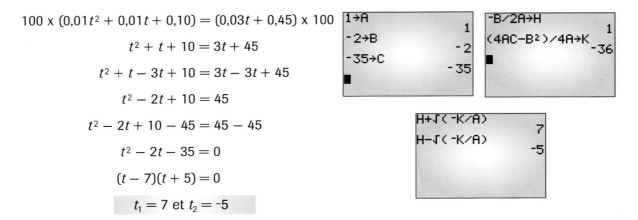

où $t_1$ et $t_2$ sont les abscisses des points d'intersection. En remplaçant successivement la variable indépendante par les valeurs trouvées dans l'une des règles du système d'équations, on peut déterminer les ordonnées correspondant à $t_1$ et à $t_2$.

$$V_A = 0,01 \times 7^2 + 0,01 \times 7 + 0,10 \Rightarrow V_A = 0,66 \quad \text{ou} \quad V_B = 0,03 \times 7 + 0,45 \Rightarrow V_B = 0,66$$
$$\text{et}$$
$$V_A = 0,01 \times {}^-5^2 + 0,01 \times {}^-5 + 0,10 \Rightarrow V_A = 0,30 \quad \text{ou} \quad V_B = 0,03 \times {}^-5 + 0,45 \Rightarrow V_B = 0,30$$

*f)* En tenant compte de la situation, laquelle des deux solutions doit-on rejeter? Explique.

Tout comme pour la résolution d'un système d'équations linéaires, on peut utiliser la **méthode de comparaison** pour résoudre algébriquement un système d'équations faisant intervenir une équation du premier degré et une équation du second degré.

---

## MÉTHODE DE COMPARAISON

Pour résoudre de tels systèmes d'équations par la méthode de comparaison, il suffit:

1° d'isoler la même variable dans chaque équation;

2° de poser l'égalité des seconds membres;

3° de résoudre l'équation obtenue;

4° de calculer, pour chaque valeur trouvée, l'autre coordonnée des points d'intersection.

---

Cette méthode algébrique permet d'obtenir des solutions très précises. La méthode de comparaison est particulièrement utile lorsque les règles du système d'équations sont exprimées sous la forme fonctionnelle.

# MÉTHODE DE SUBSTITUTION

## Un satellite défectueux

Considérons le centre de la Terre comme l'origine du plan cartésien défini par l'orbite d'un satellite artificiel présentement en panne. Son orbite autour de la Terre correspond à l'équation $x^2 + y^2 = 100$, où $x$ et $y$ sont des distances exprimées en milliers de kilomètres du centre de la Terre. L'ingénieur de bord d'une navette située au point (-10, 8) peut réparer le satellite. Il calcule qu'il peut attendre un certain moment, puis rejoindre le satellite par le trajet rectiligne correspondant à l'équation $y = 8$.

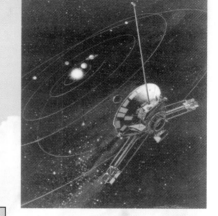

APRÈS ATTENTE

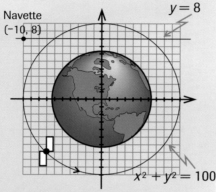

13 juin 1983, Pioneer 10 *quitte le système solaire.*

***a)*** À l'aide du graphique ci-dessus, estime les coordonnées des points d'intersection des deux courbes.

À chaque point d'intersection des deux courbes, on sait que l'ordonnée est 8. En substituant 8 à la variable $y$ dans l'équation du second degré, on peut facilement calculer l'abscisse de chaque point d'intersection :

$$x^2 + (8)^2 = 100$$
$$x^2 = 100 - 64$$
$$x^2 = 36$$
$$\boxed{x_1 = 6 \text{ et } x_2 = {}^-6}$$

***b)*** En quels lieux la réparation peut-elle se faire ?

DÉPART IMMÉDIAT

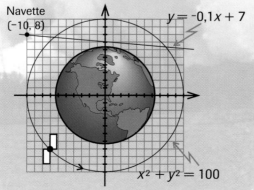

Par ailleurs, l'ingénieur calcule que s'il part immédiatement, la réparation pourra se faire plus tôt. Le trajet rectiligne pour rejoindre le satellite est alors défini par $y = {}^-0,1x + 7$.

***c)*** Estime les coordonnées des points qui représentent les lieux possibles pour effectuer la réparation.

À chaque point d'intersection, les coordonnées $x$ et $y$ sont les mêmes pour les courbes $x^2 + y^2 = 100$ et $y = {}^-0,1x + 7$.

En substituant dans l'équation du second degré la variable $y$ par l'expression algébrique qui lui est équivalente, on obtient une équation quadratique à une seule variable :

$$x^2 + (\text{-}0,1x + 7)^2 = 100$$
$$x^2 + 0,01x^2 - 1,4x + 49 = 100$$
$$1,01x^2 - 1,4x - 51 = 0$$

*(annotations manuscrites :)*
$(\text{-},1x+7)(\text{-},1x+7)$
$0,01x - ,7x - ,7x$

En résolvant cette équation à l'aide de la formule, ou autrement, on obtient les abscisses des deux points d'intersection.

| $x_1 \approx \text{-}6,45$ et $x_2 \approx 7,83$ |

**d)** Détermine les ordonnées correspondant à ces abscisses.

**e)** Lequel des deux emplacements utilisera-t-on si le satellite doit être réparé le plus tôt possible ?

*Roberta Bondar, deuxième astronaute canadien dans l'espace, a participé à une mission spatiale en 1992 à bord de la navette Discovery.*

La **méthode de substitution** peut donc être utilisée pour résoudre algébriquement de tels systèmes.

MÉTHODE DE SUBSTITUTION

La méthode de substitution consiste à :

1° exprimer une variable en fonction de l'autre dans l'équation du premier degré ;

2° dans l'équation du second degré, remplacer cette variable par l'expression qui lui est égale ;

3° résoudre l'équation du second degré ainsi obtenue ;

4° rechercher les valeurs de l'autre variable en utilisant celles déjà calculées.

La méthode de substitution est souvent la méthode algébrique la plus efficace pour résoudre des systèmes d'équations dont l'une est linéaire et l'autre du second degré.

# NOMBRE DE SOLUTIONS

## L'augmentation des salaires

La compagnie MétalPlus est spécialisée dans la fabrication de structures métalliques servant à la construction d'immeubles. Le graphique ci-contre montre l'évolution des salaires ($S$) de quatre types d'emplois que l'on retrouve chez MétalPlus en fonction du nombre d'années ($x$) d'ancienneté.

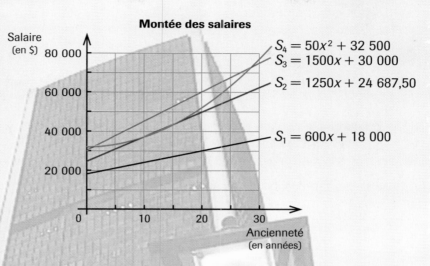

**Montée des salaires**

Salaire (en $)

$S_4 = 50x^2 + 32\ 500$
$S_3 = 1500x + 30\ 000$
$S_2 = 1250x + 24\ 687,50$
$S_1 = 600x + 18\ 000$

Ancienneté (en années)

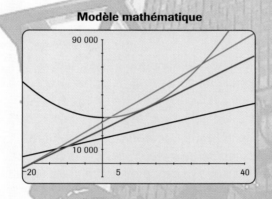

**Modèle mathématique**

**a)** Qu'est-ce qui distingue les courbes associées à $S_1$, $S_2$ et $S_3$ de celle qui est associée à $S_4$?

**b)** Selon le graphique correspondant à la situation et au modèle mathématique de la situation, détermine le nombre de solutions que présente chacun des systèmes suivants.

  1) $S_1$ et $S_4$          2) $S_2$ et $S_4$

  3) $S_3$ et $S_4$

**c)** À l'aide de la méthode de comparaison, résous algébriquement chacun de ces systèmes.

  1) $S_1$ et $S_4$      2) $S_2$ et $S_4$      3) $S_3$ et $S_4$

**d)** Algébriquement, comment se traduit la résolution d'un système d'équations qui ne présente aucun point d'intersection entre les courbes associées aux équations?

**e)** Pourquoi peut-on affirmer avec certitude que la droite associée à $S_2$ est tangente à la courbe associée à $S_4$?

**f)** Après combien d'années de travail pour la compagnie MétalPlus les employés et employées rémunérés selon les modes $S_3$ et $S_4$ auront-ils le même salaire?

*De nos jours, les architectes et les ingénieurs privilégient une structure en colonne vertébrale pour la construction des gratte-ciel modernes. Un pilier central auquel se rattachent les planchers donne à l'immeuble une plus grande flexibilité que les murs porteurs des édifices traditionnels et offre une meilleure résistance aux vents et aux tremblements de terre.*

La résolution d'un système composé d'une équation du premier degré et d'une équation du second degré à deux variables peut mener à l'un des trois cas suivants :

1° Le système n'admet aucune solution (les courbes sont disjointes, c'est-à-dire qu'elles ne se rencontrent pas).

2° Le système admet une seule solution (la droite est tangente à l'autre courbe).

3° Le système admet deux solutions (la droite coupe l'autre courbe en deux points).

# Investissement 7

1. Résous chacun des systèmes suivants à l'aide de la méthode de comparaison.

   **a)** $y = 0{,}5x$
   $y = x^2 + 4$

   **b)** $y = 2(x + 2)^2 - 2$
   $y + 7{,}5 = 3x + 4$

   **c)** $x = 5(y + 2)(y - 3)$
   $x = {}^-3y - 2$

2. Résous chacun des systèmes suivants à l'aide de la méthode de substitution.

   **a)** $y = 0{,}5x$
   $x^2 + 2y^2 = 10$

   **b)** $3y = 18x - 9$
   $x^2 + y^2 = 64$

   **c)** $x = x^2 + 2xy + y^2$
   $x = 2y + 5$

3. On joue au tennis sur une surface de jeu rectangulaire. Sachant que le périmètre d'un terrain de tennis est 69,48 m et que la diagonale mesure 26,18 m, détermine les dimensions d'un terrain de tennis.

*Professionnels ou amateurs, c'est au Canada et en Russie qu'on compte le plus grand nombre d'adeptes du hockey.*

4. Dans le graphique ci-dessous, la courbe correspond à un cercle de mise en jeu d'une patinoire de hockey. Ce cercle est défini par l'équation $x^2 + y^2 = 9$, où $x$ et $y$ sont exprimées en mètres.

   **a)** L'équation $y = 2x + 2$ correspond à la trajectoire d'une rondelle qui traverse le cercle en deux points. Quelles sont les coordonnées de ces deux points d'intersection ?

   **b)** Parmi ces trois trajectoires linéaires d'une rondelle, détermine celle qui est tangente au cercle de mise en jeu :

   1) $y - 3 = 0{,}01x$

   2) $\sqrt{8}y = 9 - x$

   3) $x = y + 6$

   **c)** Quelles sont les coordonnées de ce point de tangence ?

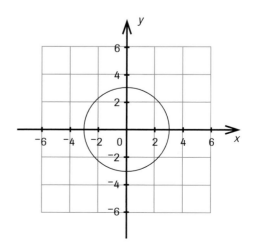

**5.** Avant de lancer un nouveau produit sur le marché, une entreprise décide de consulter une firme de marketing. Après maintes études, l'équipe de marketing suggère de promouvoir ce nouveau produit à l'aide d'une vaste campagne de publicité dont le coût est évalué à 20 000 $. Le graphique suivant montre les projections établies pour les revenus nets générés par ce produit lors des 12 premiers mois de sa mise en marché avec et sans publicité.

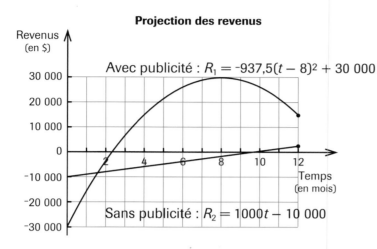

**Projection des revenus**

Avec publicité : $R_1 = ^-937{,}5(t-8)^2 + 30\,000$

Sans publicité : $R_2 = 1000t - 10\,000$

Les sondages permettent, entre autres, de déterminer si le produit qu'on veut mettre sur le marché rencontre les besoins des consommateurs et consommatrices.

**a)** Pendant combien de mois la mise en marché du nouveau produit sans publicité est-elle la plus avantageuse?

**b)** Pour chaque projection, à quel moment atteint-on le seuil de rentabilité?

**c)** Détermine le revenu maximal généré dans chacun des cas.

*On attribue à Diophante (IIIᵉ ou IVᵉ s.) la théorie des équations du premier degré.*

**6.** La représentation graphique d'un système d'équations comporte deux courbes. L'une d'elles est une parabole passant par le point (2, 16) et dont les coordonnées du sommet sont (-1, -2). L'autre courbe correspond à une droite dont le taux de variation est 2 et l'ordonnée à l'origine 2,5.

**a)** Représente graphiquement ce système d'équations.

**b)** À partir du graphique, estime les solutions de ce système.

**c)** Résous algébriquement ce système d'équations.

**7.** Détermine les mesures des côtés d'un rectangle dont le périmètre est 36,5 cm et l'aire 68,25 cm².

**8.** Soit $y = x^2 - 8$, la règle d'une fonction quadratique dont la courbe correspond à une parabole. Donne l'équation d'une autre fonction dont la courbe correspond à une droite qui est :

**a)** sécante à la parabole;

**b)** tangente à la parabole;

**c)** disjointe de la parabole.

**9.** Voici la représentation graphique de divers systèmes dont l'une des équations est du second degré. Détermine le nombre de solutions de chacun de ces systèmes.

*a)*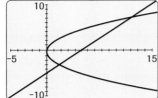

*b)*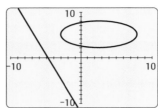

*c)*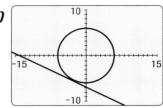

**10.** Voici la représentation graphique d'un système de fonctions polynomiales dont les règles sont $Y_1 = x + 1$ et $Y_2 = 0{,}25x^2 + x + 1$.

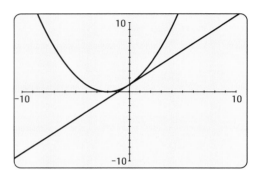

*a)* À l'aide du curseur, estime les coordonnées du ou des points d'intersection.

*b)* À partir de cet écran graphique, peut-on déterminer avec certitude le nombre de solutions à l'expression $Y_1 = Y_2$? Explique.

*c)* Détermine algébriquement pour quelle(s) valeur(s) du domaine ces deux fonctions ont la même image.

*d)* Vérifie ta réponse en affichant la table de valeurs appropriée.

# ► FORUM

*a)* Les équations de la forme $x^2 + y^2 = r^2$ représentent des cercles centrés à l'origine et de rayon r. Les équations de la forme $(x - h)^2 + (y - k)^2 = r^2$ représentent des cercles de rayon r dont le centre est en (h, k). Un cercle représente-t-il le graphique d'une fonction? Justifiez votre réponse.

*b)* Il est parfois nécessaire d'utiliser le modèle fonctionnel, notamment pour faire afficher des courbes à l'écran de la calculatrice. On peut diviser un cercle en deux demi-cercles tendus par un diamètre horizontal. Chaque demi-cercle constitue-t-il le graphique d'une fonction?

*c)* Faites afficher le graphique correspondant aux équations données et décrivez la figure obtenue.

$$Y_1 = \sqrt{16 - x^2} \text{ et } Y_2 = -\sqrt{16 - x^2}$$

*d)* À l'aide de la notion de fonction, tracez la figure représentant chacune des équations suivantes.

1) $x^2 + y^2 = 64$

2) $(x - 3)^2 + (y - 2)^2 = 25$

3) $\dfrac{x^2}{4} + \dfrac{y^2}{9} = 1$

4) $\dfrac{(x - 2)^2}{4} + \dfrac{(y + 3)^2}{16} = 1$

*e)* Déterminez le ou les points d'intersection de la droite $y = 2x - 1$ avec chacune des quatre courbes précédentes.

Un système d'équations à deux variables peut faire intervenir différents types d'équations et, par conséquent, différents types de courbes. Les systèmes composés d'une équation du premier degré et d'une équation du second degré sont particulièrement intéressants.

Tout comme pour un système d'équations linéaires, ces systèmes peuvent se résoudre **graphiquement,** par une **table de valeurs** ou en utilisant les **méthodes algébriques.**

La **représentation graphique** permet de déterminer rapidement le nombre de solutions de tels systèmes et donne une bonne estimation des coordonnées des points d'intersection.

Courbes disjointes | Courbes tangentes | Courbes sécantes

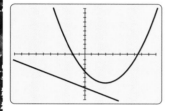 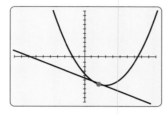 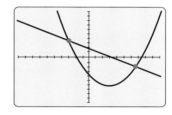

Aucune solution | Une seule solution | Deux solutions

La **table de valeurs** est un autre moyen de chercher les solutions de ces systèmes. Il est souvent nécessaire de réduire le pas de variation des abscisses pour trouver une meilleure approximation de la solution.

Les **méthodes algébriques** permettent de résoudre ces systèmes avec **précision.** Selon la forme des équations qui composent le système, on utilise la méthode de comparaison ou la méthode de substitution. La méthode de réduction s'avère rarement la plus efficace.

| Méthode algébrique | Comparaison | Substitution |
|---|---|---|
| **Utilisation** | Lorsque la même variable est isolée dans les deux équations. | Lorsqu'une variable est isolée dans l'équation du premier degré et qu'elle ne l'est pas dans celle du second degré. On la substitue alors dans l'équation du second degré. |
| Dans chacun des cas, on peut comparer ou substituer la variable de son choix. | | |

**1** Calcule mentalement l'aire des figures ci-dessous.

**a)**
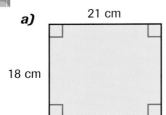
21 cm
18 cm

**b)**
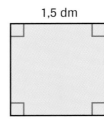
1,5 dm

**c)**
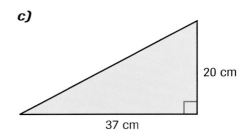
20 cm
37 cm

**2** Calcule mentalement la valeur de *y* dans chaque cas.

**a)** $y = 0,5x + 2,5$, pour $x = 12$.

**b)** $y = \dfrac{x}{4} - \dfrac{3}{4}$, pour $x = 20$.

**c)** $y = x^2 + 2,5$, pour $x = 0,5$.

**d)** $y = 4x^2$, pour $x = 20$.

**3** Fais les estimations demandées.

**a)** Si $2^4 = 16$ et $2^5 = 32$, estime la valeur de $2^9$. **b)** Si $3^3 = 27$ et $3^4 = 81$, estime la valeur de $3^7$.

**c)** Si $4^2 = 16$, estime la valeur de $(4^2)^2$.

**d)** Si $5^3 = 125$, estime la valeur de $5^6$.

**4** Estime la mesure manquante dans chacun des triangles rectangles suivants.

**a)** A
10
B    20    C
?

**b)** D
?
E    21    F
45°

**c)** G
20
H    ?    I
30°

**5** Ce graphique permet de comparer l'intensité lumineuse, en candelas, de deux lampes de poche selon le temps d'utilisation, en heures.

*Le candela (cd) est une unité d'intensité lumineuse.*

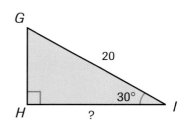

**Lampes de poche**

Intensité lumineuse (en kcd)
$f_1$
$f_2$
Temps (en h)

**a)** Résous graphiquement ce système en tenant compte de la situation.

**b)** Interprète les coordonnées du point d'intersection en tirant au moins deux conclusions.

**c)** Sachant que la valeur initiale de la fonction $f_1$ correspond au sommet d'une parabole, donne le système d'équations illustré ici.

**6** La longueur d'un rectangle est le double de sa largeur. À l'aide d'un système d'équations, détermine l'aire de ce rectangle si son périmètre est de 78 cm.

**7** Estime la ou les solutions des systèmes suivants.

**a)**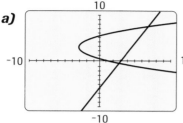

**b)**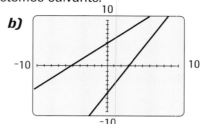

**c)**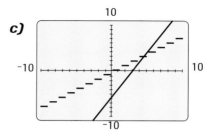

**8** Les règles ci-contre permettent de calculer le pourcentage de rayons solaires bloqués par deux crèmes solaires en fonction du temps écoulé, en heures, depuis leur application.

**a)** Au moment de l'application de chaque crème, quel est le pourcentage des rayons solaires absorbés par la peau?

**b)** À partir de la table de valeurs des deux équations qui forment ce système, détermine combien d'heures après leur application ces deux crèmes sont aussi efficaces.

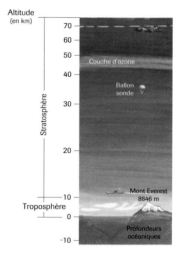

L'énergie solaire parvient au sol après avoir été en partie absorbée par l'atmosphère. La couche d'ozone absorbe la quasi-totalité des rayons ultra-violets. Cette couche protectrice peut être détruite par les fréons et le monoxyde d'azote.

**9** La table de valeurs ci-contre représente un système d'équations faisant intervenir une équation du premier degré et une équation du deuxième degré.

**a)** À partir de cette table de valeurs, détermine approximativement les solutions de ce système.

**b)** Donne les équations qui forment ce système.

**c)** Détermine algébriquement les solutions de ce système d'équations.

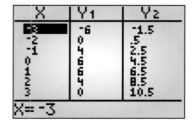

**10** Voici un système d'équations:

$$Y_1 = {}^-2x^2 + 6x + 3 \text{ et } Y_2 = 0{,}2x - 6$$

**a)** Après avoir sélectionné les valeurs standard de la fenêtre d'affichage, fais tracer le graphique de ce système.

**b)** À l'aide du curseur, estime les coordonnées des points d'intersection de la parabole et de la droite.

**c)** À l'aide de la table de valeurs appropriée, détermine les solutions de ce système au centième près.

**11** Les zéros d'une fonction quadratique sont 15 et 18. La parabole associée à cette fonction passe par le point (8, 70). Donne l'équation de la seule droite horizontale qui est tangente à la parabole.

**12** À l'aide de la méthode algébrique de ton choix, résous chacun des systèmes suivants.

**a)**

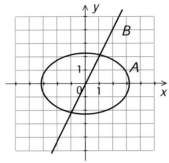

$A: 5x^2 + 10y^2 = 50$
$B: x = \dfrac{y}{2}$

**b)**

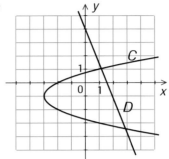

$C: x + 3 = (y + 1)^2$
$D: y = {}^-3x + 4$

**c)**

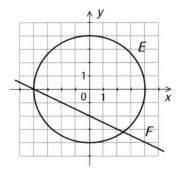

$E: y^2 = 16 - x^2$
$F: y = {}^-0,5x - 2$

**d)**

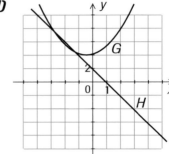

$G: y = (x + 1)^2 + 4$
$H: y = {}^-2x + 2$

**13** On a représenté dans un plan cartésien la bordure d'une piscine creusée ayant la forme d'une ellipse d'équation $\dfrac{x^2}{25} + \dfrac{y^2}{9} = 1$, où $x$ et $y$ sont exprimées en mètres.
Pour délimiter la partie creuse de la partie peu profonde, on a tracé la droite d'équation $y = 10x - 10$. Quelles sont les coordonnées des points d'intersection de la droite et de la bordure de la piscine?

**14** Deux soeurs possèdent des terrains de forme carrée. Le périmètre du terrain de Martine est inférieur de 10 m au double du périmètre de celui de Françoise. La somme des aires des deux terrains est 606,25 m².

*a)* Traduis cette situation en un système d'équations.

*b)* Détermine quelles sont les mesures des côtés de chaque terrain.

**15** À partir des données que l'on trouve dans le graphique ci-contre:

**a)** détermine les équations qui forment le système;

**b)** calcule les coordonnées du second point d'intersection.

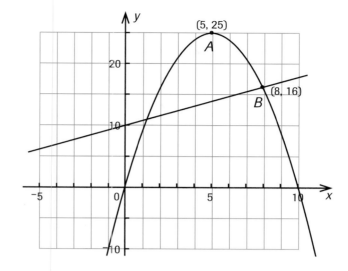

**16** Les cathètes d'un triangle rectangle isocèle mesurent $x$ cm.

**a)** Donne la formule qui permet de calculer le périmètre d'un tel triangle.

**b)** Quelle est la formule qui permet de déterminer l'aire de ce triangle?

**c)** Donne les valeurs de $x$ pour lesquelles le nombre exprimant le périmètre et l'aire d'un triangle rectangle isocèle est le même.

**17** Le graphique ci-dessous montre l'évolution des frais de scolarité de deux universités nord-américaines entre les années 1980 et 1995. Peut-on affirmer que les frais de scolarité de l'université B ont toujours été inférieurs à ceux de l'université A depuis 1980? Appuie ta réponse sur une démarche algébrique.

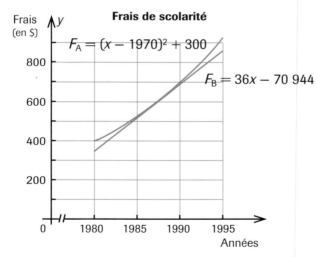

*Les universités forment des ingénieurs et ingénieures spécialisés dans une grande variété de domaines: mécanique, électricité, mines, aéronautique, informatique, télécommunications etc.*

**18** Invente un problème de la vie réelle dans lequel on a besoin de résoudre un système faisant intervenir une équation du premier degré et une équation du second degré.

**19** Démontre algébriquement que les courbes correspondant respectivement aux équations $y^2 = 4(x - 2)$ et $y = \frac{2}{3}x$ ont plus d'un point en commun.

## 20  UNE COURSE ÉPUISANTE!

Lors d'une course disputée sur une distance de 400 m, les pulsations cardiaques des coureurs augmentent sans cesse. Le graphique ci-dessous montre la relation entre la distance parcourue et le pouls (nombre de battements par minute) de deux coureurs.

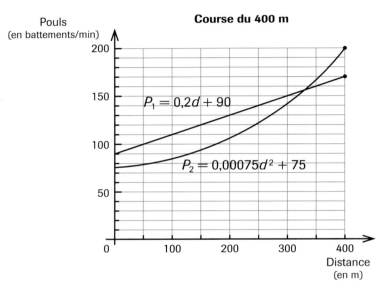

**Course du 400 m**

Pouls (en battements/min)

$P_1 = 0{,}2d + 90$

$P_2 = 0{,}00075d^2 + 75$

Distance (en m)

**a)** Avant le début de la course, quel coureur a le pouls le moins rapide?

**b)** À la mi-course, quelle est la différence de pouls des deux coureurs?

**c)** Après quelle distance, au mètre près, les coureurs ont-ils le même pouls?

*Chez l'adulte au repos, on compte de 60 à 74 battements par minute. L'exercice physique peut porter ce nombre à 200.*

## 21  LA PISTE CYCLABLE

Une municipalité désire construire une piste cyclable à travers un parc clôturé. Dans le graphique suivant, on trouve les principales données nécessaires à cette construction. Détermine les coordonnées des points qui correspondent aux endroits où l'on doit couper une partie de la clôture pour la construction de la piste.

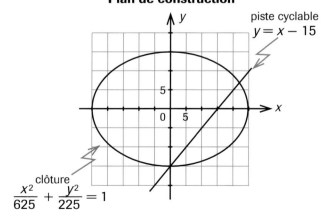

**Plan de construction**

piste cyclable
$y = x - 15$

clôture
$\dfrac{x^2}{625} + \dfrac{y^2}{225} = 1$

*Parc linéaire Le P'tit Train du Nord*
*Située sur la route qu'empruntaient autrefois les trains, cette piste cyclable relie Saint-Jérôme à Mont-Laurier en passant par plus de 28 municipalités, soit une distance de plus de 200 km.*

## 22 UNE GUITARE MATHÉMATIQUE

Réjean fabrique des guitares acoustiques. Pour obtenir une bonne sonorité, les cordes de cet instrument doivent passer au-dessus de l'ouverture circulaire située sur le dessus de la caisse de résonance. La figure ci-contre montre trois cordes ainsi que le cercle de l'ouverture de la caisse de résonance défini par l'équation $x^2 + y^2 = 49$. Ces cordes coupent les axes en des points à coordonnées entières. Pour chaque corde, détermine les coordonnées des points d'intersection avec le cercle.

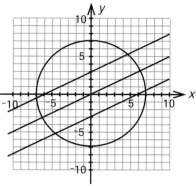

**Position des cordes**

## 23 L'ÉCRAN DE PROJECTION

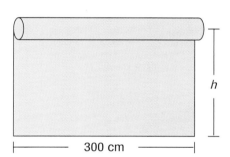

On déroule une toile servant d'écran de projection. Au fur et à mesure que l'on déroule cette toile, le périmètre et l'aire de la toile augmentent.

*h*

300 cm

*a)* Donne les équations qui permettent de déterminer le périmètre *P* et l'aire *A* de cette toile selon la hauteur *h*, en centimètres, de la toile qui a été déroulée.

*b)* Complète la table de valeurs ci-dessous.

**Périmètre et aire**

| h (en cm) | P (en cm) | A (en cm²) |
|-----------|-----------|------------|
| 1 | ▬ | ▬ |
| 2 | ▬ | ▬ |
| 3 | ▬ | ▬ |
| 4 | ▬ | ▬ |

*c)* De quelle longueur faut-il dérouler la toile pour que les nombres exprimant le périmètre et l'aire soient les mêmes?

*La simulation d'une image en trois dimensions est obtenue à l'aide d'une caméra spéciale comportant deux objectifs séparés par une distance égale à celle qui existe entre les yeux humains. On filme ainsi deux séquences simultanément. Les deux films sont ensuite projetés sur l'écran et le spectateur ou la spectatrice porte des lunettes polarisées qui ne laissent passer qu'une des deux images pour chaque oeil, recréant ainsi une vision stéréoscopique (en 3D).*

1. Détermine algébriquement les solutions des systèmes suivants.

   **a)** $x^2 + y^2 = 9$
   $2x + y = 3$

   **b)** $y = 2x^2 + 3x$
   $y = 4x - 2$

   **c)** $y^2 = 2x + 4$
   $y = 2x - 1$

2. **LES FOREUSES**

   Afin de déterminer si le sol d'une région donnée contient des métaux précieux, on utilise des foreuses pour recueillir des échantillons situés à 30 m sous la surface de la terre. La profondeur $P_1$, en mètres, atteinte par une première foreuse en fonction du temps $t$ écoulé, en heures, depuis le début des travaux, est donnée par la règle $P_1 = 2t$. Une deuxième foreuse commence son travail 5 h plus tard et la profondeur $P_2$ qu'elle atteint est donnée par $P_2 = 0,2t^2 - 5$.

   Détermine graphiquement dans combien de temps approximativement les deux foreuses auront creusé à la même profondeur.

   *Les géologues ont à leur disposition une gamme d'outils leur permettant d'évaluer le potentiel d'un gisement de minerai, de pétrole, de diamant. L'échantillon tiré du sol par une foreuse porte le nom de «carotte».*

3. **LA MISSION SECRÈTE**

   Un avion et un hélicoptère participent à une manoeuvre militaire secrète d'une durée de 12 min. À partir d'un certain signal radio, le pilote de l'avion doit régler l'altitude, en mètres, de son appareil suivant la règle $A_A = 10(m + 2)^2 + 100$, où $m$ représente le nombre de minutes écoulées depuis le signal. Durant la même manoeuvre, le pilote de l'hélicoptère doit voler à une altitude déterminée par la règle $A_H = 1000 + 56m$.

   *Inspiration des hélicoptères, la libellule est un redoutable prédateur. Capable de rester parfaitement immobile en vol, elle peut fondre sur ses victimes à une vitesse foudroyante et effectuer des manoeuvres aériennes d'une grande précision.*

   **a)** Résous graphiquement ce système d'équations.

   **b)** Pendant combien de temps l'altitude de l'hélicoptère est-elle supérieure à celle de l'avion ? Utilise une méthode de résolution algébrique.

4. **COURBE ET DROITES**

   Sur un graphique, on voit une courbe d'équation $6 - 2x^2 = y$ et deux droites dont voici les équations :

   $$d_1 : y = {}^-12x + 24 \qquad d_2 : 2x + y = 2$$

   **a)** Résous graphiquement le système formé par la courbe et la droite $d_1$.

   **b)** Résous algébriquement le système correspondant à la courbe et à la droite $d_2$.

# Rencontre avec... Emmy Noether

(1882 - 1935)

Est-il vrai, madame Noether, que vos parents, et plus particulièrement votre père, vous ont encouragée dans votre carrière de mathématicienne ?

J'ai eu cette chance en effet! Il faut dire que mon père et mon frère étaient eux-mêmes mathématiciens. Ma mère, elle, craignait toutefois que la société ne m'accepte pas dans ce rôle qui, à l'époque, n'était pas destiné aux femmes. Aussi m'a-t-elle appris tout ce qu'elle jugeait utile : la cuisine, le ménage, la danse, et ainsi de suite.

Vous a-t-il été facile, en 1900, d'être admise à l'Université d'Erlangen ?

J'ai été l'une des premières femmes admises à cette université. Nous n'étions que deux, parmi 984 hommes, et j'étais la seule à étudier en mathématique. La loi allemande permettait aux femmes de poursuivre leurs études universitaires mais, dans la pratique, il était très difficile de surmonter les obstacles dressés par les professeurs et les directeurs des universités.

Malgré votre doctorat, vous avez mis du temps à vous trouver un emploi comme professeure. Pour quelles raisons, madame Noether ?

Certains membres de l'université, surtout des non-mathématiciens, ne voyaient pas d'un bon oeil qu'une femme devienne professeure. Ils craignaient que, par la suite, elle puisse devenir membre du sénat de l'université et accéder ainsi à un poste supérieur, semblable au leur! Mais je suis tout de même parvenue à mes fins.

On dit que des mathématiciens ont cru en vous dès le départ et vous ont aidée. Est-ce vrai ?

Au début, grâce à la complicité de David Hilbert, j'ai dû utiliser son nom pour annoncer mes conférences. Puis, en 1919, après avoir fait mes preuves, j'ai pu enfin donner mes premières conférences sous mon propre nom. En 1922, on m'a confié un poste de professeure, mais sans salaire! J'étais pourtant reconnue comme étant une experte en algèbre et une spécialiste de la théorie des invariants.

*Vous avez émigré aux États-Unis en 1934. Quelles raisons vous ont incitée à prendre cette décision?*

*C'était par mesure de prudence: d'origine juive, j'étais une intellectuelle et je professais des idées libérales. Je n'avais pas le choix, je devais quitter le pays. On m'a alors offert un poste de professeure à Bryn Mawr, un collège réputé pour filles. J'ai également donné des conférences à Princeton, à l'Institut pour les sciences avancées, où j'ai connu Albert Einstein.*

Emmy Noether s'est révélée une figure dominante en algèbre moderne; elle est la femme qui a le plus ouvert la voie aux futures mathématiciennes en montrant que les femmes peuvent réussir brillamment dans ce domaine.

Albert Einstein a fait l'éloge d'Emmy Noether à sa mort. Il a déclaré, dans le *New York Times* du 4 mai 1935, que la majorité des mathématiciens vivants les plus compétents considéraient Emmy Noether comme étant le génie mathématique le plus créatif depuis l'admission des femmes aux études supérieures.

Emmy Noether a réalisé de nombreux travaux dans le domaine des systèmes mathématiques. On présente ci-dessous un système arithmétique formé de six nombres ainsi que deux tables d'addition et de multiplication.

| + | 0 | 1 | 2 | 3 | 4 | 5 |
|---|---|---|---|---|---|---|
| 0 | | | | | | |
| 1 | | | | | | |
| 2 | | | | | | |
| 3 | | | | | | |
| 4 | | | | | | |
| 5 | | | | | | |

| x | 0 | 1 | 2 | 3 | 4 | 5 |
|---|---|---|---|---|---|---|
| 0 | | | | | | |
| 1 | | | | | | |
| 2 | | | | | | |
| 3 | | | | | | |
| 4 | | | | | | |
| 5 | | | | | | |

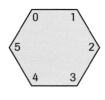

**a)** Reproduis et complète les tables ci-dessus en comptant dans le sens horaire de l'hexagone. Exemples: $4 + 3 = 1$ et $2 \times 4 = 2$.

**b)** Utilise les tables d'addition et de multiplication pour compléter les égalités suivantes.

1) $(2) + (3 + 1) + (5)(2) = $ ▉

2) $4(\blacksquare + 1) + 3 = 3$

3) $(3)(4) + (2)(5) + 2 = $ ▉

4) $(3)^2 (2)^3 = $ ▉

# Projet 1    Les records ont-ils des limites ?

Fais une recherche sur l'évolution des records féminins et masculins dans certaines disciplines. On peut trouver ce type de renseignements dans des encyclopédies ou des livres de records.

Vérifie si ces records évoluent de façon linéaire ou quadratique; écris les équations et interprète le point d'intersection des courbes correspondantes. Tire ensuite quelques conclusions en évoquant des perspectives d'avenir.

On peut également étudier l'évolution d'un seul aspect dans un sport donné. Voici, à titre d'exemple, l'évolution des records de vitesse en course automobile.

*La recherche sur les sports de pointe permet de maximiser le potentiel des athlètes.*

**Vitesses enregistrées**

| Année | Vitesse moyenne (en km/h) | Année | Vitesse moyenne (en km/h) |
|-------|---------------------------|-------|---------------------------|
| 1915 | 144,58 | 1955 | 206,327 |
| 1920 | 142,62 | 1960 | 223,318 |
| 1925 | 162,75 | 1965 | 242,499 |
| 1930 | 161,65 | 1970 | 250,65 |
| 1935 | 170,97 | 1975 | 240,128 |
| 1940 | 183,91 | 1980 | — |
| 1945 | aucun | 1985 | — |
| 1950 | 199,556 | 1990 | — |

# Projet 2    Le cancer du poumon, la catastrophe

Voici un graphique montrant l'évolution du cancer du poumon dans la population canadienne.

**a)** Établis les droites de régression qui illustrent l'évolution du cancer du poumon chez les hommes et chez les femmes.

**b)** La mortalité chez les hommes et chez les femmes sera-t-elle un jour la même ?

**c)** Fais une recherche sur les causes de cette maladie, l'avancement de la recherche dans le domaine et les pronostics des chercheurs et chercheuses.

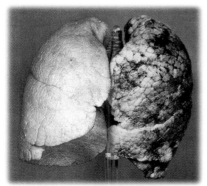

*Poumon sain    Poumon tabagique*

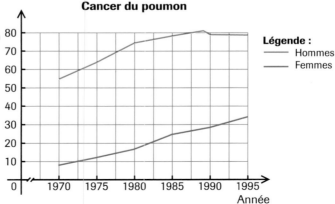

# JE CONNAIS LA SIGNIFICATION DES EXPRESSIONS SUIVANTES :

**Système d'équations :** ensemble de deux équations, ou plus, formées des mêmes variables.

**Système d'équations linéaires :** système formé d'équations du premier degré.

**Solution d'un système d'équations :** couple de nombres vérifiant simultanément les deux équations et correspondant aux coordonnées du ou des points d'intersection des courbes représentant ces équations.

**Méthode de comparaison :** méthode algébrique de résolution d'un système d'équations qui consiste à comparer les expressions algébriques exprimant la même variable dans chacune des équations.

**Méthode de substitution :** méthode algébrique de résolution d'un système d'équations qui consiste à remplacer une variable par une expression algébrique qui lui est égale.

**Méthode de réduction :** méthode algébrique de résolution d'un système d'équations qui consiste à effectuer des opérations sur les équations de façon à éliminer l'une des variables en les additionnant ou en les soustrayant.

**Droites sécantes :** droites qui se coupent en un point dans le même plan.

**Droite tangente à une courbe :** dans un même plan, droite extérieure à la courbe et n'ayant qu'un point commun avec cette courbe.

**Équation de régression :** équation de la courbe qui représente le mieux un nuage de points du plan cartésien.

**Droite de régression :** droite qui représente le mieux un nuage de points plus ou moins alignés.

# Réflexion 7

## LA GÉOMÉTRIE ANALYTIQUE ...

### Les grandes idées

▶ Relations entre l'algèbre et la géométrie.

▶ Distance dans le plan cartésien.

▶ Partage de segments.

▶ Équations de droites.

▶ Relations entre deux droites.

▶ Démonstrations.

### Objectif terminal

▶ Résoudre des problèmes de géométrie analytique.

### Objectifs intermédiaires

▶ Déterminer la distance entre deux points ou entre un point et une droite.

▶ À partir de données pertinentes, déterminer les coordonnées d'un point qui partage intérieurement un segment.

▶ Déterminer la pente, l'abscisse à l'origine et l'ordonnée à l'origine d'une droite.

▶ Tracer, dans le plan cartésien, la droite dont la pente et un point sont donnés.

▶ À partir de données pertinentes, déterminer, sous diverses formes, l'équation associée à une droite.

▶ Déterminer si deux droites sont perpendiculaires, sécantes ou parallèles.

▶ Déterminer l'aire et le périmètre de polygones.

▶ Démontrer des énoncés en utilisant la géométrie analytique.

## SUJET 1

# RELATIONS ENTRE LES POINTS DU PLAN CARTÉSIEN

| ACCROISSEMENTS DES COORDONNÉES |
|---|
| DISTANCE ENTRE DEUX POINTS |
| POINT MILIEU D'UN SEGMENT |
| POINT DE PARTAGE D'UN SEGMENT |
| PENTE D'UN SEGMENT |

## ACCROISSEMENTS DES COORDONNÉES

### Une correspondance féconde

Français d'origine, les mathématiciens René Descartes et Pierre de Fermat vécurent au XVII$^e$ siècle. C'est de façon indépendante qu'ils développèrent la géométrie analytique. À cette époque, les mathématiciens partageaient souvent par lettres leurs récentes découvertes et se lançaient des défis mathématiques sous la forme de problèmes à résoudre. Pour illustrer cet aspect historique du développement de la mathématique, on a imaginé la correspondance que Descartes et Fermat auraient pu échanger s'ils avaient été de grands collaborateurs.

René Descartes
(1596-1650)

Pierre de Fermat
(1601-1665)

*Les travaux de René Descartes et de Pierre de Fermat sont à la base de la géométrie analytique. Ce type de géométrie correspond à l'étude des figures par l'algèbre en utilisant les coordonnées.*

Toulouse, 25 mars 1625

Monsieur Descartes,

On ne saura peut-être jamais qui a imaginé l'utilisation de coordonnées pour représenter chaque point, mais celui-là a, sans le savoir, créé la voie royale de la géométrie!

Je me suis arrêté sur les accroissements des coordonnées; comme vous l'écriviez dans votre dernière lettre, il s'agit là d'une notion fort productive.

Noblement vôtre,
Pierre de Fermat

Chaque point du plan cartésien peut être repéré par **deux coordonnées.** Le passage d'un point à un autre se traduit toujours par une modification de coordonnées, que l'on appelle **accroissement.**

**a)** Détermine l'accroissement des abscisses et l'accroissement des ordonnées lorsque l'on passe :

1) de *A* à *B*;

2) de *A* à *C*.

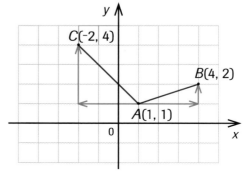

**b)** Détermine l'accroissement des abscisses et l'accroissement des ordonnées lorsque l'on passe :

1) de *A* à *D* ;

2) de *A* à *E*.

**c)** Comment fait-on pour calculer un accroissement :

1) des abscisses ?

2) des ordonnées ?

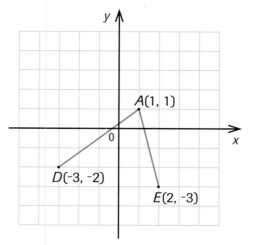

On constate que les accroissements des abscisses ou des ordonnées peuvent être **positifs, négatifs,** ou **nuls.**

Pour des points $P_1(x_1, y_1)$ et $P_2(x_2, y_2)$,

- l'accroissement des abscisses de $P_1$ à $P_2$ est : $\Delta x = x_2 - x_1$
- l'accroissement des ordonnées de $P_1$ à $P_2$ est : $\Delta y = y_2 - y_1$

## DISTANCE ENTRE DEUX POINTS

### Une stratégie intéressante

*Paris, 13 mai 1625*

*Monsieur Fermat*

*Je vous fais parvenir le fruit de mes récents travaux quant au calcul de la distance entre deux points. Pour procéder à cette étude, j'ai utilisé les accroissements des coordonnées. Cette méthode, vous en conviendrez, est nettement supérieure à toutes celles qui font intervenir un instrument de mesure, telle une règle graduée. J'attends impatiemment vos commentaires quant à la rigueur de mes conclusions.*

*Noblement vôtre,*
*René Descartes*

Paris vers 1600. Avec 250 000 habitants, Paris est, à la fin du XVIe s., la troisième plus grande ville d'Europe.

Dans ses travaux, Descartes a d'abord procédé à une étude numérique de la distance entre deux points, et ce, à partir d'exemples très simples.

**a)** Dans chaque cas, détermine la distance entre les points indiqués.

1)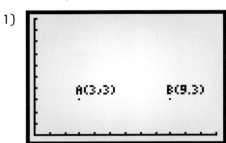

2)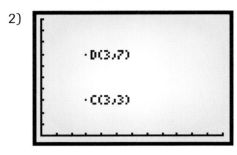

**b)** Que peut-on affirmer quant aux coordonnées de deux points distincts situés :

1) sur une droite horizontale ?

2) sur une droite verticale ?

**c)** Dans chaque cas, détermine la distance entre les deux points donnés.

1)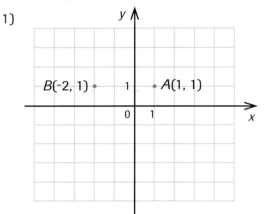

2)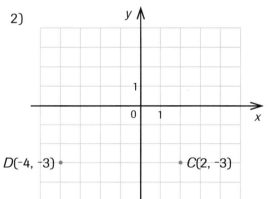

3)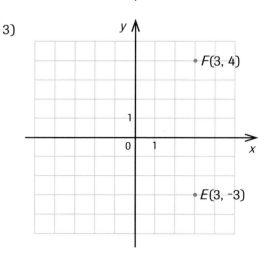

4)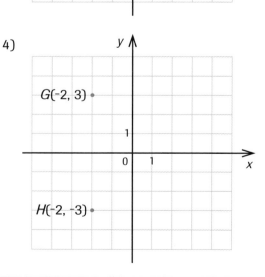

Au XVII$^e$ s., la géométrie analytique a établi un pont entre la géométrie d'une part, l'arithmétique et l'algèbre d'autre part. Elle a permis de représenter des nombres par des points sur des graphiques, de traduire des équations par des formes géométriques, et vice versa.

La distance entre les points $P_1$ et $P_2$ correspond à la longueur du segment reliant ces deux points et est notée **d($P_1$, $P_2$)**. Une longueur s'exprime par un nombre positif.

**d)** Calcule la distance entre les points dont les coordonnées sont les suivantes :

1) (13, 0) et (29, 0)

2) $(0, \frac{9}{5})$ et (0, -2)

3) (-16, 0) et $(-\frac{3}{4}, 0)$

4) (0, -29,8) et (0, 17)

La distance entre deux points qui sont situés sur une droite parallèle à l'un des axes correspond à la **différence entre les deux coordonnées qui varient.** Comme une **longueur doit toujours être positive,** on soustrait le plus petit nombre du plus grand.

**e)** La démarche de résolution suivante, entamée par Descartes, permet de déterminer la distance entre deux points situés sur une droite horizontale. Complète-la.

> Soit $P_1(x_1, y)$ et $P_2(x_2, y)$, deux points situés sur une droite horizontale.
> $$\text{Si } x_2 \geq x_1, \text{ alors } \partial(P_1, P_2) = \blacksquare$$
> $$\text{Si } x_2 < x_1, \text{ alors } \partial(P_1, P_2) = \blacksquare$$

**f)** En reprenant la même idée, donne la formule qui permet de calculer la distance entre deux points situés sur une droite verticale.

En algèbre, on a souvent besoin de travailler avec des nombres qui sont positifs. On a alors recours à une fonction appelée **valeur absolue** qui assure un résultat positif.

Pour tout nombre réel $a$, la valeur absolue de $a$, que l'on note $|a|$, est définie comme suit :

$$|a| = a \text{ si } a \geq 0$$
$$|a| = {}^-a \text{ si } a < 0$$

Exemples : $|43| = 43$
$|{}^-45| = {}^-({}^-45) = 45$

**g)** Donne le nombre correspondant à :

1) $|9|$

2) $|{}^-0,5|$

3) $|{}^-\sqrt{2}|$

4) $|0,\overline{3}|$

**h)** Vérifie, à l'aide d'exemples représentant toutes les combinaisons possibles de nombres positifs et négatifs, la propriété suivante de la fonction valeur absolue :

> **Pour tout couple de nombres réels $a$ et $b$, $|a - b| = |b - a|$.**

***i)*** Exprime les deux formules qui permettent de calculer la distance entre deux points situés sur une droite horizontale ou sur une droite verticale en utilisant les accroissements des coordonnées et la valeur absolue.

Ces deux formules ne peuvent être utilisées que pour des cas particuliers ; leur utilisation est donc limitée. Toutefois, René Descartes s'en est fortement inspiré pour élaborer une formule qui permet de déterminer la distance entre deux points qui définissent un segment oblique dans le plan.

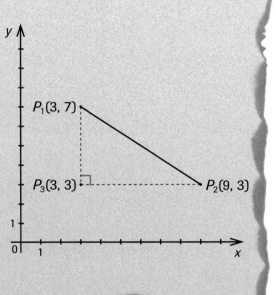

*Monsieur Fermat, à cette étape-ci de mes travaux, je désirais calculer la distance entre les points $P_1$ et $P_2$, extrémités d'un segment oblique. Intuitivement, j'ai ajouté un tiers point $P_3$ aligné à la verticale avec le point $P_1$ et à l'horizontale avec le point $P_2$, de sorte que ces points forment les sommets d'un triangle rectangle.*

*Il m'a semblé tout à fait naturel d'utiliser les formules qui me permettent de calculer la distance entre deux points situés sur une droite horizontale ou sur une droite verticale. La solution pour trouver la longueur du segment oblique m'est alors apparue évidente.*

***j)*** À partir des informations fournies dans cet extrait, détermine d($P_1$, $P_2$).

Aux deux points qui définissent un **segment oblique** dans un plan cartésien, il est naturel d'ajouter un **troisième point** dont on connaît les coordonnées et qui forme, avec les deux autres, les sommets d'un **triangle rectangle.**

En utilisant ensuite la **relation de Pythagore** avec les mesures des cathètes, on peut calculer la mesure de l'**hypoténuse** du triangle, qui **correspond à la distance que l'on cherche.**

***k)*** Détermine un troisième point permettant de former un triangle rectangle, puis calcule la distance entre les points donnés.

1) (4, 3) et (12, 11)    2) (-2, 11) et (-17, 3)    3) (6, 15) et (-2, -1)

4) ($\frac{3}{2}$, -13) et (-4, -8)    5) (0, -6) et (-2, 12,4)    6) (0, 0) et (-5, -12)

À partir des formules qui permettent de calculer la distance entre deux points situés sur une droite horizontale ou une droite verticale, on peut établir la formule qui permet de calculer la distance entre les points $P_1(x_1, y_1)$ et $P_2(x_2, y_2)$ qui définissent un segment oblique :

$$d(P_1, P_2) = \sqrt{|x_2 - x_1|^2 + |y_2 - y_1|^2}$$

**f)** Explique pourquoi cette formule est aussi valable pour deux points qui se situent sur une droite horizontale ou verticale.

Comme le carré d'un nombre est nécessairement positif, il n'est pas nécessaire d'utiliser les valeurs absolues dans la formule. On peut donc écrire ce qui suit :

La distance entre tout couple de points $P_1(x_1, y_1)$ et $P_2(x_2, y_2)$ situés n'importe où dans le plan cartésien correspond à :

$$d(P_1, P_2) = \sqrt{(x_2 - x_1)^2 + (y_2 - y_1)^2}$$

### La pyramide de Khéops

À l'époque de l'Égypte ancienne (3000 av. J.-C.), on construisait de grandes pyramides dans lesquelles étaient déposées les dépouilles des pharaons et des membres de leur famille. Encore aujourd'hui, il existe quelques pyramides en bonne condition. C'est le cas de la pyramide de Khéops, la plus imposante au monde.

La pyramide régulière de Khéops a une base carrée. Pour déterminer les dimensions de cette pyramide, on a représenté l'une de ses faces dans un plan cartésien. Toutes les mesures sont en mètres.

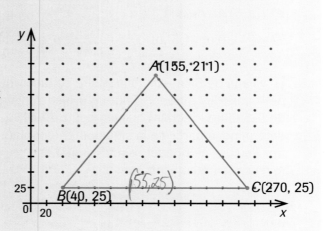

**a)** Combien mesure la base d'une face de la pyramide de Khéops ?

**b)** Quel est le périmètre de chacune des faces de cette pyramide ?

*Les pyramides de Gizeh (au sud-est du Caire) ont été construites par trois pharaons égyptiens de la IV<sup>e</sup> dynastie : Khéops, Khéphren et Mykérinos. La plus grande, Khéops, fut achevée vers 2850 av. J.-C. On estime qu'il a fallu 30 ans à 100 000 ouvriers pour empiler les 2,3 millions de blocs de calcaire nécessaires à la construction.*

***c)*** Connaissant la mesure de la base d'une face et celle de l'arête latérale, détermine la hauteur *h* de la pyramide de Khéops.

***d)*** Quel est le volume de cette pyramide?

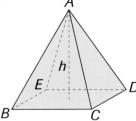

Le calcul de la distance entre deux points permet de déterminer la mesure d'un segment, le périmètre et l'aire de polygones et le volume de solides.

# Investissement 1 ............................................

**1.** Détermine mentalement la mesure des segments dont les extrémités sont les points suivants:

***a)*** *A*(0, -3) et *B*(0, 5)

***b)*** *C*(-9, 0) et *D*(-1,5, 0)

***c)*** *E*(7, 15) et *F*(7, 23)

***d)*** *G*(-2, -8) et *H*(-14, -8)

***e)*** *I*(*a*, 6) et *J*(*a*, -12,3)

***f)*** *K*(-1, *b*) et *L*(-5, *b*)

**2.** Le village de Saint-Mathias désire se raccorder au système d'alimentation en eau potable de la ville de Laurence. Pour ce projet d'envergure, le conseil du village a prévu un budget de 525 000 $. Sachant qu'il en coûte 23 415 $ par kilomètre de raccordement souterrain, détermine, à partir de la situation géographique des lieux, si ce budget est suffisant. Les mesures sont en kilomètres.

*L'aqueduc à trois niveaux du pont du Gard (France) a 48 m de haut. Il a été construit en l'an 19, près de Nîmes, par les Romains.*

**3.** Calcule la distance entre les points donnés.

***a)*** $P_1$(8, 11) et $P_2$(-13, 11)

***b)*** $P_1$(-6, -5) et $P_2$(9, 4)

***c)*** $P_1$(-10, 0) et $P_2$(0, -11)

***d)*** $P_1$(7, -4) et $P_2$(3, -1,5)

**4.** Soit *P*, le point de rencontre des diagonales du rectangle *ABCD* dont on donne les coordonnées des sommets. Les mesures sont en centimètres.

**a)** Calcule l'aire du rectangle *ABCD*.

**b)** Détermine la distance qui sépare le point *P* de chacun des sommets du rectangle.

**c)** Quelle est la distance minimale séparant le point *P* des côtés de cette figure?

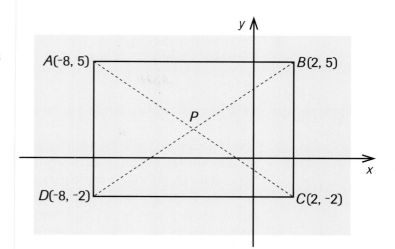

**5.** Christine Cossette est une nageuse d'endurance. En 1984, elle a traversé à la nage le lac Saint-Jean, aller et retour, en un temps de 18 h 27 min. Elle devenait alors la première personne à réussir un tel exploit. Calcule la vitesse moyenne, en kilomètres par heure, que Christine Cossette a maintenue pour effectuer le trajet Roberval-Péribonka-Roberval.

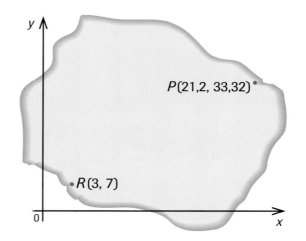

**6.** Détermine le périmètre et l'aire des polygones dont les sommets sont les suivants.

**a)** $A(0, 5)$, $B(7, 3)$, $C(0, 1)$, $D(-7, 3)$

**b)** $A(6, 6)$, $B(9, 2)$, $C(2, 4)$

**c)** $A(3, 3)$, $B(5, -4)$, $C(-3, -4)$, $D(-5, 3)$

**d)** $A(3, 4)$, $B(-2, -4)$, $C(-8, -3)$, $D(-5, 3)$

**7.** Lors d'une randonnée pédestre, un groupe de jeunes a la possibilité de passer à certains endroits pour se ravitailler en eau potable avant l'arrivée. Ces endroits sont indiqués sur la carte suivante. Les graduations sont en kilomètres.

Parmi les trois trajets possibles, lequel est le plus court? Justifie ta réponse.

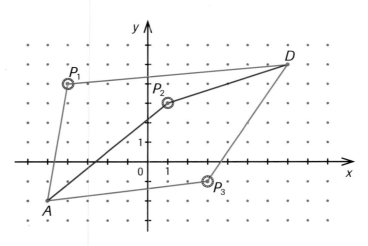

**8.** Trace les triangles dont les sommets correspondent aux points donnés, puis classe-les d'après les mesures de leurs côtés.

**a)** (4, 6), (8, -4) et (-2, 0)

**b)** (1, 3), (3, 6) et (5, 4)

**c)** (0, 0), (2,5, 2,5) et (3, -3)

**d)** (-2, 0), (4, 0) et (1, -3√3)

**9.** Lors d'un feu de forêt dans la région de Gagnon, les autorités locales ont fait appel à un CL-415 pour combattre les flammes. Si cet avion se trouve à Québec, détermine la distance qu'il doit parcourir en ligne droite pour atteindre Gagnon. Les graduations sont en kilomètres.

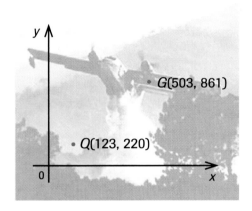

*À 150 km/h, il ne faut que 12 s au CL-415 pour écoper 6140 l d'eau. Il lui suffit d'un plan d'eau aux dimensions minimales suivantes : 400 m de longueur, 90 m de largeur et 2 m de profondeur.*

**10.** Sachant que $\overset{\frown}{AB}$ est un arc de cercle, détermine le périmètre de la figure ci-contre.

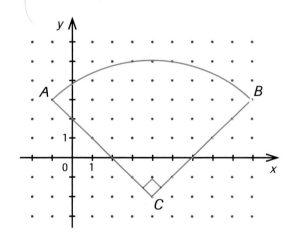

 ► FORUM

**a)** Sur une droite oblique sont situés les points $P_1(x_1, y_1)$ et $P_2(x_2, y_2)$ où $x_1 < x_2$. Déterminez les coordonnées de $P_3$ de façon que $P_1$, $P_2$ et $P_3$ constituent les sommets d'un triangle rectangle. Y a-t-il une seule solution?

**b)** Les points $A$ et $B$ ont respectivement pour coordonnées (0, 11) et (7, 0).

1) Déterminez les coordonnées de deux points $C$ et $D$ de sorte que $ABCD$ soit un carré.

2) Expliquez votre démarche en la généralisant à partir des points $A(x_1, y_1)$ et $B(x_2, y_2)$.

# POINT MILIEU D'UN SEGMENT

## De la suite dans les idées

> Toulouse, 6 février 1626
>
> Monsieur Descartes,
>
> Vos derniers travaux portant sur la distance entre les extrémités d'un segment m'ont grandement inspiré. Depuis, j'ai beaucoup réfléchi et j'ai tenté de déterminer l'emplacement exact de l'unique point correspondant au milieu d'un tel segment. Voici donc une ébauche de mes principales idées et quelques calculs algébriques à ce sujet. Très bientôt, je vous ferai parvenir davantage de précisions sur ces développements.
>
> Noblement vôtre,
> Pierre de Fermat

*Toulouse, la «ville rose» est surtout construite de brique. Elle est riche de nombreux monuments d'art, telle la basilique Saint-Sernin, la plus grande église romane de France. C'est à Toulouse, à partir du XIIIᵉ s., que siégea l'Inquisition.*

Avant de prendre connaissance des travaux de Fermat sur les coordonnées du point milieu d'un segment, on peut tenter d'émettre certaines conjectures à partir de cas particuliers.

**a)** Pour chacun des segments ci-dessous, détermine les coordonnées qui correspondent au point milieu.

1)

2)

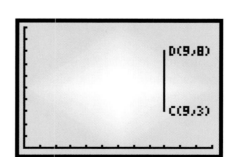

**b)** Quelles sont les coordonnées du point qui partage en deux segments congrus un segment dont les extrémités sont les suivantes ?

1) $A(10, 0)$ et $B(21, 0)$

2) $C(-4, 6)$ et $D(18, 6)$

3) $E(0, \frac{9}{5})$ et $F(0, -4)$

4) $G(-6, 0)$ et $H(-\frac{3}{4}, 0)$

5) $I(3, 2)$ et $J(3, 15,5)$

6) $K(0, -29,8)$ et $L(0, 17)$

**c)** En t'inspirant de l'extrait suivant, tiré des travaux de Fermat, donne la formule qui permet de déterminer l'emplacement du point milieu sur un segment horizontal.

*Pour déterminer le point de partage situé au milieu d'un segment horizontal délimité par les points $P_1(x_1, y_1)$ et $P_2(x_2, y_1)$, il suffit d'additionner à l'abscisse de l'origine $P_1$ du segment la moitié de l'accroissement nécessaire pour obtenir l'abscisse de l'extrémité $P_2$ du segment.*

*Toutefois, vous en conviendrez sûrement Monsieur Descartes, quelques légères manipulations algébriques permettent de montrer que l'on obtient le même résultat si l'on considère l'extrémité $P_2$ comme étant le point d'origine.*

**d)** En reprenant le même raisonnement, donne symboliquement l'expression qui permet de déterminer l'ordonnée du point milieu d'un segment vertical.

À partir du graphique ci-contre extrait des travaux de Fermat, on désire établir la formule qui permet de déterminer les coordonnées du point milieu d'un segment oblique.

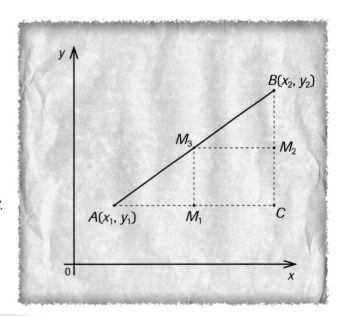

**e)** Quelles sont les coordonnées du point $C$ s'il est aligné horizontalement avec le point $A$ et verticalement avec le point $B$?

**f)** Détermine les coordonnées des points $M_1$ et $M_2$ s'ils correspondent respectivement aux points milieux des segments $AC$ et $BC$.

**g)** Détermine les coordonnées du point $M_3$.

**h)** Montre que le point $M_3$ est nécessairement le point milieu du segment $AB$.

Les coordonnées $x_M$ et $y_M$ du point milieu d'un segment d'extrémités $P_1(x_1, y_1)$ et $P_2(x_2, y_2)$ sont:

$$(x_M, y_M) = \left( \frac{x_1 + x_2}{2}, \frac{y_1 + y_2}{2} \right)$$

Les coordonnées du point milieu d'un segment correspondent à la demi-somme des coordonnées de ses extrémités.

**i)** Vérifie que cette formule est aussi valable pour le point milieu d'un segment horizontal ou vertical.

# POINT DE PARTAGE D'UN SEGMENT

## Une généralisation intéressante

Toulouse, 21 septembre 1626

*Monsieur Descartes,*

*Comme convenu lors de mon dernier communiqué, je vous fais parvenir un développement plus complet de la formule pour déterminer les coordonnées du point qui partage un segment en deux segments congrus. Mais, comme vous le remarquerez, cette étude a mené à un résultat beaucoup plus général qu'escompté. En fait, il m'est dorénavant possible de déterminer les coordonnées d'un point $P$ qui partage un segment $\overline{AB}$ en deux autres segments selon le rapport de leurs mesures, soit m $\overline{AP}$ : m $\overline{PB}$.*

*Noblement vôtre,*
*Pierre de Fermat*

Dans sa missive, Pierre de Fermat fait référence à un point $P$ qui est situé sur le segment $AB$ de telle sorte qu'il **partage le segment en deux parties** selon un rapport donné. Ce type de rapport est bien particulier puisqu'il met en relation les mesures des segments situés **de part et d'autre du point de partage.**

**a)** Voici une homothétie de centre $O$ qui associe au point $A$ le point $A'$ et au point $B$ le point $B'$.

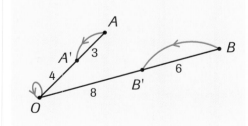

1) Quel est le rapport d'homothétie $\dfrac{\text{m } \overline{OA'}}{\text{m } \overline{OA}}$ ou $\dfrac{\text{m } \overline{OB'}}{\text{m } \overline{OB}}$ ?

2) Dans quel rapport le point $A'$ partage-t-il le segment $OA$ ?

3) Dans quel rapport le point $B'$ partage-t-il le segment $OB$ ?

4) Quel lien existe-t-il entre un rapport d'homothétie et un rapport de partage d'un segment ?

Un point $P$ partage intérieurement un segment $AB$ dans le rapport a : b ou a/b si et seulement si $P$ est tel que $\dfrac{m\ \overline{AP}}{m\ \overline{PB}} = \dfrac{a}{b}$.

Si $P$ est l'image de $B$ par une homothétie de centre $A$, alors le rapport d'homothétie est $\dfrac{a}{a+b}$.

Exemple : $P$ partage ici le segment $AB$ dans le rapport 3 : 4

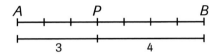

car le rapport de partie à partie est $\dfrac{m\ \overline{AP}}{m\ \overline{PB}} = \dfrac{3}{4}$. Le rapport de l'homothétie de centre $A$ qui, à $B$ associe $P$ est $\dfrac{3}{7}$.

**b)** Donne les coordonnées du point $P$ qui partage dans le rapport indiqué le segment dont les extrémités sont les points $A$ et $B$.

1) $\dfrac{2}{3}$; $A(0, 0)$ et $B(10, 0)$   2) $\dfrac{3}{4}$; $A(0, 3)$ et $B(0, 15)$   3) $\dfrac{1}{2}$; $A(0, 5)$ et $B(0, -13)$

4) $\dfrac{2}{7}$; $A(-18, 0)$ et $B(-4,3, 0)$   5) $\dfrac{2}{3}$; $A(2, 0)$ et $B(12, 0)$   6) $\dfrac{3}{2}$; $A(2, 0)$ et $B(12, 0)$

**c)** Montre que partager un segment $AB$ dans un rapport 2 : 3 équivaut à partager le segment $BA$ dans un rapport 3 : 2.

**d)** Pour établir la formule générale qui permet de déterminer les coordonnées du point de partage d'un segment dans un rapport donné, Pierre de Fermat a utilisé la même méthode que pour établir celle de la distance et celle du point milieu. Quelle est cette méthode ?

*On peut obtenir la coordonnée inconnue du point de partage d'un segment horizontal ou vertical en ajoutant à la coordonnée de départ une certaine partie de l'accroissement de cette coordonnée.*

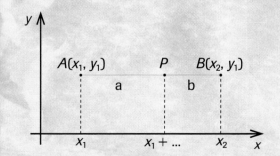

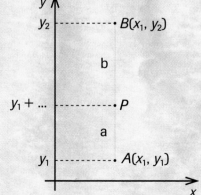

***e)*** En te référant au segment horizontal précédent, réponds aux questions suivantes.

1) Quel est l'accroissement des abscisses de $A$ à $B$?

2) Si le point $P$ partage $\overline{AB}$ dans un rapport a:b, quelle fraction représente $\overline{AP}$ par rapport au segment total $AB$?

3) Que faut-il ajouter à $x_1$ pour obtenir l'abscisse de $P$?

***f)*** En te référant au segment vertical, réponds aux questions suivantes.

1) Quel est l'accroissement des ordonnées de $A$ à $B$?

2) Si le point $P$ partage $\overline{AB}$ dans un rapport a:b, quelle fraction représente $\overline{AP}$ par rapport au segment total $AB$?

3) Que faut-il ajouter à $y_1$ pour obtenir l'ordonnée de $P$?

Après avoir réglé les cas horizontal et vertical, Fermat s'est attaqué au cas oblique. En fait, son but ultime était de déterminer les coordonnées d'un point de partage selon un rapport donné pour **tous les segments qu'il est possible de tracer dans le plan cartésien.**

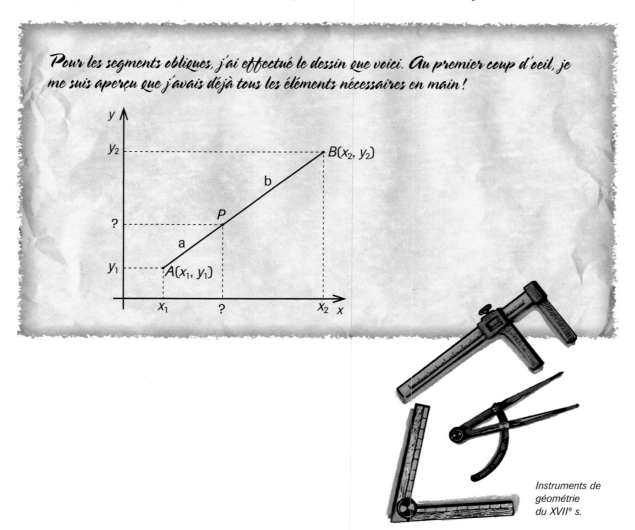

*Pour les segments obliques, j'ai effectué le dessin que voici. Au premier coup d'œil, je me suis aperçu que j'avais déjà tous les éléments nécessaires en main!*

*Instruments de géométrie du XVII$^e$ s.*

***g)*** Quels éléments Pierre de Fermat a-t-il vus dans son dessin ?

Il est facile d'imaginer une homothétie de centre $A$ et de rapport $\dfrac{a}{a+b}$ qui associe $B$ à $P$.

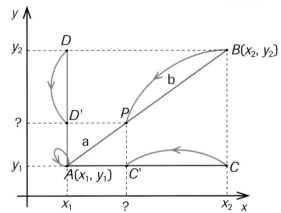

***h)*** Quelle est la valeur de chacun des rapports suivants ?

1) $\dfrac{\Delta x \text{ de } A \text{ à } C\,'}{\Delta x \text{ de } A \text{ à } C}$

2) $\dfrac{\Delta y \text{ de } A \text{ à } D\,'}{\Delta y \text{ de } A \text{ à } D}$

***i)*** Quelles expressions représentent alors les coordonnées de $P$ ?

> Les coordonnées du point $P$ qui partage un segment dont les extrémités sont $(x_1, y_1)$ et $(x_2, y_2)$ selon un rapport de partie à partie $a:b$ sont :
>
> $$\left( x_1 + \frac{a}{a+b}(x_2 - x_1)\,,\ y_1 + \frac{a}{a+b}(y_2 - y_1) \right)$$

Ainsi, les coordonnées du point $P$ qui partage le segment dont les extrémités sont (-2, -4) et (4, 4) dans le rapport $\frac{2}{3}$ sont :

$$\left( -2 + \tfrac{2}{5}(4 - (-2)),\ -4 + \tfrac{2}{5}(4 - (-4)) \right)$$

ou $\left( -2 + \dfrac{12}{5},\ -4 + \dfrac{16}{5} \right)$

ou $\left( \dfrac{2}{5},\ \text{-}\dfrac{4}{5} \right)$

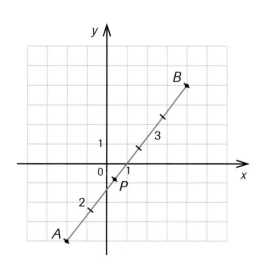

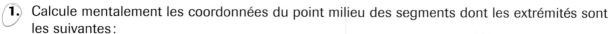

# Investissement 2

1. Calcule mentalement les coordonnées du point milieu des segments dont les extrémités sont les suivantes:

   **a)** $P_1(2, 0)$ et $P_2(6, 0)$      **b)** $P_1(0, 5)$ et $P_2(0, -9)$

   **c)** $P_1(0, -4)$ et $P_2(0, 6)$      **d)** $P_1(-5, 0)$ et $P_2(3, 0)$

   **e)** $P_1(0, 0)$ et $P_2(6, 6)$      **f)** $P_1(0, 0)$ et $P_2(-4, 6)$

   **g)** $P_1(2, 4)$ et $P_2(1, -2)$      **h)** $P_1(-2, -4)$ et $P_2(4, 6)$

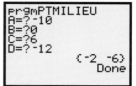

2. Calcule les coordonnées du point milieu de chacun des segments définis par les extrémités suivantes.

   **a)** $P_1(-4, 2)$ et $P_2(4, 8)$            **b)** $P_1(-17{,}4, -3{,}9)$ et $P_2(-4{,}16, -3{,}9)$

   **c)** $P_1(61, -149)$ et $P_2(1228, -73)$      **d)** $P_1(-\frac{15}{3}, \frac{9}{7})$ et $P_2(\frac{31}{7}, \frac{1}{3})$

3. Indique si chacun des énoncés suivants fait référence à un rapport de partie à partie ou de partie à tout.

   **a)** Elle est tombée en panne aux $\frac{3}{5}$ de son trajet.

   **b)** Le bâton s'est rompu au quart de sa longueur.

   **c)** La portion du terrain qui donne sur la route contient une entrée en asphalte et une haie de cèdres dans le rapport de 1 à 6.

   **d)** À partir de Québec, l'Étape partage la route de la réserve faunique des Laurentides en deux sections dont le rapport est environ $\frac{3}{2}$.

   **e)** Il a coupé le fil aux $\frac{2}{3}$ de sa longueur.

   **f)** La médiane d'un triangle partage la base opposée dans le rapport $1:1$.

*Le massif montagneux des Laurentides (de 500 à 900 m d'altitude) est une plate-forme ancienne faite de montagnes de granit usées par les millénaires et recreusées de vallées par les glaciers qui ont laissé des milliers de lacs.*

4. Détermine les coordonnées du point qui partage dans le rapport donné le segment dont les extrémités sont les points $A$ et $B$.

   **a)** $A(0, 0)$, $B(10, 5)$; $\frac{2}{3}$      **b)** $A(12, 7)$, $B(2, 2)$; $\frac{3}{2}$

   **c)** $A(-13, 8)$, $B(-2, 1)$; $\frac{1}{2}$      **d)** $A(12, 17)$, $B(-15, -13)$; $\frac{4}{3}$

5. Le point $P(2, 3)$ partage le segment d'origine $A(-2, 5)$ et d'extrémité $B$ dans le rapport $\frac{1}{2}$. Quelles sont les coordonnées de $B$?

6. Le point $P(-1, -2)$ partage le segment d'origine $C$ et d'extrémité $D(2, 3)$ dans le rapport $3:4$. Quelles sont les coordonnées de $C$?

**7.** Le graphique suivant représente le tracé d'une rivière. Toutes les mesures sont en mètres.

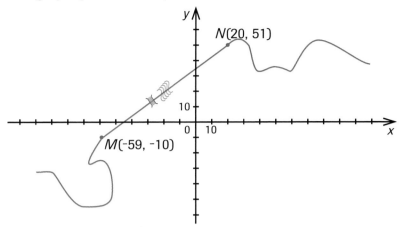

N(20, 51)

10

0  10

x

M(-59, -10)

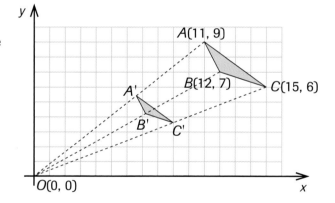

*Les chutes du Niagara ont été formées il y a environ 12 000 ans lorsque le retrait des glaciers permit à l'eau emprisonnée dans le lac Érié de s'écouler vers le nord, dans le lac Ontario, soit une dénivellation de 99 m. Du côté canadien, les chutes ont actuellement une hauteur de 53 m.*

Détermine les coordonnées :

**a)** de la chute située au milieu de la partie linéaire de cette rivière représentée par le segment $MN$;

**b)** du pont qui partage dans un rapport $5:12$ la partie linéaire représentée par $\overline{MN}$.

**8.** Cette figure représente une homothétie de centre $O(0, 0)$ et de rapport $\frac{3}{5}$ qui, au triangle $ABC$, associe le triangle $A'B'C'$.

**a)** Dans quel rapport le point $A'$ partage-t-il le segment $OA$?

**b)** Calcule les coordonnées des points $A'$, $B'$ et $C'$.

**c)** Quel est le rapport des périmètres de la figure image et de la figure initiale?

A(11, 9)

B(12, 7)   C(15, 6)

A'

B'   C'

O(0, 0)

x

**9.** Le graphique ci-contre montre l'emplacement de trois gares qui font partie d'un réseau ferroviaire régional. Les graduations sont en kilomètres.

**a)** Détermine les coordonnées du système d'aiguillage qui partagent le trajet de la gare $A$ à la gare $B$ dans un rapport $4:1$.

**b)** À partir de la gare $B$, on croise un passage à niveau aux $\frac{3}{4}$ de la distance lorsqu'on se dirige vers la gare $C$. Quelles sont les coordonnées du point représentant ce passage à niveau?

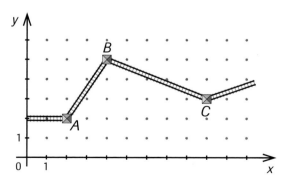

B

C

A

1

0  1

x

*C'est en 1836 que le premier train fut mis en service au Canada. En 1850, le réseau ferroviaire couvrait environ 11 200 km et en 1885, la voie du Canadien Pacifique traversait les Rocheuses et atteignait le Pacifique.*

**10.** Vérifie l'énoncé suivant à l'aide du triangle *ABC* ci-dessous.

> Les médianes d'un triangle se rencontrent en un seul point qui partage chacune, à partir du sommet du triangle, selon un rapport 2:1.

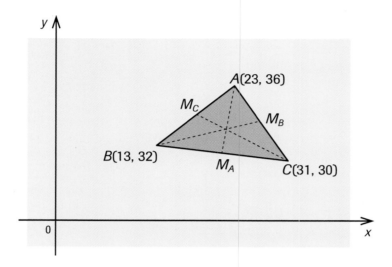

**11.** Montre que la formule pour calculer les coordonnées du point milieu d'un segment est un cas particulier de la formule du partage d'un segment dans un rapport donné.

**12.** Soit *A*(5, 2) et *B*, les extrémités d'un segment. Détermine les coordonnées du point *B* si :

**a)** *M*(1, 0) est le point milieu de *AB*.　　**b)** *P*(8, -3,5) partage $\overline{AB}$ dans un rapport 9:3.

# ► FORUM

**a)** Un point partage un segment *AB* dans un rapport 4:5. Est-ce que les coordonnées de ce point de partage sont les mêmes que celles d'un point :

1) qui partage $\overline{AB}$ dans un rapport 12:15?

2) qui est situé aux $\frac{4}{5}$ de la distance séparant l'extrémité *A* de l'extrémité *B*?

3) qui partage $\overline{BA}$ dans un rapport 10:8?

4) qui est situé aux $\frac{4}{9}$ du segment à partir du point *A*?

**b)** On applique au point *P* une homothétie de centre *O* et de rapport a/b. Si a < b, déterminez algébriquement dans quel rapport l'image *P'* partage le segment *OP*.

# PENTE D'UN SEGMENT

## Une question bien pratique

Construire un toit plus ou moins abrupt sur des édifices qui n'ont pas nécessairement les mêmes dimensions a souvent fait l'objet de discussions. Voici comment Pierre de Fermat a posé mathématiquement ce problème dans une lettre à Descartes.

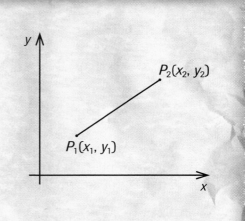

*Soit $P_1(x_1, y_1)$ et $P_2(x_2, y_2)$, les deux extrémités d'une ferme de toit dans un plan cartésien.*

*Par rapport au point $P_1$, le point $P_2$ peut occuper diverses positions, chaque position de $P_2$ donnant une inclinaison au segment $P_1 P_2$.*

*J'ai trouvé une façon simple de caractériser l'inclinaison du segment $P_1 P_2$ à partir des coordonnées de ces deux points.*

**a)** Quelle est la solution trouvée par Fermat?

**b)** Décris la position de $P_2$ par rapport à $P_1$ si:

  1) $\Delta x$ est positif et $\Delta y$ est négatif;  2) $\Delta x$ est négatif et $\Delta y$ est positif;

  3) $\Delta x$ est négatif et $\Delta y$ est négatif;  4) $\Delta x$ est positif et $\Delta y$ est positif.

**c)** Trouve le nombre qui décrit l'inclinaison des segments dont les extrémités sont les suivantes.

  1) (-2, 3) et (4, 5)   2) (4, -6) et (-8, 4)   3) (0, -6) et (-4, 6)

  4) (3, 5) et (4, -6)   5) (-3, -3) et (4, 4)   6) (-4, 0) et (3, -5)

**d)** Quelle est la pente d'un segment:

  1) horizontal?   2) vertical?

> La pente d'un segment est le nombre qui caractérise son inclinaison:
> $$p(P_1, P_2) = \frac{y_2 - y_1}{x_2 - x_1}$$

1. Calcule la pente du segment dont les extrémités sont données.

   **a)** $A(17, 13)$ et $B(15, 6)$       **b)** $C(-2, 3)$ et $D(8, 11)$

   **c)** $E(3, 9)$ et $F(9, 3)$       **d)** $G(-3, 4)$ et $H(8, 2)$

   **e)** $I(6, -4)$ et $J(13,4, -4)$       **f)** $K(3, 98,1)$ et $L(3, 111)$

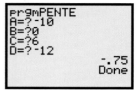

```
PROGRAM:PENTE
:Prompt A,B,C,D
:Disp (D-B)/(C-A
)
```

```
prgmPENTE
A=?-10
B=?0
C=?6
D=?-12
          -.75
       Done
```

2. Détermine la pente de chacun des segments suivants.

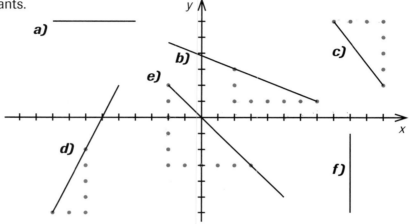

3. Antoine adore le vélo de montagne. Pour avoir une juste idée de la difficulté des trajets offerts au mont Verdure, il décide de les placer dans un plan cartésien. Ainsi, il est en mesure d'évaluer les caractéristiques de chaque trajet.

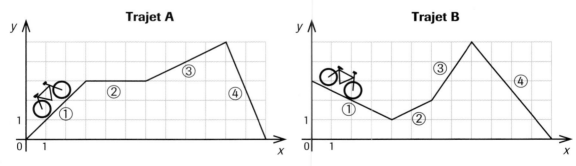

**Trajet A**

**Trajet B**

**a)** Selon toi, quelle partie du trajet A est la plus ardue? Explique pourquoi.

**b)** Dans quelle partie du trajet B Antoine devra-t-il freiner le plus souvent?

**c)** Quelles parties des trajets A et B ont la même pente?

**d)** Comparativement aux autres sections des trajets A et B, qu'a de particulier la section ② du trajet A?

**e)** Quelle est la partie la plus inclinée du trajet B?

**4.** Les stations de radio émettent leurs ondes grâce à de grandes antennes comme celle qui est représentée ci-dessous. Pour s'assurer de la stabilité de l'antenne, on la fixe à l'aide de câbles métalliques. Toutes les mesures sont en mètres.

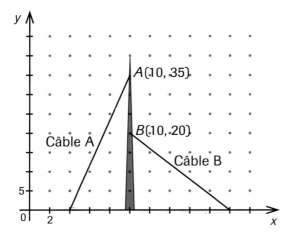

**a)** Quelle est la pente du câble A?

**b)** Quelle est la pente du câble B?

**c)** En utilisant la formule de la pente, montre que cette antenne radiophonique est érigée verticalement.

*Une antenne est un système qui permet l'émission et la réception d'ondes radio. L'antenne d'émission transforme les signaux électriques provenant d'un émetteur (radio, télévision, radar) en une onde électromagnétique qu'elle propage. L'antenne de réception capte cette onde et la retransforme en signaux électriques qui peuvent être amplifiés et décodés par un récepteur (radio, télévision, radar).*

**5.** Denise est peintre en bâtiments. Pour réaliser certains travaux en hauteur, elle doit utiliser une échelle de 10 m. Le règlement sur les mesures de sécurité au travail recommande que l'inclinaison d'une échelle par rapport au sol n'excède pas 3,75 afin d'éviter les chutes. Si elle place le pied de l'échelle à 2,5 m du bâtiment, respecte-t-elle les normes de sécurité?

*L'utilisation de la peinture remonte à la préhistoire. Les premières peintures, composées d'ingrédients naturels, avaient un but essentiellement décoratif. Au cours des siècles, on découvrit l'utilité de la peinture comme enduit protecteur.*

**6.** Dans un plan quadrillé, trace un segment dont une extrémité et la pente sont données.

**a)** $A(3, 4)$; pente 1

**b)** $B(-9, 6)$; pente 0

**c)** $C(-3,5, 6)$; pente $\frac{2}{3}$

**d)** $D(4, -1)$; pente $-\frac{1}{4}$

**7.** Ce graphique présente un hexagone dans lequel on a tracé trois des diagonales. Détermine la pente de chacune d'elles. Les coordonnées de chaque sommet sont entières.

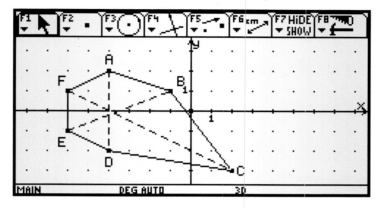

**8.** La pente d'un segment $AB$ est 0,8. Les coordonnées de $A$ sont $(2, -3)$ et celles de $B$ sont $(4, y)$. Quelle est la valeur de $y$?

**9.** La pente d'un segment $CD$ est $-1,4$. Les coordonnées de $C$ sont $(x, 3)$ et celles de $D$ sont $(-4, -4)$. Quelle est la valeur de $x$?

# ► FORUM

**a)** Soit a/b la pente d'un segment. Quelle est la pente de l'image de ce segment par:

1) une réflexion par rapport à un axe horizontal?

2) une rotation de 90°?

3) une réflexion par rapport à un axe vertical?

4) une translation de (3, 4)?

5) une homothétie de centre (0, 0) et de rapport $\frac{2}{3}$?

**b)** Quelle est la pente d'un segment dont l'angle d'inclinaison est:

1) 30°?        2) 60°?        3) 135°?        4) 150°?

## PROPRIÉTÉ FONDAMENTALE DE LA DROITE

### Un petit défi pour Descartes

Armand Jean du Plessis, cardinal de Richelieu (1585-1642), fut le ministre du roi de France Louis XIII. Homme de guerre et de clergé, il lutta contre la puissance protestante. Il consacra sa vie à la restauration de l'autorité royale et à l'établissement de la prépondérance française en Europe.

*La Rochelle, 28 mars 1627*

*Monsieur Fermat,*
*Voici une question qui m'a été posée par un ami, le cardinal de Richelieu: «Étant donné trois points, comment fait-on pour déterminer s'ils sont alignés ou pas?» Je vous fais parvenir la solution que j'ai proposée au cardinal afin de connaître vos impressions quant à la pertinence d'utiliser la géométrie analytique pour résoudre un tel problème.*

*En attente de vos nouvelles,*
*René Descartes*

**a)** Dans un plan cartésien, quelle condition doivent satisfaire les coordonnées de trois points pour qu'ils soient alignés sur une droite:

1) horizontale?                              2) verticale?

**b)** Ces conditions sont-elles les mêmes pour trois points alignés sur une droite oblique?

Voici comment Descartes propose au cardinal de Richelieu d'aborder le problème:

*Tout d'abord, si l'on prend deux points, $A(x_1, y_1)$ et $B(x_2, y_2)$, on peut tracer, selon l'axiome d'Euclide, une et une seule droite passant par ces points.*

*Il s'agit donc de déterminer ce qui, dans la relation entre ces deux points, doit être conservé pour qu'un troisième point soit nécessairement sur la même droite.*

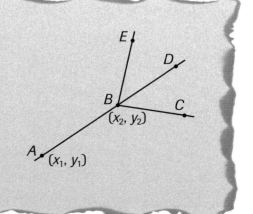

**c)** Qu'est-ce qui doit être conservé pour qu'on soit assuré que le troisième point est aligné avec les deux autres?

**d)** Voici plusieurs points alignés. Si, à partir d'un point quelconque de cette droite, on effectue un déplacement selon un accroissement horizontal de 9 et un accroissement vertical de 6, demeure-t-on sur la droite?

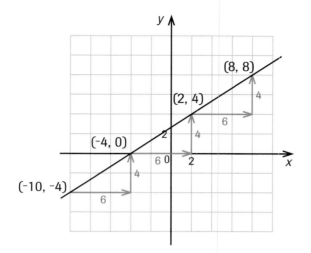

**e)** À partir d'un point quelconque de cette droite, on effectue un accroissement horizontal de -3. Quel accroissement vertical permet alors de revenir sur la droite?

**f)** En formant un escalier dont les marches sont plus petites que celles qui sont illustrées ci-dessus, détermine les coordonnées de trois autres points situés entre (-4, 0) et (8, 8).

**g)** Si, à partir d'un point quelconque de cette droite, on effectue un déplacement selon un accroissement horizontal de 7 et un accroissement vertical de 5, demeure-t-on sur la droite? Justifie ta réponse.

**h)** Qu'ont en commun les accroissements horizontaux et verticaux entre deux points d'une même droite?

On a ici la **propriété fondamentale** de toute droite:

> Tous les segments d'une droite ont la même **pente.**

Pour cette raison, on dit que la pente d'une droite est la pente de l'un de ses segments. Cette pente correspond au **taux de variation** d'une fonction linéaire ou constante.

**i)** Pour être en mesure de résoudre le problème du cardinal de Richelieu et de travailler dans un contexte algébrique, exprime la condition que doivent satisfaire trois points pour être alignés:

> Trois points $P_1(x_1, y_1)$, $P_2(x_2, y_2)$ et $P_3(x_3, y_3)$ sont alignés si et seulement si ▬▬▬ .

# DROITES PARALLÈLES

## Des concepts voisins

*Toulouse, 4 août 1627*

*Cher Monsieur Descartes,*

*Force m'est d'admettre la pertinence de votre réponse au Cardinal qui mène depuis un certain moment une vive lutte contre les duels chez les nobles. Espérons qu'il n'y laissera pas sa peau!*

*On sait que deux droites d'un même plan sont parallèles si elles ne se rencontrent pas. Votre réflexion sur l'alignement de trois points entraîne que deux droites parallèles ont la même pente et que deux droites qui ont la même pente sont parallèles.*

La justesse de cette remarque de Fermat se démontre facilement.

Voici une droite $AB$ passant par deux points quelconques dont les coordonnées sont $(x_1, y_1)$ et $(x_2, y_2)$.

*a)* Quelle expression représente la pente de $AB$?

*b)* Définissons une translation qui, à A, associe l'origine :

$$t : (x, y) \mapsto (x - x_1, y - y_1)$$

Par cette translation, détermine les coordonnées de $A'$ et de $B'$.

*c)* Quelle expression représente la pente de $A'B'$?

*d)* Pourquoi peut-on être assuré que $AB$ et $A'B'$ sont parallèles?

*e)* Quelle constatation doit-on faire si l'on compare l'expression correspondant à la pente de $AB$ à celle qui correspond à la pente de $A'B'$?

**f)** Montre que ce résultat est vrai pour une translation quelconque $t$ définie comme suit :

$$t: (x, y) \mapsto (x + a, y + b)$$

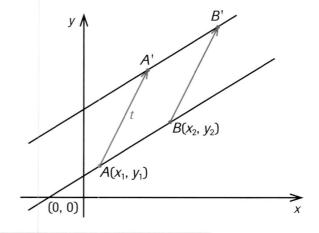

> Deux droites obliques parallèles ont la même pente.

# DROITES PERPENDICULAIRES

## L'opposé de l'inverse

*Il va de soi que ces réflexions sur les droites parallèles vous sont passées par l'esprit.*

*Cependant, j'attirerai votre attention sur les droites perpendiculaires. Il existe une relation particulière entre les pentes de deux droites perpendiculaires. Cette relation est facile à découvrir en analysant des cas particuliers. Je réfléchis encore sur la façon de la démontrer.*

*Vous voyagez tellement, j'espère que ma lettre vous rejoindra sous peu.*

*Pierre de Fermat*

**a)** Dans un plan quadrillé, trace une droite oblique qui passe par (3, 5). En utilisant le quadrillage, détermine les coordonnées d'un point qui, avec (3, 5), définit une droite perpendiculaire à la première. Comment peut-on être certain que les deux droites sont perpendiculaires ?

**b)** Pour découvrir la relation dont parle Fermat, compare les pentes des droites que tu as tracées.

Cette relation peut facilement être démontrée.

**c)** Imaginons une droite quelconque passant par $A(x_1, y_1)$ et $B(x_2, y_2)$ et définissons une translation $t$ qui, à $A$, associe à l'origine du plan :

$$t: (x, y) \mapsto (x - x_1, y - y_1)$$

Détermine :
1) la pente de $AB$;    2) la pente de $A'B'$.

**d)** Définissons une rotation $r$, centrée à l'origine, de 90° dans le sens des aiguilles d'une montre :

$$r_{(O, -90°)}: (x, y) \mapsto (y, -x)$$

1) Quelles sont les coordonnées de $r(A')$?

2) Quelles sont les coordonnées $r(B')$ ?

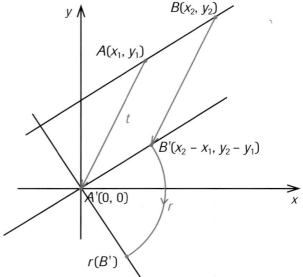

**e)** Quelle expression représente la pente de $A'r(B')$?

**f)** Détermine le produit de la pente de $AB$ par celle de $A'r(B')$.

**g)** Cette relation est-elle valable dans le cas d'une droite horizontale et d'une droite verticale?

> Si deux droites obliques sont perpendiculaires, alors la pente de l'une est l'opposé de l'inverse de la pente de l'autre. Le produit de ces pentes est donc -1.

# Investissement 4

**1.** Vérifie si les trois points dont on donne les coordonnées sont alignés.

**a)** (2, 3), (-1, 0) et (-2, 1)          **b)** (1, 5), (3, 8) et (5, 11)

**c)** (-4, 2), (1, 0) et (6, -2)          **d)** (0,25, 0,5), (2, 2) et (5, 5)

**2.** Détermine la coordonnée inconnue afin d'obtenir trois points alignés.

**a)** (-3, -2), (0, 2) et (4, $y$)          **b)** (-3, 5), ($x$, -2) et (6, -6)

**3.** La pente du segment reliant les points $A$ et $B$ est $-\frac{2}{5}$. À quelle condition un point $C$ est-il aligné avec $A$ et $B$?

**4.** Démontre que le point milieu du segment reliant les points $E(-6, 4)$ et $F(4, 6)$ est aligné avec $E$ et $F$.

**5.** Vérifie dans chaque cas, à partir de la pente, si les droites *AB* et *CD* sont parallèles, perpendiculaires ou simplement sécantes.

**a)** $A(2, 4)$, $B(-3, -4)$, $C(-2, 5)$, $D(3, -1)$    **b)** $A(0, -1)$, $B(2, 5)$, $C(5, 2)$, $D(4, 5)$

**c)** $A(-1, 4)$, $B(6, -1)$, $C(-4, -1)$, $D(4, 6)$    **d)** $A(-1, -4)$, $B(7, 2)$, $C(0, 2)$, $D(8, 8)$

**e)** $A(-3, -11)$, $B(1, 1)$, $C(6, 1)$, $D(-6, 5)$    **f)** $A(-8, -2)$, $B(4, 1)$, $C(2, 2)$, $D(-1, -10)$

**6.** Quelle est la pente de la droite décrite?

**a)** Droite perpendiculaire à *AB* passant par *A*; $A(-2, 3)$ et $B(3, -4)$.

**b)** Droite parallèle à *CD* passant par $(2, 7)$; $C(-3, -5)$ et $D(4, 6)$.

**7.** Donne la pente des droites perpendiculaires à une droite dont la pente est:

**a)** $\frac{2}{3}$    **b)** $-2$    **c)** $\frac{a}{b}$    **d)** $\frac{n+1}{n-1}$

**8.** Une droite passe par les points $A(-2, 3)$ et $B(5, 4)$. Une autre droite qui lui est perpendiculaire passe également par $(5, 4)$ et par $(x, -6)$. Quelle est la valeur de *x*?

**9.** Un triangle a comme sommets les points $A(-2, -3)$, $B(2, 4)$ et $C(6, 3)$. Quelle est la pente de la hauteur de ce triangle relativement à:

**a)** sa base *AC*?    **b)** sa base *BC*?

**10.** On joint les points milieux des côtés *AC* et *CB* du triangle *ABC* de l'exercice précédent. Montre que ce segment est parallèle à la base *AB*.

 ► FORUM

**a)** Déterminez si les points dont les coordonnées sont de la forme donnée sont alignés ou non:

1) $(x, x - 3)$    2) $(x, 4x)$    3) $(x, \frac{1}{x})$

4) $(x, x^2)$    5) $(x, 2x + 1)$    6) $(x, \frac{x}{2})$

**b)** Quelle est la forme générale des coordonnées des points qui sont alignés?

Par définition, $|x| = x$ si $x \geq 0$ et $|x| = {}^-x$ si $x < 0$. Ainsi $|5| = 5$ et $|{}^-5| = {}^-({}^-5) = 5$.

On peut établir différentes **relations** entre les coordonnées de **deux points** d'un plan cartésien.

| Relation entre les points | Formule | Précisions |
|---|---|---|
| Accroissement des abscisses <br><br> Accroissement des ordonnées | $\Delta x = x_2 - x_1$ <br><br> $\Delta y = y_2 - y_1$ | Un accroissement peut être positif, négatif ou nul. |
| Distance entre les points $P_1(x_1, y_1)$ et $P_2(x_2, y_2)$ | $d(P_1, P_2) = \sqrt{(x_2 - x_1)^2 + (y_2 - y_1)^2}$ | Avec cette formule, on peut calculer la longueur des segments et déterminer ainsi des périmètres, des aires ou des volumes. |
| Coordonnées du point $P(x, y)$ qui partage un segment d'extrémités $P_1(x_1, y_1)$ et $P_2(x_2, y_2)$ selon un rapport de partie à partie $a : b$ | $(x, y)$ <br> $\parallel$ <br> $\left( x_1 + \dfrac{a}{a+b}(x_2 - x_1),\ y_1 + \dfrac{a}{a+b}(y_2 - y_1) \right)$ | Le point $P$ partage le segment $AB$ de telle sorte que <br> $\dfrac{m\,\overline{AP}}{m\,\overline{PB}} = \dfrac{a}{b}$ |
| Coordonnées du point milieu $P(x_M, y_M)$ d'un segment d'extrémités $P_1(x_1, y_1)$ et $P_2(x_2, y_2)$ | $(x_M, y_M) = \left( \dfrac{x_1 + x_2}{2},\ \dfrac{y_1 + y_2}{2} \right)$ | Le point milieu $P$ partage un segment dans un rapport de partie à partie 1:1. Cette formule est un **cas particulier** de la précédente. |
| Pente p de $P_1P_2$ avec $P_1(x_1, y_1)$ et $P_2(x_2, y_2)$ <br> Si $p_1$ et $p_2$ sont les pentes de deux droites obliques : <br> - parallèles <br><br> - perpendiculaires | $p(P_1, P_2) = \dfrac{(y_2 - y_1)}{(x_2 - x_1)}$ <br><br> $p_2 = p_1$ <br><br> $p_2 = \dfrac{{}^-1}{p_1}$ ou $p_1 \bullet p_2 = {}^-1$ | La pente d'un segment ou d'une droite **horizontale** est **nulle**. La pente d'une droite **verticale** est **non définie**. **Deux droites obliques parallèles ont la même pente et deux droites obliques perpendiculaires ont des pentes opposées et inverses.** |

**1** Détermine le plus grand nombre de chaque ensemble.

**a)** $\{0,2,\ 21\%,\ \frac{11}{50}\}$    **b)** $\{\frac{3}{11},\ \frac{4}{11},\ \frac{1}{4}\}$    **c)** $\{0,\overline{45},\ 0,4\overline{45},\ 0,\overline{454}\}$

**2** Exprime chaque nombre sous la forme d'une fraction dont le numérateur est 1.

**a)** 2    **b)** $\frac{2}{5}$    **c)** $-\frac{7}{3}$    **d)** $-\frac{1}{4}$

**3** Donne l'opposé de l'inverse de chaque nombre.

**a)** $-\frac{2}{7}$    **b)** 3    **c)** $\frac{9}{4}$    **d)** 0

**4** Réduis les fractions suivantes.

**a)** $\frac{4-8}{5-^-3}$    **b)** $\frac{^-3-5}{9-^-3}$    **c)** $\frac{6-^-8}{^-4-^-8}$    **d)** $\frac{^-6-8}{10-^-2}$

**5** Estime la distance à l'origine de chacun des points suivants.

**a)** (3, 7)    **b)** (-5, 3,8)    **c)** (-4,2, 7,1)    **d)** (-3, -17)

**6** Pour effectuer la liaison entre la gare Saint-Luc (*L*) et la gare Saint-Paul (*P*), un train doit contourner un lac en passant par les points *A* et *B*. Le trajet est illustré dans le graphique ci-dessous. Les graduations sont en kilomètres.

**a)** Quelle distance doit parcourir le train pour effectuer la liaison entre la gare Saint-Luc et la gare Saint-Paul?

**b)** Combien de kilomètres de moins un avion parcourrait-il s'il effectuait le trajet en ligne droite?

**c)** Quelles sont les coordonnées d'un îlot situé sur le lac à mi-chemin entre les deux gares?

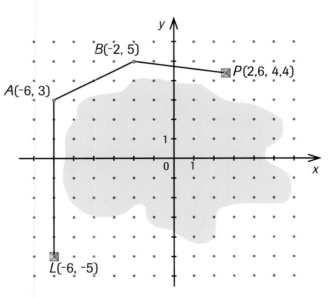

*Les trains à grande vitesse, ou TGV, circulent sur des voies électrifiées à une vitesse d'exploitation de 300 km/h.*

**7** Voici un plan cartésien dans lequel on a identifié certains points:

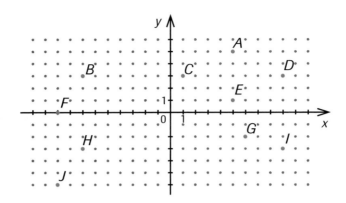

**a)** Montre que le triangle *EGI* est isocèle.

**b)** À quelle catégorie de triangles appartient la figure *CEG*?

**c)** Montre que *BFJH* est un parallélogramme.

**d)** Pourquoi peut-on affirmer que *ACED* est un losange?

**e)** Quel est le périmètre du quadrilatère *DEGI*?

**f)** Parmi ces points, quels sont les deux qui définissent le segment le plus long?

**8** Prouve que l'ordre des points choisi n'influence pas le résultat du calcul de la pente en montrant que:

$$\frac{(y_1 - y_2)}{(x_1 - x_2)} = \frac{(y_2 - y_1)}{(x_2 - x_1)}$$

**9** Le graphique ci-dessous représente une coupe verticale de la tour de Pise, qu'on appelle communément la «tour penchée». Toutes les mesures sont en mètres.

**a)** Quelle est la mesure du côté *AB*?    **b)** Calcule la pente de la tour.

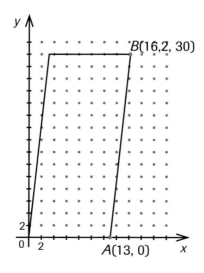

*L'inclinaison de la tour de Pise est due à sa construction, au XIIe s., sur une nappe phréatique. En 1995, on a construit un anneau en béton autour du monument pour l'ancrer dans le sol à 50 cm de profondeur. Le sommet devrait ainsi se redresser légèrement.*

**10** Détermine si les points suivants sont alignés ou non. Justifie chacune de tes réponses.

**a)** $A(2, -8)$, $B(-3, 12)$, $C(16, -4)$

**b)** $D(-8, 11)$, $E(3, 11)$, $F(42, 11)$

**c)** $G(-6, 6)$, $H(12, -12)$, $I(-\frac{8}{3}, \frac{8}{3})$

**d)** $J(2, \frac{-3}{4})$, $K(6, \frac{-1}{2})$, $L(2, 11)$

**e)** $M(13, -29)$, $N(2, 6)$, $O(22, -78,12)$

**f)** $P(3, -12)$, $Q(\frac{1}{2}, -2)$, $R(-1, 4)$

**11** Voici les règles de deux fonctions contenant des valeurs absolues:

```
Y1日abs (X-3)
Y2日abs (3-X)
Y3=
Y4=
Y5=
Y6=
Y7=
Y8=
```

| X | Y₁ | Y₂ |
|---|---|---|
| -3 | 6 | 6 |
| -2 | 5 | 5 |
| -1 | 4 | 4 |
| 0 | 3 | 3 |
| 1 | 2 | 2 |
| 2 | 1 | 1 |
| 3 | 0 | 0 |

X= -3

**a)** Quelle conjecture peut-on émettre à partir de ces écrans?

**b)** En donnant des valeurs à $a$ et à $b$, vérifie si:

1) $|-a| = |a|$ 

2) $|ab| = |a||b|$ 

3) $|a + b| = |a| + |b|$

**12** Pascale fait une course contre son grand frère Stéphane. Puisque Stéphane court plus vite que Pascale, il accepte de faire un détour: il doit contourner un arbre avant de se diriger vers le point d'arrivée. Ainsi, la course sera beaucoup plus excitante! Le graphique ci-dessous montre le parcours de chacun et toutes les distances sont en mètres. Si Pascale maintient une vitesse moyenne de 4,8 m/s lors de sa course, quelle doit être la vitesse moyenne minimale de Stéphane pour pouvoir l'emporter?

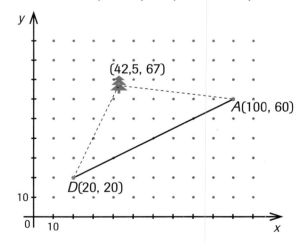

**13** Dans un plan cartésien, on trace un cercle de centre $C$ et de rayon $r$. Dans chaque cas, indique dans quel ou quels quadrants on trouve des points appartenant au cercle.

**a)** $C(15, 36)$; $r = 13$

**b)** $C(-11, -3)$; $r = 4$

**c)** $C(-35, -12)$; $r = 37$

**d)** $C(-1287, 0)$; $r = 1287,01$

**e)** $C(r + 1, r + 3)$

**f)** $C(3r, \frac{r}{2})$

**14** Détermine les coordonnées du point de partage du segment dont les extrémités et le rapport de partie à partie sont les suivants :

**a)** $E(-2, 8)$, $G(5, 6)$; $\frac{4}{3}$

**b)** $F(10, 10)$, $L(-20, -20)$; 8 : 4

**c)** $M(-14, 4)$, $N(-2, 6)$; 1 : 1

**d)** $P(0, 5)$, $Q(45, 0)$; $\frac{1}{2}$

**15** À partir d'un point $P(x, y)$, trace un premier segment dont la pente est -2/1 et un second segment dont la pente est 2/-1. Quelle observation peut-on faire ?

**16** Détermine la valeur de k pour que la droite passant par $(2, -1)$ et $(-3, k)$ soit :

**a)** parallèle à la droite passant par $(12, k)$ et $(7, 7)$;

**b)** perpendiculaire à la droite passant par $(0, -5)$ et $(-2k, 4)$.

**17** Le toit d'un bâtiment forme un triangle rectangle en B. Détermine la pente de chacun des deux versants du toit.

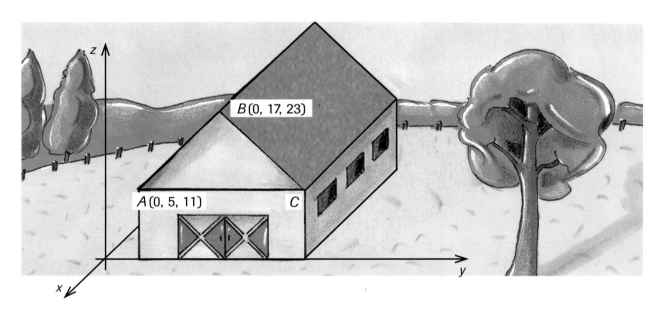

**18** Le triangle $ABC$ est rectangle en $C$. On repère le point $M$, milieu de l'hypoténuse $\overline{AB}$. En prenant $A(a, 0)$, $B(0, b)$ et $C(0, 0)$, montre que m $\overline{AM}$ = m $\overline{CM}$.

**19** Les points $A(-2, 1)$, $B(3, -2)$ et $C(6, 3)$ sont les sommets d'un triangle.

**a)** Montre que ce triangle est :

1) isocèle ;　　　　　　　　2) rectangle.

**b)** Détermine la longueur de la médiane issue du sommet $B$.

**20** On trace des segments joignant l'origine aux points de la forme $(5, y)$ où $y \in \mathbb{Z}$. Décris l'ensemble des pentes obtenues.

**21** On joint les points milieux *M* et *N* des côtés *DE* et *EF* du triangle *DEF* avec *D*(-2, -2), *E*(2, 4) et *F*(4, -6). Montre que :

**a)** m $\overline{MN} = \frac{1}{2}$ m $\overline{DF}$

**b)** $\overline{MN} \parallel \overline{DF}$

**22** Avant d'effectuer des travaux d'asphaltage d'un quadrilatère du Vieux-Québec, un contremaître consulte le plan présenté ci-dessous. Il détermine les rues qui devront être barrées et celles qui serviront de détour pour les automobilistes.

**a)** Détermine si la rue passant par les points *A* et *B* et la rue passant par les points *C* et *D* sont parallèles.

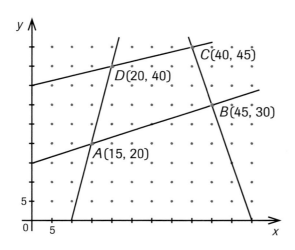

*C'est en 1608 que Samuel de Champlain fonda Québec et qu'il érigea son «Abitation» à l'endroit où se trouve actuellement la Place Royale. Le nom même de Québec signifie rétrécissement des eaux.*

**b)** Montre que la rue passant par les points *A* et *B* est perpendiculaire à celle qui passe par les points *B* et *C*.

**c)** Sans faire d'autre calcul, que peut-on affirmer au sujet de la position relative de la rue passant par *B* et *C* par rapport à celle qui passe par *C* et *D*? Explique.

**23** Démontre que les triangles *ABC* et *DEF* sont isométriques. Les coordonnées des sommets sont *A*(-2, 0), *B*(0, 6), *C*(4, 3), *D*(4, 1), *E*(10, 4) et *F*(6, 7).

**24** Démontre que le quadrilatère *ABCD* est un trapèze, connaissant *A*(-2, -1), *B*(0, 2), *C*(6, 3) et *D*(10, 1).

**25** Étant donné *A*(-2, -1) et *B*(3, 9), dans quel rapport le point (0, 3) partage-t-il $\overline{AB}$ ?

**26** Étant donné *D*(-4, -3) et *E*(5, -9), détermine les coordonnées du point *P* qui partage $\overline{DE}$ dans le rapport 2:3.

**27** Les points *A*(-1, 3), *B*(4, 5), *C*(3, 1) et *D*(-2, -1) sont les sommets d'un parallélogramme. Détermine les coordonnées du point d'intersection de ses diagonales.

**28** Les coordonnées des extrémités de la base d'un triangle sont *A*(-2, 4) et *B*(3, -5). La bissectrice de l'angle opposé coupe $\overline{AB}$ dans le rapport 3:1. Détermine les coordonnées de ce point d'intersection.

**29** On cherche l'image du triangle *ABC* par une homothétie de centre (0, 0).

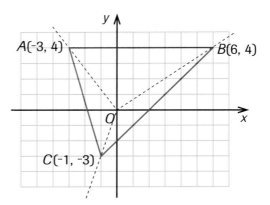

*a)* Détermine les coordonnées des points *A'*, *B'* et *C'* qui partagent les segments *OA*, *OB* et *OC* dans le rapport 3 : 4.

*b)* Détermine le rapport $\dfrac{\text{m } \overline{A'B'}}{\text{m } \overline{AB}}$.

*c)* Quelle est la relation entre ce nombre et le rapport utilisé pour le partage des segments ?

**30** Montre algébriquement que si chacun des points $P_1$ et $P_2$ a une différence de 4 entre son ordonnée et son abscisse, alors $P_3$ doit aussi posséder cette propriété pour que les trois points soient alignés.

**31** On donne les trois points suivants : $A(x, x - 3)$, $B(x + 1, 2x)$ et $C(x + 2, 3x + 3)$. Démontre que ces points sont alignés.

**32** **UN PEU D'ESCALADE**

Dans un gymnase, un mur accidenté simule la paroi d'une falaise sur laquelle on peut pratiquer l'escalade. Sur le graphique ci-dessous, on a illustré la corde de sécurité qui relie une série de mousquetons. Quelle est la longueur de cette corde si les graduations sont en mètres ?

La première ascension de l'Everest (8846 m) a été réussie en 1953 par le Néo-Zélandais Edmund Hillary et le sherpa Tenzing Norgay.

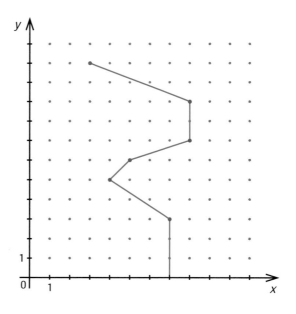

## 33 COMMENT MESURER UN SERPENT SANS LUI TOUCHER ?

Tania a trouvé une façon originale de mesurer un serpent venimeux sans avoir besoin de le manipuler ! Elle prend une photo du reptile et la superpose à un plan cartésien. Sachant que les graduations de ce plan correspondent dans la réalité à 1 dm, donne une approximation de la longueur du serpent représenté dans le plan.

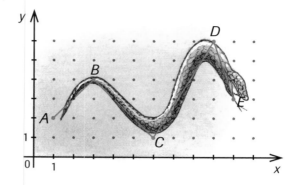

*Le Cobra à cou noir est l'un des serpents les plus communs et les plus dangereux des savanes africaines. Il réagit à la provocation en crachant son venin qu'il lance avec précision à la tête de sa victime, jusqu'à 2 m de distance.*

## 34 DÉTECTION AU RADAR

Dans les tours de contrôle des aéroports, on utilise un radar circulaire pour aider les pilotes d'avions à effectuer leur approche de la piste d'atterrissage.

**a)** Quelle est l'aire de la surface aérienne illustrée sur l'écran-radar ci-contre si les graduations correspondent à 10 km ?

**b)** Détermine les coordonnées de l'avion qui apparaît sur ce radar s'il partage le segment $AB$ dans un rapport $7:4$.

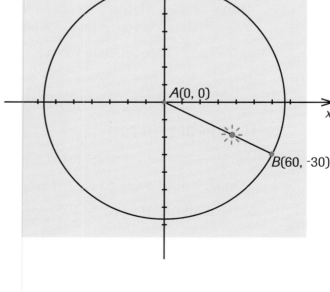

*Dans la salle de contrôle aérien, un système radar permet de surveiller les mouvements d'avions près d'un terrain d'aviation. Par un procédé de cartographie vidéo, une carte des environs est surimposée sur l'écran du radar, ce qui permet de voir les marques qui représentent les avions dans leur position réelle au-dessus de points particuliers au sol.*

## 1. UNE DESCENTE VERTIGINEUSE

*Les montagnes des Andes s'étendent sur 7000 km le long de la bordure ouest de l'Amérique du Sud. Elles commencent au nord de la Colombie et donnent à ce pays ses paysages escarpés.*

En Colombie, certaines régions sont tellement accidentées que les gens doivent franchir des rivières et des parois escarpées à l'aide d'un système de poulies qui glissent le long d'un câble métallique soutenu par des pylônes. Dans un système de repérage cartésien dont les graduations sont en mètres, $A(0, 48)$ et $B(88, 25)$ représentent les extrémités d'un câble qui permet de franchir une rivière.

**a)** Quelle est la longueur du câble?

**b)** Détermine les coordonnées du point milieu de ce câble.

**c)** Détermine les coordonnées de la tête du pylône qui partage le câble, à partir du point $A$, dans le rapport donné.

1) $1:6$             2) $2:5$             3) $6:3$

**d)** Quelle est la pente de ce câble?

## 2. LA TRAVERSÉE EN UNICYCLE

Dans un cirque, une équilibriste doit franchir en unicycle, sur un fil de fer tendu, la distance séparant deux tours. Le graphique ci-contre montre, dans un plan vertical, les deux tours ainsi que le fil de fer qui les relie. Les graduations sont en mètres.

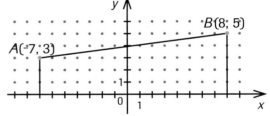

**a)** Quelle distance sépare les deux tours?

**b)** Quelle est la longueur du fil de fer?

**c)** Lorsque l'équilibriste aura atteint le point qui partage le fil de fer dans un rapport $4:7$, quelle distance lui restera-t-il à parcourir?

**d)** Quelle est la pente du fil de fer?

**e)** Une échelle appliquée contre la tour la plus élevée permet à l'équilibriste d'atteindre le fil de fer. Quelle est la pente de cette échelle si celle-ci est perpendiculaire au fil de fer?

## 3. LE SUPPORT DU TOIT

Une technicienne a dessiné le toit ci-contre.

**a)** Montre que l'angle du pignon est de 90°.

**b)** Du point $M$, milieu de $\overline{BC}$, elle dessine un support parallèle au côté $BA$.

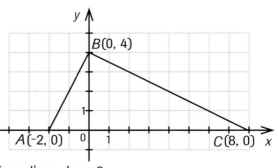

1) Quelle est la pente de ce support?

2) En quel point ce support prend-il appui sur l'axe des $x$?

# Sujet 3    LA DROITE DANS LE PLAN CARTÉSIEN

## DROITE ET ÉQUATION

**Les suites arithmétiques de Fermat**

*Rouen, 30 janvier 1628*

*Monsieur Fermat,*

    *Votre démarche pour représenter graphiquement les suites arithmétiques et l'utilisation que vous faites de l'algèbre pour décrire la position des droites qui passent par ces points sont l'objet de mon admiration.*

    *Votre travail m'a mis sur une piste intéressante concernant les formes d'équations possibles.*

Le tableau ci-dessous présente les cinq premiers termes de deux suites de nombres. Pour en faciliter l'analyse, Pierre de Fermat a attribué le rang 0 à chacun des premiers termes de ces suites.

| Rang | 0 | 1 | 2 | 3 | 4 | ... | $x$ |
|------|----|----|----|----|----|-----|-----|
| Suite A | 3 | 5 | 7 | 9 | 11 | ... | ■ |
| Suite B | -4 | -2 | 0 | 2 | 4 | ... | ■ |

En représentant la relation entre le rang et la valeur d'un terme de chaque suite, on obtient le graphique du modèle mathématique associé à chaque suite.

**a)** Explique pourquoi la représentation graphique du modèle mathématique de chaque suite correspond à une droite.

**b)** Quelle est la caractéristique commune à ces deux droites? Qu'est-ce qui les différencie?

**c)** Pour chacune des suites, formule la règle qui permet de déterminer la valeur d'un terme ($y$) selon son rang ($x$).

**d)** Quelle est la signification graphique des deux paramètres que l'on trouve dans ces règles?

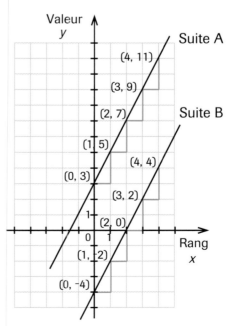

Toute droite oblique ou horizontale dans le plan cartésien peut être décrite à l'aide d'une équation qui contient deux paramètres : son taux de variation, et plus précisément sa **pente,** et une valeur initiale qui est l'ordonnée de son point de rencontre avec l'axe des ordonnées, l'**ordonnée à l'origine.**

L'équation de la droite est $y = ax + b$, dans laquelle **a** est la **pente** et **b**, l'**ordonnée à l'origine.**

Étant donné que la pente et l'ordonnée à l'origine suffisent pour **caractériser** une droite, on peut toujours obtenir cette droite à partir des valeurs de ces **deux paramètres.**

Ainsi, la droite correspondant à l'équation $y = \frac{3}{2}x - 1$ est la droite représentée ci-contre.

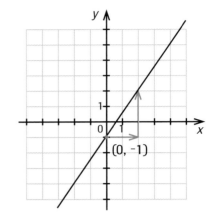

# FORMES DE L'ÉQUATION D'UNE DROITE

**« Spécial trois pour un ! »**

*J'ai consulté les travaux de certains confrères rencontrés récemment et portant sur le même sujet.*

*J'ai constaté qu'il existe deux façons d'exprimer algébriquement l'équation d'une droite dans le plan et que chacune livre certaines informations intéressantes sur les droites qu'elle représente. J'ai donc tenté, avec empressement, de faire le lien entre elles.*

## FORME FONCTIONNELLE

La première forme de l'équation d'une droite dont parle Descartes est celle qui utilise sa pente et son ordonnée à l'origine, soit **$y = ax + b$.**

Puisque cette forme d'équation est utilisée pour exprimer une relation fonctionnelle entre deux variables, on lui donne le nom de **forme fonctionnelle** de l'équation d'une droite.

*a)* Quelles sont les caractéristiques de la forme fonctionnelle de l'équation d'une droite?

*b)* Cette forme d'équation permet-elle de représenter toutes les droites du plan?

## FORME SYMÉTRIQUE

La deuxième forme de l'équation d'une droite dont parle Descartes est celle qui utilise les coordonnées à l'origine.

*c)* Soit une droite qui passe par les points $A(a, 0)$ et $B(0, b)$. Quelle est:

1) sa pente?

2) son abscisse à l'origine?

3) son ordonnée à l'origine?

4) la forme fonctionnelle de son équation?

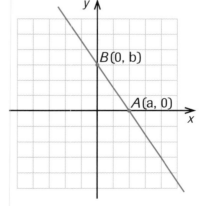

Descartes réussit, par manipulations algébriques, à écrire cette équation de forme fonctionnelle sous une **forme** appelée **forme symétrique.**

*d)* Analyse ces manipulations et justifie chacune.

*e)* Quelles sont les caractéristiques de la forme symétrique de l'équation d'une droite?

Pour $a \neq 0$ et $b \neq 0$, on a:

$$y = -\frac{b}{a}x + b$$

$$ay = -bx + ab$$

$$bx + ay = ab$$

$$\frac{bx}{ab} + \frac{ay}{ab} = \frac{ab}{ab}$$

$$\frac{x}{a} + \frac{y}{b} = 1$$

***f)*** Qu'advient-il de l'équation de forme symétrique dans le cas où la droite est horizontale ou verticale?

***g)*** Quelle est l'équation de forme symétrique d'une droite qui passe par l'origine?

La **forme symétrique** de l'équation d'une droite est $\dfrac{x}{a} + \dfrac{y}{b} = 1$ pour a ≠ 0 et b ≠ 0. Dans cette équation, **a** est l'**abscisse à l'origine** et **b**, l'**ordonnée à l'origine.**

## FORME GÉNÉRALE

*À ma grande surprise, j'ai constaté que ces deux formes d'équations ne permettaient pas de représenter toutes les droites du plan.*

*Je me suis donc mis à la recherche d'une forme générale d'équation qui décrirait toutes les droites du plan.*

*Mes recherches m'ont mené à la forme suivante :*

$$Ax + By + C = 0$$

*avec* A *et* B *non nuls tous deux en même temps.*

*Je soumets cette forme générale à votre bienveillante attention.*

*René Descartes*

***h)*** Montre que la forme générale $Ax + By + C = 0$ décrit toutes les droites du plan.

***i)*** Donne les caractéristiques principales de la forme générale de l'équation d'une droite.

***j)*** Donne l'expression qui, dans cette forme, représente :

1) la pente de la droite;    2) l'ordonnée à l'origine;    3) l'abscisse à l'origine.

Les trois formes usuelles d'écriture de l'équation d'une droite sont:

- la forme fonctionnelle **$y = ax + b$,** dans laquelle $y$ est isolée et de coefficient 1, le coefficient de $x$ est la pente de la droite et b est l'ordonnée à l'origine;

- la forme symétrique $\dfrac{x}{a} + \dfrac{y}{b} = 1$, dans laquelle **a** et **b** sont les coordonnées à l'origine et le second membre est 1;

- la forme générale **$Ax + By + C = 0$,** dans laquelle le second membre est 0.

Le passage d'une forme à l'autre entraîne des manipulations algébriques qu'il est important de maîtriser.

# Investissement 5

**1.** Détermine l'équation de chacune de ces droites.

a)

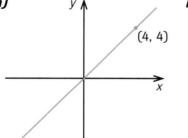

(4, 4)

b)

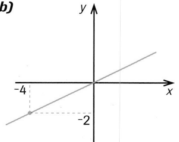

−4

−2

c)

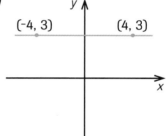

(−4, 3)    (4, 3)

d)

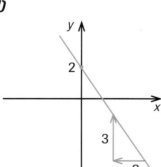

2

3

−2

e)

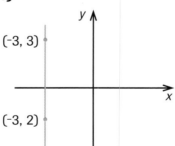

(−3, 3)

(−3, 2)

f)

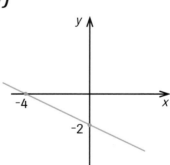

−4

−2

**2.** Soit $2x + 4y - 8 = 0$, l'équation d'une droite.

**a)** Quelle en est la forme fonctionnelle?

**b)** Détermine la pente et l'ordonnée à l'origine de cette droite.

**3.** Soit $\dfrac{x}{2} + \dfrac{y}{-3} = 1$, l'équation d'une droite.

**a)** Quelle en est la forme fonctionnelle?

**b)** Détermine la pente et l'ordonnée à l'origine de cette droite.

**4.** Soit $y = -\dfrac{3x}{2} + \dfrac{1}{3}$, l'équation d'une droite.

   **a)** Quelle en est la forme générale?

   **b)** Quelle en est la forme symétrique?

   **c)** Quelles sont les coordonnées à l'origine de cette droite?

**5.** Voici des équations de droites exprimées sous l'une des trois formes usuelles. Donne les deux autres formes de chacune.

   **a)** $2x + 3y + 2 = 0$    **b)** $\dfrac{x}{5} + \dfrac{y}{2} = 1$    **c)** $y = \dfrac{3x}{2} + 4$

   **d)** $-3x + 4y - 2 = 0$    **e)** $\dfrac{x}{-2} + \dfrac{y}{\frac{1}{3}} = 1$    **f)** $y = \dfrac{-4x}{3} - \dfrac{2}{5}$

**6.** Un point appartient à une droite si ses coordonnées en vérifient l'équation. Détermine si le point $P$ appartient ou n'appartient pas à la droite d'équation donnée.

   **a)** $P(2, 7)$; $7x - 2y = 0$    **b)** $P(-9, 12)$; $y = 13$

   **c)** $P(15, -7)$; $-8x + y + 127 = 0$    **d)** $P(0, 0)$; $y = \dfrac{15x}{8} - 19$

   **e)** $P(10, 0)$; $\dfrac{x}{-10} + \dfrac{y}{10} = 1$    **f)** $P(\tfrac{3}{2}, 0)$; $x - \dfrac{3}{2} = 0$

**7.** Détermine la pente, l'abscisse à l'origine et l'ordonnée à l'origine des droites suivantes:

   **a)** $y = 15x + 7$    **b)** $y = -\dfrac{3}{7}x - 11$    **c)** $x + y = 1$

   **d)** $\dfrac{x}{3} + \dfrac{y}{3} = 1$    **e)** $\dfrac{2x}{7} + \dfrac{y}{14} = 1$    **f)** $3x + 4y - 5 = 0$

   **g)** $-5x + 8y = 2$    **h)** $2x - 3 = 0$    **i)** $y = \dfrac{1}{4}$

**8.** Une droite a une pente de 2 et son ordonnée à l'origine est -3. Quelle est la forme symétrique de son équation?

**9.** L'abscisse et l'ordonnée à l'origine d'une droite sont respectivement -2 et 3. Quelle est la forme générale de l'équation de cette droite?

**10.**

*Le hockey est un dérivé du jeu de crosse que pratiquaient déjà les Amérindiens au XVII$^e$ s. Les règles modernes ont supprimé en grande partie la violence qui caractérisait ce sport à ses origines.*

Au hockey, une victoire procure à une équipe 2 points et un match nul 1 point. Après un nombre de matchs déterminé, une certaine équipe a récolté 40 points.

   **a)** En utilisant les variables $x$ pour le nombre de matchs nuls et $y$ pour le nombre de victoires, construis le graphique du modèle mathématique associé à cette situation.

   **b)** Par rapport au contexte, que signifient la pente et les points d'intersection de la droite avec les deux axes?

**11.** Utilise l'équation de forme symétrique pour déterminer les coordonnées à l'origine des droites suivantes.

**a)** $\dfrac{x}{3} + \dfrac{y}{4} = 1$      **b)** $\dfrac{x}{5} - \dfrac{y}{2} = 1$      **c)** $\dfrac{2x}{7} + 11y = 1$      **d)** $5x - 2y = 8$

# ► FORUM

**a)** Comment peut-on, à partir de la forme fonctionnelle, se rendre compte que deux droites sont :

1) parallèles ?          2) perpendiculaires ?

**b)** Comment peut-on, à partir de la forme symétrique, se rendre compte que deux droites sont :

1) parallèles ?          2) perpendiculaires ?

**c)** Comment peut-on, à partir de la forme générale, se rendre compte que deux droites sont :

1) parallèles ?          2) perpendiculaires ?

## RECHERCHE DE L'ÉQUATION D'UNE DROITE

### Des informations particulières

> *Toulouse, 2 mai 1629*
>
> Très cher ami,
>
> J'ai ouï dire que votre ami le Cardinal poursuit sa lutte contre le parti protestant. Il est décidément de tous les combats. Ses amis catholiques se permettent également de le critiquer. Que Dieu le protège !
>
> Les longues soirées d'hiver à Toulouse m'ont laissé quelque temps pour réfléchir aux équations de droites que vos recherches ont identifiées.
>
> J'ai observé qu'il faut connaître au moins deux informations à propos d'une droite pour être capable de déterminer son équation. Ces deux informations peuvent être diverses. Certaines sont immédiates, d'autres nécessitent des calculs.
>
> *Pierre de Fermat*

*Dans sa lutte contre les protestants, le cardinal de Richelieu fit construire une digue à La Rochelle pour empêcher les Anglais de ravitailler les protestants de la ville.*

Dans certains cas, les informations données conduisent directement à l'équation de la droite.

**a)** Quels sont ces cas?

**b)** Quelle est l'équation de la droite qui a ⁻2 comme pente et dont l'ordonnée à l'origine est 0,5?

**c)** Quelle est l'équation de la droite dont l'abscisse à l'origine est ⁻3 et dont l'ordonnée à l'origine est 2?

**d)** Quelle est l'équation de la droite verticale qui passe par (3, 2)?

**e)** Quelle est l'équation de la droite horizontale qui passe par (3, 2)?

Par contre, dans d'autres cas, la recherche de l'équation nécessite quelques calculs. Il en est ainsi si l'on connaît:

- la **pente** et les **coordonnées d'un point**;

- les **coordonnées de deux points.**

### PENTE ET COORDONNÉES D'UN POINT

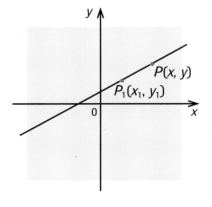

Si l'on connaît la pente et les coordonnées d'un point, on peut toujours poser comme hypothèse que cette pente est égale à celle du segment ayant comme extrémités le point connu $P_1(x_1, y_1)$ et un point quelconque $P(x, y)$:

$$p(P_1, P) = \frac{y - y_1}{x - x_1}$$

Cette expression permet alors de trouver l'équation.

**f)** Détermine l'équation de la droite qui passe par (2, 3) et qui a comme pente 3/4.

### COORDONNÉES DE DEUX POINTS

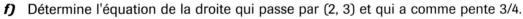
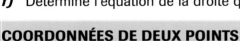

Si l'on connaît les coordonnées de deux points, il est possible de calculer la pente de la droite. En considérant un point quelconque $P(x, y)$ de la droite et l'un des points dont on connaît les coordonnées, on aboutit alors à la même situation que précédemment:

$$\frac{y_2 - y_1}{x_2 - x_1} = \frac{y - y_1}{x - x_1}$$

**g)** Détermine l'équation de la droite passant par (⁻1, ⁻1) et (2, 3).

**h)** Décris d'autres façons qu'on pourrait utiliser pour déterminer l'équation à partir des coordonnées de deux points.

**1.** Détermine l'équation de la droite à partir des données fournies :

**a)** pente : -2/3 ; ordonnée à l'origine : -2 ;

**b)** abscisse à l'origine : -3 ; ordonnée à l'origine : 4 ;

**c)** pente : -2/7 ; $A(2, -4)$ ;

**d)** $B(-3, 4)$ et $C(3, 6)$.

**2.** Le graphique ci-contre représente la carte du Québec avec les principales destinations que dessert la compagnie aérienne Réactair.

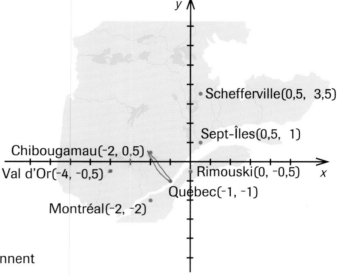

**a)** Détermine l'équation de la droite passant par :

1) Chibougamau et Québec.

2) Val-d'Or et Rimouski.

3) Sept-Îles et Schefferville.

**b)** Montre que les points (-2, -2) et (0,5, 1), associés aux villes de Montréal et de Sept-Îles, appartiennent à la droite d'équation $y = \frac{6}{5}x + \frac{2}{5}$.

**3.** Le graphique ci-dessous représente la relation entre la position d'un avion par rapport à la piste de décollage et son altitude.

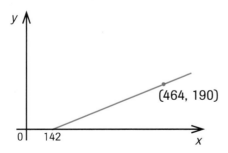

Le radar d'approche de précision permet au contrôleur aérien de garder l'oeil sur la trajectoire exacte empruntée par un avion qui atterrit (ou décolle). Le diagramme du haut montre l'angle de descente de l'avion et celui du bas son alignement avec la piste.

**a)** Quelle est la pente choisie par le pilote lors de ce décollage ?

**b)** Quelle est l'équation de la droite qui représente cet envol ?

**c)** Écris cette équation sous la forme générale.

**d)** Trace la trajectoire d'un avion qui quitte le sol au point (165, 0) avec une pente de 3/7.

**4.** On appuie une poutre métallique de 7,8 m contre un mur de béton. Au niveau du plancher, la poutre est située à 3,4 m du pied du mur.

**a)** À quelle hauteur la poutre vient-elle en contact avec le mur de béton?

**b)** En faisant coïncider le plancher avec l'axe des abscisses et le mur de béton avec l'axe des ordonnées, représente cette situation dans le premier quadrant d'un plan cartésien.

**c)** Donne l'équation de la droite associée à la position de la poutre.

**5.** Une droite qui passe par le point (5, 6) est parallèle à une seconde droite dont l'équation est $y = -3x + 2$. Quelle est l'équation de la première droite?

**6.** Une droite passe par le point (-1, 3) et est perpendiculaire à une seconde droite dont l'équation est $y = \frac{x}{2} + 3$. Quelle est l'équation de la première droite?

**7.** À l'aide d'un logiciel de géométrie, on désire construire une droite perpendiculaire à la droite illustrée et passant par le point *A*. Détermine l'équation de cette droite perpendiculaire.

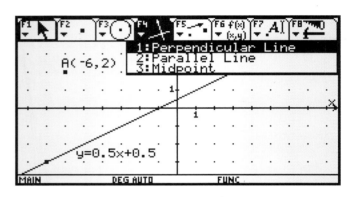

**8.** Deux droites sécantes ont comme équations $y = -3x - 1$ et $y = -2x + 4$. Quelle est l'équation de la droite qui passe par le point d'intersection de ces deux droites et qui a -2 comme pente?

**9.** Un triangle *ABC* a comme sommets les points *A*(-2, 3), *B*(1, -2) et *C*(5, 6). Quelle est l'équation de la médiane issue de *A* dans ce triangle?

**10.** Un triangle *DEF* a comme sommets *D*(-2, -3), *E*(3, -1) et *F*(4, 5). Quelle est l'équation de la hauteur issue du point *F* de ce triangle?

**11.** Un parallélogramme a comme sommets les points *A*(-2, 2), *B*(0, -3), *C*(8, -4) et *D*(6, 1).

**a)** Quelles sont les équations de ses diagonales?

**b)** Détermine les coordonnées du point d'intersection de ces diagonales.

 ► FORUM

Une droite de pente k passe par *P*(u, v). Exprimez l'équation de cette droite sous ses trois formes.

Toute droite **peut être tracée** à partir de l'**un de ses points** et de **sa pente.**

À toute droite correspond une **équation algébrique** où les variables symbolisent les coordonnées des points.

On identifie trois formes usuelles d'équations représentant une droite. On peut passer d'une forme à l'autre à l'aide de manipulations algébriques.

**Équation d'une droite**

| Forme d'équation | Équation | Précisions |
|---|---|---|
| Fonctionnelle | $y = ax + b$ <br> où a est la pente et b, l'ordonnée à l'origine | Toute droite non verticale a une équation de forme fonctionnelle. |
| Symétrique | $\dfrac{x}{a} + \dfrac{y}{b} = 1$ <br> où a est l'abscisse à l'origine et b, l'ordonnée à l'origine | Seules les droites obliques ne passant pas par l'origine ont une équation de forme symétrique. |
| Générale | $Ax + By + C = 0$ | Toute droite a une équation de forme générale. |

Chacune de ces formes livre des informations concernant la droite qu'elle représente. Si l'on connaît ces informations à propos d'une droite, on peut alors poser directement son équation.

Dans les autres cas, on utilise la propriété fondamentale de la droite (tous les segments d'une même droite ont la même pente) pour poser son équation.

**Recherche de l'équation d'une droite**

| Informations | Équation |
|---|---|
| $p(P_1, P_2)$ et $P_1(x_1, y_1)$ | $p(P_1, P_2) = \dfrac{y - y_1}{x - x_1}$ |
| $P_1(x_1, y_1)$ et $P_2(x_2, y_2)$ | $\dfrac{y_2 - y_1}{x_2 - x_1} = \dfrac{y - y_1}{x - x_1}$ |

**1** Effectue mentalement ces opérations.

**a)** $^-\frac{3}{4} + ^-\frac{4}{5}$ 　　　　**b)** $^-\frac{3}{4} \times \frac{4}{15}$ 　　　　**c)** $^-\frac{3}{4} \div \frac{9}{16}$ 　　　　**d)** $^-\frac{3}{5} - ^-\frac{2}{7}$

**2** Estime le produit suivant: $\frac{206}{404} \times \frac{597}{108} \times \frac{303}{794}$.

**3** Estime la valeur de ces expressions.

**a)** $2,5 \times 10^2 + 2,5 \times 10^3$ 　　　　**b)** $4,5 \times 10^2 \times 2,1 \times 10^3$ 　　　　**c)** $(8,4 \times 10^3) \div (4,1 \times 10^2)$

**4** Dans chaque cas, détermine une expression équivalente.

**a)** $(3ab + 2a - 4b - 3ab) \div 2(a - 2b)$ 　　　　**b)** $(a + b)^2 - (a - b)^2$

**c)** $a^2 - b^2 - (a + b)^2$

**5** Laquelle des deux pentes données correspond à la droite dont la direction s'approche le plus de la verticale?

**a)** $^-\frac{2}{5}$ et $^-\frac{3}{5}$ 　　　　**b)** $\frac{3}{8}$ et $\frac{3}{9}$ 　　　　**c)** $\frac{7}{15}$ et $\frac{8}{17}$ 　　　　**d)** $^-\frac{3}{8}$ et $^-\frac{4}{9}$

**6** Est-il vrai que le rapport partie à partie d'un point qui partage un segment en deux est toujours plus grand que le rapport d'une partie au tout?

**7** Exprime l'équation donnée sous ses deux autres formes.

**a)** $y = ^-\frac{2x}{5} + \frac{1}{5}$ 　　　　**b)** $\frac{x}{5} + \frac{y}{^-4} = 1$ 　　　　**c)** $^-2x + 3y - 4 = 0$

**8**

```
F1   F2    F3    F4      F5
 ←  Command View Execute Find...
:On peut écrire l'équation d'une droite
 sous les formes suivantes :

  ▶ y=ax+b          (fonctionnelle)
  ▶ (x/a)+(y/b)=1   (symétrique)
  ▶ Ax+By+C=0       (générale)

 Exprime l'équation 2x-3y+6=0 sous ses
 deux autres formes, et indique les
 informations que l'on peut tirer de
 chacune.

MAIN        RAD AUTO        3D
```

**9** Du haut d'une falaise de 30 m, une observatrice aperçoit un récif à 100 m du pied de la falaise. Par rapport à un système dont les axes coïncident avec la falaise et la surface de la mer, donne l'équation de forme symétrique de la ligne de vision de l'observatrice.

**10** Voici deux familles de droites.

**a)** Dans chaque cas, détermine ce que les droites ont en commun.

**b)** Dans le graphique de gauche, identifie les droites qui ont une pente positive, négative ou nulle.

**c)** Dans le graphique de droite, identifie les droites qui ont une ordonnée à l'origine positive, négative ou nulle.

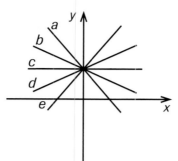

**11** Dans le plan cartésien ci-dessous, on a illustré la tête d'une antenne métallique qui permet d'émettre et de recevoir des ondes radioélectriques. Les tiges sont maintenues parallèlement entre elles par un dispositif en plastique. Suivant cette représentation, donne l'équation de la droite associée à chacune des tiges si leur ordonnée à l'origine est un entier et que l'équation de la première est $y = \frac{x}{5}$.

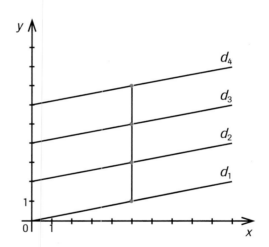

**12** Voici la table de valeurs de deux fonctions $f_1$ et $f_2$.

**a)** Détermine l'équation de chacune de ces fonctions.

**b)** Quelles sont les coordonnées à l'origine de ces droites ?

**c)** Écris sous la forme générale l'équation de $f_1$.

**d)** Donne l'équation de forme symétrique de $f_2$.

| X | Y₁ | Y₂ |
|---|---|---|
| -1 | 30 | 2.4 |
| 0 | 24 | 5 |
| 1 | 18 | 7.6 |
| 2 | 12 | 10.2 |
| 3 | 6 | 12.8 |
| 4 | 0 | 15.4 |
| 5 | -6 | 18 |

X= -1

**13** Dans un plan cartésien, trace la droite qui a les caractéristiques indiquées puis écris son équation sous la forme la plus appropriée.

**a)** Pente : -2/7 ; ordonnée à l'origine : -28

**b)** $A$(3, -8) ; $B$(5, 10)

**c)** Pente : 3,5 ; $C$(-6, -28)

**d)** Abscisse à l'origine : 4 ; ordonnée à l'origine : -11/3

**e)** $D$(1580, 12) ; $E$(65,5, 12)

**f)** Pente : 17/11 ; passe par l'origine

**14** Deux câbles d'un voilier sont attachés au grand mât pour hisser les voiles. En faisant coïncider le haut de la coque du voilier avec l'axe des abscisses et le mât avec l'axe des ordonnées, on a représenté la position des deux câbles dans un plan.

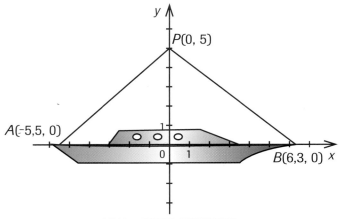

**a)** Dans cette situation, est-il plus approprié d'écrire l'équation de la droite correspondant à chaque câble sous la forme symétrique ou sous la forme générale? Pourquoi?

**b)** Donne l'équation associée à chacun des câbles.

**c)** Donne la pente de ces deux câbles.

**15** Soit $d$, la droite d'équation $2y = 3x + 14$.

**a)** Donne l'équation de forme générale de la droite $d$.

**b)** Détermine l'équation de la droite qui est parallèle à $d$ et qui passe par l'origine.

**c)** Quelle est l'équation de la droite perpendiculaire à $d$ et qui passe par le point $(3, 4)$?

**16** À partir des équations données, détermine si les droites sont parallèles, confondues ou sécantes. Justifie chacune de tes réponses.

**a)** $y = 3x + 4$ et $3x + y - 4 = 0$

**b)** $8x - 5y + 3 = 0$ et $4x - 2,5y + 1,5 = 0$

**c)** $x + y - 1 = 0$ et $5x + 5y + 12 = 0$

**d)** $y = 8$ et $3y = 21$

**e)** $8x - 3y + 2 = 0$ et $-3x + 8y + 2 = 0$

**f)** $\dfrac{x}{3} + \dfrac{y}{4} = 1$ et $\dfrac{x}{6} + \dfrac{y}{8} = 1$

**17** Dans le plan ci-contre, détermine l'équation de la droite $d_2$ sachant qu'elle est perpendiculaire à $d_1$ et que les deux droites passent par l'origine.

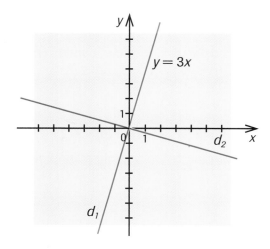

**18** Donne l'équation d'une droite qui est perpendiculaire à la droite d'équation $x = k$.

**19** Les droites dont les équations sont $y = -\frac{a}{c}x + b$ et $y = \frac{a}{c}x + d$ sont-elles perpendiculaires? Justifie ta réponse.

**20** Voici deux droites dont on donne les équations.

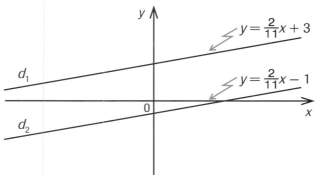

**a)** Qu'est-ce qui nous assure qu'il existe au moins une translation qui associe $d_1$ et $d_2$?

**b)** Donne la règle de l'une de ces translations.

**21** L'une des extrémités du segment $AB$ a comme coordonnées (3, 4). Sachant que ce segment mesure 5 cm, détermine les coordonnées de l'autre extrémité si $\overline{AB}$:

**a)** est parallèle à l'axe des abscisses;

**b)** est parallèle à l'axe des ordonnées;

**c)** est oblique, et que $B$ appartient à la droite d'équation $x = -3y$.

**22** Les deux commandes ci-dessous font afficher deux segments. Les coordonnées des extrémités de chacun correspondent aux quatre nombres indiqués.

**a)** Détermine:

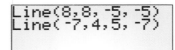

1) la longueur de chacun des segments;

2) les coordonnées du point milieu de chacun;

3) la pente de chacun.

**b)** Détermine l'équation de la droite associée à chacun des segments.

**c)** Détermine algébriquement les coordonnées du point d'intersection de ces deux segments et vérifie ta solution graphiquement à l'aide d'une calculatrice à affichage graphique.

**23** Dans chaque cas, écris, sous la même forme, l'équation d'une droite parallèle à la droite d'équation donnée.

**a)** $y = -6,5x + 14$      **b)** $\frac{x}{5} + \frac{y}{7} = 1$      **c)** $3x + 4y - 4 = 0$

**24** Soit $d_1$, une droite oblique d'équation $y = 3,5x + 15$.

**a)** Donne l'équation d'une droite $d_2$ qui est parallèle à $d_1$.

**b)** À quelle condition une droite $d_3$ est-elle sécante à $d_1$?

**25** Dans un zoo, on peut passer au-dessus du bassin des dauphins en empruntant une passerelle. Dans cette représentation cartésienne plane des lieux, détermine les équations qui correspondent aux deux cordes parallèles servant de rampes pour les usagers du pont.

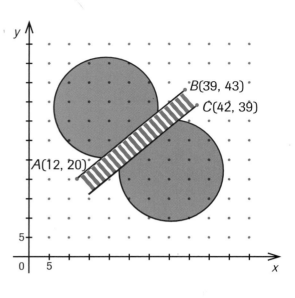

*Les dauphins émettent deux types de sons: des clappements qui ont pour fonction de localiser la nourriture (écholocation) et des cris perçants ou de courts sifflements qui servent à la communication. La durée et les variations d'intensité des sons qu'il émet constituent la signature personnelle du dauphin.*

**26** Voici les équations de deux droites écrites sous la forme fonctionnelle. À partir des valeurs attribuées aux paramètres A et D, détermine celles des paramètres B et C pour que les droites soient:

**a)** parallèles et distinctes;

**b)** confondues;

**c)** perpendiculaires;

**d)** sécantes et non perpendiculaires.

**27** Deux municipalités ont décidé de participer conjointement à la construction d'un pont qui permettra aux habitants de passer directement d'une rive à l'autre plutôt que d'emprunter un traversier. Ce pont sera équidistant des deux municipalités sur toute sa longueur. À partir des coordonnées des points représentant chaque municipalité, donne l'équation de la droite suivant laquelle le pont devra être construit.

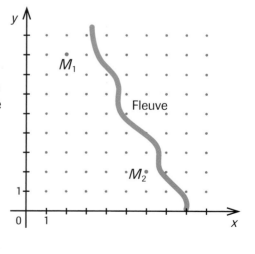

*Le pont le plus large est celui de Sydney (Australie). Inauguré en 1932, il a 49 m de large pour une travée de 503 m.*

**28** Exprime la pente d'une droite dont l'équation sous la forme générale est $Ax + By + C = 0$ en utilisant les paramètres de cette équation.

**29** Une droite *d* a comme coordonnées à l'origine a et b. Est-ce que la droite dont les coordonnées à l'origine sont :

**a)** (a + *n*) et (b + *n*)  **b)** (a • *n*) et (b • *n*)

est toujours, est parfois ou n'est jamais parallèle à *d*?

**30** Donne l'équation de la droite perpendiculaire à celle qui est donnée et qui passe par le point *P*.

**a)** $y = x$; $P(2, 8)$  **b)** $y = {}^-2x + 5$; $P(0, 7)$  **c)** $y = 4$; $P({}^-2, {}^-15)$

**d)** $y = \dfrac{x}{7} - 11$; $P({}^-3, \tfrac{1}{2})$  **e)** $y = {}^-1,2x + 3$; $P(\tfrac{1}{2}, \tfrac{1}{2})$  **f)** $y = ax + b$; $P(u, v)$

**31** Quelle est l'équation de la hauteur issue de *A* dans le triangle *ABC*, connaissant $A({}^-2, 3)$, $B({}^-6, {}^-2)$ et $C(3, 4)$?

**32** Les sommets d'un quadrilatère quelconque sont $A(3, 4)$, $B(2, {}^-3)$, $C({}^-2, {}^-2)$ et $D({}^-4, 6)$. Quelles sont les coordonnées du point d'intersection de ses deux diagonales?

**33** Détermine l'équation de la hauteur issue de *D* dans le trapèze dont les sommets sont $D(2, 1)$, $E(8, 2)$, $F(10, 5)$ et $G({}^-2, 3)$.

**34** Détermine le point d'intersection des médianes issues de *A* et de *B* dans le triangle *ABC* connaissant $A(0, {}^-2)$, $B(8, {}^-2)$ et $C(4, 6)$.

**35** Détermine l'aire du triangle *DEF*.

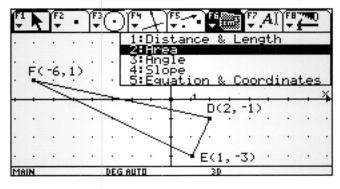

**36** **UN PROBLÈME ÉTOURDISSANT !**

On place la pointe sèche d'un compas sur l'origine d'un plan et on fait tourner le compas. Lorsque celui-ci tourne dans le sens anti-horaire, il décrit un angle dont la mesure est considérée comme positive; dans le sens contraire, la mesure est considérée comme négative. Si l'on considère la relation entre le nombre de tours et la mesure de l'angle ainsi engendré, on obtient deux demi-droites.

**a)** Donne les équations de ces deux demi-droites.

**b)** Les deux demi-droites sont-elles perpendiculaires? Justifie ta réponse.

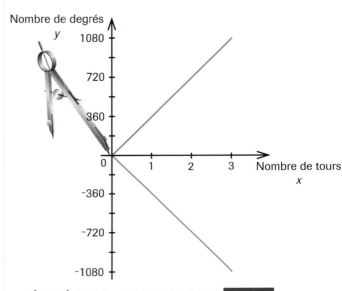

## 37 L'ÉPANDAGE D'INSECTICIDE

Un agriculteur veut répandre un insecticide dans son champ de maïs. Avant de remplir le réservoir de l'épandeuse, il doit calculer la superficie de ce champ. Pour ce type d'insecticide, il faut prévoir 3 l de solution pour couvrir adéquatement 100 m². À partir des données que l'on trouve dans le graphique ci-dessous, détermine le nombre de litres d'insecticide nécessaire pour couvrir le champ de maïs délimité par les droites a, b, c et d.

Avant 1492, le maïs était inconnu hors des Amériques. Il était toutefois cultivé extensivement par les indigènes d'Amérique du Nord et du Sud. Des graines de maïs rapportées en Europe par les explorateurs du XVIe s. firent connaître cette céréale un peu partout dans le monde.

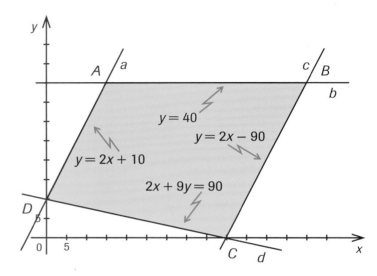

$y = 40$

$y = 2x - 90$

$y = 2x + 10$

$2x + 9y = 90$

## 38 LE SYSTÈME D'ARROSAGE

On désire installer un système d'arrosage dans un jardin composé de plusieurs îlots de fleurs. On considère qu'un gicleur par îlot sera suffisant. À l'aide des données fournies dans le graphique ci-contre, détermine l'emplacement du gicleur de cet îlot floral s'il correspond au point d'intersection de la médiane issue du point A et de la hauteur issue du point C.

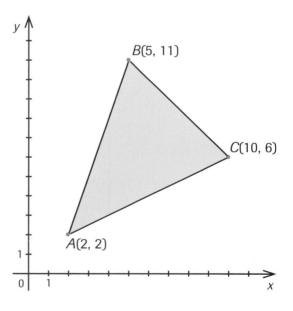

$B(5, 11)$

$C(10, 6)$

$A(2, 2)$

Le Frère Marie-Victorin (1885-1944), professeur de botanique à l'Université de Montréal, créa en 1922 l'Institut de botanique et participa en 1931 à la création du Jardin botanique de Montréal. Célèbre pour sa Flore laurentienne, il constitua un herbier de 65 000 spécimens recueillis au Québec et en Ontario.

## 1. D'UNE FORME À L'AUTRE

**a)** Détermine les coordonnées à l'origine de la droite d'équation $y = 6x + 12$ en écrivant son équation sous la forme symétrique.

**b)** Quelle est la forme générale de l'équation $\dfrac{x}{-3,4} + \dfrac{y}{-13} = 1$?

**c)** Donne la pente de la droite associée à cette dernière équation.

**d)** Transforme l'expression algébrique $3x + 18y - 27 = 0$ en une équation de forme fonctionnelle.

**e)** Trace la droite associée à cette dernière équation à partir de son ordonnée à l'origine et de sa pente.

## 2. LES SENTIERS DE MOTONEIGE

Dans la région des Laurentides, un club de motoneige offre la possibilité de circuler sur des sentiers spécialement aménagés pour les adeptes de ce sport. Dans le graphique ci-contre, on a indiqué l'emplacement des haltes de repos que l'on trouve sur ces sentiers.

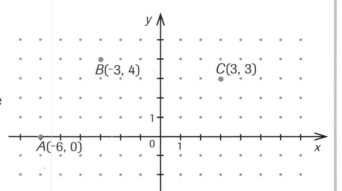

**a)** Détermine l'équation de la droite associée au sentier rectiligne qui relie les haltes :

1) $A$ et $B$    2) $B$ et $C$

**b)** Donne l'équation du sentier rectiligne qui est parallèle à celui qui relie les haltes $C$ et $D$ et qui passe par le point $B$.

**c)** Détermine l'équation du sentier rectiligne qui est perpendiculaire à celui qui relie les points $A$ et $D$ et qui passe par $A$.

**d)** Quelles sont les coordonnées à l'origine de la droite d'équation $y = 3x + 8$ qui correspond à l'un des sentiers du club de motoneige?

## 3. QUI SUIS-JE?

Dans un plan cartésien, trace le quadrilatère qui présente les quatre caractéristiques suivantes :

1° un côté passant par le point $(0, 3)$ et dont la pente est $1/2$;
2° un côté parallèle à la droite d'équation $y = \dfrac{-x}{2} + 20$ et ayant comme extrémité le point $(-2, 2)$;
3° le point $(10, 2)$ est un sommet, et l'un des côtés issu de ce point a une pente de $-2/4$;
4° l'un des côtés est perpendiculaire à la droite d'équation $y = -2x - 2,5$ et passe par le point $(6, 0)$.

De quel type de quadrilatère s'agit-il?

 **DISTANCE D'UN POINT À UNE DROITE**

NOTION DE DISTANCE
D'UN POINT À UNE DROITE
VERS UNE FORMULE

## NOTION DE DISTANCE D'UN POINT À UNE DROITE

### Terre ferme à l'horizon

Lorsqu'un bateau navigue sur la Voie maritime du Saint-Laurent, le capitaine doit fréquemment vérifier la position de son navire par rapport aux rives pour ne pas s'échouer. À l'aide du graphique ci-contre, on analyse la position d'un pétrolier par rapport à divers points de repères que l'on trouve le long d'un rivage.

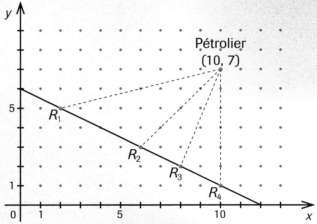

*On commença à construire des pétroliers géants lors de la crise du pétrole dans les années 1970. La coque de ces navires, la plus légère possible et par conséquent assez fragile, est divisée en compartiments-réservoirs. La rupture de la coque sur des récifs ou des fonds rocheux entraîne des déversements désastreux de pétrole dans les eaux.*

**a)** Lequel des points de repère est le plus éloigné du pétrolier?

**b)** Quel est le point de repère le plus près du bateau?

**c)** À quelle distance de la rive est situé le pétrolier si les graduations sont en kilomètres?

Lorsqu'on désire calculer la **distance d'un point à une droite,** on considère la **distance la plus courte.**

La **distance d'un point P à une droite d** est la **longueur du segment perpendiculaire** reliant le point P à la droite d.

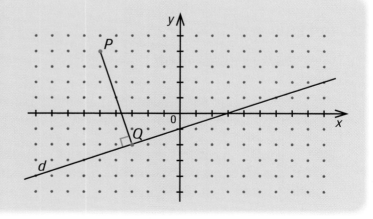

# VERS UNE FORMULE

## Un défi de taille pour Fermat !

*Hollande, 24 juillet 1629*

*Cher collègue,*

*On utilise depuis longtemps une formule qui permet de calculer la distance entre deux points. Mais qu'en est-il de la distance entre un point et une droite ? Tel est le problème sur lequel j'aimerais que vous vous penchiez et qui saura certainement stimuler votre esprit d'analyse. Je poursuis mon voyage à travers la Hollande. Vous pourrez remettre votre prochain communiqué au père Mersenne qui saura me l'acheminer.*

*René Descartes*

Le XVIIᵉ s. fut l'âge d'or de la Hollande et vit s'y épanouir les sciences et les arts. La Hollande historique est aujourd'hui une province des Pays-Bas. Environ 25 % du territoire se trouve au-dessous du niveau de la mer et serait inondé sans les nombreuses digues et le pompage régulier de l'eau excédentaire.

En partant de l'idée que la distance d'un point $P$ à une droite $d$ est égale à la distance entre $P$ et le pied du segment reliant $P$ à $d$, Pierre de Fermat a résumé les étapes de la résolution du problème comme suit :

1° *Déterminer l'équation de la perpendiculaire à la droite $d$ et passant par le point $P$.*

2° *Déterminer les coordonnées du point d'intersection des deux droites sécantes.*

3° *Calculer la distance entre les deux points.*

Afin d'établir la formule de la distance d'un point à une droite, on doit considérer trois cas : la droite peut être horizontale, verticale ou oblique.

**a)** Réponds aux questions suivantes en te référant aux étapes de la résolution proposée par Fermat.

1) À partir du point $P_1(x_1, y_1)$ et de la droite $y = a$, détermine la formule de la distance du point à une droite horizontale.

2) À partir du point $P_1(x_1, y_1)$ et de la droite $x = a$, détermine la formule de la distance du point à une droite verticale.

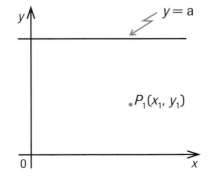

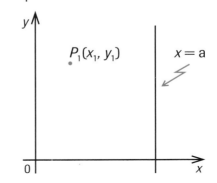

Avant d'établir la **formule de la distance d'un point à une droite oblique,** procédons d'abord à la résolution d'un cas particulier.

*b)* Soit *d*, la droite d'équation $y = {}^-2x + 8$, et *P*(6, 6), un point n'appartenant pas à la droite *d*.

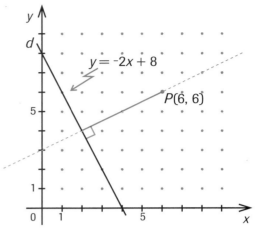

1) Quelle est la pente de toute droite perpendiculaire à *d*?

2) Quelle est l'équation de la droite perpendiculaire à *d* et passant par *P*?

3) Quelles sont les coordonnées du point d'intersection des deux sécantes?

4) Quelle est la distance entre le point *P* et le point d'intersection?

5) Quelle est la distance du point *P*(6, 6) à la droite d'équation $y = {}^-2x + 8$?

En s'inspirant des étapes de résolution du problème ci-dessus, on peut maintenant **construire une formule générale** qui permet de déterminer la distance d'un point à une droite oblique.

*c)* Soit *d*, une droite oblique d'équation $y = ax + b$, et $P_1(x_1, y_1)$, un point du plan.

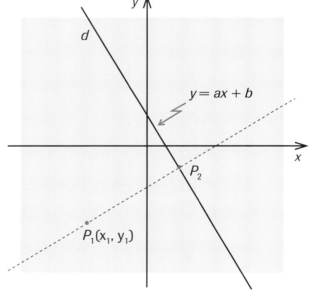

1) Quelle est la pente de toute droite perpendiculaire à *d*?

2) Quelle est l'équation de la droite perpendiculaire à *d* et passant par $P_1(x_1, y_1)$?

3) Détermine les coordonnées du point d'intersection $P_2$ des deux sécantes en résolvant le système d'équations linéaires suivant:

$$y = ax + b$$

$$y = {}^-\frac{x}{a} + \frac{(x_1 + ay_1)}{a}$$

En calculant la distance entre les points $P_1$ et $P_2$, on est en mesure de déterminer la distance entre le point $P_1$ et la droite $d$. Toutefois, les manipulations algébriques menant au résultat sont plutôt ardues. Voici une transcription du communiqué que Pierre de Fermat a fait parvenir à René Descartes à ce sujet.

Pour déterminer la distance entre les points $P_1(x_1, y_1)$ et $P_2\left(\dfrac{ay_1 + x_1 - ab}{a^2 + 1}, \dfrac{a^2y_1 + ax_1 + b}{a^2 + 1}\right)$,

j'ai dû faire preuve d'une grande rigueur algébrique :

$$d(P_1, P_2) = \sqrt{\left(x_1 - \frac{ay_1 + x_1 - ab}{a^2 + 1}\right)^2 + \left(y_1 - \frac{a^2y_1 + ax_1 + b}{a^2 + 1}\right)^2}$$

$$= \sqrt{\left(\frac{a^2x_1 + x_1 - ay_1 - x_1 + ab}{a^2 + 1}\right)^2 + \left(\frac{a^2y_1 + y_1 - a^2y_1 - ax_1 - b}{a^2 + 1}\right)^2}$$

$$= \sqrt{\frac{(a^2x_1 - ay_1 + ab)^2}{(a^2 + 1)^2} + \frac{(-ax_1 + y_1 - b)^2}{(a^2 + 1)^2}}$$

$$= \sqrt{\frac{a^2(ax_1 - y_1 + b)^2}{(a^2 + 1)^2} + \frac{(-1)^2(ax_1 - y_1 + b)^2}{(a^2 + 1)^2}}$$

$$= \sqrt{\frac{(a^2 + 1)\,(ax_1 - y_1 + b)^2}{(a^2 + 1)^2}}$$

$$= \frac{|ax_1 - y_1 + b|}{\sqrt{a^2 + 1}}$$

**d)** Justifie chaque étape de la démarche algébrique de Fermat qui permet de calculer la distance entre les points $P_1$ et $P_2$.

La **distance d'un point $P_1(x_1, y_1)$ à une droite oblique $d$ d'équation $y = ax + b$** est notée $d(P_1, d)$ et se calcule à l'aide de la formule suivante :

$$d(P_1, d) = \frac{|ax_1 - y_1 + b|}{\sqrt{a^2 + 1}}$$

**e)** À partir des trois formules énoncées (cas horizontal, vertical et oblique), calcule la distance entre le point et la droite décrite.

1) $A(-1, 6)$; $y = -2x + 1$      2) $B(0, 0)$; $y = 2x - 5$

3) $C(-7, \frac{1}{3})$; $x = 11$      4) $D(13, 79)$; $y = 0$

Cette dernière formule a été construite à partir de l'équation de forme fonctionnelle $y = ax + b$. Pour la transformer en une formule qui utilise la forme générale, il suffit de remplacer a par $-\dfrac{A}{B}$ et b par $-\dfrac{C}{B}$.

**f)** Effectue les manipulations algébriques qui conduisent à cette formule.

La formule de la distance d'un point $P_1(x_1, y_1)$ à une droite $d$ d'équation $Ax + By + C = 0$ est celle-ci :

$$d(P_1, d) = \frac{|Ax_1 + By_1 + C|}{\sqrt{A^2 + B^2}}$$

**g)** Explique pourquoi cette formule est aussi valide pour calculer la distance d'un point à une droite horizontale ou verticale.

# Investissement 7

**1.** Calcule la distance entre le point et la droite d'équation donnés.

**a)** $A(3, 11)$; $3x - 4y + 10 = 0$

**b)** $M(-6, 0)$; $5x - 2y + 3 = 0$

**c)** $S(2, 2)$; $4y - \dfrac{1}{2} = 0$

**d)** $T(-13, -3)$; $-6y = 2x - 7$

**e)** $U\left(\dfrac{3}{2}, -\dfrac{5}{3}\right)$; $\dfrac{x}{2} + 4 = 0$

**f)** $V(0, -12)$; $\dfrac{y}{2} - \dfrac{5x}{3} - 7 = 0$

**2.** Lors du tournage d'un film d'action se déroulant en montagne, on doit utiliser un hélicoptère pour filmer un alpiniste qui escalade une falaise. Dans ce graphique, on a représenté la falaise par la droite $d$ et l'hélicoptère par le point $H$. Les mesures sont en mètres.

**a)** Quelle est la pente de la falaise?

**b)** Donne l'équation de forme générale de la droite $d$ associée à la falaise.

**c)** Quelle distance sépare l'hélicoptère de la falaise?

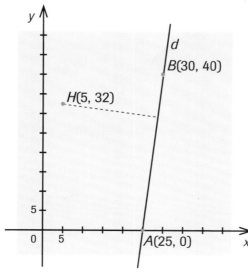

**3.** Parmi ces points, lequel est le plus éloigné de la droite d'équation $y = 18$?

$P_1(5, 12)$         $P_2(^-15, 33)$         $P_3(^-50, 25)$         $P_4(12, 5)$

**4.** Parmi les points donnés à la question précédente, lequel est le plus près de la droite d'équation $x = ^-9$?

**5.** Une municipalité $M$ désire se relier à un réseau d'approvisionnement en gaz naturel afin d'offrir un nouveau service à ses citoyens et citoyennes. Elle a le choix de se brancher sur l'un des trois conduits du gazoduc illustrés ci-contre.

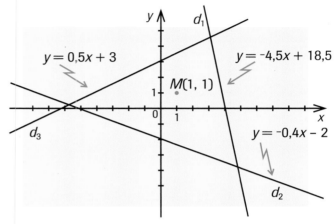

**a)** Si les unités sont en kilomètres, quelle distance sépare la municipalité de chacun des trois conduits?

**b)** Pour se brancher au réseau, il en coûte 25 000 $ par kilomètre à la municipalité. Calcule le prix minimal que devra débourser cette municipalité si elle décide de se relier au conduit représenté par la droite $d_1$.

**6.** Quelle est la hauteur de ce trapèze?

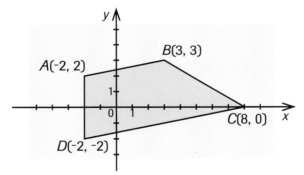

Site d'exploitation d'un gisement de gaz naturel. Le Canada est un grand producteur de gaz naturel. Le plus long gazoduc terrestre traverse le pays, depuis 1974, sur une distance de 9100 km. Son diamètre est de 1,07 m.

**7.** Calcule l'aire des polygones suivants.

**a)**

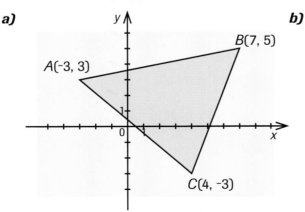

**b)**

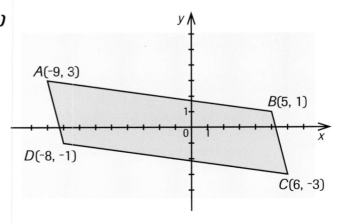

**8.** Voici un cercle de centre $C$ et une droite $d$ tangente à ce cercle. Le rayon du cercle est $\sqrt{5}$.

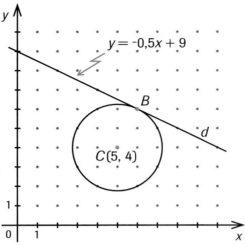

**a)** Calcule la distance du centre à la tangente.

**b)** Quelle est la relation entre cette distance et le rayon $CB$?

**c)** Quelle conclusion peut-on tirer à propos du rayon au point de tangence et de la tangente?

**9.** On considère la distance entre deux droites parallèles comme étant la distance entre un point d'une des droites à l'autre droite. Calcule la distance entre les droites parallèles suivantes.

**a)** $y = 2x + 3$ et $y = 2x - 5$

**b)** $y = {}^-x + 4$ et $y = {}^-x + 11$

**c)** $4x + 3y - 8 = 0$ et $4x + 3y + 8 = 0$

**d)** $y = {}^-4$ et $y = 9$

# ► FORUM

**a)** La formule $d(P_1, d) = \dfrac{|Ax_1 + By_1 + C|}{\sqrt{A^2 + B^2}}$ permet de calculer la distance entre un point $P_1(x_1, y_1)$ et une droite $d$ d'équation $Ax + By + C = 0$.

1) Montrez que $d(P_1, d) = \dfrac{|By_1 + C|}{B}$ si la droite $d$ est horizontale.

2) Montrez que $d(P_1, d) = \dfrac{|Ax_1 + C|}{A}$ si la droite $d$ est verticale.

**b)** Soit deux droites parallèles $d_1$ et $d_2$ d'équations $y = ax + b_1$ et $y = ax + b_2$.

Montrez que la formule $d(d_1, d_2) = \dfrac{|b_1 - b_2|}{\sqrt{a^2 + 1}}$ permet de calculer la distance entre ces deux droites.

## OBSERVER ET DÉMONTRER

### Discussion de salon

Dans son livre *Discours de la Méthode*, Descartes définit la géométrie analytique comme étant la fusion de l'algèbre et de la géométrie. Retrouvons Descartes et Fermat en pleine discussion sur l'utilisation de la géométrie analytique dans les démonstrations géométriques.

Contrairement à la géométrie traditionnelle, la géométrie analytique offre la possibilité d'utiliser l'algèbre pour résoudre des problèmes de nature géométrique.

En effet, l'utilisation d'un plan muni d'un système d'axes permet de repérer les sommets d'une figure et de quantifier certaines de ses mesures avec exactitude.

Je pense que la combinaison algèbre-géométrie permet une simplification de la pensée et une économie d'efforts. La géométrie analytique permet de prouver assez facilement les propriétés des figures et certains théorèmes.

L'important est de convaincre, et l'utilisation de coordonnées quelconques assure une généralisation des cas particuliers.

### À voir, on voit bien !

**a)** Sur une feuille de papier quadrillée, trace les axes d'un plan et localise les points $A(4, 7)$, $B(0, 0)$ et $C(8, 0)$.

**b)** En utilisant une règle, mesure avec soin les côtés du triangle *ABC*.

*c)* Est-ce que le triangle *ABC* est équilatéral ?

*d)* Pourquoi l'utilisation de la règle est-elle inutile pour répondre à cette question ?

La **géométrie analytique** nous fournit des **outils** pour **analyser et démontrer** l'existence ou la non-existence de **propriétés géométriques.**

### Preuve d'une impossibilité

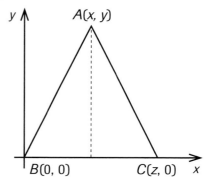

Supposons d'abord qu'il est possible de construire un tel triangle.
Soit *A*, *B* et *C* les sommets d'un triangle équilatéral où $x, y, z \in \mathbb{Z}$.

*a)* Quelles sont les hypothèses de départ ?

*b)* Exprime les coordonnées du sommet *A* en fonction de *z* :

   $x =$ ▬▬▬      $y =$ ▬▬▬

*c)* Pour une valeur entière de *z*, le point *A* peut-il avoir des coordonnées entières ? Explique ta réponse.

*d)* Que doit-on faire, face à l'hypothèse de départ ?

On peut prouver que quelque chose est **impossible** en montrant qu'**une des étapes** de la démonstration **contredit l'une des hypothèses de départ.**

# PROPRIÉTÉS DES PARALLÉLOGRAMMES

## Le petit monde des parallélogrammes

La géométrie analytique peut être utile pour démontrer des propriétés de figures géométriques.

Par exemple, on peut démontrer les propriétés communes des quadrilatères qui forment le petit monde des parallélogrammes.

Au premier cycle du secondaire, on a analysé des figures géométriques et énoncé certaines de leurs propriétés.

**a)** Qu'est-ce qu'un parallélogramme ? Donne une définition précise de cette catégorie de figures.

**b)** Quels sont les différents types de parallélogrammes ?

**c)** Formule quatre propriétés concernant les côtés et les diagonales d'un parallélogramme.

On peut démontrer plusieurs propriétés des parallélogrammes en utilisant les outils de la géométrie analytique. Il faut d'abord **représenter de façon générale un parallélogramme dans un plan cartésien en utilisant le minimum de coordonnées différentes.**

**d)** Parmi les possibilités ci-dessous, quelle est la représentation la plus simple, soit celle qui va permettre de travailler le plus facilement avec les coordonnées des sommets du parallélogramme ?

1)

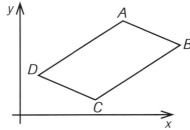

2)

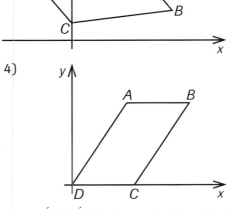

3)

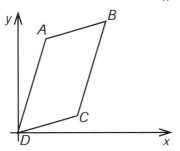

4)

Puisque les **isométries (translation, rotation, réflexion, symétrie glissée) conservent les mesures des figures,** on peut toujours transformer le plan de façon à obtenir un parallélogramme qui a un sommet à l'origine et un côté sur l'axe des *x*, sans que cela ne modifie les relations entre ses côtés ou ses diagonales. Il en va de même pour tout autre polygone. On peut donc raisonner à partir de cette représentation particulière sans que la généralisation des résultats soit affectée.

**e)** Dans un plan cartésien, quel est le nombre minimal de variables nécessaires pour représenter les coordonnées des sommets :

1) d'un parallélogramme ?

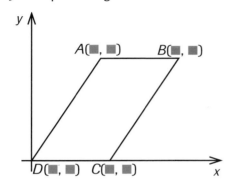

2) d'un rectangle ?

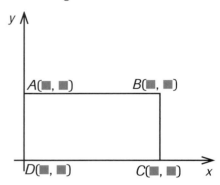

3) d'un carré ?

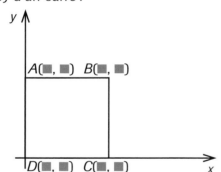

4) d'un losange ?

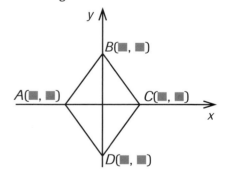

**f)** En utilisant la géométrie analytique, prouve ou réfute les énoncés suivants :

1) Les côtés opposés d'un parallélogramme sont congrus.

2) Les diagonales d'un rectangle sont congrues.

3) Les diagonales d'un carré sont perpendiculaires.

4) Les diagonales d'un parallélogramme se coupent en leur milieu.

Ces quelques essais de preuves en géométrie analytique sont suffisants pour faire prendre conscience de l'existence d'une méthode à suivre pour réussir facilement une démonstration à l'aide de ces nouveaux outils.

# DÉMONSTRATIONS EN GÉOMÉTRIE ANALYTIQUE

## Les trois clés de la réussite

Pour être en mesure de faire des démonstrations en géométrie analytique, on doit respecter diverses conventions et développer certaines habiletés. Voyons ce que René Descartes et Pierre de Fermat ont à dire sur le cheminement logique à suivre pour démontrer un énoncé en géométrie analytique.

Pour commencer une démonstration, on doit d'abord représenter dans le plan cartésien la figure donnée au départ en utilisant le nombre minimal de variables pour les coordonnées des sommets.

Puis, il faut choisir les outils de la *géométrie analytique* (formules de distance, de point milieu, de point de partage, de pente...) qui conviennent à la démonstration de l'énoncé.

Finalement, on doit effectuer les manipulations algébriques qui conduisent à la conclusion de cette démonstration.

Examinons ces trois aspects dans la démonstration des propositions suivantes.

**Énoncé 1:** Le segment joignant les milieux des côtés non parallèles d'un trapèze est parallèle aux bases, et sa mesure égale la demi-somme des mesures des bases.

Au départ, on trace un trapèze en plaçant les axes de façon à avoir un côté sur l'axe des $x$ et un sommet à l'origine.

**a)** Pourquoi est-il préférable de faire coïncider avec l'axe des $x$ l'une des bases du trapèze plutôt qu'un des côtés non parallèles?

Dans le graphique ci-dessous, on a représenté les coordonnées des sommets à l'aide du nombre minimal de variables. Le segment *MN* joint les milieux des côtés non parallèles.

Par définition du trapèze, on a une paire de côtés parallèles, qui sont ici $\overline{AB}$ et $\overline{DC}$. Comme $\overline{AB}$ est parallèle à l'axe des x, les ordonnées de A et de B ont la même valeur, soit y.

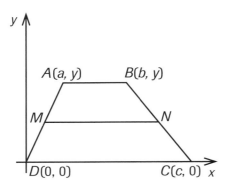

*b)* Dans l'énoncé 1, quelles sont les hypothèses?

*c)* Que faut-il démontrer?

Avant de commencer les calculs algébriques, on doit déterminer les coordonnées de *M* et de *N*. Les points *M* et *N* sont respectivement les points milieux de $\overline{AD}$ et de $\overline{BC}$. Leurs coordonnées dépendent donc entièrement des coordonnées des extrémités de leur segment.

*d)* Détermine les coordonnées des points *M* et *N*.

Une fois que les coordonnées de chacun des points nécessaires à la démonstration sont connues, on peut montrer que:

$$1°\ \overline{MN}\text{ est parallèle à la fois à }\overline{AB}\text{ et à }\overline{DC}$$
$$2°\ \text{m }\overline{MN} = \frac{\text{m }\overline{AB} + \text{m }\overline{DC}}{2}$$

*e)* Quels sont les outils de la géométrie analytique qui conviennent à la démonstration de chacun de ces énoncés?

*f)* Calcule la pente des segments *MN*, *AB* et *DC*. Cela confirme-t-il la première partie de l'énoncé?

*g)* Calcule la mesure des segments suivants.

1) $\overline{AB}$          2) $\overline{DC}$          3) $\overline{MN}$

*h)* A-t-on une confirmation de la seconde partie de l'énoncé?

Ainsi, on peut **affirmer avec certitude** que le segment joignant les milieux des côtés non parallèles d'un trapèze est parallèle aux bases et que sa mesure égale la demi-somme des mesures des bases.

*i)* En reprenant la même démarche, démontre la proposition suivante:

**Énoncé 2:** Dans tout triangle, les trois médianes concourent en un même point situé aux deux tiers de chacune à partir du sommet.

1) Représente cette figure dans le plan cartésien en utilisant le nombre minimal de variables pour les coordonnées des points.

2) Que faut-il prouver?

3) Quels sont les outils de la géométrie analytique qui conviennent à cette démonstration?

4) Effectue les manipulations algébriques qui conduisent à la conclusion de cet énoncé.

# Investissement 8

**1.** Démontre chacun des énoncés suivants à l'aide des outils de la géométrie analytique.

*a)* Le segment joignant les milieux de deux côtés d'un triangle est parallèle au troisième côté.

*b)* La mesure du segment joignant les milieux de deux côtés d'un triangle est égale à la moitié de la mesure du troisième côté.

*c)* Le milieu de l'hypoténuse d'un triangle rectangle est équidistant des trois sommets.

**2.** Le segment *AM* joignant un sommet d'un parallélogramme *ABCD* au milieu d'un des côtés non adjacents coupe la diagonale *BD* en un point *P* qui divise chacun de ces deux segments dans le rapport 2:1.

*a)* Identifie les coordonnées des sommets en utilisant un nombre minimal de variables.

*b)* Quelles sont les coordonnées du point *M*?

*c)* Détermine les coordonnées du point qui partage $\overline{AM}$ dans le rapport 2:1.

*d)* Montre que ce point partage aussi $\overline{BD}$ dans le rapport 2:1.

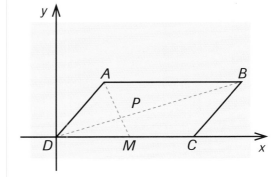

**3.** Étant donné un quadrilatère quelconque, on forme un second quadrilatère à l'aide des points milieux des côtés du premier.

*a)* Quel type de quadrilatère obtient-on?

*b)* Fais la démonstration de ta réponse.

**4.** Les segments joignant les milieux des côtés opposés d'un quadrilatère et le segment joignant les milieux des diagonales concourent en un point qui est le milieu de chacun de ces segments.

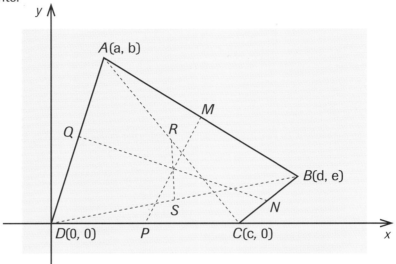

*a)* Pour cet énoncé, est-il possible d'établir des liens entre les coordonnées de chacun des sommets ? Explique.

*b)* Détermine les coordonnées des points *M*, *N*, *P*, *Q*, *R* et *S*.

*c)* Montre que les points milieux de $\overline{MP}$, de $\overline{QN}$ et de $\overline{RS}$ correspondent au même point.

**5.** À l'aide des outils de la géométrie analytique, démontre chacun des énoncés suivants.

*a)* Dans tout triangle, la somme des carrés des mesures des médianes égale les trois quarts de la somme des carrés des mesures des côtés.

*b)* La somme des carrés des distances entre un point quelconque et deux sommets opposés d'un rectangle égale la somme des carrés des distances de ce point aux deux autres sommets du rectangle.

*c)* Les trois hauteurs d'un triangle concourent en un même point.

*d)* Les trois médiatrices d'un triangle concourent en un même point équidistant des trois sommets.

 ► FORUM

Construisez un losange (autre que le carré) dans un plan cartésien de telle sorte que l'un de ses côtés soit sur l'axe des *x* et que toutes les coordonnées des sommets soient entières.

La **distance** d'un **point** $P_1(x_1, y_1)$ à une **droite** $d$ peut être calculée à l'aide des formules suivantes :

1° si l'équation de la droite $d$ est de la forme $y = ax + b$ :

$$d(P_1, d) = \frac{|ax_1 - y_1 + b|}{\sqrt{a^2 + 1}}$$

2° si l'équation de la droite $d$ est de la forme $Ax + By + C = 0$ :

$$d(P_1, d) = \frac{|Ax_1 + By_1 + C|}{\sqrt{A^2 + B^2}}$$

La **géométrie analytique** fournit divers outils qui permettent de démontrer des énoncés de nature géométrique.

Pour réaliser de telles démonstrations, on doit :

1° **représenter la figure** dans le plan cartésien en utilisant un minimum de variables pour les coordonnées des sommets ;

2° **choisir les outils de la géométrie analytique** (formules de distance, de point milieu, de point de partage, de pente...) qui conviennent à la démonstration de l'énoncé ;

3° **effectuer les manipulations algébriques** qui conduisent à la conclusion de cet énoncé.

Espérons que d'autres après nous utiliseront ces outils pour faire avancer la mathématique.

J'en suis persuadé !

**1** Évalue mentalement chaque expression.

**a)** 25 % de $\frac{3}{4}$    **b)** $\frac{1}{3}$ de 20 %    **c)** 75 % de $\frac{3}{4}$    **d)** 125 % de 200 %

**2** Applique les lois des exposants pour trouver la valeur de :

**a)** $2^3 \times 2^{-4} + 2$    **b)** $\left(\frac{2}{3}\right)^3 \times 3^4 - 2$    **c)** $25^{1/2} \times 5^2 + 5$    **d)** $(2 + 3)^2 \times 5^{-2} \times 5$

**3** Estime le mieux possible le nombre qui permet de compléter l'égalité.

**a)** $2,8 \times \blacksquare = 4,2$    **b)** $2,5 \div \blacksquare = 0,75$    **c)** $12,4 \times \blacksquare = 31$    **d)** $24 \div \blacksquare = 400$

**4** Combien de fois le premier nombre est-il plus grand ou plus petit que le second ?

**a)** 0,24 et 2,5    **b)** 4,6 et 225    **c)** 12,5 et 750    **d)** 85 434 et 712

**5** Pour chacun des graphiques suivants, calcule la distance entre le point $P$ et la droite $d$.

**a)** 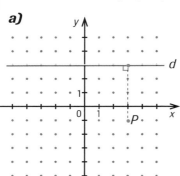  **b)** 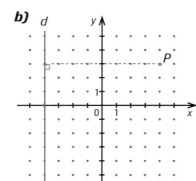  **c)**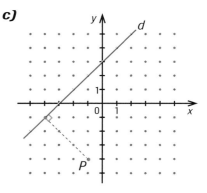

**6** Calcule la distance entre le point et la droite donnés.

**a)** $A(2, 7)$ ; $y = \frac{x}{2} - 3$    **b)** $B(-5, 11)$ ; $y = 3x + 2$

**c)** $C\left(-\frac{3}{2}, -\frac{5}{4}\right)$ ; $y = 4$    **d)** $D(1, 4)$ ; $y = x + 3$

**7** Une planche à voile file à haute vitesse sur un lac selon un tracé rectiligne. On a représenté sa trajectoire dans un plan cartésien par une droite d'équation $3x + 4y - 15 = 0$. Si les unités sont en mètres, à quelle distance est passée cette planche d'une bouée située au point :

**a)** $B_1(0, 0)$ ?    **b)** $B_2(-5, 0)$ ?

**c)** $B_3(7, -1,5)$ ?

*La planche à voile est l'invention de deux Californiens, Jim Drake et Hoyle Schweitzer, qui, en 1968, adaptèrent une voile à une planche de surf. Ils donnèrent par la suite à la planche à voile sa forme définitive.*

**8** Quelle est la distance entre les deux droites dont les équations sont les suivantes ?

**a)** $y = 2x - 3$ et $y = 2x + 6$    **b)** $2x + 3y + 2 = 0$ et $2x + 3y - 2 = 0$

**c)** $\frac{x}{-2} + \frac{y}{3} = 1$ et $\frac{x}{4} + \frac{y}{-6} = 1$

**9** Démontre qu'en multipliant par 2 les coordonnées des extrémités d'un segment, on double sa longueur.

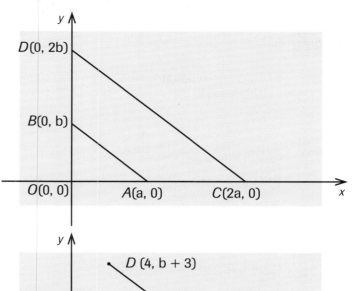

**10** Démontre que la translation dont la règle est
$t: (x, y) \mapsto (x + 4, y + 3)$
conserve la longueur des segments.

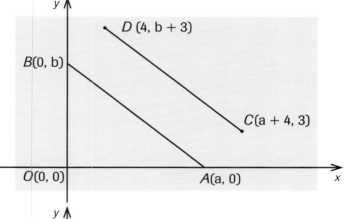

**11** Démontre que la médiatrice de la base d'un triangle isocèle passe par le sommet opposé.

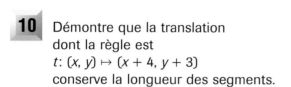

**12** Dans le graphique cartésien ci-contre, $M$ est le point milieu de $\overline{AB}$. Démontre que le triangle $OMA$ est isocèle.

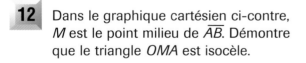
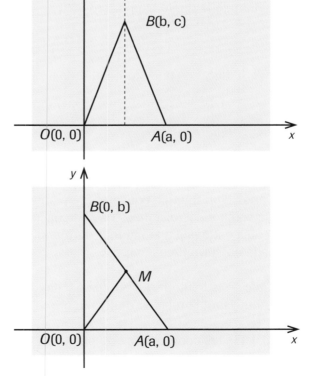

**13** Soit les points $A(\text{-}3, 0)$, $B(\text{-}1, \text{-}1)$ et $C(3, \text{-}3)$. En utilisant les outils de la géométrie analytique, donne l'équation de la droite qui correspond à la bissectrice de l'angle $ABC$.

**14** Soit $d_1$, la droite d'équation $y = 4x - 3$.

**a)** Dans un plan cartésien, trace la droite $d_1$ et son image définie par la transformation suivante:

1) $r_{(O, -90°)}: (x, y) \mapsto (y, -x)$

2) $r_{(O, 90°)}: (x, y) \mapsto (-y, x)$

**b)** Dans chaque cas, quelle est l'équation de la droite image obtenue?

**c)** Quelle est la position relative de la droite $d_1$ par rapport aux deux droites images?

**d)** Décris la position relative des deux droites images.

**15** Soit $d_1$, une droite d'équation $2y = 3x + 20$ et $d_3$, une droite d'équation $\dfrac{x}{40} + \dfrac{y}{40} = 1$.

Sachant que les points de rencontre des droites $d_1$, $d_2$, $d_3$ et $d_4$ déterminent le parallélogramme $ABCD$, donne les coordonnées du point $C$.

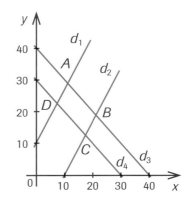

**16** À partir des informations qui sont fournies dans le graphique suivant, détermine l'équation de la droite supportant le rayon $OA$.

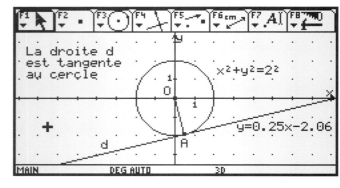

**17** Le point $G$ est le point d'intersection des trois médianes d'un triangle équilatéral. Démontre que la somme des distances de $G$ à chacun des côtés est égale à la hauteur du triangle. Procède en suivant ces étapes:

1° Calcule la hauteur du triangle équilatéral en utilisant la relation de Pythagore.

2° Calcule les coordonnées du point $G$.

3° Calcule chacune des distances du point $G$ aux côtés.

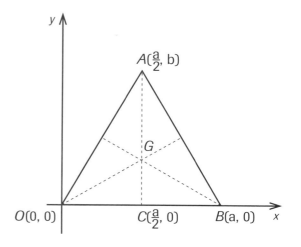

**18** Soit $P(2, 5)$ et $Q(\text{-}1, \text{-}1)$ deux points appartenant à la droite $d$ d'équation $y = 2x + 1$. Démontre que ces deux points sont situés à égale distance de toute droite parallèle à $d$.

**19** Soit $d_1$, une droite oblique ne passant pas par l'origine. Soit $d_2$, une droite passant par l'origine et perpendiculaire à $d_1$. Démontre que le point d'intersection de ces droites a les coordonnées suivantes :

$$\left( \frac{ab^2}{a^2 + b^2} , \frac{a^2b}{a^2 + b^2} \right)$$

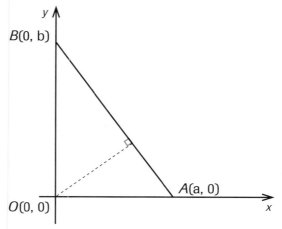

**20** Prouve que tous les points $(x, y)$ équidistants des points $A(0, 0)$ et $B(8, 6)$ sont situés sur une droite perpendiculaire au segment $AB$, qui passe par le point milieu de ce segment.

**21** **LES PROUESSES AÉRIENNES**

Lors d'une manoeuvre aérienne, trois avions militaires doivent voler en formation serrée selon des trajectoires parallèles. Dans le graphique ci-dessous, on a représenté la trajectoire de chaque avion. Les graduations sont en décamètres.

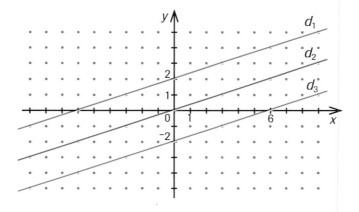

*Le carburant utilisé par l'avion subit une réaction de combustion avec l'oxygène. Les produits de cette combustion sont, entre autres, du gaz carbonique et de la vapeur d'eau qui se condense en laissant une traînée blanche.*

**a)** Détermine l'équation de la droite associée à chacune des trajectoires.

**b)** À quelle distance de l'avion associé à la droite $d_2$ les deux autres avions doivent-ils voler ?

## 22 LA FORCE CENTRIFUGE

Par une rotation du poignet, Angela fait tourner une balle de tennis fixée au bout d'une corde. À une certaine vitesse, la force centrifuge devient trop élevée, la corde cède et la balle part en suivant la tangente. À partir de l'illustration ci-contre, détermine l'équation de la droite associée à la direction de la balle si la corde a cédé en (12, 5).

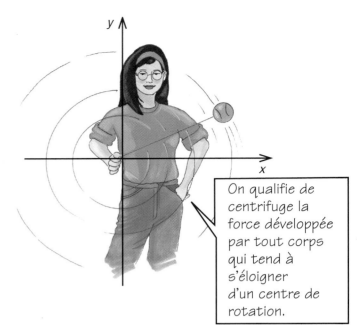

On qualifie de centrifuge la force développée par tout corps qui tend à s'éloigner d'un centre de rotation.

## 23 QUELLE «PENTE» EST-IL ?

En faisant coïncider le centre de rotation des aiguilles d'une montre avec l'origine d'un plan cartésien, on peut déterminer l'heure à partir de la pente des aiguilles. Dans le graphique ci-contre, la pente de la grande aiguille est 2/3.

*a)* Estime l'heure qu'indique cette montre si la petite aiguille est :

1) dans le deuxième quadrant et perpendiculaire à la grande aiguille ;

2) dans le troisième quadrant et parallèle à la grande aiguille.

*b)* Donne les équations des droites qui supportent les aiguilles s'il est 7:00.

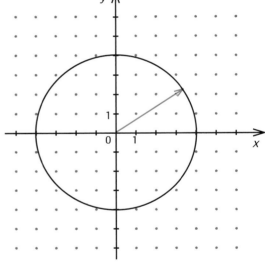

*Le principal instrument de mesure du temps a été le cadran solaire, utilisé pendant près de 4 000 ans, depuis l'Antiquité égyptienne jusqu'au XVIe s. Sa pièce principale, le gnomon, projette une ombre sur une échelle graduée et indique ainsi l'heure.*

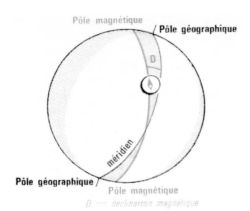

Pôle magnétique

Pôle géographique

D

méridien

Pôle géographique / Pôle magnétique

D — déclinaison magnétique

Sur un globe terrestre, on peut repérer l'emplacement du pôle Nord géographique. Par contre, lorsqu'on utilise une boussole, l'aiguille indique dans quelle direction on se dirige par rapport au pôle Nord magnétique. Mais à quel endroit est situé le pôle Nord magnétique par rapport au pôle Nord géographique?

*On peut comparer la Terre à un gigantesque aimant. Les deux pôles magnétiques sont relativement proches des pôles géographiques mais ne coïncident pas. L'aiguille aimantée de la boussole n'indique donc pas exactement le Nord géographique. L'angle formé par les directions du Nord magnétique et du Nord géographique s'appelle la déclinaison magnétique. Cet angle varie dans l'espace et dans le temps.*

Lors d'une expédition en ski de fond dans l'Arctique, une équipe d'exploration a suivi le trajet rectiligne représenté dans le graphique ci-contre et qui passe par le pôle Nord géographique G. Partie de (4, 0), l'équipe a suivi une direction de pente $\frac{4}{3}$. Sachant que M représente le pôle Nord magnétique et que le segment MG est perpendiculaire au trajet suivi, détermine la distance entre les deux pôles Nord. Les graduations sont en kilomètres.

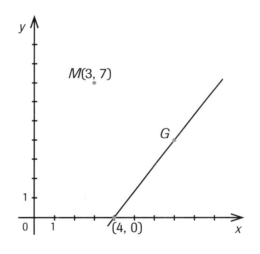

M(3, 7)

G

(4, 0)

*Grâce à un ensemble de caractéristiques physiques, culturelles, mentales et psychologiques, les Inuits se sont adaptés à leur milieu, souvent hostile.*

**1. SAUTER LES CLÔTURES**

Wilfrid est un cheval très fougueux qui a la mauvaise habitude de sauter par-dessus les clôtures de son enclos. Dans ce graphique, on a représenté le cheval dans son enclos.

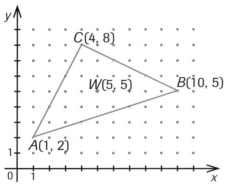

**a)** Si les graduations sont en mètres, quelle distance sépare Wilfrid de la clôture associée au segment:

1) *AB*?      2) *BC*?      3) *CA*?

**b)** Quelle est l'aire de l'enclos?

**2. SUR LES TRACES DE DESCARTES**

Démontre chacune des propositions suivantes dans un contexte général.

**a)** Tout point de la médiatrice est équidistant des extrémités du segment.

**b)** Les diagonales d'un parallélogramme se coupent en leur milieu.

**c)** En te reportant aux figures ci-dessous, montre que le rapport des aires $\triangle ABC/\triangle DEF$ est égal au rapport $(\text{m } \overline{PB})^2/(\text{m } \overline{QE})^2$ où $P$ et $Q$ sont respectivement les points milieux des segments *AC* et *DF*.

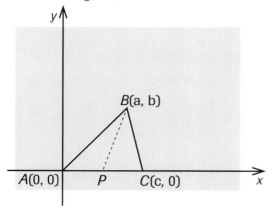

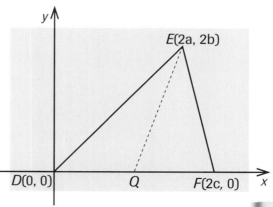

(1623 - 1662)

Vous étiez un enfant prodige, Monsieur Pascal. À quel âge avez-vous commencé vos travaux en mathématique ?

J'avais 12 ans lorsque j'ai démontré, sans l'aide d'aucun livre, que la somme des mesures des angles d'un triangle est égale à 180°. Voyant cela, mon père me donna des livres de géométrie et j'ai pu ainsi m'adonner à ma passion pour les mathématiques.

On comprend alors pourquoi, malgré votre jeune âge, on vous invitait à participer à des discussions scientifiques !

En effet, j'avais seulement 14 ans lorsqu'on m'admit aux réunions hebdomadaires de ce qui devait devenir l'Académie des sciences françaises. Les scientifiques étaient impressionnés de constater à quel point je comprenais leurs échanges et surpris de la pertinence de mes interventions.

Dites-nous, Monsieur Pascal, ce qui vous a poussé à inventer une machine à calculer, à l'âge de 18 ans !

C'était dans le but d'alléger le travail de mon père que m'est venue cette idée. Mais cela n'a pas été facile ! J'ai engagé des ouvriers pour fabriquer 50 exemplaires selon mes plans. Ma machine, qui est l'ancêtre des calculatrices actuelles, a été présentée au roi et au public en 1640. Son coût était très élevé et peu de personnes pouvaient se permettre d'en acheter une, mais mon père a pu en profiter pour faire ses interminables additions.

Que pouvez-vous nous dire du «triangle de Pascal» ?

Les mathématiciens connaissaient ce triangle depuis fort longtemps. Les Chinois avaient déjà découvert certaines propriétés du triangle arithmétique. J'ai cependant dégagé de nouvelles et nombreuses propriétés relatives à ce triangle. De plus, je m'en suis servi dans l'élaboration de ma théorie des combinaisons et des probabilités que j'ai mise au point avec Pierre de Fermat. Depuis ce temps, on l'a appelé le «triangle de Pascal».

En 1654, vous avez décidé de vous consacrer uniquement à l'étude de la théologie. Cependant, en 1658, vous êtes revenu aux mathématiques pendant une brève période. Pour quelle raison ?

C'est à cause d'un terrible mal de dents ! En effet, j'ai souffert une nuit d'un mal de dents insupportable. Pour tenter de chasser la douleur, je me suis concentré sur le problème de la cycloïde, et ma souffrance est complètement disparue. J'ai compris alors que Dieu me permettait de travailler sur ce problème sans pécher, car j'en étais venu à croire que penser à autre chose qu'à Dieu était péché. Pendant huit jours, j'ai résolu plusieurs problèmes à ce sujet. Ce fut cependant la dernière fois que je me suis adonné aux mathématiques. Je devais m'éteindre quelques années plus tard, à 39 ans, d'une maladie reliée à mes fréquents maux de tête.

En plus d'avoir été un célèbre mathématicien, Blaise Pascal fut également un remarquable théologien et un grand philosophe. Les experts en technologie reconnaissent son importante contribution au monde moderne avec l'invention, en 1640, de la première machine à calculer. C'est pourquoi ils ont donné son nom à un language informatique de haut niveau au début des années 1970 : le «langage Pascal».

Le triangle de Pascal présente plusieurs particularités. L'une d'elles concerne les sommes des nombres formant le périmètre de chacun des triangles inclus dans le triangle de Pascal. Le tableau ci-dessous indique le périmètre des triangles représentés.

Reproduis et complète le tableau suivant. Détermine la règle permettant de calculer le périmètre.

| Nombre de rangées | 2 | 3 | 4 | 5 | 6 | 7 | ... | $n$ |
|---|---|---|---|---|---|---|---|---|
| Périmètre | 3 | 7 | 13 | ■ | ■ | ■ | ■ | ■ |

```
    1
   1 1
2 rangées
```

```
    1
   1 1
  1 2 1
3 rangées
```

```
    1
   1 1
  1 2 1
 1 3 3 1
4 rangées
```

```
     1
    1 1
   1 2 1
  1 3 3 1
 1 4 6 4 1
5 rangées
```

```
       1
      1 1
     1 2 1
    1 3 3 1
   1 4 6 4 1
  1 5 10 10 5 1
6 rangées
```

```
        1
       1 1
      1 2 1
     1 3 3 1
    1 4 6 4 1
   1 5 10 10 5 1
  1 6 15 20 15 6 1
7 rangées
```

# MES PROJETS

## Projet 1   Le centre de gravité

Sur la surface d'un triangle acutangle, il existe un point qu'on nomme le centre de gravité. Ce point est, en quelque sorte, le point d'équilibre d'une figure géométrique. On détermine ce point en construisant les médianes d'un triangle.

Ce projet consiste à démontrer, en utilisant la géométrie analytique, que dans un triangle acutangle les points de rencontre des trois médianes, des trois hauteurs et des trois médiatrices sont colinéaires.

À l'aide d'un dictionnaire de mathématique et d'un manuel de physique, énumère quelques caractéristiques des points appelés «centre de gravité», «barycentre» et «orthocentre».

## Projet 2   Une recherche avec Cabri-Géomètre

Les énoncés géométriques n'ont pas encore été tous trouvés. Cependant, ces dernières années, avec l'arrivée de logiciels performants en géométrie, plusieurs énoncés nouveaux ont fait leur apparition.

Le présent projet consiste à faire une recherche avec un logiciel de géométrie. Après avoir passé quelques heures à explorer ce logiciel, pose et vérifie différentes hypothèses géométriques qui semblent vraies. Qui sait, peut-être un jour, un théorème portera-t-il ton nom!

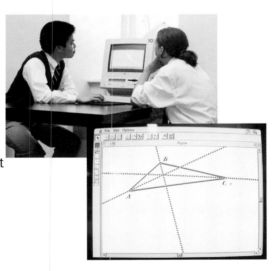

Pour compléter le projet, produis un rapport d'environ une page sur les principales découvertes ou connaissances que cette exploration t'a permis de mettre à jour.

# JE CONNAIS LA SIGNIFICATION DES EXPRESSIONS SUIVANTES :

**Plan cartésien :** plan muni d'un système de deux axes orientés et gradués permettant de repérer de façon unique n'importe quel point.

**Accroissement des coordonnées :** variation des abscisses et variation des ordonnées d'un point à un autre.

**Point de partage :** point d'un segment qui le partage dans un rapport donné.

**Rapport de partage :** rapport de partie à partie.

**Pente d'une droite :** rapport de l'accroissement des ordonnées sur l'accroissement des abscisses de deux points quelconques de la droite.

**Abscisse à l'origine :** abscisse du point d'intersection de la droite et de l'axe des abscisses d'un plan.

**Ordonnée à l'origine :** ordonnée du point d'intersection de la droite et de l'axe des ordonnées d'un plan.

**Formes de l'équation d'une droite :**

  **fonctionnelle :** équation de la forme $y = ax + b$, où a est la pente de la droite et b, l'ordonnée à l'origine.

  **générale :** équation de la forme $Ax + By + C = 0$ dans laquelle le second membre est 0 et où $A$ et $B$ ne peuvent être nuls simultanément.

  **symétrique :** équation de la forme $\frac{x}{a} + \frac{y}{b} = 1$, dans laquelle le second membre est 1 et où a est l'abscisse à l'origine de la droite et b, l'ordonnée à l'origine.

**Distance entre un point et une droite :** longueur du segment perpendiculaire reliant le point à la droite.

# Réflexion 8

## L'ANALYSE DE DONNÉES STATISTIQUES ...

### Les grandes idées

► Études statistiques.
► Échantillonnage.
► Mesures de position.
► Diagramme de quartiles.
► Analyse et communication.

### Objectifs terminaux

► Résoudre des problèmes portant sur une collecte de données.
► Résoudre des problèmes en utilisant des mesures de position.

### Objectifs intermédiaires

► Distinguer échantillon et population.
► Justifier le choix du recensement, du sondage ou de l'enquête afin d'obtenir de l'information.
► Décrire les caractéristiques d'un échantillon représentatif d'une population donnée.
► Choisir une méthode d'échantillonnage appropriée pour rechercher de l'information.
► Déterminer les sources possibles de biais au cours d'une recherche d'information.
► Comparer deux échantillons provenant d'une même population.
► Distinguer les mesures de tendance centrale, les mesures de position et les mesures de dispersion.
► Dans une distribution, attribuer un rang cinquième ou un rang centile à des données, et vice versa.
► Utiliser des mesures de position pour comparer des données.
► Construire et interpréter un diagramme de quartiles.
► À l'aide d'outils statistiques, dégager des informations qualitatives concernant une distribution à un caractère.

| POPULATION ET ÉCHANTILLON |
| RECENSEMENT, SONDAGE, ENQUÊTE |
| PROCÉDÉS DE COLLECTE DE DONNÉES |

## POPULATION ET ÉCHANTILLON

**Dans le journal**

# Le journal

Selon les résultats d'une enquête effectuée au Québec auprès de 3000 élèves du secondaire et du collégial, 5 % des adolescents et des adolescentes éprouvent des problèmes personnels reliés à la consommation d'alcool ou de drogue.

La responsable du département de santé communautaire publie son rapport. Elle a analysé l'eau de toutes les piscines publiques du territoire. Trois d'entre elles ont dû être fermées parce qu'elles contenaient trop de coliformes.

Consultez notre grand reportage sur les inondations survenues au Canada depuis 1867: les lieux, les dates, le montant des dommages, le nombre de victimes, etc.

Le mot «statistique» vient du latin status (état, relevé, situation). Utilisé au pluriel, le terme **statistiques** désigne un ensemble de données numériques ou d'observations qu'on peut relier à des nombres. Au singulier, le mot **statistique** désigne la branche de la mathématique qui s'intéresse à la collecte et au traitement des données.

**a)** La première nouvelle porte sur des problèmes de toxicomanie. À quelle population précise l'information se rapporte-t-elle?

**b)** Dans l'étude de la responsable du département de santé communautaire:

1) Quelle était la population visée?

2) Quel était le sujet précis ou le caractère de l'étude?

**c)** Quelle est la population visée dans le grand reportage et de quels caractères traite-t-il?

> Une étude statistique vise un ensemble de personnes, d'objets ou d'événements que l'on appelle **population.** Ce sur quoi porte précisément l'étude est appelé **caractère.**

### Les universitaires appréhendent l'avenir

*a)* Les enquêteurs n'ont pas interrogé toute la population étudiante universitaire du Québec. Ils n'en ont considéré qu'une partie ou échantillon. Combien de personnes formaient l'échantillon ou quelle était la taille de l'échantillon ?

*b)* À ton avis, est-il acceptable de tirer une conclusion sur les 250 000 étudiants et étudiantes universitaires québécois à partir d'un échantillon de 2 400 d'entre eux ?

*c)* D'après cette étude, sur les 250 000 individus qui forment cette population, combien pensent qu'ils auront de la difficulté à se trouver un emploi ?

*d)* Partages-tu l'avis de ces étudiants et étudiantes ?

En septembre 1996, une étude du département de sociologie de l'Université de Montréal, faite auprès de 2400 étudiantes et étudiants universitaires québécois, concluait que 60 % d'entre eux estimaient qu'il leur serait difficile d'obtenir un emploi dans leur champ d'étude.

---

Un **échantillon** est un sous-ensemble d'une population. La **taille** d'un échantillon est le nombre d'éléments qu'il contient.

---

## RECENSEMENT, SONDAGE, ENQUÊTE

**Soyez du nombre !**

Le 14 mai 1996, jour de recensement au Canada. Soyez du nombre !

Cette opération a nécessité le travail de plus de 40 000 personnes et un budget de 357 000 000 $. Les premiers résultats ont commencé à paraître 8 mois après le jour de la collecte des données.

*a)* Que penses-tu des ressources nécessaires à la réalisation d'un recensement ?

*b)* Qui doit répondre au questionnaire du recensement ?

*c)* Quel est le principal avantage d'un recensement ?

Un **recensement** est une étude statistique où tous les éléments de la population sont analysés sous différents caractères. C'est un instrument d'analyse où le **degré de certitude** est **très grand** mais qui demande habituellement **beaucoup de ressources** humaines, matérielles et financières.

*d)* Outre les ressources humaines et financières, de quelles ressources matérielles peut-on avoir besoin pour effectuer un recensement ?

*e)* Quel peut en être le coût ?

## La priorité du gouvernement

En juin 1996, un journal publiait l'article ci-contre.

**a)** Est-ce que tous les individus de la population analysée ont été consultés ?

**b)** Que signifie la phrase « La marge d'erreur est de 3 %, et cela 95 fois sur 100 » ?

**c)** Pour quelles raisons effectuerait-on un sondage, qui contient toujours une certaine incertitude, alors qu'un recensement est plus certain ?

« 62 % des Québécois et Québécoises sont d'avis que le gouvernement doit faire de la réduction de la dette une de ses toutes premières priorités. »

Ce sondage a été effectué au Québec auprès d'un échantillon de 1000 personnes âgées de 18 ans et plus. La marge d'erreur est de 3 %, et cela 95 fois sur 100.

*C'est à l'Hôtel du Gouvernement, à Québec, que siège l'Assemblée nationale.*

Un **sondage** est une étude statistique où l'on analyse un **échantillon d'une population** pour tirer des conclusions sur la population elle-même. Malgré un certain **degré d'incertitude,** un sondage effectué correctement donne une image suffisamment précise de la situation. On l'utilise notamment lorsque la **population** est **trop nombreuse** ou **inaccessible,** lorsque les ressources matérielles ou humaines pour un recensement **ne sont pas disponibles** ou encore lorsque la **nature** même de l'enquête le nécessite.

**d)** Pourquoi un recensement est-il irréalisable dans les cas suivants ?

   1) Pour connaître certaines caractéristiques de la population de morues dans l'Atlantique.

   2) Pour connaître le genre de personnes qui ont écouté « Le Grand Gala » télévisé.

   3) Pour connaître la durée de vie des ampoules d'une marque donnée.

*Les recensements ne datent pas d'hier ! Au début de notre ère, l'empereur romain Auguste ordonna un grand recensement. Ce serait pour inscrire leurs noms sur les registres que Joseph et Marie se rendirent à Bethléem, où naquit Jésus.*

### La nouvelle émission de télévision

Une chaîne de télévision reçoit un projet pour une nouvelle émission : «Jeunes PDG». On y rencontrerait des jeunes qui ont créé leur propre entreprise. Pour savoir s'il doit aller de l'avant avec ce projet, le directeur des programmes consulte divers groupes de personnes. Il convoque une réalisatrice, un régisseur, un caméraman, une décoratrice et discute des aspects techniques du projet. Il réunit un groupe d'une dizaine de jeunes spectateurs et spectatrices potentiels et leur demande de discuter et de donner leurs impressions. Enfin, il consulte une firme spécialisée en marketing pour voir si l'on pourra intéresser des commanditaires.

*Bill Gates a écrit son premier programme informatique à l'âge de 13 ans. En avril 1975, il fonde la compagnie Microsoft : il n'a alors que 19 ans. Il est actuellement l'un des hommes les plus riches du monde.*

*a)* Cette étude est-elle un recensement? Justifie ta réponse.

*b)* Est-elle un sondage? Justifie ta réponse.

Une étude statistique plus complète faisant habituellement intervenir des experts et utilisant diverses techniques de collecte de données est appelée une **enquête.** On y a recours lorsque les sondages ou les recensements sont insuffisants ou inadéquats.

> Les **recensements,** les **sondages** et les **enquêtes** constituent les principaux types d'**études statistiques.**

## PROCÉDÉS DE COLLECTE DE DONNÉES

### Tous les moyens sont bons pour vous connaître

*a)* As-tu déjà rempli un questionnaire pour un sondage?

*b)* As-tu déjà répondu à un sondage téléphonique, ou quelqu'un de ta famille l'a-t-il déjà fait?

*c)* A-t-on déjà demandé ton opinion sur un produit dans un magasin ou dans la rue?

*d)* As-tu déjà vu une personne comptant le nombre de cyclistes portant un casque à un endroit précis d'une piste cyclable?

*e)* Les tourniquets à l'entrée d'un stade ou les lecteurs optiques utilisés dans les supermarchés sont des exemples d'appareils qui enregistrent des données automatiquement. Connais-tu d'autres appareils de ce genre?

*Le lecteur optique saisit rapidement le code formé de lignes verticales numérotées apposé sur les produits de consommation (code barres).*

Plusieurs **procédés** peuvent être utilisés pour **recueillir les données,** notamment :

- le **questionnaire écrit,** rempli par une personne et retourné au sondeur ;

- l'**entrevue téléphonique,** où le sondeur pose les questions au téléphone ;

- l'**entrevue en personne,** souvent dans un lieu public ;

- l'**observation directe,** où le sondeur note les événements ou le comportement des personnes à l'aide d'une grille d'observation ;

- l'**observation documentaire,** où les informations sont prises dans des banques de données ;

- l'utilisation d'**instruments** mécaniques ou électroniques.

# Investissement 1 ....................................

1. Dans chacun des cas suivants, décris la population et les caractères étudiés.

   *a)* Le conseil étudiant consulte tous les élèves d'une école pour connaître leur avis sur les activités parascolaires à organiser durant l'année.

   *b)* Le contrôleur de la qualité vérifie les normes de fabrication dans une usine qui produit des chaises. Il vérifie 1 chaise sur 10.

   *c)* Une candidate à la mairie demande à quelques partisans d'effectuer un sondage auprès des électeurs et électrices de la municipalité pour connaître ses chances d'être élue.

   *d)* Un inspecteur de la compagnie de transport en commun note l'heure d'arrivée de chacun des autobus des parcours 3 et 7.

   *e)* La directrice d'un important centre culturel remet au conseil d'administration un rapport indiquant le nombre de spectateurs et spectatrices à chacun des spectacles présentés au cours de l'année dernière dans les diverses salles du complexe.

   *f)* Une fanatique de hockey consulte tous les jours le journal pour connaître les statistiques individuelles des joueurs de la Ligue nationale de hockey.

   *g)* Chaque année, la Société de l'assurance automobile du Québec publie des statistiques concernant les accidents survenus sur les routes du Québec. On peut connaître, par exemple, le nombre d'accidents causés par l'alcool au volant.

*En 1995, le Québec a enregistré plus de 5000 blessés graves et 882 décès imputables à des accidents de la route. Près de 40 % de ces accidents étaient causés par l'ivresse au volant.*

**2.** Dans chacune des situations suivantes, indique s'il est préférable de réaliser un recensement, un sondage ou une enquête, et donne les raisons qui motivent tes choix.

***a)*** Une compagnie fabrique et vend des biscuits très prisés des consommateurs et consommatrices. Son directeur veut connaître l'impact qu'aurait sur les ventes une augmentation de 0,50 $ la boîte de biscuits.

***b)*** On procède à l'inventaire annuel des marchandises d'un magasin d'appareils électroniques.

***c)*** La propriétaire d'un terrain de golf songe à ajouter un second parcours de 18 trous à celui qui existe déjà. Elle veut connaître les coûts de construction et les revenus escomptés.

***d)*** Une station de radio désire connaître l'âge moyen et le salaire moyen de ses auditeurs et auditrices.

***e)*** Une compagnie fabrique des pièces pyrotechniques. Elle vient d'en lancer un nouveau type particulièrement spectaculaire. Elle veut connaître la hauteur moyenne à laquelle ces pièces explosent.

*Les sels de certains métaux donnent leur couleur aux pièces pyrotechniques : le strontium produit le rouge ; le cuivre le bleu ; le barium le vert ; le sodium le jaune.*

***f)*** On veut réaliser une étude sur les caractéristiques des villes où se sont tenus les Jeux olympiques d'été depuis 1896.

***g)*** Une entreprise pharmaceutique veut connaître les effets secondaires liés à la consommation d'un nouveau médicament qu'elle veut produire.

***h)*** Un magazine voué à la protection des consommateurs et consommatrices veut publier un article comparant différents ordinateurs de même catégorie et le degré de satisfaction des propriétaires de ces appareils.

**3.** Dans chacune des situations suivantes, indique le procédé de collecte de données qu'on utilise généralement.

***a)*** Le recensement des militaires atteints du syndrome de la Guerre du golfe Persique.

***b)*** La confection des listes électorales.

***c)*** Les sondages pour connaître les cotes d'écoute des stations de télévision.

***d)*** Les sondages sur les intentions de vote des citoyens et citoyennes une semaine avant les élections.

***e)*** Les statistiques concernant les assistances aux matchs des équipes de sport professionnel.

***f)*** Lors d'un match de baseball, plusieurs personnes prennent des notes, notamment :

    1) Le lanceur partant du match suivant note le type et l'endroit de chacun des lancers et les réactions des frappeurs adverses.

    2) Un préposé enregistre la vitesse de chaque lancer.

*Au cours de l'hiver 1665, Jean Talon effectua un recensement systématique de la population de la Nouvelle-France, qui comptait alors 3215 habitants. Ce fut le premier recensement en Amérique du Nord.*

**g)** L'attaché de presse d'une ministre lit chaque jour différents journaux et prépare un résumé de tout ce qui s'est écrit sur les sujets relevant de ce ministère.

**h)** Dans une usine de vêtements de sport, un inspecteur examine un certain nombre de vêtements choisis au hasard pour en vérifier la qualité.

**4.** Dans chacun des cas suivants, détermine le meilleur procédé pour recueillir les données.

**a)** Une firme de sondage veut connaître rapidement l'opinion des citoyens et citoyennes d'une municipalité sur la construction d'un nouvel hôtel de ville.

**b)** L'équipe de la radio étudiante désire connaître les goûts musicaux des élèves de l'école.

**c)** Le service de la circulation veut savoir combien de voitures passent à une intersection donnée aux heures de pointe, et ce, pour décider s'il doit y placer ou non des feux de circulation.

**d)** Une psychologue veut faire une étude sur les réactions des enfants de maternelle placés dans une situation de stress mineur.

**e)** Un restaurateur veut permettre à ses clients et clientes d'évaluer la qualité de la nourriture et du service dans son établissement.

**f)** Un organisme charitable veut déterminer les principales causes qui font de certaines personnes des sans-abri.

*Le phénomène de l'itinérance s'accentue dans les grandes villes d'Amérique du Nord. En 1996, Montréal comptait plus de 15 000 sans-abri.*

**5.** Dans chacune des situations suivantes, détermine la population, les caractères à étudier, la taille de l'échantillon s'il y a lieu, le type d'étude statistique (recensement, sondage ou enquête) et le procédé de collecte des données.

**a)** La relationniste de l'équipe de hockey locale a choisi au hasard 200 spectateurs et spectatrices au match du 21 février et leur a demandé quel était leur joueur préféré dans l'équipe.

**b)** Le technicien en administration scolaire de l'école a relevé toutes les feuilles d'absences pour la première semaine de juin afin de déterminer le nombre exact d'absents et d'absentes à chacune des périodes cette semaine-là.

**c)** Érika a écrit un article pour le journal de l'école. Elle y parle des victimes et des dégâts matériels lors des inondations survenues au Canada depuis le début du siècle.

► FORUM

**a)** Discutez l'affirmation suivante d'un politicien : «Le seul sondage qui compte, c'est l'élection.»

**b)** Quelle crédibilité accordez-vous aux émissions «vox pop» fréquemment présentées à la télévision ? (Ce sont des séquences où l'on présente 4 ou 5 personnes qui émettent leur opinion sur un sujet donné.)

# L'ÉCHANTILLONNAGE

| ÉCHANTILLON REPRÉSENTATIF |
| MÉTHODES D'ÉCHANTILLONNAGE |
| SOURCES DE BIAIS |
| COMPARAISON D'ÉCHANTILLONS |

## ÉCHANTILLON REPRÉSENTATIF

**La piste de planches à roulettes**

*a)* Pourquoi l'échantillon du sondage de Sébastien n'est-il pas représentatif de la population ?

*b)* Quelles précautions aurait dû prendre Sébastien pour que l'échantillon choisi soit plus représentatif ?

Pour qu'un **échantillon** soit **représentatif** d'une population, il doit posséder les **mêmes caractéristiques** que la population elle-même. Il doit être une réplique, la plus fidèle possible, de la population. Une bonne façon de former un échantillon est de laisser le **hasard** déterminer quels individus en feront partie. Lorsqu'un échantillon n'est pas représentatif, il est **biaisé.**

La représentativité de l'échantillon est tellement importante qu'une partie de la statistique lui est consacrée : la **théorie de l'échantillonnage.** Elle s'intéresse, entre autres, aux diverses méthodes pour choisir un échantillon.

# MÉTHODES D'ÉCHANTILLONNAGE

## La compétition de natation

Le tableau ci-contre présente les âges des 100 athlètes participant à une compétition de natation. Chaque athlète est identifié par un nombre de 0 à 99. Par exemple, l'athlète n° 52 a 27 ans, le premier chiffre correspondant au numéro de la ligne et le second au numéro de la colonne. Par rapport à l'âge, la population est homogène.

|   | 0 | 1 | 2 | 3 | 4 | 5 | 6 | 7 | 8 | 9 |
|---|---|---|---|---|---|---|---|---|---|---|
| 0 | 23 | 21 | 18 | 24 | 26 | 22 | 25 | 19 | 21 | 14 |
| 1 | 27 | 21 | 22 | 30 | 22 | 15 | 17 | 17 | 13 | 12 |
| 2 | 23 | 24 | 22 | 20 | 28 | 23 | 26 | 30 | 25 | 22 |
| 3 | 12 | 21 | 24 | 23 | 27 | 20 | 20 | 18 | 22 | 24 |
| 4 | 31 | 17 | 24 | 27 | 21 | 24 | 28 | 20 | 20 | 19 |
| 5 | 34 | 16 | 27 | 30 | 22 | 25 | 24 | 20 | 16 | 24 |
| 6 | 22 | 17 | 25 | 25 | 21 | 28 | 16 | 14 | 23 | 24 |
| 7 | 24 | 22 | 23 | 26 | 21 | 17 | 19 | 19 | 26 | 15 |
| 8 | 24 | 23 | 17 | 24 | 23 | 22 | 26 | 25 | 26 | 17 |
| 9 | 24 | 21 | 20 | 24 | 20 | 17 | 26 | 20 | 23 | 29 |

*a)* Que veut-on dire par «homogène»?

On veut constituer un échantillon aléatoire de taille 5.

*b)* Détermine au hasard 5 nombres de 0 à 99 selon l'une ou l'autre des méthodes suivantes:

1) Place 10 billets numérotés de 0 à 9 dans un sac. Choisis un billet au hasard, note le numéro, remets le billet dans le sac; choisis de nouveau un billet. Les deux numéros obtenus constituent le nombre choisi au hasard. Répète l'opération 5 fois.

2) Utilise la fonction de ta calculatrice à affichage graphique qui choisit des nombres au hasard entre 0 et 1. Prends ce nombre, multiplie-le par 100 et conserve la partie entière. Répète l'opération 5 fois.

3) Utilise une table de nombres aléatoires.

Les nombres obtenus et le tableau ci-dessus permettent de choisir les âges qui font partie de l'échantillon.

*c)* Quels sont les âges qui font partie de ton échantillon?

*d)* Quelle est la moyenne de cet échantillon?

***e)*** Après une compétition, 20 % des athlètes, choisis au hasard, doivent subir un test de contrôle du dopage. Détermine un échantillon aléatoire de taille 20.

***f)*** Quelle est la moyenne d'âge des athlètes qui doivent subir le test?

***g)*** Quelle est la moyenne d'âge de la population?

***h)*** Est-il acceptable d'estimer la moyenne de la population par la moyenne d'un échantillon?

Lorsque la population est **homogène** en regard du caractère donné et qu'il est possible d'en **identifier tous les membres,** la méthode de l'**échantillon aléatoire** est tout indiquée. Chaque membre a autant de chances que les autres d'être choisi.

## La lutte contre le racisme et la violence

Dans une école où la population étudiante est nombreuse et multiethnique, l'animatrice de pastorale désire connaître l'opinion des jeunes sur le racisme et la violence. Elle prépare un sondage. Elle veut former un échantillon de 300 élèves dans lequel chaque groupe ethnique sera représenté dans le même rapport que dans l'école.

**Origine de la clientèle de l'école**

| | |
|---|---|
| Québécoise | 45 % |
| Latino-américaine | 23 % |
| Asiatique | 19 % |
| Européenne | 10 % |
| Africaine | 3 % |

*Le Révérend Martin Luther King Jr. (1929-1968), né à Atlanta, Georgie, consacra sa vie à la lutte pour l'égalité des droits des Noirs. Apôtre de la non-violence, il reçut le prix Nobel de la paix en 1964.*

***a)*** Une telle population est dite hétérogène. Que signifie « hétérogène »?

***b)*** Pour respecter les pourcentages, combien de jeunes d'origine asiatique devra-t-il y avoir dans l'échantillon?

***c)*** Une fois que l'on a déterminé le nombre d'individus de chaque sous-groupe, on les choisit de façon aléatoire. Cette méthode, ou procédé, permet-elle d'obtenir un échantillon représentatif?

Dans les cas où la population est **hétérogène** et où l'appartenance à un groupe risque d'influencer les réponses, l'échantillon est divisé en **sous-groupes,** appelés **strates.** Chaque strate est représentée dans le **même rapport** dans l'échantillon que dans la population. Les individus de chaque strate sont choisis au hasard. L'échantillon obtenu est dit **stratifié.**

## Les pros du sondage

On demande à Patrick de réaliser un sondage en téléphonant à un certain nombre de personnes entre 17:00 et 20:30. Pour déterminer l'échantillon, il utilise un annuaire téléphonique résidentiel. Il applique ensuite un procédé précis. Il commence par choisir au hasard un numéro de colonne et un rang dans la colonne. Il téléphone à l'abonné ou abonnée qui occupe cette position dans chaque page.

*L'annuaire téléphonique Canada 411, qu'on peut consulter sur Internet, compte plus de 10 000 000 d'entrées.*

**a)** Peut-on considérer qu'au départ chaque abonné ou abonnée de la compagnie de téléphone a autant de chances que les autres d'être choisi dans l'échantillon?

**b)** Si l'enquête portait sur les raisons pour lesquelles les gens demandent un numéro de téléphone confidentiel, ce procédé serait-il valable?

Si les individus d'une population sont classés dans un ordre précis qui n'a aucun rapport avec le sujet du sondage, on peut utiliser l'**échantillonnage systématique.** Cette méthode, ou procédé, consiste à choisir au hasard un point de départ et, ensuite, à toujours utiliser le **même procédé** pour choisir les autres individus de l'échantillon.

## Les connaissances mathématiques des élèves du Québec

En 1995, un organisme international a fait une étude pour comparer les connaissances en mathématique des jeunes de 13 ans de différents pays. Comme il était difficile de choisir les jeunes de 13 ans individuellement, on a choisi au hasard un certain nombre de groupes-classes dans les écoles du Québec. Tous les élèves de ces groupes-classes ont été soumis au test. Les résultats des jeunes Québécoises et Québécois ont été excellents.

**a)** Au départ, chaque jeune de 13 ans avait-il autant de chances que les autres d'être choisi?

**b)** Cette façon de choisir un échantillon se nomme l'échantillonnage par grappes. Explique en quoi consiste cette méthode.

On utilise la **méthode des grappes** lorsque la population est composée de plusieurs groupes appelés grappes. L'échantillon est formé de tous les individus qui composent certaines grappes choisies au hasard. Cette méthode est d'autant plus fiable que les grappes sont **petites** et **hétérogènes.**

Il existe donc différentes méthodes pour former un échantillon. La façon de former l'échantillon est primordiale. Un **échantillon non représentatif peut biaiser** considérablement les **résultats** d'un sondage.

**c)** Nomme les principales méthodes de formation d'un échantillon.

1. Dans chacun des cas suivants, indique si l'échantillon choisi est représentatif de la population dont on veut connaître l'opinion. Justifie ta réponse.

   a) La directrice d'une école secondaire veut connaître l'opinion des élèves sur un nouveau règlement qu'elle désire mettre en application. Dans chacun des groupes-classes, elle choisit au hasard 5 élèves.

   b) Elle veut aussi connaître l'avis des parents sur un règlement plus sévère concernant la tenue vestimentaire. Elle remet un questionnaire à 25 élèves qui étaient en retenue et leur demande de le faire remplir par leurs parents.

   c) Le propriétaire d'une équipe de hockey junior trouve que l'assistance aux matchs est trop faible. Il demande à 40 partisans et partisanes, choisis au hasard à un match local de son équipe, les raisons qui pourraient expliquer cette faible assistance.

   d) Une organisatrice veut connaître les intentions de vote des Québécois et Québécoises aux prochaines élections provinciales. Elle commande un sondage auprès de 1000 personnes résidant à Montréal et de 500 personnes résidant à Québec.

   e) Un concessionnaire automobile veut connaître le degré de satisfaction de ses clients et clientes. Il téléphone à 80 personnes choisies au hasard parmi celles qui ont acheté un véhicule à son établissement au cours des 7 dernières années.

*L'astronome, mathématicien et physicien belge Adolphe Quételet (1796-1874) organisa les premiers congrès internationaux de statistique. Il eut l'idée d'appliquer les méthodes statistiques aux sciences sociales.*

2. Les 120 élèves de quatrième secondaire d'une école ont passé un test de connaissances générales. On a d'abord choisi au hasard un premier échantillon A de 25 élèves, et on a calculé la note moyenne de ce groupe. On a ensuite choisi de la même façon un deuxième échantillon B de 35 élèves et on en a calculé la note moyenne. On a finalement calculé la note moyenne des 120 élèves.

   a) Est-il possible, certain ou impossible :

      1) que ces trois moyennes soient différentes ?

      2) que ces trois moyennes soient égales ?

      3) que les deux moyennes des échantillons soient égales mais différentes de celle de la population ?

   b) Pourrait-il arriver que les 25 élèves de l'échantillon A soient les 25 élèves qui ont le mieux réussi le test dans l'école ?

3. À l'aide de ta calculatrice ou d'une table de nombres aléatoires, ou par tirage au sort, construis un échantillon de 15 nombres aléatoires compris entre 10 et 79.

**4.** Voici la répartition des élèves d'une école selon le sexe et le niveau d'études.

| Niveau | Nombre de filles | Nombre de garçons |
|--------|------------------|-------------------|
| 1re sec. | 144 | 168 |
| 2e sec. | 132 | 144 |
| 3e sec. | 120 | 108 |
| 4e sec. | 108 | 96 |
| 5e sec. | 108 | 72 |

On désire constituer un échantillon stratifié de 200 élèves dans lequel le nombre de filles et le nombre de garçons par niveau seront dans les mêmes rapports que dans l'école entière. Combien devra-t-il y avoir de personnes dans chacune des strates?

**5.** Une usine produit des bacs à récupération. À tous les 25 bacs produits, une inspectrice retire 1 bac afin d'en vérifier la qualité.

*On estime que 35 % du contenu du sac vert est recyclable. On ne récupère pourtant, par collecte sélective, que le tiers de cette quantité.*

   **a)** De quel type d'échantillonnage s'agit-il?

   **b)** Cet échantillon est-il représentatif?

**6.** Une troupe de théâtre possède une liste, en ordre alphabétique, des 3450 personnes abonnées à ses spectacles. On désire connaître leur avis sur la programmation de l'année suivante. On consultera un échantillon de 250 personnes. Décris un procédé pour choisir un échantillon de façon systématique.

**7.** Une chaîne de restaurants lance un nouveau hamburger. On le vend d'abord dans un nombre limité de restaurants afin de connaître les réactions du public. À quel type d'échantillonnage correspond cette stratégie de mise en marché?

**8.**

*La prolifération des plantes aquatiques, un phénomène naturel, est considérablement accélérée par le déversement, par l'homme, de phosphates et de nitrates dans l'eau. La surabondance des végétaux conduit à la disparition progressive de la vie marine.*

La méthode d'échantillonnage à l'aveuglette consiste à choisir un échantillon sans planification, un peu n'importe où. Le journaliste qui interroge un chauffeur de taxi ou un badaud rencontré dans la rue utilise cette méthode; le biologiste qui prélève un échantillon d'eau n'importe où dans un lac l'utilise également. Les échantillons choisis de cette façon ont-ils des chances d'être représentatifs si la population est:

**a)** homogène?

**b)** hétérogène?

**9.** Une équipe médicale veut effectuer une expérience sur le traitement d'une maladie qui atteint des gens de tout âge. Elle demande des volontaires atteints de cette maladie, ayant entre 16 et 24 ans, et disponibles les lundis durant 3 mois. Des 75 personnes qui se sont présentées, on en a gardé 60. Cet échantillon a-t-il de bonnes chances d'être représentatif de la population affectée par cette maladie? Pourquoi?

**10.** L'expérimentation du vaccin Salk contre la poliomyélite a été réalisée à l'aide d'un échantillon de plus de 400 000 enfants à travers le monde. On a choisi au hasard un certain nombre d'écoles et tous les élèves de ces écoles ont été inoculés.

> La poliomyélite, ou paralysie infantile, est une infection virale aiguë. Le vaccin mis au point dans les années 1950 par Jonas Salk et Albert Sabin a réduit considérablement le nombre d'enfants atteints.

    **a)** Quelle méthode d'échantillonnage a été utlisée dans ce cas?

    **b)** Cet échantillon était-il représentatif? Pourquoi?

 ► FORUM

La **méthode des quotas** est une méthode d'échantillonnage souvent utilisée pour les sondages sur les produits de consommation. On fait en sorte que l'échantillon reproduise un certain modèle de la population. Par exemple, on exigera qu'il y ait 50 % d'hommes et 50 % de femmes; 30 % de personnes âgées de 18 à 30 ans, 45 % de 30 à 45 ans et 25 % de plus de 45 ans. On doit s'assurer que toutes les catégories de l'échantillon sont dans les mêmes pourcentages que dans la population. On n'est pas tenu de choisir les individus au hasard; on prend les personnes qui acceptent de répondre.

    **a)** Si l'on désire constituer un échantillon de 400 personnes dans les rapports donnés ci-dessus, combien de personnes de plus de 45 ans devra-t-on interroger?

    **b)** Nommez deux raisons pour lesquelles la représentativité des échantillons formés par la méthode des quotas est souvent remise en question.

# SOURCES DE BIAIS

Les sources de biais sont différentes causes qui empêchent un échantillon d'être représentatif ou qui empêchent les résultats d'une étude d'être conformes à la réalité. Ces causes peuvent être diverses.

## La propagande du général

Dans un certain pays, un général de l'armée a pris le pouvoir par la force. Lors d'un voyage à l'étranger, il montre à la presse internationale un document vidéo où un nombre imposant de citoyens de son pays vantent ses mérites. Sur cette vidéo, on constate que la plupart des intervenants sont des hommes entre 20 et 35 ans qui portent les cheveux courts.

*Joseph Paul Goebbels, un excellent orateur qui connaissait à fond les techniques de manipulation de masses, répandit en Allemagne l'idée de nazisme, qui conduisit à la Deuxième Guerre mondiale.*

*a)* Les propos du général et les affirmations sur la vidéo sont-ils crédibles? Justifie ta réponse.

*b)* Décris les principales caractéristiques qu'auraient dû présenter les intervenants sur la vidéo.

*c)* Pourquoi la population en général fait-elle peu confiance aux propos des dirigeants politiques?

Les **méthodes d'échantillonnage inadéquates** sont souvent des sources de biais importantes.

## Quelques questions insidieuses

Voici quelques questions relevées dans différents sondages:

○  1) Ne croyez-vous pas que les jeunes devraient avoir le droit de  ○
○     vote à 16 ans?  ○

○  2) Devrait-on enfin abolir l'interprétation des hymnes nationaux  ○
○     lors d'événements sportifs?  ○

○  3) Quel est votre revenu?  ○
○
○  4) Êtes-vous rétrograde?  ○

○  5) Certains experts affirment que le produit A est plus efficace que  ○
○     le produit B. Êtes-vous d'accord avec cette affirmation?  ○

○  6) Quel est votre joueur de boulingrin préféré?  ○

*a)* Explique comment la formulation de chacune de ces questions peut biaiser les résultats du sondage.

*b)* Formule ces questions autrement de sorte qu'elles deviennent acceptables.

La **mauvaise formulation des questions** et leur **pertinence** en regard du caractère étudié sont une deuxième source de biais importante.

## Le sondage à la télévision

Durant le journal télévisé, les auditeurs et auditrices sont invités à téléphoner à la station de télévision pour répondre à la question suivante: «Êtes-vous d'accord pour que le coût du transport en commun soit haussé de 0,35 $ par course?» À la fin de l'émission, la présentatrice précise que le sondage n'est pas scientifique. Elle annonce aussi que 221 personnes se sont prononcées en faveur de la hausse de tarif et 1732 contre.

*L'invention du transport en commun remonte à 1661 et à Blaise Pascal qui proposa un système de carrosses qui circuleraient sur des trajets déterminés, dans Paris, pour une somme modique.*

**a)** Pourquoi la présentatrice prend-elle la peine de préciser qu'il ne s'agit pas d'un sondage scientifique?

**b)** Pourquoi cet échantillon de près de 2000 personnes n'est-il pas représentatif?

**L'implication** et l'**intérêt** des personnes interrogées sont d'autres sources de biais dont il faut se méfier à moins que ces personnes constituent précisément la population que l'on désire consulter.

## Les examens

Les résultats du dernier examen de mathématique viennent d'être remis aux élèves.

Jézabel est furieuse. Anna, par contre, jubile.

**a)** T'est-il déjà arrivé d'obtenir un résultat très différent de ce que tu croyais mériter?

**b)** Donne des raisons qui expliquent l'écart possible entre un résultat attendu et un résultat obtenu à un examen.

On nomme **score observé** le résultat obtenu à un examen. Le niveau réel de connaissances est appelé **score vrai**. L'**erreur de mesure** est la différence entre le score observé et le score vrai. Si $x$ représente le score observé et $v$ le score vrai, alors l'erreur de mesure $e$ est donnée par la règle: $e = x - v$.

***c)*** Que signifie une erreur de mesure négative ?

***d)*** Certains examens peuvent-ils constituer de mauvais instruments de mesure ?
Explique ta réponse.

***e)*** Décris des conditions qui peuvent avoir des répercussions sur les résultats d'un examen.

***f)*** Est-il possible de déterminer un score vrai à un examen ?

Les **erreurs de mesure** sont une autre source de biais. Elles sont généralement provoquées par des **instruments de mesure imprécis** ou des **conditions inadéquates,** ou encore par des **causes extérieures** qu'il n'est pas toujours possible de détecter.

### La guerre des experts et expertes

En 1980, deux jours avant le premier référendum sur la souveraineté du Québec, un journal avait publié un sondage dans lequel il prévoyait que le *oui* l'emporterait en obtenant 52,5 % des votes. Lors du référendum, cette option n'a eu que 40,5 % des voix !

Voici quelques données sur ce sondage : oui : 309 ; non : 279 ; indécis : 71 ; ne divulguent pas leur opinion : 106. On avait effectué 765 entrevues téléphoniques à partir un échantillon de 1200 personnes choisies au hasard.

*René Lévesque était premier ministre du Québec lors du premier référendum sur la souveraineté.*

*(Source: Angers, Claude,* Les statistiques, oui mais…, *Éditions Agence d'Arc.)*

***a)*** Comment le journal avait-il obtenu ce résultat de 52,5 % ?

***b)*** Quelle hypothèse le journal a-t-il posée pour tirer sa conclusion ?

***c)*** Quel est le pourcentage des *oui* par rapport au nombre de personnes qui ont passé l'entrevue ?

***d)*** Quel est le pourcentage des *oui* par rapport à la taille de l'échantillon prévu ?

***e)*** Quelles critiques peut-on faire de ce sondage ?

Lors du deuxième référendum, il y a eu une guerre d'experts pour déterminer de quelle manière les indécis et ceux qui ne répondent pas devaient être répartis lors des sondages. On a proposé des solutions fort différentes.

Certaines personnes de l'échantillon ne peuvent être rejointes, d'autres refusent de répondre et d'autres encore sont indécises. Un **taux de réponse trop faible** peut biaiser considérablement la représentativité d'un échantillon.

## Le merveilleux produit

Lucia est responsable du stand d'une
compagnie de friandises dans une foire
commerciale. Elle décide de faire un
sondage pour connaître l'opinion des
gens sur un nouveau produit, le bonbon
Caramax. Elle choisit son échantillon de
façon systématique : elle interroge une
personne à toutes les 20 personnes qui
s'arrêtent au stand. Elle fait goûter le
produit et pose quelques questions.
Quand la réponse est favorable, elle
approuve de la tête. Mais quand elle est
défavorable, elle ajoute : « Ah ! oui ? » ou
encore : « Vous êtes sûr ? » Elle a conclu
que 88 % de la population aimait le
Caramax.

*L'histoire des friandises, c'est l'histoire
du sucre. Depuis ses origines loin-
taines en Extrême-Orient, l'utilisation
de la canne à sucre se répandit en
Occident.*

**a)** Le résultat de ce sondage assure-t-il un avenir commercial
fulgurant au nouveau produit ? Pourquoi ?

**b)** Quelles sont les sources de biais dans ce sondage ?

Les **conditions** dans lesquelles les **données sont recueillies** et l'**attitude de l'enquêteur**
peuvent également influencer les répondants et répondantes et biaiser les résultats.

## De vraies sportives !

L'école offre un nouveau programme d'entraînement physique
volontaire. Voici le graphique inséré dans le journal étudiant
pour présenter le nombre de garçons et de filles qui ont
adhéré au programme.

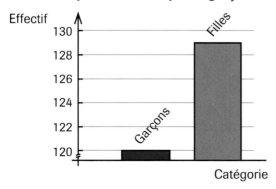

**La forme physique importe
plus aux filles qu'aux garçons**

**a)** Si l'on s'en tient à l'effet visuel, quelle impression
se dégage de ce graphique ?

**b)** Cette impression correspond-elle à la réalité ?

**c)** Comment pourrait-on éliminer ce biais ?

**d)** Que répondre au rédacteur de l'article qui dit :
« C'est une façon d'accrocher le lecteur ou
la lectrice » ?

La **présentation des résultats** d'une étude statistique peut donner une fausse impression aux lecteurs et lectrices par des **graphiques inadéquats,** des **titres accrocheurs** ou des **conclusions qui dépassent** ce que l'étude révèle réellement.

Certaines personnes plus ou moins honnêtes utilisent ces procédés avec profit. Face à une étude statistique, il faut toujours user de prudence et prendre la peine de vérifier s'il n'y a pas de source de biais.

## COMPARAISON D'ÉCHANTILLONS

### La précision coûte cher

Un statisticien a calculé la taille de l'échantillon qu'il faut prélever dans une population de 25 000 000 pour obtenir les marges d'erreur ci-dessous.

**Taille de l'échantillon pour une population de 25 000 000**

| Marge d'erreur (en %) | Précision (en %) | Nombre de répondants et répondantes | Coût |
|---|---|---|---|
| ± 5 | 95 | 384 | ■ |
| ± 2,5 | 97,5 | 1536 | ■ |
| ± 1 | 99 | 9600 | ■ |

*(Source: Angers, Claude,* Les statistiques, oui mais…, *Éditions Agence d'Arc.)*

*a)* Décris comment varie la relation entre:

1) la marge d'erreur et le nombre de répondants et répondantes;

2) le taux de précision et le nombre de répondants et répondantes.

*b)* Si le coût du sondage est directement relié au nombre de répondants et répondantes, cela vaut-il la peine de diminuer la marge d'erreur à ± 1 % et d'augmenter ainsi la précision à 99 %?

*L'informatique est un outil précieux pour le statisticien ou la statisticienne.*

La **précision** d'un sondage augmente si l'on accroît la **taille de l'échantillon,** mais pas de façon proportionnelle. Au-delà d'une certaine taille, la précision n'augmente plus de façon significative.

### Un espace vert ou un stationnement?

Un promoteur immobilier demande à la municipalité un permis pour construire un parc de stationnement sur un terrain vague qu'il possède au centre-ville. Pour appuyer sa demande, il présente un sondage réalisé auprès de 250 personnes choisies au hasard parmi celles qui résident à proximité du terrain. Ces gens sont favorables au projet dans un rapport de 66 %.

*À l'ère de l'automobile, la qualité de l'air est sérieusement menacée.*

*L'arbre urbain est un filtre: il absorbe le gaz carbonique qu'il convertit en oxygène et ses feuilles retiennent les poussières en suspension dans l'air.*

Une conseillère municipale effectue une cinquantaine d'appels téléphoniques à des citoyens et citoyennes choisis au hasard. Elle constate que 36 % des personnes interrogées sont favorables à ce projet, mais que 52 % préféreraient que la municipalité achète le terrain et aménage un espace vert à cet endroit.

***a)*** Décris la population à laquelle font référence ces deux sondages.

***b)*** Comment peut-on expliquer l'écart entre les deux sondages?

***c)*** Lequel des deux échantillons est le plus représentatif?

***d)*** Comment la municipalité pourrait-elle procéder pour obtenir un échantillon plus représentatif?

**Ce n'est pas toujours et pas nécessairement le plus grand échantillon qui est le plus représentatif.**

## Investissement 3

1. Corrige les questions suivantes afin que leur formulation n'influence pas l'opinion des répondants et répondantes.

   ***a)*** Ne croyez-vous pas qu'il est grand temps que les gouvernements cessent de présenter des budgets déficitaires?

   ***b)*** Quel est votre niveau de vie?

   ***c)*** Vous considérez-vous comme une personne honnête?

   ***d)*** Les critiques ont acclamé le dernier film de Spielberg. Diriez-vous qu'il s'agit d'un excellent film?

   ***e)*** Êtes-vous d'accord avec le règlement de l'école au sujet des absences et avec l'organisation d'activités parascolaires le midi?

**2.** La revue *La vie culturelle* s'intéresse aux spectacles et aux artistes. Elle a fait un sondage auprès de ses lecteurs et lectrices. Plus de 78 % des 700 personnes consultées sont favorables à ce que le conseil de ville dépense un million de dollars pour la réfection de la salle municipale où sont présentés les meilleurs spectacles.

    *a)* La taille de l'échantillon est-elle suffisante ? Explique.

    *b)* L'échantillon est-il représentatif ? Justifie ta réponse.

**3.** À la maison, la masse de Caroline est de 51 kg. Lors d'un examen médical, sa masse est de 49 kg. Comment cela peut-il s'expliquer ?

*Sur la Terre, le poids de Caroline est de 500 newtons. Sur la Lune, son poids serait d'environ 83 newtons et, sur Jupiter, de 1320 newtons.*

**4.** Habituellement, le résultat de Frédéric aux tests de français se situe près de 80 %. Au dernier test, il a obtenu 62 %.

    *a)* Dans cette situation, quel est le score vrai ?

    *b)* Quel est le score observé ?

    *c)* Quelle est l'erreur de mesure ?

    *d)* Si Frédéric était parfaitement en forme et si sa préparation était comparable à celle des autres tests, qu'est-ce qui pourrait expliquer ce résultat ?

    *e)* Que signifie une erreur de mesure positive ?

**5.** Quel biais les maisons de sondage veulent-elles éviter en téléphonant aux gens à l'heure du souper ?

**6.** Pourquoi les gouvernements n'organisent-ils pas d'élections durant le mois de juillet ?

**7.** Voici diverses attitudes que peut avoir un enquêteur qui fait des entrevues en personne. Comment ces attitudes peuvent-elles biaiser les résultats de l'enquête ?

    *a)* Il presse les personnes de répondre et leur laisse peu de temps pour réfléchir.

    *b)* Il acquiesce quand la réponse va dans le sens qu'il désire.

    *c)* Il commente les réponses.

    *d)* Il est très froid et ne sourit jamais.

**8.** Voici le nombre de disques vendus en 1995 par quatre groupes musicaux.

    *a)* Trace un diagramme à bandes représentant cette situation de telle sorte que l'effet visuel accentue la différence entre les groupes.

    *b)* Trace un autre diagramme à bandes tel que l'effet visuel laisse croire que les quatre groupes ont vendu à peu près le même nombre de disques.

**Disques vendus**

| Groupe | Millions de disques vendus |
|---|---|
| Fu-Schnickers | 13,8 |
| Bad Religion | 14,8 |
| Smashing Pumpkins | 15,2 |
| Beastie Boys | 15,0 |

9. Une école secondaire compte 1 300 élèves. On veut faire un sondage sur les habitudes télévisuelles des élèves. Détermine lequel des deux échantillons suivants il serait préférable de choisir et indique pourquoi.

   Échantillon 1 : Un échantillon de 100 élèves choisis de façon systématique à partir d'une liste de tous les élèves de l'école.

   Échantillon 2 : Un échantillon de 100 élèves obtenu en choisissant 3 groupes-classes au hasard et en interrogeant tous les élèves de ces 3 groupes.

*Au Canada, en 1994, les adolescentes et adolescents regardaient en moyenne 17,1 h de télé par semaine.*

10. On veut constituer un échantillon aléatoire simple dont la taille est 400. On a la possibilité de le faire par ordinateur à l'aide de la fonction aléatoire qui consulte une liste ou à l'aide d'une table de nombres aléatoires qui utilise la même liste. Quelle méthode produirait l'échantillon le plus représentatif?

11. Un club automobile veut faire un sondage sur les habitudes de conduite de ses quelque 85 000 membres. Détermine lequel des trois échantillons suivants on devrait choisir et indique pourquoi.

   Échantillon 1 : Un échantillon de 350 membres formé aléatoirement.

   Échantillon 2 : Un échantillon de 500 personnes choisies de façon systématique à partir de la liste des membres.

   Échantillon 3 : Un échantillon des 600 personnes qui ont acheté des billets d'avion durant la période des vacances de Noël.

12. On veut connaître l'opinion des joueurs des ligues majeures de baseball sur le rôle des agents dans la négociation des contrats. On a la possibilité d'interroger des joueurs de toutes les équipes lors du match des étoiles annuel. On peut aussi interroger tous les joueurs de trois équipes de trois régions différentes et de performances différentes. Détermine les avantages et les inconvénients de chacun de ces échantillons.

 ► FORUM

«Environ 16 % des adolescentes et 19 % des adolescents disent souffrir d'insomnie.» C'est la manchette qui accompagne les résultats d'un sondage effectué à Trois-Rivières auprès d'un échantillon de 103 filles et 105 garçons de 11 à 13 ans. La marge d'erreur est de ± 15 %, 95 fois sur 100.

En s'appuyant sur ce sondage, peut-on affirmer que les adolescents dorment moins bien que les adolescentes? Justifiez votre réponse.

Une **population** est un ensemble d'individus, d'objets ou d'événements ayant des caractéristiques communes.

Un **échantillon** est un sous-ensemble d'une population. La **taille** d'un échantillon est le nombre d'éléments qui le composent.

Une étude statistique peut être du type:

*   **recensement,** qui porte sur tous les individus d'une population;

*   **sondage,** qui, à partir de données recueillies sur un échantillon, tire des conclusions sur la population entière;

*   **enquête,** qui fait souvent appel à des experts et expertes et recueille des données de différentes sources.

Plusieurs raisons motivent la décision de faire un sondage plutôt qu'un recensement: une population trop nombreuse ou non accessible, des coûts élevés, le temps restreint, la nature de l'enquête, etc.

Il existe plusieurs **procédés de collecte** de données tels le questionnaire écrit, l'entrevue en personne, l'entrevue téléphonique, l'observation directe, l'observation de listes ou de documents et la collecte par instruments.

Un échantillon est **représentatif** lorsque toutes les caractéristiques de la population se retrouvent dans l'échantillon. Au départ, chaque individu doit avoir la même chance que les autres d'être choisi.

Il existe plusieurs **méthodes pour choisir un échantillon** représentatif. L'échantillonnage peut être purement aléatoire, stratifié, systématique ou par grappes.

Parmi les principales **sources de biais,** on trouve le mauvais échantillonnage, la non-pertinence et la formulation des questions, l'attitude du sondeur, les erreurs de mesure, le rejet d'une partie de l'échantillon et la subjectivité dans la présentation des résultats.

La **précision** et la **fiabilité** des résultats d'un sondage dépendent de la **représentativité** et de la **taille** de l'échantillon.

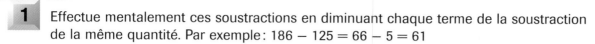
**1** Effectue mentalement ces soustractions en diminuant chaque terme de la soustraction de la même quantité. Par exemple : 186 − 125 = 66 − 5 = 61

**a)** 174 − 159        **b)** 223 − 189        **c)** 297 − 159

**2** Décide si la somme ou la différence est inférieure ou supérieure à 1, simplement en évaluant la grandeur des fractions ou en les comparant à 1/2.

**a)** $\frac{2}{5} + \frac{3}{7}$    **b)** $\frac{3}{8} + \frac{2}{5}$    **c)** $\frac{4}{9} + \frac{3}{5}$    **d)** $\frac{7}{4} - \frac{3}{5}$    **e)** $\frac{15}{8} - \frac{3}{4}$

**3** Simplifie les fractions suivantes.

**a)** $\frac{5 + 3}{6}$    **b)** $\frac{6 + 9}{6}$    **c)** $\frac{6 \times 9}{6 \times 3}$    **d)** $\frac{12 - 9}{6 \times 3}$    **e)** $\frac{25 - 15}{5 \times 3}$

**4** Donne la partie entière du quotient.

**a)** 234 ÷ 25        **b)** 4534 ÷ 50        **c)** 2478 ÷ 75        **d)** 897,3 ÷ 2,5

**5** En cyclisme, on appelle rapport de vitesse le rapport entre le nombre de dents du plateau et celui du pignon. De plus, on appelle développement d'un rapport de vitesse la distance parcourue par la bicyclette pour un tour de pédalier. Ce développement est égal au produit du rapport de vitesse par la circonférence de la roue arrière :

Développement = Rapport de vitesse x π x diamètre.

Estime les développements pour les rapports donnés ci-contre si la roue arrière a un diamètre de 66 cm.

**Rapports de vitesse**

Dents du pignon

| | 20 | 25 | 30 |
|---|---|---|---|
| Dents du plateau 50 | ■■ | ■■ | ■■ |
| 75 | ■■ | ■■ | ■■ |

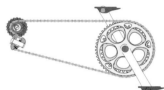

**6** Parmi les types d'études statistiques (recensement, sondage et enquête), lequel :

**a)** donne les résultats les plus sûrs ?

**b)** coûte habituellement le moins cher ?

**c)** comporte souvent l'avis d'experts ou expertes ?

**7** Dans chacune des situations suivantes, quel type d'étude statistique est-il préférable de réaliser et pourquoi ?

**a)** Pour prévoir le comportement des rivières d'un bassin hydrographique en cas de pluie abondante (quelques-unes des rivières sont pourvues de barrages).

**b)** Pour connaître l'avis des jeunes Québécois et Québécoises sur les problèmes reliés au respect de l'environnement.

**c)** Pour faire approuver des moyens de pression par les membres d'un syndicat.

**d)** Pour déterminer le nombre de fumeurs et fumeuses au pays.

**e)** Pour déterminer les cotes d'écoute d'une station de radio.

*La fumée de tabac contient plus de 4000 produits chimiques dont au moins 50 sont cancérigènes.*

**8** Détermine le procédé de collecte de données le plus approprié dans chacun des cas suivants.

*a)* On veut connaître en tout temps l'état des stocks d'un supermarché.

*b)* Le Conseil de presse veut examiner la couverture que les journaux du Québec ont faite de la dernière campagne électorale.

*c)* Une chercheuse veut étudier les réactions de rats de laboratoire à la suite de l'injection d'un nouveau produit contre la douleur.

*d)* Le ministère de l'Éducation désire savoir quels élèves recevront un diplôme d'études secondaires.

**9** Voici quatre façons de distribuer aux joueurs quatre cartes d'un jeu ordinaire de 52 cartes. Associe chaque façon à une méthode d'échantillonnage.

*a)* Le donneur mêle les cartes et donne à tour de rôle une carte à chaque joueur jusqu'à ce que chacun en ait quatre.

*b)* Les cartes sont divisées en quatre paquets : trèfles, carreaux, cœurs, piques. Chaque joueur choisit une carte au hasard dans chaque paquet.

*c)* Toutes les cartes sont éparpillées face contre table et chaque joueur en choisit quatre au hasard.

*d)* Les cartes sont réparties en 13 paquets dont on ne connaît pas la composition. Chaque joueur choisit un paquet au hasard et obtient ainsi quatre cartes.

*En Occident, les premières cartes à jouer apparaissent au Moyen Âge. On y associe les figures à des personnages célèbres.*

**10** Une usine fabrique des fours à micro-ondes sur une chaîne de montage. À 10:15 chaque jour, on retire un appareil à chacune des étapes de la chaîne et on en fait l'inspection.

*a)* De quel type d'échantillonnage s'agit-il ?

*b)* Y a-t-il des erreurs de fabrication qui pourraient ne jamais être détectées par ce procédé ?

*Une micro-onde est une onde électromagnétique dont la fréquence se situe dans la gamme des hyperfréquences (supérieures à 1000 MHz).*

**11** Voici la liste des prénoms des membres de l'orchestre d'harmonie de l'école ainsi que le niveau d'études de chacun et chacune et l'instrument de musique dont il ou elle joue.

| Nᵒ | Prénom | Sec. | Instrument | Nᵒ | Prénom | Sec. | Instrument |
|----|--------|------|------------|----|--------|------|------------|
| 01 | Amélie | 1 | clarinette | 21 | Karine | 5 | sax alto |
| 02 | André | 4 | percussion | 22 | Karl | 3 | trompette |
| 03 | Bernard | 4 | sax ténor | 23 | Lance | 2 | trombone |
| 04 | Bianca | 5 | flûte | 24 | Laurie | 3 | clarinette |
| 05 | Carlos | 5 | hautbois | 25 | Manolo | 1 | flûte |
| 06 | Claudia | 5 | percussion | 26 | Michelle | 3 | trombone |
| 07 | Démis | 3 | tuba | 27 | Olivia | 5 | tuba |
| 08 | Désirée | 4 | flûte | 28 | Ovide | 2 | sax alto |
| 09 | Emmanuel | 2 | clarinette | 29 | Pancho | 3 | hautbois |
| 10 | Esther | 4 | clarinette | 30 | Pénélope | 3 | trombone |
| 11 | Fabienne | 4 | sax ténor | 31 | Rachelle | 5 | tuba |
| 12 | Fabrice | 1 | sax alto | 32 | Rodney | 2 | flûte |
| 13 | Gaby | 4 | tuba | 33 | Sarah | 4 | cor |
| 14 | Graziella | 5 | percussion | 34 | Simon | 2 | cor |
| 15 | Hervé | 5 | sax ténor | 35 | Tatiana | 2 | cor |
| 16 | Hortense | 2 | percussion | 36 | Tom | 5 | hautbois |
| 17 | Irène | 4 | trompette | 37 | Vincent | 5 | trombone |
| 18 | Ismaël | 2 | sax alto | 38 | Viviane | 3 | cor |
| 19 | Jacynthe | 1 | sax ténor | 39 | William | 3 | hautbois |
| 20 | Jeff | 5 | trompette | 40 | Xaviera | 5 | trompette |

*On appelle orchestre d'harmonie, ou simplement harmonie, un ensemble composé de bois, de cuivres et de percussions.*

*a)* Forme un échantillon aléatoire de taille 10 à partir de ce tableau.

*b)* Effectue un échantillonnage systématique de 12 individus en indiquant le procédé utilisé.

*c)* Construis un échantillon stratifié de 10 personnes selon leur niveau d'études.

*d)* Effectue un échantillonnage par grappes de 12 personnes à partir des instruments dont elles jouent.

**12** Voici les résultats de deux sondages effectués durant la même période. Dans le premier, 65 % des répondants et répondantes ont affirmé être défavorables à la participation financière du gouvernement à la construction d'un nouvel amphithéâtre pour la ville. Dans le second, 58 % ont déclaré être en accord avec cette participation. La taille des échantillons et la méthodologie étaient identiques dans les deux cas.

*a)* Une telle situation est-elle possible ? Explique.

*b)* Dans l'un des sondages, la question était : « Étant donné les retombées économiques de plusieurs millions de dollars de la présence d'un club professionnel de hockey, accepteriez-vous que le gouvernement participe financièrement à la construction d'un nouvel amphithéâtre ? » La question de l'autre sondage était : « Croyez-vous que le gouvernement devrait subventionner la construction d'un nouvel amphithéâtre alors qu'il coupe abondamment dans les soins de santé ? » À quel résultat peut-on associer chaque question ?

*c)* Compose, pour ce sondage, une question qui ne serait pas une source de biais.

*Le Colisée de Rome, que Vespasien a fait construire vers l'an 75, était un amphithéâtre. On l'utilisait pour des spectacles divers : combats de gladiateurs, chasses aux bêtes féroces, etc. Une machinerie compliquée permettait de le transformer en lac artificiel sur lequel on faisait se dérouler des batailles navales.*

**13** Un recensement peut-il être biaisé? Explique pourquoi.

**14** Voici la manchette coiffant la publication, dans un journal, des résultats d'un sondage: «52 % des Québécois en faveur du vote à 16 ans». Les résultats étaient détaillés dans l'article: pour: 338; contre: 312; indécis: 150; refus de répondre: 200.

> *Les femmes ont obtenu le droit de vote au Canada en 1918, et au Québec en 1940.*

**a)** Pourquoi peut-on dire que la manchette était biaisée?

**b)** Trouve un titre qui refléterait mieux les résultats de ce sondage.

**c)** À ton avis, quelle est la valeur d'un tel sondage?

**15** Dans un cégep, on compte 55 % de filles et 45 % de garçons; 40 % sont au secteur professionnel et 60 % au pré-universitaire. Le conseil étudiant veut faire un sondage sur les prêts et bourses.

Jean-François propose que l'on s'installe dans la salle de repos et que l'on interroge au moins 300 élèves volontaires, répartis selon les pourcentages donnés ci-haut.

Marie-Claire propose plutôt de demander la liste complète des élèves, de déterminer quatre sous-groupes dans les mêmes rapports que dans la population du cégep et de choisir au hasard ceux que l'on va interroger en respectant les pourcentages.

**a)** Quels sont les avantages et les inconvénients de chaque méthode?

**b)** Quel échantillon a le plus de chances d'être représentatif?

**16** On veut faire un sondage sur les dépenses familiales pour le transport et la nourriture. On choisit une famille au hasard dans chacune des 300 municipalités les plus populeuses du Québec. Cet échantillon est-il représentatif de la population du Québec? Explique ta réponse.

**17** **LE PATINAGE ARTISTIQUE**

La Fédération de patinage artistique du Québec veut déterminer le déboursé annuel moyen pour la pratique de ce sport. Elle veut aussi connaître le temps hebdomadaire moyen que chacun et chacune consacre au patinage. On choisit au hasard 10 clubs membres de la fédération et on demande à tous leurs patineurs et patineuses de remplir le questionnaire. Un total de 764 personnes sont membres de ces 10 clubs.

*Les patineurs et patineuses artistiques amateurs consacrent de 1 à 15 h par semaine à leur sport dépendamment de leur intérêt, de leur compétitivité et de leur budget.*

**a)** Quelle est la population dans cette situation?

**b)** Quels sont les caractères que l'on désire étudier?

**c)** Quelle est la taille de l'échantillon?

**d)** Quelle est la méthode d'échantillonnage choisie?

***e)*** Quel est le procédé de collecte de données utilisé?

***f)*** La taille de l'échantillon est-elle suffisante?

***g)*** À ton avis, cet échantillon est-il représentatif?

**18** LE FERTILISANT

Une agricultrice veut tester un nouveau fertilisant. Elle en répand sur la moitié de son champ de laitues. À partir d'une extrémité du champ, et tous les 50 m, elle entoure d'une ficelle une surface carrée de 1 m de côté. À la fin de la saison, elle pèsera les laitues cueillies dans chacune des surfaces marquées de chacune des moitiés. Elle pourra ainsi déterminer si le nouveau fertilisant est véritablement efficace.

Détermine la population, le caractère, le procédé de collecte des données et la méthode d'échantillonnage.

*L'utilisation des pièges à insectes se répand peu à peu. Ces pièges, qui attirent les insectes avec des odeurs imitant celles du sexe opposé (phéromones), pourraient éventuellement remplacer les insecticides.*

**19** LE GROUPE ROCK LE PLUS POPULAIRE

On veut connaître le groupe rock le plus populaire chez les jeunes de 14 à 17 ans d'une région afin de rédiger un article sur ce sujet dans le journal local. Pour obtenir l'accord de l'équipe de rédaction, on doit présenter une demande dans laquelle on indique avec précision la population et le caractère étudié, le procédé de collecte de données qu'on entend utiliser, la méthode d'échantillonnage, la taille de l'échantillon, les coûts prévisibles de l'opération et l'espace qu'on souhaite obtenir dans le journal. Prépare cette demande.

**20** LES MORDUS DE LA FORMULE 1

Un groupe de jeunes admirateurs des pilotes de formule 1 veulent en savoir plus sur les performances actuelles et passées des vedettes de ce sport. Ils décident de faire une étude afin de classer les pilotes, depuis le premier championnat du monde en 1952, selon le nombre moyen de points qu'ils ont obtenus par Grand Prix.

***a)*** De quelle sorte d'étude statistique s'agit-il?

***b)*** Quel mode de collecte de données utiliseront-ils?

*Seules les formules 1 sont admises sur les circuits des Grands Prix. Il n'y a dans le monde qu'une trentaine de pilotes suffisamment qualifiés pour conduire une formule 1.*

**21** LE CORRECTEUR STATISTICIEN

À l'université, des étudiants et étudiantes ont remis un travail de 5 pages. Le correcteur les avise qu'il choisira au hasard une page du travail de chacun et chacune et qu'il établira la note finale d'après la correction de cette seule page, étant donné qu'elle constitue un échantillon de l'ensemble du travail. Commente cette situation.

1. Décris trois sources de biais dans une étude statistique.

2. Décris deux méthodes d'échantillonnage.

3. **LES REVENUS DES JEUNES**

   Anne-Marie désire connaître le revenu hebdomadaire moyen des jeunes de 16 ans qui fréquentent les 18 groupes-classes des trois écoles secondaires de sa commission scolaire. Elle téléphone à 25 de ses amis et amies et calcule la moyenne du revenu hebdomadaire de ceux et celles qui ont accepté de lui donner une réponse.

   *a)* Pourquoi cet échantillon n'est-il pas représentatif? Donne trois raisons.

   *b)* Décris une méthode d'échantillonnage qu'Anne-Marie aurait pu utiliser pour obtenir un échantillon représentatif.

4. **LES GROUPES DE PRESSION ET LE GOUVERNEMENT**

   Deux groupes de pression présentent chacun un mémoire au gouvernement. Dans chacune des 32 municipalités choisies au hasard au Québec, le premier groupe a interrogé 25 personnes rencontrées dans la rue. La question était: «Compte tenu des nombreux crimes commis par des récidivistes, ne croyez-vous pas que le rétablissement de la peine de mort s'impose?»

*Le ou la criminologue étudie les causes et les manifestations du crime.*

   Le second groupe fait état d'un sondage sur le même sujet. Les 500 répondants et répondantes ont été choisis de façon systématique dans les annuaires téléphoniques en s'assurant que chacune des régions était représentée dans le même rapport que dans la population. La question était: «Êtes-vous pour ou contre la peine de mort pour les personnes reconnues coupables de meurtre avec préméditation?»

   *a)* Indique une source de biais dans le premier sondage.

   *b)* La méthode d'échantillonnage est-elle appropriée dans le premier sondage? Pourquoi?

   *c)* La méthode d'échantillonnage est-elle appropriée dans le second sondage? Pourquoi?

*Au Canada, la peine de mort a été abolie en 1976.*

# LES QUARTILES

CALCUL DES QUARTILES
CONSTRUCTION DU DIAGRAMME DE QUARTILES
INTERPRÉTATION DU DIAGRAMME DE QUARTILES
COMPARAISON DE DIAGRAMMES DE QUARTILES

## CALCUL DES QUARTILES

### La partie de quilles

Un groupe de 25 jeunes jouent une partie de quilles. Les résultats sont présentés dans le diagramme à tige et feuilles ci-dessous.

*a)* Quel a été le meilleur score? le pire score?

*b)* Quel score se situe exactement au milieu de cet ensemble de données?

Ce nombre constitue la médiane. On le nomme aussi le **deuxième quartile ($Q_2$).**

*c)* Calcule la médiane de l'ensemble des scores inférieurs à $Q_2$.

Ce nombre est le **premier quartile ($Q_1$).**

*d)* Calcule la médiane de l'ensemble des scores supérieurs à $Q_2$.

Ce nombre est le **troisième quartile ($Q_3$).**

**Résultats d'une partie de quilles**

| | |
|---|---|
| 7 | 3-7 |
| 8 | 0-6-8 |
| 9 | 1-3-5-9 |
| 10 | 0-0-2-5-7 |
| 11 | 1-2-6 |
| 12 | 3-8 |
| 13 | 1-3-8-9 |
| 14 | |
| 15 | 3 |
| 16 | 9 |

La médiane d'un nombre **impair** de données ordonnées est la donnée du centre.

La médiane d'un nombre **pair** de données ordonnées est la moyenne arithmétique des deux données du centre.

*e)* Combien y a-t-il de données:

1) inférieures à $Q_1$?

2) comprises entre $Q_1$ et $Q_2$?

3) comprises entre $Q_2$ et $Q_3$?

4) supérieures à $Q_3$?

*f)* Pourquoi, à ton avis, appelle-t-on les nombres $Q_1$, $Q_2$ et $Q_3$ des quartiles?

Dans un ensemble de **données ordonnées,** la **médiane de la distribution** est le deuxième quartile, soit **$Q_2$.** La **médiane des données qui précèdent $Q_2$** est le premier quartile, soit **$Q_1$.** La **médiane des données qui suivent $Q_2$** est le troisième quartile, soit **$Q_3$.**

Les trois quartiles divisent la distribution en quatre sous-ensembles contenant le **même nombre** de données. Ces sous-ensembles sont appelés **quarts,** le premier quart étant l'ensemble des données qui précèdent $Q_1$.

*Un jeu semblable au jeu de quilles a été découvert dans la tombe d'un jeune Égyptien ayant vécu vers 5200 av. J.-C.*

## Les victoires au baseball

Bob est un tel fanatique de baseball que ses amis le surnomment Babe Ruth. En déjeunant, il a lu dans son journal préféré les statistiques indiquant le nombre de victoires remportées par les clubs de la Ligue nationale de baseball. Il entre ces données dans une liste de sa calculatrice : {86, 78, 73, 71, 64, 58, 79, 77, 73, 59, 79, 80, 74, 59}.

*George Herman Ruth Jr. (1895-1948), dit Babe Ruth, est une légende du baseball.*

**a)** Après avoir ordonné les données, il détermine les valeurs de $Q_1$, de la médiane et de $Q_3$. Quelles sont-elles ?

**b)** Quelles sont les données qui apparaissent dans le deuxième quart ?

**c)** L'équipe qui a 78 victoires est-elle dans le groupe de tête, si l'on considère que ce groupe comprend le quart des équipes ?

```
{86,78,71,64,58,
79,77,73,73,59,7
9,80,74,59}→L₁
```

```
SortA(L₁)
              Done
L₁
{58 59 59 64 71…
```

```
EDIT CALC
1⊟1-Var Stats
2:2-Var Stats
3:SetUp…
4:Med-Med
5:LinReg(ax+b)
6:QuadReg
7↓CubicReg
```

```
1-Var Stats L₁
```

```
1-Var Stats
x̄=72.14285714
Σx=1010
Σx²=73888
Sx=8.873964883
σx=8.551166527
↓n=14
```

```
1-Var Stats
↑n=14
 minX=58
 Q₁=64
 Med=73.5
 Q₃=79
 maxX=86
```

# CONSTRUCTION DU DIAGRAMME DE QUARTILES

## La compétition de gymnastique

Lors d'une compétition internationale de gymnastique, seules les 15 meilleures gymnastes de la ronde préliminaire ont accès à la finale. Voici les résultats obtenus par les gymnastes pour l'ensemble des quatre appareils :

| | | | | | | | |
|---|---|---|---|---|---|---|---|
| 29,5 | 30,125 | 30,375 | 31 | 31,25 | 32,5 | 34,5 | 35 |
| 35,875 | 36,25 | 36,25 | 37,5 | 38 | 38,25 | 38,75 | |

**a)** Quelle est la médiane de cet ensemble de résultats ?

**b)** Quels sont les autres quartiles de cette distribution ?

**c)** Quel a été le plus petit résultat ? le plus grand résultat ?

**d)** Quelle est l'étendue de cette distribution ?

Le **minimum,** le **maximum,** les **quartiles,** la **médiane** et l'**étendue** peuvent être mis en évidence grâce au diagramme de quartiles.

Voici comment construire ce diagramme :

1° Placer sur un axe horizontal les cinq valeurs suivantes : minimum, $Q_1$, médiane, $Q_3$ et maximum.

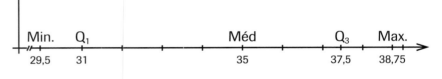

2° Vis-à-vis de $Q_1$, de la médiane et de $Q_3$, dessiner un trait vertical. Ces traits se nomment les **charnières.**

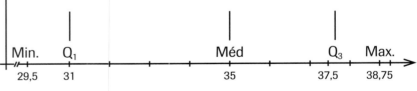

3° Dessiner une boîte (un rectangle) en reliant les extrémités des charnières. La longueur du rectangle est l'**étendue interquartile (EI).**

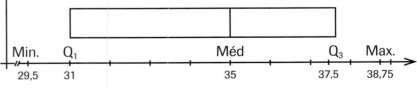

4° À partir du milieu de la charnière de droite, tracer un segment horizontal jusqu'à la valeur maximale et dessiner un trait vertical. Ce segment horizontal est une **moustache** ou une **tige.** Faire de même pour la valeur minimale.

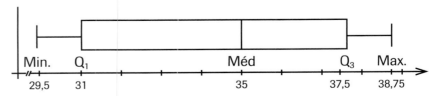

*e)* Construis un diagramme de quartiles avec la série suivante de données:

12, 15, 16, 18, 18, 20, 25, 30, 34, 34, 40, 44, 45, 45, 48, 50, 50, 51, 52, 53, 53, 55, 56, 58, 60

### La file d'attente

Lara et Benito trouvent la nuit longue. Ils font la file dans le but d'acheter des billets pour le prochain Super Spectacle rock. Pour se distraire, ils interrogent les gens qui attendent avec eux pour savoir combien de billets ils ont l'intention de se procurer. Voici les réponses obtenues:

2, 8, 12, 6, 4, 2, 4, 10, 9, 2, 4, 4,
6, 10, 1, 8, 5, 3, 2, 4, 10, 3, 5, 7, 3,
2, 3, 7, 6, 4

On peut construire un diagramme de quartiles à l'aide d'une calculatrice à affichage graphique:

1° On entre les données dans une liste.

2° On choisit le graphique «diagramme de quartiles».

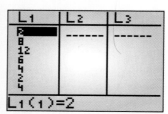

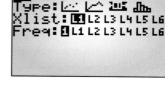

3° On détermine les valeurs de la fenêtre d'affichage.

4° On fait afficher le graphique.

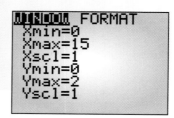

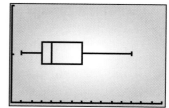

*a)* À l'aide du curseur ou par la lecture du graphique, détermine les quartiles.

*b)* Détermine l'étendue de cette distribution.

La **calculatrice** à affichage graphique permet d'obtenir un **diagramme de quartiles** d'un ensemble de nombres sans avoir à ordonner et à calculer les quartiles.

# INTERPRÉTATION DU DIAGRAMME DE QUARTILES

## Les résultats du dernier test

Pour permettre à ses élèves de se situer par rapport au groupe, l'enseignante a remis le diagramme de quartiles ci-contre en même temps que les résultats au dernier test d'histoire. Ces résultats sont donnés en pourcentage et la note de passage est 60 %.

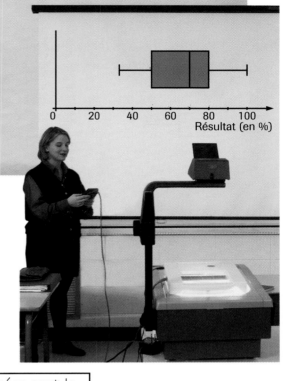

***a)*** Détermine toutes les valeurs numériques que fournit le diagramme.

***b)*** Dans quel quart de la distribution les résultats sont-ils le plus regroupés ?

***c)*** Voici quelques affirmations. Indique si elles sont confirmées ou contredites par le graphique ou encore si le graphique ne permet pas de dire si elles sont vraies ou fausses.

Les données sont le plus regroupées dans le quart qui a la plus petite étendue.

  1) La moitié des élèves ont une note supérieure à 70 %.

  2) Le nombre d'élèves dont la note se situe entre 50 % et 70 % est le même que celui dont la note est supérieure à 80 %.

  3) Les résultats sont davantage regroupés autour des plus forts ($r \geq 80$) qu'autour des plus faibles ($r \leq 50$).

  4) La moitié des élèves ont un résultat entre 50 % et 80 %.

  5) La moyenne est 70 %.

  6) Au moins un élève a obtenu 100 %.

  7) Il y a 30 élèves dans cette classe.

  8) Plus du quart des élèves ont échoué.

La mathéma-tique évolue constamment. Le diagramme de quartiles a été introduit par John Tukey, en 1977.

En plus de servir à présenter des données, le diagramme de quartiles permet de **tirer certaines conclusions plus générales** sur la **dispersion** ou la **concentration** des données. Toutefois, on ne peut tirer **aucune conclusion** concernant la moyenne et l'effectif.

# COMPARAISON DE DIAGRAMMES DE QUARTILES

## La série mondiale de baseball

Chaque automne, la série mondiale de baseball met aux prises la meilleure équipe de la Ligue nationale et la meilleure de la Ligue américaine. Pour soupeser les chances de chacune des équipes, l'ordinateur Frida compare le rendement des frappeurs à l'aide du nombre de points produits, soit le nombre de points que chaque joueur a fait compter durant la saison régulière. Le diagramme à tige et feuilles ci-contre présente les données des deux équipes.

En utilisant deux listes et deux graphiques, Frida a ensuite affiché sur le même écran les diagrammes de quartiles représentant le rendement des frappeurs des deux équipes.

**Points produits**

| Ligue nationale | | Ligue américaine |
|---:|:---:|:---|
| 9-9-7-6-5 | 0 | 5-5-7-7-8-8 |
| 0 | 1 | 1 |
| 5-2 | 2 | 2 |
| | 3 | 1 |
| | 4 | 0-0-8 |
| 9-4-1 | 5 | |
| 0 | 6 | |
| | 7 | |
| | 8 | 0-1-5-8 |
| 5 | 9 | 0 |
| 1 | 10 | 2 |
| | 11 | |
| 2 | 12 | |

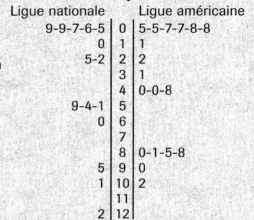

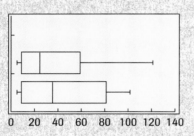

**a)** Laquelle des deux ligues est représentée par le diagramme du haut?

**b)** Dans quelle ligue joue le frappeur qui a fait produire le plus de points?

**c)** Les deux équipes ont-elles le même nombre de frappeurs?

**d)** Comment interpréter le fait que la tige de droite est plus longue dans l'un des diagrammes?

**e)** Après avoir analysé les diagrammes, Frida indique que la moyenne de points produits des joueurs de la Ligue nationale est plus élevée que celle des joueurs de la Ligue américaine. L'ordinateur a-t-il raison? Justifie ta réponse en calculant la moyenne de chaque équipe.

**f)** Dans quel quart les données sont-elles le plus concentrées:
1) pour la Ligue nationale?        2) pour la Ligue américaine?

**g)** Dans quel quart les données sont-elles le plus dispersées:
1) pour la Ligue nationale?        2) pour la Ligue américaine?

**h)** Lors d'un match de baseball, il n'y a que neuf frappeurs dans le rôle offensif. Quelle équipe a le plus de chances de gagner? Justifie ta réponse.

Les **diagrammes de quartiles** constituent un bon moyen de **comparer deux ensembles de données,** notamment dans les cas où leurs **effectifs sont différents.** On peut comparer les médianes, les quartiles, le maximum et le minimum, et avoir ainsi une bonne idée de la dispersion ou de la concentration des données.

**1.** Voici quatre distributions :

A : 1, 2, 15, 200, 1000          B : 10, 12, 18, 20

C : 15, 15, 15, 15, 15          D : 0, 2, 5, 8, 9, 15, 17, 19, 24, 35, 46

   ***a)*** Calcule la médiane dans chaque cas.

   ***b)*** Que remarque-t-on au sujet des médianes obtenues ?

**2.** Comment peut-on calculer l'étendue interquartile à partir des quartiles ?

**3.** Pour chacune des distributions suivantes, détermine les quartiles et l'étendue interquartile.

   ***a)*** 1, 3, 5, 7, 11, 14, 16, 17, 20          ***b)*** 18, 20, 26, 29, 35

   ***c)*** 123, 145, 234, 452, 600, 780          ***d)*** 1, 4, 6, 12, 17, 19, 28, 37, 41, 48

**4.** Nancy vient de se procurer un album-compilation de son groupe musical préféré, Supertramp. Voici, en secondes, la durée de chacune des 15 plages du disque :

   335, 265, 225, 256, 157, 438, 243, 320, 199, 319, 412, 370, 243, 265, 287

   ***a)*** Place ces données en ordre croissant et détermine les trois quartiles.

   ***b)*** Quelle est l'étendue interquartile ?

**5.** Les trois quartiles divisent un ensemble de données ordonnées en quatre sous-ensembles comprenant chacun le même nombre d'éléments. Combien y aura-t-il d'éléments dans chaque sous-ensemble si l'ensemble comprend :

   ***a)*** 12 données ?          ***b)*** 21 données ?

   ***c)*** 102 données ?          ***d)*** 4803 données ?

**6.** Voici les points accumulés par les joueurs d'attaque du Canadien de Montréal durant la saison 1995-1996.

   ***a)*** Quelle est la médiane ?

   ***b)*** Quels sont les deux autres quartiles ?

   ***c)*** Construis le diagramme de quartiles.

   ***d)*** Quels sont les joueurs dont le nombre de points se situe à l'intérieur de la boîte dans le diagramme ?

**Joueurs d'attaque du Canadien**

| Nom | Points |
| --- | --- |
| Turgeon | 96 |
| Damphousse | 94 |
| Recchi | 78 |
| Rucinsky | 75 |
| Kovalenko | 56 |
| Koivu | 45 |
| Bure | 43 |
| Savage | 33 |
| Brunet | 15 |
| Petrov | 11 |
| Bureau | 10 |
| Murray | 7 |
| Brashear | 4 |

*Avocat réputé et auteur à succès, Ken Dryden a aidé le Canadien à remporter 6 Coupes Stanley, de 1971 à 1979.*

**7.** À l'aide d'un radar, on a noté la vitesse d'un certain nombre de véhicules circulant sur une autoroute. Le diagramme à tige et feuilles ci-contre présente ces données.

**a)** La vitesse permise est de 100 km/h. Quel pourcentage des automobilistes respectaient la vitesse autorisée?

**b)** Construis un diagramme de quartiles pour représenter ces données.

**c)** Sachant que la médiane est 109, dans quel quart se trouve l'autre 109?

**Vitesse (en km/h)**

| | |
|---|---|
| 8 | 5-8 |
| 9 | 2-4-5-7-7-8-8-8-9-9-9 |
| 10 | 0-0-1-2-2-3-4-4-5-6-8-8-9-9 |
| 11 | 0-2-5-6-6-7-8-8-8-9-9-9-9 |
| 12 | 3-5-6-7-9 |
| 13 | 0-1-2-7 |
| 14 | 2-5-7 |
| 15 | |
| 16 | 4 |

**d)** En examinant le diagramme, peut-on affirmer:

1) que la moitié des automobilistes excédaient la vitesse permise par plus de 10 km/h?

2) que les données sont plutôt regroupées autour de la médiane?

*Plus de 22 000 policiers et policières patrouillent les 69 719 km de routes du Québec. Le cinémomètre (radar) est l'une des méthodes utilisées pour lutter contre les excès de vitesse.*

**8.** Dans le cadre d'un travail de français, Claude a fait un sondage auprès des élèves de quatrième secondaire de son école. La question était: «Combien d'heures par semaine consacrez-vous à l'écoute de la télévision?» Les résultats sont présentés dans le tableau de distribution ci-contre.

**a)** Construis le diagramme de quartiles à partir de cette distribution.

**b)** Détermine l'étendue de la distribution et l'étendue interquartile.

**c)** D'après le diagramme, dans quel quart les données sont-elles:
1) le plus concentrées?
2) le plus dispersées?

**d)** Quelle est la moyenne de cette distribution?

**Écoute de la télévision**

| Nombre d'heures | Effectifs |
|---|---|
| 10 | 1 |
| 11 | 1 |
| 12 | 1 |
| 13 | 2 |
| 14 | 5 |
| 15 | 5 |
| 16 | 7 |
| 17 | 10 |
| 18 | 8 |
| 19 | 6 |
| 20 | 4 |
| 21 | 2 |
| 22 | 4 |
| 23 | 1 |
| 24 | 5 |

**9.** Une infirmière a pesé les 200 élèves de la troisième année d'une école primaire. Voici le diagramme de quartiles qu'elle en a tiré :

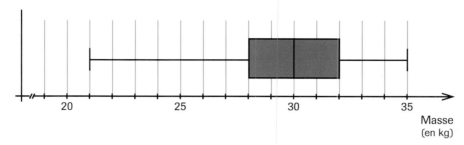

**a)** Détermine les informations numériques révélées par le diagramme : minimum, maximum, quartiles, étendue, étendue interquartile.

**b)** Peut-on conclure que la moyenne est égale à la médiane, étant donné que cette dernière est exactement au milieu des deux autres quartiles ?

**c)** Est-il exact qu'environ 100 élèves pèsent 30 kg ou plus ?

**d)** Donne au moins deux autres conclusions à partir des informations fournies par le diagramme.

**10.** À l'aide d'une calculatrice, d'une table de nombres aléatoires ou par tirage au sort, détermine 20 nombres entiers aléatoires compris entre 30 et 50.

**a)** Détermine les quartiles de cet échantillon.

**b)** Construis le diagramme de quartiles illustrant ces données.

**c)** Calcule la moyenne de ces 20 nombres. Est-elle supérieure ou inférieure à la médiane ?

**d)** Si l'on reprend l'expérience avec un autre échantillon de 20 nombres, la réponse à la question précédente peut-elle varier ?

**11.** Deux équipes de basketball s'affrontent. La statisticienne des Géantes a présenté à l'instructeur un diagramme à tige et feuilles décrivant la taille des joueuses des équipes en présence.

**Taille des joueuses (en cm)**

| Les Géantes | | Les Sauterelles |
|---|---|---|
| 9 | 15 | |
| 7-6-5-3-2-1 | 16 | 2-2-3-5-6-7-9-9 |
| 8-3-0 | 17 | 2-2-2-4 |

**a)** Sur un même graphique, trace le diagramme de quartiles pour chacune des deux équipes.

**b)** Globalement, quelle équipe a les joueuses les plus grandes ?

**c)** Dans quelle équipe la taille médiane est-elle la plus élevée ?

**d)** Que penses-tu des chances de gagner des deux équipes si l'on s'en tient au critère de la taille des joueuses ?

*Ce seraient les Incas qui, les premiers, auraient inventé, au IIe s. av. J.-C., un jeu analogue au basket-ball, le «pok-ta-kop».*

**12.** Voici des informations sur une distribution inconnue. La plus petite donnée est 112. La médiane est 127. L'étendue interquartile est 18. Le troisième quartile ($Q_3$) est 132. Enfin, l'étendue de la distribution est 38. Trace le diagramme de quartiles de cette distribution.

**13.** L'équipe québécoise féminine de ski alpin participe à une rencontre amicale avec l'équipe de France au mont Sainte-Anne. À la fin de la journée, les entraîneurs discutent des performances de leurs athlètes dans la descente en consultant les diagrammes suivants.

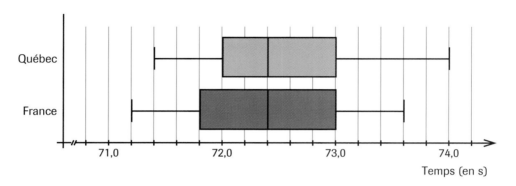

Temps (en s)

*a)* Quelle est la nationalité de la skieuse la plus rapide?

*b)* Quel temps a-t-elle réalisé?

*c)* Dans quelle équipe y a-t-il la plus grande différence entre les performances des skieuses?

*d)* L'équipe québécoise comprend 12 skieuses et l'équipe française 10. Dans quelle équipe y a-t-il un plus grand nombre de skieuses ayant réalisé un temps de moins de 72,4 s?

*La station de ski du mont Sainte-Anne est l'hôte de plusieurs compétitions de ski et de planche à neige.*

 ► FORUM

*a)* Peut-on construire un diagramme à tige et feuilles à partir d'un diagramme de quartiles? Justifiez votre réponse en indiquant les informations que chacun de ces diagrammes contient.

*b)* Peut-on déduire le tableau de distribution à partir du diagramme de quartiles si l'on connaît l'effectif total?

# Sujet 4

# LES MESURES DE POSITION

| DIFFÉRENTS TYPES DE MESURES |
| RANG CINQUIÈME |
| RANG CENTILE |
| CENTILES ET RANG CENTILE |
| RANG CENTILE ET DONNÉE |

## DIFFÉRENTS TYPES DE MESURES

### Les notes, c'est parfois trompeur

Marie-Michèle et Jovanni se rencontrent entre deux cours.

> Le prof d'histoire vient de nous remettre les résultats du dernier test. Je n'ai eu que 69 %, et la moyenne de la classe est de 70 %. Il y a une différence de 60 % entre le premier et le dernier. Mon résultat est tout près du deuxième quartile.

> Nous, c'est l'enseignante de français qui nous a remis nos résultats. J'ai 77 % et la moyenne est de 80 %. La différence entre le premier et le dernier est de 20 %. Mon résultat est légèrement inférieur au premier quartile.

**a)** Qui de Marie-Michèle ou de Jovanni a le résultat le plus satisfaisant?

**b)** Les différentes mesures calculées à partir d'un ensemble de données donnent des informations sur la distribution. Quel genre d'informations sont fournies par:

   1) la médiane?   2) la moyenne?   3) le mode?

   4) l'étendue?   5) l'étendue interquartile?   6) l'étendue de chaque quart?

Les **mesures de tendance centrale** sont la **médiane,** la **moyenne** et le **mode.** Ces mesures se situent généralement **au milieu d'une distribution.**

Les **mesures de dispersion** telles que l'**étendue de la distribution,** l'**étendue interquartile** et l'**étendue de chacun des quarts** renseignent sur la **concentration** ou l'**étalement** des données.

Les quartiles renseignent également sur la position d'une donnée dans la distribution. Cependant, comme **mesures de position,** on leur préfère le **rang cinquième** et le **rang centile.**

**c)** Indique de quel type (mesure de tendance centrale, de dispersion ou de position) sont les mesures données en *b).*

**d)** Dans quelle catégorie peut-on classer:

   1) le rang dans la distribution?   2) le rang cinquième?   3) le rang centile?

# RANG CINQUIÈME

## Le bulletin

Voici une partie d'un bulletin d'une élève de quatrième secondaire.

MANON B.

## BULLETIN SCOLAIRE — ENSEIGNEMENT SECONDAIRE

| ÉCOLE | | | ANNÉE SCOLAIRE | | | | RÉSULTATS ANTÉRIEURS | | | | | | | ÉTAPE ACTUELLE | | | | SOMMAIRE CUMULATIF | | | | |
|---|---|---|---|---|---|---|---|---|---|---|---|---|---|---|---|---|---|---|---|---|---|---|
| NOM | | | 19   19 | | | | COTE OU NOTE (%) | | | | | | | COTE OU % | MOY. DE GR. | R/5 | ABS | COTE OU % | MOY. DE GR. | R/5 | ABS | REM UNITÉS |
| ADRESSE | | | | | | | 1 | 2 | 3 | 4 | 5 | 6 | 7 | | | | | | | | | |
| COURS | DESCRIPTION | GR. | ENSEIGNANTS(ES) | | | | | | | | | | | 83 | 75 | 2 | | 85 | 72 | 1 | | |
| | FRANÇAIS | 03 | B. MIND | | | | | | | | | | | 88 | 76 | 1 | | 88 | 75 | 1 | | |
| | ANGLAIS | 06 | D. TREMBLAY | | | | | | | | | | | 77 | 67 | 2 | | 79 | 73 | 2 | | |
| | MATH. | 05 | A. LOPEZ | | | | | | | | | | | 71 | 74 | 3 | | 73 | 78 | 4 | | |
| | ÉD. PHYSIQUE | 07 | J. POULIN | | | | | | | | | | | 71 | 78 | 4 | | 74 | 79 | 4 | | |
| | SC. PHYSIQUES | 03 | C. GRAVEL | | | | | | | | | | | 88 | 76 | 2 | | 85 | 80 | 2 | | |
| | ARTS PLAST. | 03 | L. ROY | | | | | | | | | | | | | | | | | | | |

**a)** Que représente le symbole R/5 que l'on voit au haut de deux colonnes?

**b)** Quelle est la signification du nombre 2 de la première de ces deux colonnes à la ligne du français?

**c)** Quel rang peut occuper Manon dans sa classe de français?

**d)** D'une matière à l'autre, Manon appartient-elle toujours au même groupe d'élèves?

**e)** Manon compare ses notes en éducation physique et en sciences physiques. Dans quelle matière peut-elle être le plus satisfaite?

**f)** Compare ses notes en anglais et en arts plastiques. Laquelle correspond à un meilleur rendement?

**g)** Pourquoi peut-on dire que le rang cinquième est une mesure de position?

Le **rang cinquième,** noté R/5 ou $R_5$, est une **mesure de position.** Les données du groupe de référence sont **ordonnées et divisées en cinq groupes** comprenant, dans la mesure du possible, le même nombre de données. On attribue ensuite le **premier rang cinquième** aux **meilleurs résultats,** le **rang cinquième 2** aux suivants et ainsi de suite.

## Le repêchage

Un groupe d'amis et amies ont organisé un repêchage. Chacun des 15 membres du groupe a choisi 10 joueurs de la Ligue nationale de hockey. Chaque mois, on additionne le nombre de points accumulés par tous les joueurs de chaque participant et participante. Voici les résultats après un mois :

51, 52, 55, 57, 59, 60, 61, 62, 64, 67, 68, 69, 71, 73, 75

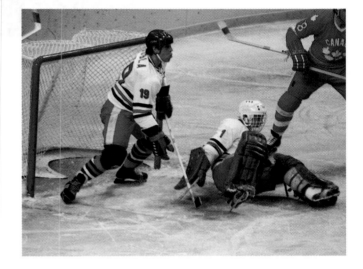

**a)** Détermine quelles sont les données qui appartiennent à chacun des rangs cinquièmes.

Voici les résultats après deux mois :

105, 106, 107, 114, 116, 117, 125, 127, 128, 128, 134, 135, 139, 140, 144

Deux données **égales** doivent avoir le **même rang cinquième.** On ne change pas les autres groupes, mais on classe les données égales dans le même rang cinquième, habituellement avec la donnée la plus proche, selon son jugement.

**b)** Indique quelles sont les données qui appartiennent à chacun des rangs cinquièmes après le deuxième mois.

Au troisième mois, deux autres membres se sont ajoutés au groupe. Voici les résultats après trois mois :

145, 160, 164, 167, 168, 172, 175, 176, 177, 180, 185, 186, 187, 190, 191, 195, 199

**c)** Pourquoi n'est-il pas possible d'obtenir cinq groupes ayant le même nombre de données ?

Quand l'**effectif** de l'ensemble de données **n'est pas un multiple de 5,** on forme cinq groupes ayant à peu près le même nombre de données, en tentant de **réduire** autant que possible l'**écart** entre les données d'un même groupe. Parfois, des regroupements différents sont acceptables.

**d)** Indique quelles sont les données qui appartiennent à chacun des rangs cinquièmes après le troisième mois.

Les résultats du repêchage, à la fin de l'année, ont été les suivants :

395, 401, 410, 420, 420, 420, 425, 433, 441, 450, 451, 458, 473, 473, 480, 495, 512

**e)** Calcule le rang cinquième des données suivantes :

1) 420                    2) 441                    3) 473

Le **rang cinquième** permet de déterminer la **position relative d'une donnée** dans une distribution. Le **premier** rang cinquième correspond au **meilleur résultat** d'une distribution ordonnée.

1. Attribue des rangs cinquièmes aux séries de données suivantes :

   a) 18, 3, 6, 12, 7, 9, 4, 9, 9, 7, 16, 23, 18

   b) 24, 33, 36, 39, 23, 32, 28, 17, 25, 28, 25, 34, 39, 34, 24, 28

2. On élabore un test pour sélectionner les élèves qui représenteront l'école au concours Opti-Math. Voici les résultats de ceux et celles qui ont passé ce test :

   122, 124, 126, 127, 133, 136, 138, 139, 142, 144, 145, 150, 153, 156, 157, 163, 166, 170, 173, 175, 178, 179, 180, 185, 190

   a) On ne retiendra que les résultats de rang cinquième 1. Quels sont ces résultats ?

   b) Quel est le rang cinquième de la note 145 ?

   c) Quel est le rang cinquième de la médiane ?

3. Voici les résultats du dernier travail en arts plastiques des élèves du groupe d'Agnia :

   70, 70, 71, 74, 75, 75, 76, 80, 80, 81, 85, 86, 88, 89, 90, 91, 92

   a) Quels résultats appartiennent au quatrième rang cinquième ?

   b) Après avoir corrigé les travaux, l'enseignante révise la note de celui qui avait obtenu 71. Elle lui accorde alors 73. Les regroupements pour les rangs cinquièmes sont-ils modifiés ?

   c) Quel est le rang cinquième des résultats suivants :

      1) 80 ?

      2) 92 ?

      3) 70 ?

Dégel, soir de mars, Arthabaska, vers 1913, huile sur toile. Cette oeuvre du peintre Suzor-Côté, né à Arthabaska en 1869, a été vendue à l'encan, en 1988, au montant de 400 000 $.

4. Voici la liste des résultats des élèves du groupe d'Isabelle en mathématique aux deux examens de l'étape.

   Examen 1 : 12, 14, 15, 16, 18, 20, 21, 22, 23, 24, 24, 24, 25, 25, 27, 27, 28, (30,) 30, 32, 32, 34, 35, 37, 38, 38, 39, 40, 40

   Examen 2 : 30, 32, 32, 33, 34, 36, 37, 38, 40, 42, 42, 42, 44, 45, (45,) 46, 47, 47, 48, 50, 52, 52, 54, 55, 57, 58, 58, 60 (1 élève absent)

   On a entouré les deux résultats d'Isabelle. Par rapport à son groupe, quel examen a-t-elle le mieux réussi ?

**5.** Pour la formation de l'équipe d'élite de ringuette d'une région, on a fait passer différents tests dont celui où il fallait faire le plus grand nombre possible de redressements assis en 60 s. Voici les résultats enregistrés par les 29 candidates : 10, 12, 12, 15, 18, 18, 20, 23, 23, 24, 24, 25, 26, 26, 26, 28, 30, 32, 34, 34, 35, 36, 38, 38, 39, 40, 43, 44, 48.

Quels sont les résultats cotés D et E si ces cotes correspondent aux deux derniers rangs cinquièmes ?

*Le jeu de ringuette est originaire de North Bay, Ontario. Depuis sa création, en 1963, ce sport est très populaire chez les filles.*

**6.** En général, peut-on affirmer que chaque rang cinquième comprend environ 20 % des données ?

**7.** Présente une distribution de 10 nombres inférieurs ou égaux à 10 dont le résultat 7 est :

**a)** dans le premier rang cinquième ;

**b)** dans le dernier rang cinquième.

**8.** Crée une distribution de 20 nombres inférieurs ou égaux à 15 dont le troisième rang cinquième est entièrement occupé par le résultat 12.

**9.** Voici la distribution du temps de chacune des 16 chansons d'un disque compact :

3,45 min, 3,8 min, 4,2 min, 4,4 min, 3,1 min, 2,8 min, 4,5 min, 3,8 min, 4,2 min, 4,7 min, 4,9 min, 5,4 min, 3,5 min, 4 min, 3,8 min, 3,1 min

**a)** Dans cette distribution quelle est la valeur :

1) de la médiane ?       2) du mode ?       3) de la moyenne ?

**b)** Quelle est la moyenne des données situées entre le deuxième et le troisième quartile ?

**c)** Quelle est la moyenne des données situées dans les deux premiers rangs cinquièmes ?

**10.** Pour participer aux compétitions de gymnastique de haut niveau, les candidates doivent réussir de bonnes performances dans trois des quatre disciplines suivantes : poutre, barres asymétriques, sol et cheval sautoir. Voici les résultats de 12 candidates pour chacune de ces disciplines :

| Lyne : | 7,6 | 8,2 | 6,4 | 7,8 | Maggy : | 7,2 | 7,6 | 8,5 | 6,8 | Quinn Anh : | 5,6 | 7,8 | 8,2 | 8,5 |
| Sophie : | 8,6 | 8,2 | 6,4 | 7,9 | Danie : | 8,2 | 6,6 | 8,5 | 7,8 | Maria : | 7,6 | 7,8 | 8,2 | 8 |
| Gina : | 6,6 | 8,2 | 7,4 | 7,9 | Ann : | 7,4 | 7,8 | 8,2 | 7,8 | Roberta : | 8,6 | 7,9 | 8,2 | 7,2 |
| Denise : | 6,6 | 9,2 | 7,4 | 7,8 | Joanne : | 7,9 | 7,9 | 6,5 | 8,8 | Jeny : | 7,5 | 7,5 | 8,2 | 7,5 |

Quelles sont les filles qui se classent dans les deux premiers rangs cinquièmes dans au moins trois disciplines ?

**11.** Lysianne a reçu en héritage de son grand-père une série de neuf tableaux qu'il avait peints lui-même. Elle en a fait l'inventaire et leur a attribué un rang cinquième correspondant à la valeur affective qu'elle attache au tableau.

**Tableaux de grand-père**

| Titre | Type | Valeur affective (R/5) |
|---|---|---|
| La bombance de René | Huile | 3 |
| Le soleil en hiver | Aquarelle | 4 |
| La loutre | Aquarelle | 1 |
| Les fleurs d'eau | Huile | 5 |
| L'âne et le sapin | Huile | 2 |
| Jeannette, ma mie | Aquarelle | 4 |
| Ma mère | Huile | 3 |
| Le cheval d'or | Aquarelle | 2 |
| L'étoile et la lune | Aquarelle | 5 |

**a)** Les rangs cinquièmes permettent-ils de déduire:

    1) quel tableau se vendrait le plus cher?

    2) si Lysianne préfère les aquarelles ou les huiles?

    3) quel est son tableau préféré?

**b)** Quelle est la caractéristique des tableaux que Lysianne affectionne tout particulièrement?

**12.** On a classé huit cirques selon leurs recettes pour l'année 1996. Voici les noms de ces cirques et leur rang cinquième dans ce classement.

**Recettes des cirques**

| Nom | Recettes (R/5) | Nom | Recettes (R/5) |
|---|---|---|---|
| Le Grand Cirque | 1 | Le Cirque d'argent | 3 |
| Le Cirque des étoiles | 2 | Le Cirque de la lune | 3 |
| Le Cirque d'un monde merveilleux | 2 | Le Cirque fantastique | 5 |
| Le Cirque d'Arlequin | 3 | Le Fabuleux Cirque | 5 |

**a)** Quel cirque a eu les recettes les plus élevées?

**b)** Les informations fournies permettent-elles de connaître l'étendue de cette distribution?

**c)** Comment expliquer qu'il n'y a pas de cirque occupant le rang cinquième 4?

*Équilibriste du Cirque de Chine.*

**d)** Si les recettes du Cirque des étoiles sont de 100 000 000 $ et celles du Cirque fantastique de 15 000 000 $, trouve des montants possibles pour les recettes des autres cirques.

**e)** Les rangs cinquièmes nous renseignent-ils sur la qualité des artistes de chaque cirque ?

# ► FORUM

**a)** La médiane d'une distribution est-elle toujours dans le troisième rang cinquième ? Justifiez votre réponse.

**b)** Est-il préférable d'obtenir un résultat qui se situe dans le cinquième rang cinquième lorsque les résultats sont nombreux ou peu nombreux ? Justifiez votre réponse.

**c)** Combien de résultats différents faut-il au minimum pour qu'un classement en rangs cinquièmes ait du sens ? Justifiez votre réponse.

## RANG CENTILE

### Le « fils à maman »

Marianne et Angela ont deux fils du même âge dont elles sont très fières. Récemment, Christian et Rodrigo ont participé à une course de cross-country. Lors d'une conversation, Marianne s'est fait un plaisir d'annoncer que Christian avait terminé cinquième d'un groupe de 40 participants. Angela s'est alors empressée de répliquer que Rodrigo avait pris la huitième place d'un groupe de 60 participants. L'une et l'autre semblaient dire que leur fils avait eu le meilleur classement.

*Le cross-country est une course à pied n'excédant pas 16 km, en terrain varié à travers la campagne, suivant un tracé déterminé.*

**a)** Au fait, qui a obtenu le meilleur classement ?

Il n'est pas facile de comparer la position de deux données provenant de distributions différentes. Afin de simplifier la comparaison, on a recours au **rang centile.**

Le **rang centile (R$_{100}$)** est le nombre qui indique le pourcentage de données qui sont **inférieures ou égales** à la donnée considérée. Ainsi, R$_{100}$(x) = 80 signifie que 80 % des données sont inférieures ou égales à x.

**b)** Le problème à résoudre se pose donc dans les termes suivants. Résous-le.

| | |
|---|---|
| Christian a terminé cinquième sur 40. | Rodrigo a terminé huitième sur 60. |
| 1) Combien d'individus occupent un rang inférieur ou égal au sien ? | 1) Combien d'individus occupent un rang inférieur ou égal au sien ? |
| 2) Quel pourcentage représente $\frac{36}{40}$ ? *90* | 2) Quel pourcentage représente $\frac{53}{60}$ ? |

**c)** Quel est le rang centile de Christian ? de Rodrigo ?   *90   l'autre a 89*

Généralement, si le rang centile n'est pas un entier, on l'arrondit à l'unité supérieure.

**d)** Qui a le meilleur classement dans son groupe ?

**e)** Quel est le rang centile de celui qui s'est classé premier dans le groupe de Christian ? de Rodrigo ?

**f)** Quel est le rang centile de celui qui a terminé dernier dans le groupe de Christian ? de Rodrigo ?

**g)** Pourquoi est-il impossible d'obtenir le rang centile 0 ?

Angela n'allait pas se laisser damer le pion. Elle relança la discussion en affirmant que Rodrigo avait eu 34 sur 40 dans son test de langue seconde, ce qui le plaçait troisième de sa classe de 30 élèves. Marianne, après quelques hésitations, indiqua que Christian avait eu 56 sur 60, ce qui le plaçait huitième de sa classe de 35 élèves.

**h)** Qui a obtenu le meilleur classement ? Le problème posé est le suivant :

| | |
|---|---|
| Christian a terminé huitième sur 35. | Rodrigo a terminé troisième sur 30. |
| 1) Quelle fraction de la classe occupe une position égale ou inférieure à la sienne ? | 1) Quelle fraction de la classe occupe une position égale ou inférieure à la sienne ? |
| 2) Quel pourcentage correspond à cette fraction ? | 2) Quel pourcentage correspond à cette fraction ? |
| 3) Quel est le rang centile de Christian à ce test ? | 3) Quel est le rang centile de Rodrigo à ce test ? |

Marianne relança la discussion sur la formation des équipes de «Génies en herbe» représentant chaque école de la commission scolaire.

Au test de sélection de son école, Christian a terminé sixième sur 240 élèves, sur un pied d'égalité avec huit autres élèves. Rodrigo, pour sa part, a terminé sixième sur 430 élèves inscrits.

***i)*** Qui a obtenu le meilleur rang centile? Cela est-il juste?

Dans bien des situations, on attache plus d'importance au **classement des données dans leur distribution respective qu'aux données elles-mêmes.** Les rangs centiles facilitent les comparaisons.

Par convention, les rangs centiles s'échelonnent de **1 à 100 inclusivement.**

# Investissement 6 ....................................

**1.** Quel est le rang centile de la donnée d'une distribution dont:

**a)** 77 % des données sont inférieures ou égales à cette donnée?

**b)** 83 % des données sont supérieures à cette donnée?

**2.** Quel est le rang centile d'une personne qui a terminé une course en 15e place s'il y avait 100 participants et participantes?

**3.** Quel est le rang centile d'une personne qui a terminé:

**a)** 12e sur 20?     **b)** 5e sur 40?     **c)** 1re sur 10?     **d)** 20e sur 20?

**4.** Quel est le rang centile de la donnée encadrée dans chaque distribution?

**a)** 12, 13, 15, 16, 16, 18, 20, 24, 24, 25, 27, $\boxed{32}$, 33, 35, 38, 40, 42, 42, 48, 50

**b)** 48, 50, 50, 50, 52, 55, 55, 56, 58, 59, 59, 60, 60, 60, 63, 64, 64, 65, 66, $\boxed{66}$, 69, 70, 72, 72, 73, 74, 75, 78, 78, 79, 79, 80, 82, 83, 83, 84, 84, 85, 86, 88, 89, 90, 92, 98, 99

**5.** Détermine le rang centile de la donnée encadrée dans ces distributions.

**a)** 132, 133, 134, 134, 134, …, 169, 169, $\boxed{172}$, 172, 172, 175, …, 200

               340 données                         155 données

**b)** 45, 48, …, $\boxed{97}$, 97, 97, 97, 97, 97, 97, 98, 101, …, 358

620 données                833 données

**6.** Quel est le rang centile de la donnée d'une distribution dont 80 % des données sont inférieures et 10 % sont égales à cette donnée?

**7.** Donne deux raisons pour lesquelles on utilise les rangs centiles plutôt que les rangs cinquièmes.

**8.** À la maternité d'un grand hôpital, on a enregistré la masse et la taille à la naissance des 345 nouveau-nés. Tuong Vi partageait la 52$^e$ place avec huit autres bébés pour la masse et la 70$^e$ place pour la taille avec cinq autres poupons. Quel était son rang centile dans chaque distribution?

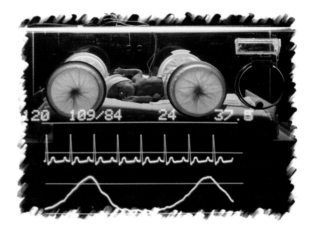

**9.** Lors d'une compétition québécoise, Jasmine s'est classée au 12$^e$ rang, ex aequo avec trois autres candidats ou candidates parmi les 980 inscrits. À la compétition canadienne, elle s'est classée 15$^e$ sur 1250 inscrits, ex aequo avec cinq autres. Dans lequel des deux concours s'est-elle le mieux classée?

*Dans les centres hospitaliers, le service de périnatalogie se spécialise dans les soins aux nouveau-nés.*

**10.** Yanick est un excellent jeune joueur de tennis. Parmi les 300 meilleurs espoirs de son âge, il occupe la 118$^e$ place.

*a)* Quel est son rang centile dans ce groupe?

*b)* Quel est le rang centile de celui qui le suit immédiatement?

*c)* Quel est le rang cinquième de Yanick?

*Courts gazonnés à Wimbledon.*

**11.** Gaétane a reçu son relevé de notes du ministère de l'Éducation du Québec. En voici un extrait:

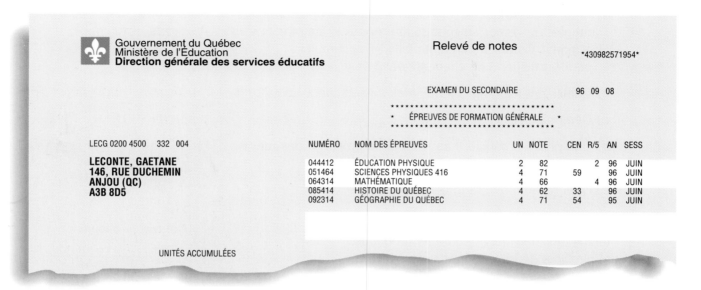

**a)** Peut-on dire que Gaétane a de bons résultats? Justifie ta réponse.

**b)** Si 25 000 élèves ont été évalués en sciences physiques à la session de juin 1996, combien ont eu un résultat inférieur ou égal à 71?

**c)** Gaétane a-t-elle mieux réussi en sciences physiques ou en géographie? Justifie ta réponse.

**12.** Une classe compte 30 élèves. Quel est, approximativement, le rang centile de l'élève qui occupe:

**a)** la dernière place du deuxième rang cinquième à un test de géographie?

**b)** la première place du cinquième rang cinquième à un test de morale?

**13.** On a remis les résultats d'un examen de biologie. Andrée a obtenu un résultat de 88 % et un rang cinquième de 1. Benjamin a obtenu 62 % et un rang cinquième de 5. Christian a un résultat de 90 %, Dorine de 59 % et le rang centile d'Eddy est 35. Quel est le rang cinquième de:

**a)** Christian?       **b)** Dorine?       **c)** Eddy?

**14.** Aux Jeux olympiques, la finale du 100 m hommes oppose huit coureurs.

**a)** Quel est le rang cinquième et le rang centile du médaillé de bronze?

**b)** Quel est le rang centile du médaillé d'argent?

**15.** Voici la distribution des résultats du dernier tournoi d'échecs local.

| Tournoi d'échecs | |
|---|---|
| Points | Effectif |
| 5 | 1 |
| 4,5 | 3 |
| 4 | 5 |
| 3,5 | 6 |
| 3 | 15 |
| 2,5 | 16 |
| 2 | 8 |
| 1,5 | 7 |
| 1 | 6 |
| 0,5 | 5 |
| 0 | 3 |

**a)** Ceux et celles qui se sont classés dans les deux premiers rangs cinquièmes se sont qualifiés pour le championnat régional. Combien de points fallait-il accumuler pour participer à ce championnat?

**b)** Quels sont les rangs cinquièmes des résultats 1,5 et 2?

**c)** Détermine $R_{100}(1,5)$ et $R_{100}(2)$.

**d)** Que peut-on conclure au sujet de la précision des rangs centiles et des rangs cinquièmes?

**e)** Quel résultat a le rang centile 15?

**16.** Dans un hippodrome, on a relevé le meilleur temps des chevaux qui ont pris un départ et plus lors de la dernière saison estivale. Dans le tableau ci-contre, on présente la distribution obtenue à partir de ces données regroupées en classes.

| Course de chevaux | |
|---|---|
| Classe | Fréquence |
| ]1:57, 2:00] | 16 |
| ]2:00, 2:03] | 36 |
| ]2:03, 2:06] | 48 |
| ]2:06, 2:09] | 24 |
| ]2:09, 2:12] | 20 |

**a)** Trouve le rang centile de la limite supérieure de chaque classe.

**b)** Quelle est la classe modale?

**c)** Quelle est la classe médiane?

*Les courses de chevaux sont l'un des sports les plus anciens. Leur origine remonte aux tribus nomades d'Asie centrale qui, les premières, ont domestiqué le cheval.*

# ► FORUM

**a)** Quel est le rang cinquième et le rang centile de chacun des quartiles?

**b)** Karina affirme que la médiane est une mesure de position. Karim prétend que c'est une mesure de tendance centrale. Qui a raison et pourquoi?

**c)** Est-il préférable d'avoir:

1) un rang centile de 1 ou un rang cinquième de 1?

2) un résultat de 99 sur 100 ou un rang centile de 99?

**d)** Trouvez un exemple d'une distribution où aucune donnée n'aura le rang cinquième 3.

# CENTILES ET RANG CENTILE

On peut pousser plus loin la notion de rang centile en la rattachant à des sous-groupes d'une grande distribution.

## Atteindre la Ligue nationale de hockey : un grand rêve

De nombreux jeunes hockeyeurs québécois rêvent d'atteindre un jour la Ligue nationale de hockey. Auparavant, il faut franchir les étapes de la ligue midget AAA et de la ligue junior majeure. On a relevé les points marqués par les 700 joueurs de la Ligue nationale au cours de la saison 1995-1996. On a ordonné puis divisé ces 700 joueurs en sous-groupes contenant le même nombre de joueurs, selon le nombre de points marqués.

**a)** Quel pourcentage de ces joueurs et combien de joueurs retrouve-t-on dans chaque sous-groupe si l'on a partagé la distribution en :

1) 4 sous-groupes ?  2) 5 sous-groupes ?

3) 10 sous-groupes ?  4) 100 sous-groupes ?

On peut illustrer ces subdivisions de la façon suivante :

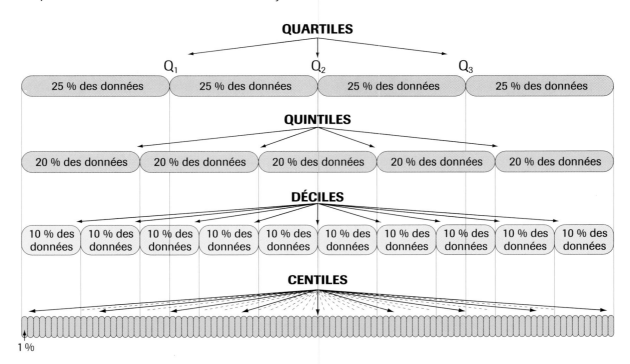

**b)** Comment appelle-t-on les trois valeurs qui partagent une distribution ordonnée en quatre groupes contenant chacun à peu près 25 % des données?

**c)** D'après le tableau précédent, quel nom donne-t-on aux valeurs qui partagent une distribution en:

   1) 5 groupes contenant chacun à peu près 20 % des données?

   2) 10 groupes contenant chacun à peu près 10 % des données?

   3) 100 groupes contenant chacun à peu près 1 % des données?

**d)** Combien faut-il de valeurs pour partager les données d'une distribution ordonnée en:

   1) 4 groupes contenant chacun environ 25 % des données?

   2) 5 groupes contenant chacun environ 20 % des données?

   3) 10 groupes contenant chacun environ 10 % des données?

   4) 100 groupes contenant chacun environ 1 % des données?

Parmi les quartiles, les quintiles, les déciles et les centiles, ce sont les quartiles et les centiles qu'on utilise le plus souvent.

---

Un **centile** est donc l'une des 99 valeurs qui partagent une distribution en 100 groupes contenant chacun à peu près 1 % des données. Les centiles sont numérotés de 1 à 99. On les note $C_x$. Ainsi, $C_{12}$ est le douzième centile, et l'on peut affirmer que 12 % des données sont inférieures ou égales à cette valeur.

De plus, on dit que **toutes les données** qui sont dans le groupe entre $C_{11}$ et $C_{12}$ occupent le **rang centile 12.**

On peut déduire que, pour une donnée de rang centile 12, 11 % des données lui sont inférieures et que 1 % des données lui sont à peu près égales.

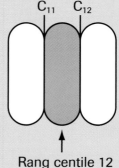

Rang centile 12

---

**e)** Quel doit être l'effectif minimal d'une distribution pour que chaque centile contienne au moins un résultat?

**f)** Dans la distribution des 700 joueurs de la Ligue nationale, combien y a-t-il de joueurs approximativement dans chaque centile?

**g)** Quels sont les rangs centiles d'Eric Lindros et de Joe Sakic s'ils ont totalisé respectivement 115 et 120 points et qu'ils ont terminé au 6e et au 3e rang des marqueurs de la Ligue nationale pour la saison 1995-1996?

Cette signification d'un rang centile est utilisée lorsqu'on a une distribution qui compte quelques centaines voire quelques milliers de données.

# RANG CENTILE ET DONNÉE

## Le «tir de tracteurs»

Dans ce genre de compétition, des tracteurs modifiés tirent des charges de plus de 30 t sur une piste sablonneuse. Les points sont attribués selon la distance franchie. Voici les résultats obtenus par les pilotes lors d'une compétition :

223, 226, 235, 237, 240, 241, 248, 248, 251, 253, 255, 257, 259, 262, 263, 263, 264, 269, 270, 271, 274, 275, 275, 277, 278, 281, 282, 285, 288, 290, 296, 299

On veut savoir lequel de ces résultats correspond au rang centile 25.

**a)** Que peut-on déduire du fait qu'une donnée a le rang centile 25?

**b)** L'ensemble de toutes les données correspond à 100 % des 32 données. À combien de données correspondent 25 % des données?  8e donnée

**c)** Quelle donnée occupe le huitième rang à partir des moins bons résultats?

**d)** Effectue la même démarche pour déterminer quelle donnée a 44 comme rang centile.

**e)** À la question précédente, pourquoi faut-il arrondir le résultat obtenu à l'unité inférieure?

**f)** S'il y a moins de 100 données, les rangs centiles sont-ils tous occupés par une donnée?

De façon générale, pour repérer la donnée correspondant à un rang centile, on procède comme suit :

1° On détermine le nombre de données inférieures ou égales à la donnée recherchée en effectuant le calcul suivant :

$$\frac{\textbf{Rang centile}}{\textbf{100}} \times \textbf{Nombre total de données}$$

2° Si le résultat n'est pas un entier, on l'arrondit à l'unité inférieure.

3° On recherche dans la liste des données ordonnées celle qui occupe le rang trouvé à partir du moins bon résultat.

**1.** On donne la distribution suivante:

12, 14, 17, 19, 24, 27, 32, 34, 34, 48, 40, 44, 46, 49, 54, 65, 65, 72, 74, 84

Quelle donnée possède le rang centile:

**a)** 20? **b)** 25? **c)** 40? **d)** 90?

**2.** Voici le classement des pilotes de formule 1 pour la saison 1996. Quel coureur a le rang centile donné?

**a)** 100 **b)** 82

**c)** 50 **d)** 13

**Pilotes de formule 1**

| Pilotes | Points |
|---|---|
| Damon Hill | 97 |
| Jacques Villeneuve | 78 |
| Michael Schumacher | 59 |
| Jean Alesi | 47 |
| Mika Hakkinen | 31 |
| Gerhard Berger | 21 |
| David Coulthard | 18 |
| Rubens Barrichello | 14 |
| Olivier Panis | 13 |
| Eddie Irvine | 11 |
| Martin Brundle | 8 |
| Heinz Harald Frentzen | 7 |
| Mika Salo | 5 |
| Johnny Herbert | 4 |
| Pedro Diniz | 2 |
| Jos Verstappen | 1 |

**3.** Voici les données concernant les 20 athlètes sélectionnées pour former l'équipe féminine de volley-ball de l'école:

**Équipe de volley-ball**

| Prénom de l'athlète | Taille (en cm) | Masse (en kg) | Élévation (en cm) | Prénom de l'athlète | Taille (en cm) | Masse (en kg) | Élévation (en cm) |
|---|---|---|---|---|---|---|---|
| Anna | 168 | 40 | 38 | Lise | 171 | 48 | 37 |
| Bella | 170 | 46 | 36 | Manon | 167 | 43 | 40 |
| Cindy | 167 | 45 | 42 | Maryse | 176 | 54 | 43 |
| Donna | 165 | 52 | 46 | Mina | 173 | 52 | 56 |
| Danie | 166 | 50 | 39 | Nadine | 169 | 50 | 47 |
| Freda | 170 | 54 | 44 | Nancy | 165 | 54 | 44 |
| Hélia | 174 | 55 | 38 | Noëlla | 164 | 48 | 46 |
| Joan | 169 | 48 | 43 | Rita | 168 | 51 | 37 |
| Josée | 166 | 51 | 42 | Sandy | 169 | 48 | 53 |
| Lina | 169 | 48 | 40 | Ursula | 173 | 56 | 60 |

**a)** Détermine les athlètes qui occupent les positions suivantes:

1) premier rang cinquième en taille; 2) rang centile 50 pour la masse;

3) rang centile supérieur à 80 pour l'élévation.

**b)** Quelles athlètes ont un rang centile supérieur à 80 dans les distributions taille et élévation?

**c)** Selon ces deux derniers critères, quels devraient être les deux premiers choix?

**4.** Le lancer du javelot est l'une des épreuves du décathlon, pour les hommes, ou du pentathlon, pour les femmes. Voici les résultats, en mètres, des champions et championnes aux Jeux olympiques du XXᵉ siècle:

Hommes: 54,83   60,64   65,78   62,96   66,60   72,71   71,84   69,77   73,78
           85,71   84,64   82,66   90,10   90,48   94,58   91,20   89,76   84,28

Femmes: 43,68   45,18   45,57   50,47   53,86   55,98   60,54   60,36   63,88
           65,94   68,40   69,56   74,68   65,54   67,94

**a)** Dans chaque distribution, quel score occupe le rang centile 60?

**b)** Dans chaque distribution, quel est le dernier score du premier rang cinquième?

*Le javelot en bois ou en métal léger, de 25 à 35 mm de diamètre, mesure 260 à 270 cm et pèse 800 g.*

**5.** Voici la liste des premiers ministres du Canada depuis la Confédération:

*John A. Macdonald (1867-1873; 1878-1891)*

*Alexander Mackenzie (1873-1878)*

*John J.C. Abbott (1891-1892)*

*John S.D. Thompson (1892-1894)*

*Mackenzie Bowell (1894-1896)*

*Charles Tupper (1896)*

*Wilfrid Laurier (1896-1911)*

*Robert L. Borden (1911-1920)*

*Arthur Meighen (1920-1921; 1926)*

*William Lyon Mackenzie King (1921-1926; 1926-1930; 1935-1948)*

*Richard B. Bennett (1930-1935)*

*Louis S. Saint-Laurent (1948-1957)*

*John G. Diefenbaker (1957-1963)*

*Lester B. Pearson (1963-1968)*

*Pierre Elliott Trudeau (1968-1979; 1980-1984)*

*Charles Joseph Clark (1979-1980)*

*John N. Turner (1984)*

*Brian Mulroney (1984-1993)*

*Kim Campbell (1993)*

*Jean Chrétien (1993-)*

*a)* Si l'on considère le nombre d'années au pouvoir et en excluant Jean Chrétien, quels premiers ministres sont dans le deuxième rang cinquième?

*b)* Quels sont les premiers ministres dont le nombre d'années au pouvoir correspond à un rang centile inférieur à 30?

**6.** Le palatouche est une sorte d'écureuil volant. Il vit principalement en Europe. On a poursuivi en forêt l'un de ces écureuils et on a relevé la longueur de ses vols planés. On a obtenu les résultats suivants, en mètres:

| 20 | 25 | 40 | 38 | 45 | 24 | 12 | 18 | 24 | 48 |
|----|----|----|----|----|----|----|----|----|----|
| 19 | 24 | 28 | 32 | 44 | 25 | 37 | 8  | 35 | 23 |

*a)* Quelle est l'étendue de ces données?

*b)* Quelle est la médiane de ces données?

*c)* Quelle donnée a le rang centile 40?

*d)* Quelle est la moyenne de ces vols?

 ► FORUM

*a)* Le rang centile 50 est-il toujours occupé par la médiane d'une distribution? Expliquez votre réponse.

*b)* Combien de données compte un rang cinquième? un rang centile? Précisez votre réponse.

*c)* Le rang centile donne-t-il une idée plus précise de la position d'un individu dans son groupe que le rang cinquième? Illustrez votre réponse d'un exemple.

La **médiane** divise une distribution en deux parties ayant le même nombre de données et correspond au **deuxième quartile Q$_2$.** La médiane des données qui précèdent Q$_2$ est le **premier quartile Q$_1$.** La médiane des données qui suivent Q$_2$ est le **troisième quartile Q$_3$.**

Le **diagramme de quartiles** met en évidence le **minimum,** le **maximum,** la **médiane,** les **quartiles,** l'**étendue** et l'**étendue interquartile.** Il permet d'un seul coup d'oeil d'avoir une bonne idée de la **concentration** ou de la **dispersion des données** et de **comparer deux ensembles** de données de même nature.

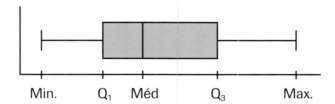

Min.    Q$_1$    Méd    Q$_3$    Max.

Les **mesures de position** permettent de situer une donnée parmi les autres, d'avoir une idée de son rang et de comparer des données de même nature provenant d'ensembles différents.

Pour attribuer un **rang cinquième** à une donnée :

1° On place les données en ordre croissant ou décroissant.

2° On forme cinq groupes comprenant à peu près le même nombre de données.

3° Les données du groupe correspondant aux meilleurs résultats reçoivent le rang cinquième 1, celles du deuxième groupe le rang cinquième 2, et ainsi de suite.

Le **rang centile** d'une donnée est le **pourcentage de données qui lui sont inférieures ou égales :**

$$R_{100}(x) = \frac{\text{Nombre de données inférieures ou égales à } x}{\text{Nombre total de données}} \times 100$$

Si ce nombre n'est pas un entier, on l'arrondit à l'unité supérieure.

Pour **repérer une donnée** dont le rang centile est connu :

1° On détermine le nombre de données inférieures ou égales à la donnée recherchée en effectuant le calcul suivant :

$$\frac{\text{Rang centile}}{100} \times \text{Nombre de données}$$

2° Si le résultat n'est pas un entier, on l'arrondit à l'unité inférieure.

3° On recherche dans la liste des données ordonnées celle qui occupe le rang trouvé, à partir du moins bon résultat.

**1** Évalue mentalement ces expressions si $a = 8$ et $b = 4$.

**a)** $(a + b)^2$      **b)** $a^2 + b^2$      **c)** $a^2 - b^2$      **d)** $(a - b)^2$

**2** Sachant que $(a - b)(a + b) = a^2 - b^2$, calcule mentalement :

**a)** 18 x 22      **b)** 27 x 33      **c)** 25 x 35      **d)** 39 x 41

**3** Évalue mentalement ces expressions si $a = 12$ et $b = 8$.

**a)** $\dfrac{a + 2b}{2a + b}$      **b)** $\dfrac{a + b^2}{2a - b}$      **c)** $\dfrac{2a - 2b}{(a - b)^2}$      **d)** $\dfrac{2(a - b)^2}{2(a + b)^2}$

**4** Estime la valeur de ces expressions.

**a)** $\dfrac{234 \times 609}{512}$      **b)** $\dfrac{234 \times 609}{512 \times 432}$      **c)** $\dfrac{8567 \times 532}{512 \times 8825}$      **d)** $\dfrac{39345 \times 2562}{408 \times 5225}$

**5** Estime le résultat de ces opérations.

**a)** $\dfrac{1}{3} + \dfrac{4}{5}$      **b)** $\dfrac{12}{17} - \dfrac{14}{27}$      **c)** $\dfrac{34}{99} \times \dfrac{22}{36}$      **d)** $\dfrac{107}{99} \div \dfrac{27}{51}$

**6** Dans chaque cas, détermine le minimum, le maximum, les quartiles, l'étendue et l'étendue interquartile des distributions.

**a)** Le nombre de points accumulés par les joueurs du Canadien de Montréal au cours des 30 premiers matchs de la saison :

40, 38, 35, 32, 30, 26, 25, 19, 16, 15, 14, 12, 12, 9, 8, 7, 4, 2, 0, 0, 0

**b)** Le montant des bourses gagnées par les 18 meilleures joueuses professionnelles de tennis pour les 10 premiers mois de 1996.

**Bourses des joueuses de tennis (en k$)**

| | |
|---|---|
| 3 | 26-26-42-43-51-61-77-84 |
| 4 | 12-96 |
| 5 | 41 |
| 6 | 02-43-48 |
| 7 | 62 |
| 10 | 66 |
| 14 | 44 |
| 21 | 27 |

*Le mot «tennis» vient de l'exclamation «Tenez !» du joueur qui frappe la balle.*

***c)*** Le diagramme de quartiles construit à partir de la distribution des notes à un examen d'anglais :

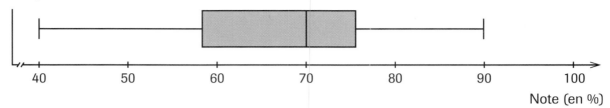

Note (en %)

***d)*** La compilation des retards à l'école la semaine dernière :

**Retards à l'école**

| Nombre de retards | Nombre d'élèves |
|---|---|
| 5 | 1 |
| 4 | 2 |
| 3 | 11 |
| 2 | 22 |
| 1 | 36 |

**7** Des amis ont organisé un tournoi de golf. Voici les résultats de chacun des 40 participants et participantes, présentés sous la forme d'un diagramme à tige et feuilles.

**Résultats d'un tournoi de golf**

| | |
|---|---|
| 6 | 9 |
| 7 | 1-4-6-9 |
| 8 | 0-0-3-4-4-6-7-9 |
| 9 | 1-1-2-4-5-7-7-9-9 |
| 10 | 0-0-1-1-2-4-4-5-6-7-8 |
| 11 | 0-1-3-4-5-7 |
| 12 | 0 |

***a)*** Trace le diagramme de quartiles de cette distribution.

***b)*** Dans quel quart de la distribution les résultats sont-ils le plus regroupés ?

***c)*** Bruce est satisfait : il se classe mieux que 25 % des golfeurs et golfeuses. Quel a été son résultat au tournoi ?

***d)*** Des prix étaient remis aux joueurs et joueuses du premier rang cinquième. Combien de coups fallait-il jouer pour gagner un prix ?

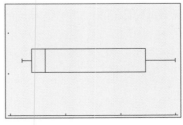

*Le golf est un sport d'origine écossaise. Le premier club de golf a été fondé à Édimbourg, en 1744.*

**8** Le diagramme de quartiles ci-contre représente les résultats d'un groupe d'élèves à un examen. Décris comment les résultats sont répartis dans la distribution.

**9** Parfois, les diagrammes de quartiles sont tracés verticalement. Voici un exemple montrant le nombre de coups de circuit frappés par les 80 meilleurs frappeurs des ligues nationale et américaine de baseball.

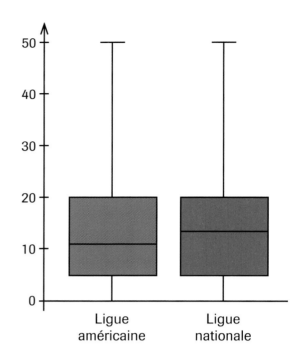

**a)** Détermine les quartiles, le minimum et le maximum de chaque distribution.

**b)** Laquelle des deux ligues est la meilleure du point de vue des coups de circuit?

**c)** Combien de joueurs ont frappé plus de 20 coups de circuit dans chaque ligue?

**10** L'échelle de Richter sert à mesurer la magnitude des tremblements de terre. À partir de la distribution des magnitudes des 17 tremblements de terre les plus violents survenus au Canada depuis le début du siècle, on a construit le diagramme de quartiles ci-dessous.

| Magnitude à l'échelle de Richter | Effets du tremblement de terre |
|---|---|
| Moins de 3,5 | Secousses enregistrées mais non ressenties |
| 3,5 à 5,4 | Secousses ressenties mais peu de dommages |
| 5,5 à 6,0 | Dommages légers aux immeubles |
| 6,1 à 6,9 | Possibilité de destruction de secteurs habités |
| 7,0 à 7,9 | Dommages graves |
| 8,0 et plus | Destruction totale des localités avoisinantes |

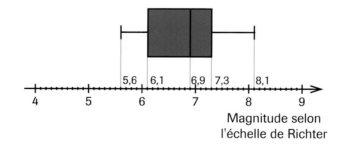

Magnitude selon l'échelle de Richter

**a)** Le plus faible de ces tremblements de terre est survenu dans la région de Cornwall en 1944. Quelle était sa magnitude?

**b)** Le plus violent a eu lieu le 22 août 1949 au large des Îles de la Reine-Charlotte. Quelle était sa magnitude?

*c)* Indique si le graphique
permet de tirer les conclusions
suivantes :

1) Il y a eu huit tremblements
   de terre de magnitude 6,9 et plus
   au Canada depuis le début du siècle.

2) Le quart des tremblements de terre
   d'importance avaient une magnitude
   comprise entre 6,9 et 7,3 à l'échelle
   de Richter.

3) La moyenne des magnitudes des
   tremblements de terre est inférieure
   à 7,0.

4) Il y a eu autant de tremblements de terre de magnitude supérieure à 7,3 qu'il y en
   a eu de magnitude entre 6,1 et 6,9.

*d)* Le 25 novembre 1988, la région du Saguenay a subi un tremblement de terre de
magnitude 6,0. Il a été ressenti à plus de 1000 km à la ronde et a causé des dommages
dans plusieurs villes du Québec. Peut-on considérer qu'il fut l'un des 10 plus violents
tremblements de terre de notre histoire ?

*e)* Quelle est l'étendue de cette distribution ?

**11** Les diagrammes de quartiles suivants représentent la distribution des masses des athlètes
formant l'équipe de lutte gréco-romaine de l'école cette année et l'an passé.

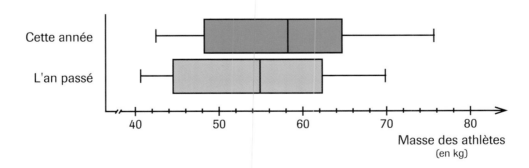

*a)* Analyse chacun de ces diagrammes et tires-en trois informations.

*b)* Compare les deux diagrammes et tire trois conclusions.

**12** Voici la population et le nombre de mariages dans chaque province et territoire du Canada en 1995 :

Depuis 1851, date du premier recensement au Canada, la population est passée de 2 440 000 à 27 350 000 en 1992.

| Province ou territoire | Nombre d'habitants | Nombre de mariages |
|---|---|---|
| Terre-Neuve | 579 500 | 3 250 |
| Île-du-Prince-Édouard | 135 500 | 850 |
| Nouvelle-Écosse | 938 300 | 5 418 |
| Nouveau-Brunswick | 760 600 | 4 187 |
| Québec | 7 300 000 | 24 832 |
| Ontario | 11 004 800 | 67 032 |
| Manitoba | 1 132 800 | 6 590 |
| Saskatchewan | 1 017 200 | 5 651 |
| Alberta | 2 726 900 | 18 158 |
| Colombie-Britannique | 3 719 400 | 24 211 |
| Yukon | 30 100 | 170 |
| Territoires du Nord-Ouest | 65 000 | 246 |

*a)* En regard de la population, attribue un rang cinquième à chaque province ou territoire.

*b)* D'après toi, les mariages sont-ils proportionnels aux populations ? Justifie ta réponse.

*c)* On considère l'ensemble des données obtenues en établissant le rapport «nombre de mariages/nombre d'habitants». Quels provinces ou territoires ont un rang centile supérieur ou égal à 80 ?

*Par tradition, en Occident la mariée porte une robe blanche et, en Asie, une robe rouge.*

**13** Pour préparer ses élèves à un examen provincial, une enseignante les soumet à l'examen de l'année précédente. Ex aequo avec un autre élève, Isabelle se classe 21$^e$ sur 88 élèves, avec un résultat de 71 %.

*a)* Quel est son rang centile dans ce groupe ?

*b)* L'an dernier, lorsque l'examen avait été administré à toute la province, un résultat de 71 % correspondait à un rang centile de 74. Isabelle s'est-elle mieux classée dans son groupe cette année que si elle avait fait partie du groupe provincial l'an passé ?

## 14 LA PLACE DU QUÉBEC

Parmi les 60 États américains et provinces canadiennes, le Québec, avec une population de plus de 7 000 000 de personnes, se classe au 11$^e$ rang quant au nombre d'habitants. La région métropolitaine de Montréal, avec une population de 3 215 000, est la 12$^e$ plus populeuse des métropoles nord-américaines.

*a)* Détermine R$_{100}$(Québec).

*b)* Le rang centile de Montréal est 75. Combien de régions métropolitaines faisaient partie de l'ensemble considéré?

*Centre-ville de Montréal vu du haut de la tour de l'Horloge, au Vieux-Port.*

## 15 LE DEGRÉ DE SCOLARISATION

Voici la distribution de la population canadienne, en pourcentage, selon le niveau de scolarité:

### Niveau de scolarité de la population

| Niveau de scolarité | Pourcentage de la population |
|---|---|
| Primaire | 13,0 |
| Secondaire, premier cycle | 20,6 |
| Secondaire, deuxième cycle | 19,9 |
| Collégial | 33,3 |
| Universitaire | 13,2 |

*a)* Quel est le rang centile d'un élève qui vient de terminer sa cinquième année secondaire?

*b)* Quel est le niveau de scolarité des personnes qui ont un rang centile supérieur à 87?

## 16 À QUI LA FAUTE?

En 1974, le gouvernement du Québec et l'UPA parvenaient à une entente pour fixer le prix de certains produits alimentaires afin d'éliminer les surplus et de stabiliser les revenus des producteurs et productrices. Cette politique a fait que, quelque 20 ans plus tard, le prix de production est beaucoup plus élevé au Québec qu'aux États-Unis. On présente ci-contre quelques données révélatrices.

### Prix de production (1991)

| Produit | Québec | États-Unis |
|---|---|---|
| Lait de consommation | 54,41 $/hl | 31,96 $/hl |
| Lait de transformation | 48,55 $/hl | 28,90 $/hl |
| Poulet à griller | 1,15 $/kg | 0,78 $/kg |
| Dindon | 1,38 $/kg | 1,04 $/kg |

*Source:* Magazine Les Affaires, *juin 1992, p. 22.*

*a)* Est-il sensé de parler de moyenne pour l'ensemble des catégories? Justifie ta réponse.

*b)* Peut-on fabriquer un diagramme de quartiles avec ces données?

*c)* Quelle caractéristique doivent avoir des données pour que puissent s'appliquer les mesures de dispersion ou de position?

*UPA est le sigle de «Union des producteurs agricoles».*

## 1. LA SÉLECTION

Un comité de sélection a rencontré 14 candidats et candidates pour combler des postes d'instructeurs et instructrices en conduite automobile. Après divers tests et une entrevue, on les a classés selon un système de pointage ayant comme maximum 80. Voici les résultats obtenus:

50, 51, 52, 58, 59, 60, 63, 63, 64, 68, 69, 75, 76, 77

*a)* Ceux et celles dont le rang cinquième est 1 ont été engagés. Quels résultats avaient-ils obtenus?

*b)* Quel est le rang cinquième attribué à la note 64?

*c)* Construis le diagramme de quartiles pour cette distribution.

*d)* Entre quels quartiles les données sont-elles le plus concentrées?

## 2. LES CONCOURS DE MATHÉMATIQUE

Paki est une championne en mathématique. Elle a participé au concours Putnam qui regroupe 6000 étudiants et étudiantes universitaires de toute l'Amérique. Elle s'est classée 1200ᵉ. Son petit frère a participé au concours de l'Association mathématique du Québec; il s'est classé 50ᵉ sur 300 candidats et candidates inscrits.

*a)* Calcule le rang centile de chacun.

*b)* Lequel a fait meilleure figure à l'intérieur de son groupe?

*c)* Au concours Putnam, à quel rang a terminé quelqu'un qui a 40 comme rang centile?

## 3. LA PÊCHE À LA ROUSSETTE

La roussette est un des plus petits requins du Canada. On le pêche sur les côtes de la Colombie-Britannique. Des zoologistes se sont intéressés à l'espèce. Ils ont relevé la taille de 30 prises lors d'une excursion de pêche. Voici ces tailles en centimètres:

38, 42, 69, 43, 44, 62, 72, 45, 56, 80, 45, 67, 78, 45, 34,
56, 80, 76, 66, 58, 67, 76, 73, 56, 45, 48, 68, 45, 84, 69

*a)* Quelle est l'étendue de ces données?

*b)* Calcule l'étendue interquartile.

*c)* Donne quelques informations à propos de la concentration des données de cette distribution.

*d)* Détermine:
1) $R_{100}(45)$          2) $R_{100}(67)$

*e)* Quelle donnée a le rang centile:
1) 37?          2) 90?

### 4. LE TEST DE FRANÇAIS

Les diagrammes de quartiles suivants représentent les résultats de deux groupes d'élèves lors d'un test de français. Les deux groupes comprennent 28 élèves chacun.

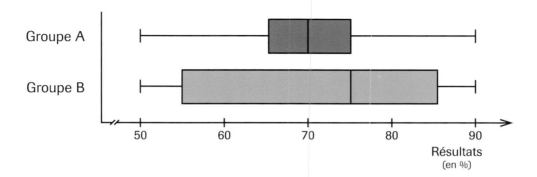

**a)** Dans quel groupe y a-t-il le plus grand nombre d'élèves dont le résultat est supérieur à 80 % ?

**b)** Dans quel groupe un résultat de 80 % aura-t-il le rang centile le plus élevé ?

**c)** Quel est le rapport entre le nombre de résultats supérieurs à 75 % dans le groupe A et dans le groupe B ?

**d)** Dans quel quart du groupe B les données sont-elles le plus dispersées ?

**e)** La note de passage était de 60 %. Dans quel groupe y a-t-il le plus d'échecs ?

### 5. LES MONTAGNES DU MONDE

Voici les hauteurs en mètres des plus hautes montagnes du monde :

5895, 5951, 6194, 6768, 6959, 7495, 7780, ..., 8078, 8126, 8598, 8846, 8858.

25 données

**a)** Quel rang centile occupe le mont McKinley (Alaska) avec ses 6194 m ?

**b)** Quelle est la hauteur du mont qui a un rang centile de :

1) 14 ?                           2) 92 ?                    *Le mont McKinley, Alaska.*

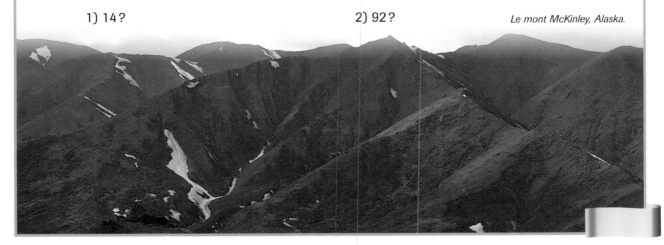

| TABLEAUX DE DISTRIBUTION |
| --- |
| LES GRAPHIQUES |
| MESURES DE TENDANCE CENTRALE |
| MESURES DE DISPERSION |
| MESURES DE POSITION |

Il ne sert à rien de recueillir des données si l'on ne sait pas les interpréter, «les faire parler». On connaît maintenant différents outils statistiques qui nous permettent d'atteindre cet objectif. Faisons la synthèse de ces outils.

## TABLEAUX DE DISTRIBUTION

### Les météorites

On estime qu'il tombe chaque année sur la Terre près de 200 000 météorites, représentant environ 10 000 tonnes de matière cosmique.

Le Meteor Crater, en Arizona, est le plus grand cratère météoritique connu. Découvert en 1891, il a 1200 m de diamètre et 180 m de profondeur.

Dans le tableau ci-contre, on présente la liste des plus grosses météorites découvertes sur la Terre.

Il existe différents types de tableaux de distribution. Ce sont les tableaux:

• valeur-quantité;

• valeur-effectif à données condensées;

• valeur-effectif à données regroupées en classes.

**Chute de météorites**

| Valeur (lieu) | Quantité (masse en t) |
| --- | --- |
| Afrique du Sud | 60 |
| Groenland | 36 |
| Chine | 30 |
| Mexique | 27 |
| Tanzanie | 25 |
| Mongolie | 20 |
| Groenland | 17 |
| Oregon (É.-U.) | 15 |
| Mexique | 14 |
| Argentine | 13,6 |
| Australie | 12 |
| Mexique | 11 |

**a)** De quel type est le tableau de distribution ci-contre?

**b)** En te référant à la première distribution, complète le tableau ci-contre dans lequel apparaissent le nom du continent et le nombre de météorites découvertes dont la masse est supérieure ou égale à 11 t.

**c)** Donne deux informations tirées de cette distribution.

Les météorites tombent également sur la Lune. Des scientifiques ont répertorié le nombre et la dimension des cratères lunaires sur 10 000 km². Le tableau ci-contre fait état de leurs résultats.

**d)** Donne deux informations tirées de cette distribution.

**Météorites et continents**

| Valeur | Effectif |
| --- | --- |
| Afrique | ■ |
| Amérique du Nord | ■ |
| Amérique du Sud | ■ |
| Antarctique | ■ |
| Asie | ■ |
| Europe | ■ |
| Océanie | ■ |

**Dimension des cratères lunaires**

| Valeur (diamètre en km) | Effectif |
| --- | --- |
| [0, 10[ | 85 |
| [10, 20[ | 42 |
| [20, 30[ | 10 |
| [30, 40[ | 8 |
| [40, 50[ | 1 |

Le plus grand cratère lunaire (Bailly) mesure 270 km de diamètre et le plus profond (Newton) est de 7250 m.

Les **tableaux de distribution** sont des éléments importants dans la présentation et l'interprétation des données. La façon d'organiser et de présenter des données permet de faire ressortir un certain nombre d'informations.

# LES GRAPHIQUES

## Les volcans

La distribution des volcans actifs à travers le monde est présentée dans le tableau ci-dessous.

**Volcans actifs**

| Continent | Effectif |
|-----------|----------|
| Afrique | 8 |
| Amérique du Nord | 12 |
| Amérique du Sud | 16 |
| Antarctique | 8 |
| Asie | 29 |
| Europe | 3 |
| Océanie | 13 |

L'éruption du volcan Kilauea (Hawaii), commencée en 1983, se poursuit sans signe de faiblesse après avoir émis plus de 1 km³ de lave!

On a illustré cette distribution à l'aide de deux graphiques de types différents:

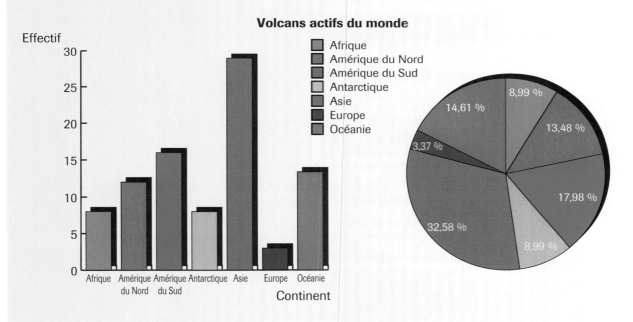

**a)** De quel type est chaque graphique?

**b)** Quels éléments d'information le graphique de gauche met-il en évidence?

**c)** Quels éléments d'information le graphique de droite met-il en évidence?

Ces deux graphiques se rapportent aux mêmes données. Cependant, chacun en fait ressortir un aspect différent. Le premier met l'accent sur le nombre de volcans actifs, tandis que le second souligne l'importance relative du nombre de ces volcans selon le continent. Pour construire le premier, on n'a pas à connaître toutes les données; pour le second, cette connaissance est essentielle puisqu'on y évalue l'importance des parties par rapport au tout.

## L'eau de mer

L'eau de mer est salée. Elle contient environ 35 g de sel par kilogramme d'eau. Sa température n'est pas la même partout sur le globe, et elle varie selon la profondeur. Le graphique ci-dessous présente quelques données relatives à l'océan Atlantique.

**a)** Qu'est-ce qui ressort particulièrement de ce graphique ?

**b)** De quel type de graphique s'agit-il ?

**c)** Peut-on attribuer une signification aux points situés sur les segments de chaque ligne brisée ?

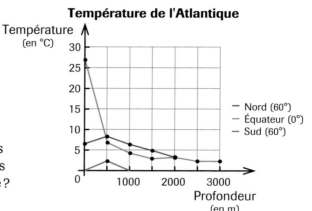

**Température de l'Atlantique**

— Nord (60°)
— Équateur (0°)
— Sud (60°)

*L'océan Atlantique couvre environ 20 % de la surface de la terre.*

Le diagramme à ligne brisée est principalement utilisé lorsque l'on veut montrer la continuité d'un phénomène ou la relation entre deux variables. Il transmet de l'information continue et permet de faire des comparaisons de situations analogues.

## La population du Canada

Durant la dernière décennie, le Canada a accueilli entre 200 000 et 300 000 immigrants et immigrantes par année.

Voici un graphique illustrant le nombre de personnes par groupe d'âge au Canada en juillet 1994.

**a)** Pourquoi l'effectif de la classe [14, 24[ est-il inférieur à celui de la classe précédente ?

**b)** Quelle est la classe modale ?

**c)** De quel type est ce graphique ?

**d)** Qu'est-ce qui le distingue d'un diagramme à bandes verticales ?

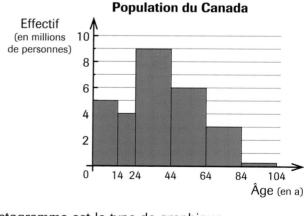

**Population du Canada**

*Le Canada est l'un des pays où la population est la moins dense, soit 3 personnes par kilomètre carré.*

L'histogramme est le type de graphique qu'on utilise le plus souvent pour représenter des données regroupées en classes. Les données peuvent prendre n'importe quelle valeur de la classe.

## Le règne des papes

*Karol Wojtyla, élu pape en 1978, règne sous le nom de Jean-Paul II.*

Depuis saint Pierre, 262 papes se sont succédé à la tête de l'Église catholique romaine. À cette liste, il convient d'ajouter ceux qu'on appelle les antipapes, les papes élus irrégulièrement et dont la légitimité n'a pas été reconnue par l'Église; ceux-ci furent particulièrement actifs à l'époque du grand schisme d'Occident, de 1378 à 1417. Depuis 1418, 59 papes ont régné.

Le graphique ci-dessous montre la durée du règne de ces 59 papes.

### Durée du règne des 59 papes (en a)

| | |
|---|---|
| 0 | 0-0-0-0-0-1-1-1-1-2-2-2-3-3-4 |
| 0 | 5-5-5-5-5-6-6-6-6-6-6-7-7-8-8-8-8-9 |
| 1 | 0-0-1-1-1-1-1-2-3-3-3-4 |
| 1 | 5-5-5-6-6-7-8-9 |
| 2 | 1-1-3-4-5 |
| 3 | 2 |

***a)*** Quel nom donne-t-on à ce type de graphique?

***b)*** Quelle est la durée moyenne du règne d'un pape?

***c)*** Quelle est la médiane de cette distribution?

***d)*** Quelle est l'étendue de cette distribution?

Le diagramme à tige et feuilles est principalement utilisé dans les distributions à données peu nombreuses, regroupées en classes dont les longueurs correspondent aux positions du système décimal: centièmes, dixièmes, unités, dizaines, centaines…

Ce type de graphique ressemble à un diagramme à bandes horizontales formées de chiffres. Il permet de voir assez rapidement la médiane, d'évaluer la moyenne et de trouver le mode ou la classe modale. Il permet de comparer facilement deux distributions analogues. En plus d'être en relation très étroite avec les mesures de tendance centrale, il permet de conserver les données.

Les **graphiques** constituent des éléments importants dans l'illustration et l'interprétation des données d'une distribution. Les principaux sont:

- le diagramme à bandes (horizontales ou verticales);
- le diagramme à ligne brisée;
- le diagramme circulaire;
- l'histogramme;
- le diagramme à tige et feuilles;
- le diagramme de quartiles.

*Sur la place Saint-Pierre-de-Rome, principal accès au Vatican, se dresse la basilique Saint-Pierre, la plus grande et la plus importante église catholique. Fondée au IV$^e$ s. par l'empereur Constantin, la basilique est érigée sur le lieu qu'on dit contenir le tombeau de saint Pierre.*

# MESURES DE TENDANCE CENTRALE

## Le jeu de bridge

Le bridge est un jeu de cartes très répandu sur la planète. Il existe de nombreux clubs et des tournois locaux, nationaux et internationaux sont organisés dans le monde entier. Certains grands hôtels disposent de salles réservées aux joueurs et joueuses de bridge.

Ce jeu se joue à quatre. Les valets valent 1 point, les dames 2, les rois 3 et les as 4 points. Une main peut avoir de 0 à 37 points. Voici la distribution du nombre de points des 25 mains jouées par Carmena lors d'une soirée de bridge.

| Donneur: SUD | | | |
|---|---|---|---|
| Vulnérabilité: aucune | | | |

```
                    NORD
                 ♠ 10 7 4 2
                 ♡ A
                 ◊ R D V 10 5
                 ♣ 4 3 2

    OUEST                    EST
  ♠ V 9 8 3                ♠ 5
  ♡ R D V 10               ♡ 9 8 7 6 2
  ◊ 6 3                    ◊ 9 8 7 2
  ♣ R 7 5                  ♣ V 10 9

                    SUD
                 ♠ A R D 6
                 ♡ 5 4 3
                 ◊ A 4
                 ♣ A D 8 6
```

**Les enchères:**

| SUD | OUEST | NORD | EST |
|---|---|---|---|
| 1 Tr | 1 Co | contre | 3 Co |
| 4 SA | passe | 5 K | passe |
| 6 Pi | passe | passe | passe |

Entame: Roi de Co

**a)** Quelle a été sa moyenne de points par main?

**b)** Comment peut-on calculer la moyenne d'une distribution de données:

   1) non regroupées?

   2) regroupées en classes?

**c)** Quelle est la classe médiane?

**d)** Calcule la médiane de cette distribution, sachant qu'elle est approximativement égale à la limite inférieure de la classe médiane augmentée d'une fraction de l'étendue de cette classe. Cette fraction provient du rapport du rang de la médiane dans sa classe sur l'effectif de cette classe.

**e)** Quelle est la classe modale de cette distribution?

**f)** Que faudrait-il connaître pour déterminer le mode de cette distribution?

### Nombre de points par main

| Points | Effectif |
|---|---|
| [0, 4[ | 2 |
| [4, 8[ | 4 |
| [8, 12[ | 8 |
| [12, 16[ | 7 |
| [16, 20[ | 3 |
| [20, 24[ | 1 |

La moyenne, la médiane et le mode sont trois mesures de tendance centrale. On les calcule comme suit, selon le type de distribution :

| Type<br>Mesure | Distribution à données<br>condensées | Distribution à données<br>regroupées en classes |
|---|---|---|
| **Moyenne**<br>($\bar{x}$) | Somme des données<br>―――――――――――<br>Effectif de la distribution | Somme des produits du milieu des classes par leur effectif<br>――――――――――――――――――――――――――――<br>Effectif de la distribution |
| **Médiane**<br>(Méd) | Donnée du centre de la<br>distribution | ≈ Limite inférieure de la classe médiane +<br>Fraction x (Étendue de la classe médiane) |
| **Mode**<br>(Mo) | Donnée la plus fréquente | Classe avec le plus grand effectif |

Chacune de ces mesures peut être plus ou moins significative selon la situation. Ainsi, on préférera la médiane à la moyenne lorsqu'il y a des données aberrantes. Le mode sera préféré aux autres mesures lorsque ces dernières ne sont pas pertinentes. Il s'agit souvent d'une question de «gros bon sens». La **moyenne,** la **médiane** et le **mode** constituent des caractéristiques importantes d'une distribution.

## MESURES DE DISPERSION

### Les industries relatives au transport

Après une longue récession, l'industrie du transport connaît généralement une hausse fulgurante.

*a)* Quelles raisons peuvent expliquer une telle hausse ?

Voici le nombre d'employés et employées des 32 plus grosses industries fabriquant de l'équipement et du matériel de transport en 1996 au Québec :

43 635, 12 300, 6322, 3200, 2000, 1800, 1700, 1634, 1363, 1200, 1162, 1073, 950, 947, 678, 670, 665, 596, 590, 530, 463, 430, 415, 412, 400, 394, 360, 350, 301, 255, 240, 235

*b)* Quelle est l'étendue de cette distribution ?

*c)* Peut-on dire qu'il existe, dans cette distribution, des données qu'on pourrait qualifier d'aberrantes par rapport aux autres ? Si oui, quelles sont-elles ?

*Chargement d'un conteneur sur un semi-remorque.*

**d)** Voici le diagramme de quartiles de cette distribution, abstraction faite des deux plus grandes données:

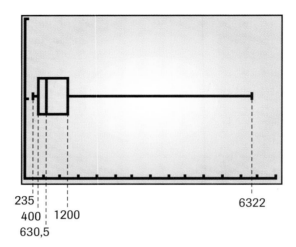

235    400  1200                6322
          630,5

1) Dans quels quarts les données sont-elles le plus concentrées?

2) Dans quels quarts les données sont-elles le plus dispersées?

**e)** Dans cette situation, laquelle, de la médiane ou de la moyenne, est la mesure la plus représentative du nombre d'employés et employées des industries relatives au transport?

L'**étendue** et la **concentration** des données sont deux autres caractéristiques importantes d'une distribution.

# MESURES DE POSITION

## La métallurgie au Québec

L'industrie métallurgique est loin d'être une part négligeable du secteur manufacturier au Québec.

Dans le tableau ci-contre se trouve la liste des 12 plus grandes industries métallurgiques du Québec et leur classement général parmi les 500 plus grandes industries de tous genres du Québec.

**a)** Quels sont les principaux métaux traités au Québec?

**Industries métallurgiques**

| Industrie | Classement |
|---|---|
| Alcan | 10 |
| Noranda | 17 |
| Reynolds | 34 |
| Sidbec-Dosco | 48 |
| QIT-Fer et Titane inc. | 65 |
| Ivaco | 85 |
| Aluminerie Bécancour | 121 |
| Stelco | 217 |
| Sammi-Atlas | 219 |
| Aluminerie Alouette | 226 |
| Norsk Hydro | 346 |
| Forges de Sorel | 433 |

**b)** L'Alcan se classe première parmi les industries métallurgiques du Québec et dixième parmi les 500 plus grandes industries de tous genres du Québec. Quel est le rang cinquième de l'Alcan dans la distribution:

1) des industries métallurgiques?

2) des 500 grandes industries du Québec?

**c)** André, acheteur de la QIT-Fer et Titane inc. de Sorel, s'interroge sur le rang centile de sa compagnie dans chacune des distributions. Quel est le rang centile de QIT-Fer et Titane inc. dans la distribution:

1) des industries métallurgiques?

2) des 500 grandes industries du Québec?

*L'usine QIT-Fer et Titane inc., située à Sorel, fabrique l'ilménite (minerai noir) qui est transformée en pigment blanc.*

Les **rangs cinquièmes** et les **rangs centiles** sont des mesures qui permettent de positionner des données dans une distribution. Elles constituent des mesures importantes permettant d'interpréter, de comparer ou de tirer des conclusions à propos des données.

# Investissement 8 ......................................

**1.** Voici les résultats de deux groupes-classes à un examen de biologie:

| Groupe A | | | | |
|---|---|---|---|---|
| 54 | 64 | 96 | 76 | 66 |
| 52 | 56 | 58 | 62 | 47 |
| 58 | 59 | 73 | 59 | 56 |
| 44 | 66 | 60 | 53 | 52 |
| 72 | 64 | 76 | 77 | 66 |
| 74 | 74 | 63 | | |

| Groupe B | | | | |
|---|---|---|---|---|
| 68 | 62 | 51 | 67 | 72 |
| 79 | 60 | 71 | 78 | 50 |
| 85 | 82 | 76 | 58 | 84 |
| 88 | 72 | 63 | 50 | 57 |
| 92 | 52 | 49 | 47 | 62 |
| 66 | | | | |

**a)** Construis le diagramme qui permet de comparer ces deux séries de résultats tout en conservant les données.

**b)** Quel diagramme permettrait d'analyser la dispersion de ces données?

**c)** Quelle mesure de tendance centrale permettrait de bien évaluer le rendement de chaque groupe-classe?

**d)** Quelle mesure permettrait de juger dans chaque distribution si 66 est un bon résultat?

**2.** Le comité du bal de cinquième secondaire a demandé à tous les finissants et finissantes quel montant ils trouveraient raisonnable de payer pour les billets d'entrée du bal de fin d'année. Les choix possibles étaient ceux-ci : 0 $, 10 $, 20 $, 30 $, 40 $, 50 $. Quelque 175 personnes ont donné leur avis.

**a)** Quel graphique conviendrait le mieux pour présenter les résultats de ce sondage dans le journal étudiant?

**b)** Laquelle des mesures suivantes représente le mieux le choix des élèves : la moyenne, la médiane ou le mode?

**c)** Voici la distribution des données recueillies et le diagramme de quartiles correspondant.

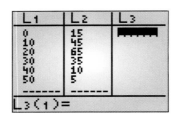

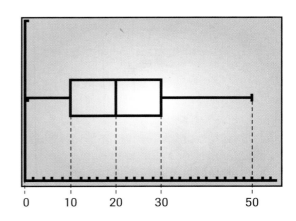

Qu'est-ce qui peut faire dire que la majorité des réponses étaient inférieures ou égales à 20 $?

**d)** Quelle décision le comité devrait-il prendre?

**3.** Lors d'une journée de pluie, les moniteurs et monitrices d'un camp de vacances organisent un grand nombre d'activités et de concours d'adresse. Les enfants accumulent des points et, à la fin de la journée, on détermine la ou le grand gagnant. Voici les résultats obtenus par les enfants :

17, 18, 18, 19, 21, 22, 22, 24, 27, 30, 35, 40, 43, 45, 46, 46, 49, 50, 54, 56, 62, 63, 64, 64, 67, 69

**a)** Quel type de distribution pourrait-on utiliser pour présenter ces données?

**b)** Quelle mesure de tendance centrale serait-il intéressant de faire ressortir dans cette situation? Pourquoi?

**c)** Quels éléments d'information pourrait fournir un diagramme de quartiles dans cette situation? Justifie ta réponse.

**d)** On nous informe que le rang cinquième de 50 est 2. Peut-on dire que l'enfant qui a obtenu ce score a bien réussi par rapport au groupe?

**4.** Les membres d'un club de course à pied examinent leurs performances lors du demi-marathon tenu dimanche dernier. Voici les temps réalisés par les participants :

**Temps (en min) du demi-marathon**

| Élite | | Participation |
|---|---|---|
| 5 | 8 | |
| 8-4-3-1-0 | 9 | |
| 9-7-5-5-2-1-1 | 10 | |
| 9-6-5-1 | 11 | 2 |
| 2 | 12 | 0-3-4-5-7 |
| | 13 | 0-4-4-4-5-5-5-6-6-7-8-9 |
| | 14 | 2-3-7-8 |
| | 15 | 0-4-7-9 |
| | 16 | 3-6 |
| 5 | 17 | 2 |

***a)*** Quel est le temps moyen pris par les coureurs de la catégorie «participation» ?

***b)*** Dans quelle catégorie y avait-il un peloton ?

***c)*** Quelle mesure correspond à la différence entre la première et la dernière donnée dans chaque catégorie ?

***d)*** Dans quelle catégorie peut-on parler d'une concentration de données entre le premier quartile et la médiane ?

***e)*** Quelle mesure correspond au moment où les trois quarts des coureurs et coureuses de la catégorie «participation» avaient terminé la course ?

***f)*** Jacques fait partie de la catégorie «élite»; il a réussi un temps de 93 min. Pascal court dans la catégorie «participation»; il a pris 138 min pour effectuer le parcours. Lequel a fait meilleure figure dans sa catégorie ?

**5.** Nicole est une adepte du saut en hauteur. Elle suit présentement un programme d'entraînement très sévère. Sa monitrice a noté la hauteur (en centimètres) des sauts de Nicole avant et après son programme :

Avant :    150, 152, 155, 159, 162, 153, 152, 146, 155, 149, 153, 161, 144, 149, 155, 146

Après :    165, 170, 166, 164, 166, 168, 172, 177, 173, 168, 174, 169, 173, 175, 178, 179

En utilisant les outils statistiques de ton choix, interprète ces données.

*Les spécialistes du saut en hauteur sont généralement de haute taille. La détente, primordiale, exige une puissante musculature et une grande souplesse.*

**6.** Voici quatre diagrammes à bandes, quatre diagrammes de quartiles dans un même graphique, et quatre affirmations reliés aux résultats de quatre groupes d'élèves lors d'un test. À chaque diagramme à bandes associe un diagramme de quartiles et une affirmation.

### Diagrammes à bandes

**a)**

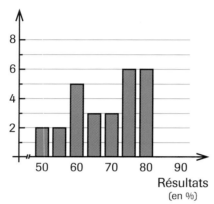

**b)**

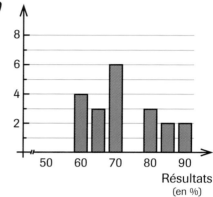

**c)**

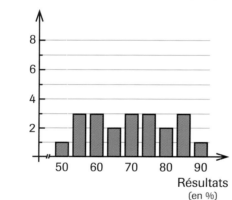

**d)**

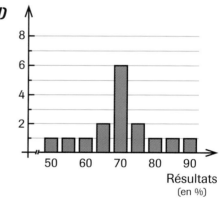

**Affirmations**

1) Tous les élèves ont obtenu au moins 60 %.

2) Personne n'a obtenu plus de 80 %.

3) La moitié des résultats sont situés entre 65 % et 75 %.

4) Un quart des élèves ont obtenu moins de 60 %; un quart des élèves ont obtenu plus de 80 %.

### Diagrammes de quartiles

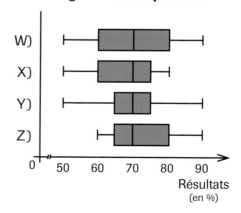

**7.** Un sondage a été réalisé auprès de 100 hommes et 100 femmes sur le temps qu'ils consacrent chaque jour à la lecture. Le diagramme de quartiles ci-dessous présente les résultats obtenus.

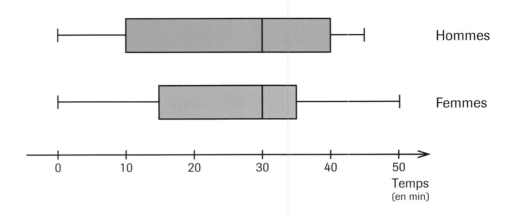

Voici une série d'affirmations. Détermine lesquelles sont vraies et lesquelles sont fausses (il est possible que le diagramme ne permette pas de tirer de conclusion sur certaines affirmations).

1) Il y a des hommes et des femmes qui ne lisent pas.

2) Les hommes lisent en moyenne 30 min par jour.

3) Environ 25 % des hommes lisent 10 min ou moins par jour.

4) La moitié des hommes et des femmes lisent au moins 30 min par jour.

5) Les femmes lisent plus que les hommes.

6) Il y a une plus forte concentration de femmes que d'hommes qui lisent de 30 min à 35 min par jour.

**8.** Un élève a fait un sondage pour connaître le nombre de films que les gens de sa région regardent en moyenne par mois. Les résultats obtenus sont présentés dans le tableau ci-contre.

Tire le plus d'informations possible de cette distribution.

**Visionnement mensuel**

| Nombre de films | Effectif |
|:---:|:---:|
| 0 | 22 |
| 1 | 13 |
| 2 | 20 |
| 3 | 27 |
| 4 | 18 |
| 5 | 10 |
| 6 | 7 |
| 7 | 2 |
| 8 | 1 |

**9.** L'épilepsie est le désordre neurologique le plus répandu dans le monde après les maux de tête : elle affecte entre 0,5 et 2 % de la population, selon les pays. Au Québec, on dépiste 3000 nouveaux cas chaque année. Le tableau ci-contre présente la distribution hypothétique de ces nouveaux cas, selon le groupe d'âge.

**Cas d'épilepsie**

| Groupe d'âge | Effectif |
|---|---|
| [0, 6[ | 1060 |
| [6, 12[ | 684 |
| [12, 18[ | 256 |
| [18, 24[ | 140 |
| [24, 30[ | 64 |
| [30, 36[ | 34 |
| [36, 42[ | 28 |
| [42, 48[ | 26 |
| [48, 54[ | 50 |
| [54, 60[ | 122 |
| [60, 66[ | 186 |
| [66, +[ | 350 |

**a)** Interprète ces données en utilisant les outils statistiques appropriés.

**b)** Compare le groupe des moins de 18 ans à celui des plus de 18 ans du point de vue :

1) du nombre ;

2) de la concentration des données.

*classe Modale*
*moyenne*
*médiane*

**10.** Voici les données correspondant au compte d'électricité d'un abonné pour les 12 derniers mois. Les données sont regroupées par périodes de 60 jours :

| 226,48 $ | 239,68 $ | 789,10 $ | 683,94 $ | 490,63 $ | 286, 37 $ |
|---|---|---|---|---|---|

Donne au moins six éléments d'information d'ordre statistique à propos de ces données.

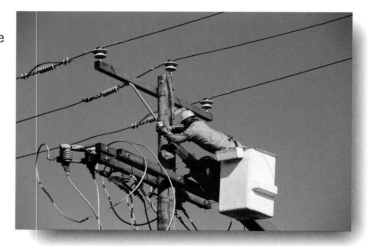

 ► FORUM

Pour chacun des renseignements suivants, tirez quelques conclusions :

1) L'étendue interquartile est beaucoup plus grande que la moitié de l'étendue.

2) La médiane est beaucoup plus près de $Q_1$ que de $Q_3$.

3) La tige de droite du diagramme de quartiles est beaucoup plus longue que celle de gauche.

4) Un résultat égal à la moyenne se situe dans le deuxième rang cinquième.

Pour étudier les données recueillies lors de sondages, d'enquêtes ou de recensements, il existe différents outils statistiques. Voici sommairement ceux dont nous avons parlé jusqu'à maintenant :

- les **tableaux de distribution,** qui sont de trois types :

  - valeur-quantité ;

  - valeur-effectif à données condensées ;

  - valeur-effectif à données regroupées en classe ;

- les **graphiques,** dont les plus utilisés sont :

  - le diagramme à bandes horizontales ou verticales ;

  - le diagramme à ligne brisée ;

  - le diagramme circulaire ;

  - l'histogramme ;

  - le diagramme à tige et feuilles ;

  - le diagramme de quartiles ;

- les **mesures de tendance centrale,** qui comprennent :

  - la moyenne ;

  - la médiane ;

  - le mode ;

- les **mesures de dispersion,** qui comprennent entre autres :

  - l'étendue de la distribution ;

  - l'étendue interquartile ;

  - l'étendue des quarts ;

- les **mesures de position :**

  - les quartiles ;

  - le rang cinquième ;

  - le rang centile.

Ces outils statistiques nous aident à interpréter les données d'une distribution et, ainsi, à en tirer le plus d'informations possible. Soulignons par ailleurs que, dans tous les cas, il faut tenir compte du **contexte.** La **connaissance de la situation** et le **jugement** restent d'une importance capitale pour **interpréter correctement** des données.

# MAÎTRISE 23

**1** Applique mentalement les lois sur les exposants dans les expressions suivantes.

**a)** $(4^3)^2$ 　　　　**b)** $96 = 2^\blacksquare \times 3$ 　　**c)** $625 \div 5^2 = 5^\blacksquare$ 　　**d)** $4^2 \times 2^5 = 2^\blacksquare$

**e)** $5^6 \div 25 = 5^\blacksquare$ 　　**f)** $0,25 \div 4^{-1} = 4^\blacksquare$ 　　**g)** $0,0001 \times 10^{-2} = 10^\blacksquare$ 　**h)** $(3^2 \times 9^2 \times 27)^2 = 3^\blacksquare$

**2** Détermine mentalement le résultat.

**a)** $^-9ab \cdot 7a^{-2}b$ 　　**b)** $81x^3y^2 \div 9x^2y^{-1}$ 　　**c)** $12ab^2 - 27ab^2$ 　　**d)** $37x^3y + 15x^3y$

**3** Transforme mentalement chaque mesure donnée en une mesure équivalente, selon l'unité indiquée.

**a)** $24$ cm $= \blacksquare$ dm 　　**b)** $24,5$ kg $= \blacksquare$ cg 　　**c)** $3500$ Pa $= \blacksquare$ kPa 　　**d)** $3,5$ dm$^3$ $= \blacksquare$ ml

**4** Estime la mesure de l'hypoténuse d'un triangle rectangle dont les mesures des cathètes, en centimètres, sont les suivantes :

**a)** 12 et 15 　　　　**b)** 18 et 40 　　　　**c)** 29 et 29 　　　　**d)** 1 et 40

**5** Dans une vie de 70 ans, estime le temps passé :

**a)** à dormir ; 　　　　　　　　　**b)** à manger ;

**c)** à se laver ; 　　　　　　　　　**d)** à aller aux toilettes ;

**e)** à regarder la télé ; 　　　　　　**f)** à pratiquer un sport ;

**g)** à parler au téléphone ; 　　　　**h)** à étudier ou à lire.

**6** Julie et Louis ont pêché la truite toute la journée et ils ont tous les deux atteint leur quota de prise. Pour comparer leurs poissons, ils les mesurent et notent leur longueur. Voici le diagramme de quartiles de ces deux distributions :

La pêche à la mouche, une méthode ancienne qui remonte à environ six siècles, connaît aujourd'hui un spectaculaire regain de popularité.

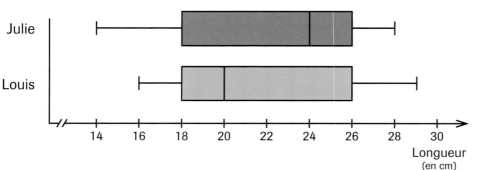

**a)** Qui a pris le poisson le plus long ?

**b)** En général, lequel a pris les poissons les plus longs ?

*c)* Lequel a pris le plus de poissons de moins de 18 cm ?

*d)* Lequel a pris le plus petit poisson ?

*e)* Lequel a fait la meilleure pêche ? Justifie ta réponse.

*f)* La longueur moyenne des poissons de Julie est-elle nécessairement plus grande que celle des poissons de Louis ?

**7** La gérante d'un complexe de cinéma veut comparer les assistances aux représentations de deux films à l'affiche dans deux salles différentes au cours de la dernière semaine. L'ordinateur lui a fourni les diagrammes de quartiles suivants :

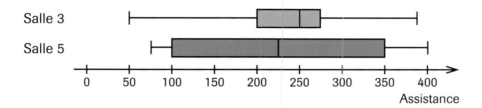

*a)* Une séance est plutôt satisfaisante s'il y a au moins 200 personnes présentes. Laquelle des salles a compté le plus de séances plutôt satisfaisantes lors de la semaine étudiée ?

*b)* Une séance est très satisfaisante si l'assistance est de plus de 300 personnes. Laquelle des salles a compté le plus de séances très satisfaisantes cette semaine-là ?

*c)* Dans laquelle des salles l'assistance est-elle la plus régulière ?

**8** Un journal de consommateurs a reçu une plainte d'un de ses lecteurs. Il prétend que les pompes à essence de la compagnie ABC ne distribuent pas la quantité d'essence qu'elles affichent au compteur. Un journaliste est chargé de mener une enquête. Il demande exactement 20 l d'essence chez 30 détaillants de la compagnie ABC et aussi chez 30 détaillants d'une autre compagnie. Il mesure ensuite la quantité d'essence qu'il a réellement obtenue. Les résultats sont présentés à l'aide des diagrammes de quartiles suivants :

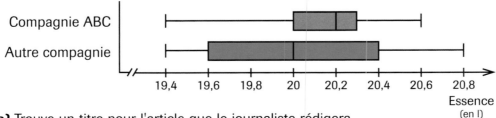

*a)* Trouve un titre pour l'article que le journaliste rédigera.

*b)* Quelle compagnie possède les pompes les plus précises?

*c)* Avec quelle compagnie les consommateurs et consommatrices en ont-ils le plus pour leur argent?

*d)* Quel pourcentage des pompes de l'autre compagnie commettent une erreur supérieure à 2 %?

*e)* Donne deux autres conclusions que l'on peut tirer de la comparaison de ces diagrammes.

**9** Dans une galerie d'art, deux peintres amateurs présentent leurs oeuvres au public et offrent leurs toiles à des prix variant selon le format et le sujet.

Voici les prix demandés pour les oeuvres de Delisle: 850 $, 950 $, 975 $, 1000 $, 1000 $, 1150 $, 1150 $, 1175 $, 1225 $, 1350 $, 1350 $, 1375 $, 1400 $,1800 $, 1825 $, 1850 $, 1900 $.

Périgny étiquette les prix suivants à ses toiles: 850 $, 850 $, 875 $, 900 $, 1000 $, 1000 $, 1000 $, 1050 $, 1150 $, 1250 $, 1250 $, 1275 $, 1300 $, 1400 $, 1450 $, 1500 $, 1900 $.

*Marc-Aurèle Fortin,* Grande barque à Saint-Alexis, *aquarelle.*

*a)* Sur un même graphique, trace les diagrammes de quartiles représentant ces deux distributions.

*b)* Que peut-on constater?

*c)* Peut-on supposer que les moyennes seront égales?

*d)* Calcule la moyenne de chacune des distributions.

*e)* Peut-on expliquer ce résultat en examinant la valeur des données dans chacun des quarts des distributions?

*f)* À la lumière des réponses précédentes, les toiles de quel peintre sont les plus chères?

**10** Une marchande de cadeaux de la rue du Trésor retire le rouleau d'enregistrement de sa caisse à la fin d'une journée. Voici la liste des données de ses ventes:

45,60 $,  109,56 $,  32,98 $,  48,39 $,  67,19 $,  12,45 $,  25,65 $,  8,95 $,  15,67 $,  23,76 $, 19,67 $,  34,12 $,  27,84 $,  15,62 $,  8,56 $,  3,45 $,  58,45 $,  33,12 $,  46,24 $,  3,49 $

*a)* Interprète ces données.

*b)* Si cette journée est très représentative des 90 jours de la saison touristique, quel est le chiffre d'affaires de ce commerce?

**11** Nadine est gérante d'un atelier de réparation de véhicules. À la fin de la journée, elle examine les montants, arrondis au dollar près, des factures des clients, : 34 \$, 474 \$, 53 \$, 332 \$, 62 \$, 284 \$, 98 \$, 397 \$, 156 \$, 657 \$, 177 \$, 274 \$, 87 \$, 291 \$, 56 \$, 349 \$, 547 \$, 378 \$, 144 \$, 422 \$, 45 \$, 483 \$, 378 \$, 619 \$, 163 \$.

À l'aide d'un logiciel statistique, elle fait imprimer les graphiques suivants :

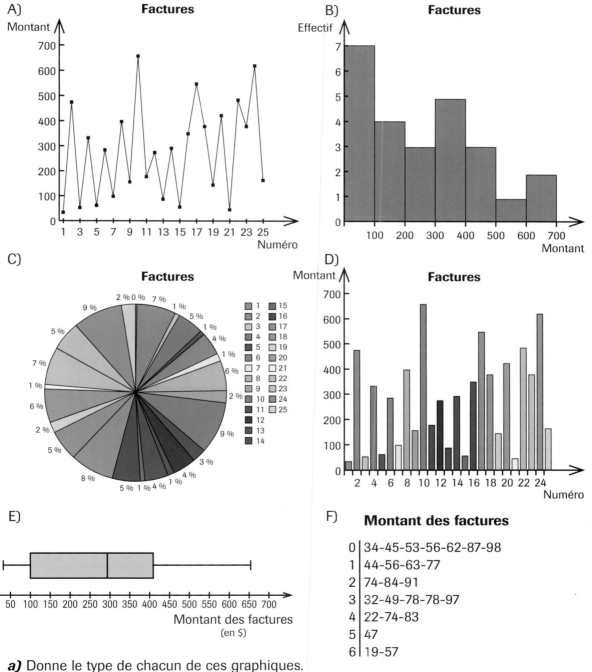

F) **Montant des factures**

| | |
|---|---|
| 0 | 34-45-53-56-62-87-98 |
| 1 | 44-56-63-77 |
| 2 | 74-84-91 |
| 3 | 32-49-78-78-97 |
| 4 | 22-74-83 |
| 5 | 47 |
| 6 | 19-57 |

***a)*** Donne le type de chacun de ces graphiques.

***b)*** Parmi ces graphiques, lesquels ne sont pas du tout appropriés à la situation ?

***c)*** Fais ressortir des éléments d'information que contient le graphique B mais non le graphique E.

***d)*** Fais ressortir des éléments d'information que contient le graphique E mais non le graphique B.

***e)*** Quel est le principal élément d'information absent des graphiques B et E mais présent dans le diagramme F?

***f)*** Lequel de ces graphiques est-il préférable de choisir si l'on veut:

    1) montrer comment les données sont dispersées dans la distribution?

    2) insister sur le fait que les coûts des réparations peuvent se regrouper en classes?

    3) garder les données pour faire d'autres calculs?

***g)*** Nadine fait également imprimer les mesures de tendance centrale:

| | |
|---|---|
| $n = 25$ | Moyenne ($\bar{x}$): 278,4 |
| Médiane (Méd): 284 | Mode (Mo): 378 |

Laquelle de ces mesures ne donne pas vraiment de renseignement pertinent dans cette situation?

***h)*** Lesquelles des affirmations suivantes peuvent être déduites uniquement des mesures de tendance centrale?

    1) La moitié des factures sont de 284 $ et plus.

    2) La plupart des factures sont d'environ 280 $.

    3) Si chaque client avait payé le même montant, la facture de chacun aurait été de 278,40 $.

    4) Il y a plus de factures de 378 $ que de tout autre montant.

    5) La moitié des factures sont de 278 $ ou moins.

    6) Au moins la moitié des factures sont d'un montant supérieur à la moyenne.

    7) Il y a au moins une facture de 284 $.

***i)*** Le logiciel lui fournit également les mesures suivantes:

| | | | | |
|---|---|---|---|---|
| Étendue: 623 | | Étendue interquartile (EI): 317 | | |
| Min. = 34 | $Q_1 = 92,5$ | $Q_2 = 284$ | $Q_3 = 409,5$ | Max. = 657 |

Parmi les affirmations suivantes, lesquelles sont vraies?

    1) L'écart entre la facture la plus élevée et la moins élevée est de 657 $.
    2) C'est parmi les factures les moins élevées que les montants sont le plus regroupés.
    3) Au moins le quart des réparations effectuées ce jour-là ont coûté moins de 100 $.
    4) Les quarts sont approximativement de la même étendue.
    5) Environ la moitié des clients et clientes ont déboursé entre 92,50 $ et 409,50 $.

***j)*** Enfin, Nadine a obtenu les mesures de position suivantes:

| $R_{100}(56) = 16$ | $R_{100}(397) = 76$ | $R_5(98) = 4$ | $R_5(87) = 4$ |

Lesquelles des affirmations suivantes peuvent être déduites de ces mesures de position?

1) 16 % des clients et clientes ont déboursé 56 $ ou moins.

2) La facture de 397 $ est parmi les 20 % des montants les plus élevés.

3) Des montants qui ont été payés cette semaine-là, 98 $ n'était pas parmi les plus élevés.

4) 397 $ constitue 74 % du montant maximal payé cette semaine-là.

***k)*** Si les données de cette journée constituent un échantillon représentatif de la facturation habituelle à l'atelier de Nadine, lesquelles des conclusions suivantes peut-on tirer?

1) L'atelier de Nadine ne fait pas souvent de réparations de plus de 400 $.

2) En moyenne, il en coûte un peu moins de 300 $ par client.

3) Le taux horaire n'est pas très élevé.

4) C'est un excellent atelier de réparations.

**12** Rémi tient un kiosque à journaux. Chaque semaine, il commande 20 exemplaires de la revue *Ados-jeunesse.* Après un an, il fait le bilan des ventes de cette revue.

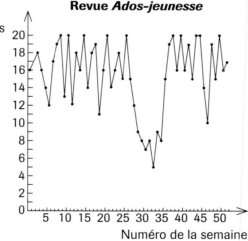

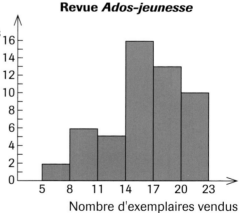

***a)*** Tire trois informations de chacun de ces graphiques.

**b)** Sachant que les mesures de tendance centrale sont :

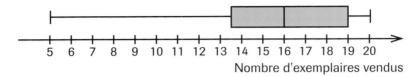

| $\overline{x} = 15,44$ | Méd = 16 | Mo = 20 |

et que le diagramme de quartiles est le suivant :

5  6  7  8  9  10  11  12  13  14  15  16  17  18  19  20
Nombre d'exemplaires vendus

donne quatre informations concernant ces données.

**c)** Quelle stratégie devrait-on suggérer à Rémi pour les commandes de cette revue dans chacun des cas suivants ?

1) Il doit payer toutes les revues qu'il commande.

2) Il ne doit payer que les revues qu'il vend.

3) Il doit payer les 10 premières revues qu'il commande, qu'il les vende ou non ; les exemplaires suivants ne sont payés que s'ils sont vendus.

**13** En consultant le classement des joueurs et joueuses de badminton présenté sur le réseau Internet à l'automne 1996, on a obtenu les informations suivantes :

• Denyse Julien est classée 51$^e$ au monde et 1$^{re}$ au Canada ;

• Iain Sadie, 1$^{er}$ au Canada, est 40$^e$ au monde ;

• Marco Desjardins est 3$^e$ au classement québécois et 4$^e$ au classement canadien ;

• Robyn Hermitage est 10$^e$ au Canada et 1$^{re}$ au Québec ;

• Jean-Philippe Goyette est 2$^e$ au Québec et 13$^e$ au Canada.

**a)** Quel renseignement manque-t-il pour que l'on puisse attribuer des rangs cinquièmes et centiles à ces athlètes aux niveaux québécois, canadien et mondial ?

**b)** Sachant qu'il y a 320 hommes et 276 femmes au classement mondial, 125 hommes et 100 femmes au classement canadien et 54 hommes et 45 femmes au classement québécois, calcule les rangs centiles de chaque athlète selon les informations fournies.

**14** Une fondation amasse de l'argent pour les enfants malades. Elle organise une randonnée cycliste. Les participants et participantes doivent trouver des commanditaires pour s'inscrire. Le trésorier de l'événement doit compiler les statistiques et faire un rapport à la presse. Quelle(s) mesure(s) statistique(s) doit-il calculer pour :

**a)** déterminer combien les participants et participantes ont amassé en moyenne ?

**b)** déterminer le pourcentage de ceux qui ont amassé 50 $ et moins ?

**c)** connaître le montant minimal que la moitié des gens ont amassé ?

**d)** indiquer la différence entre la personne qui a amassé le plus et celle qui a amassé le moins ?

**e)** répartir les cyclistes en cinq groupes selon le montant qu'ils ont amassé ?

**15** Les membres d'un club de ski de fond inscrivent le nombre de kilomètres qu'ils ont parcourus durant les randonnées qu'ils ont effectuées. Après quelques semaines, le secrétaire du club affiche les renseignements suivants :

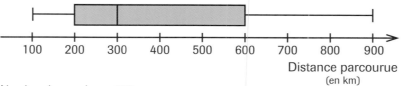

Distance parcourue
(en km)

Nombre de membres : 100
Nombre moyen de kilomètres parcourus par membre : 400

**a)** Combien de membres ont parcouru moins de 200 km ?

**b)** La moyenne est-elle plus grande ou plus petite que la médiane, ou est-elle égale à celle-ci ? Explique comment cela est possible.

**c)** Quel pourcentage des membres ont parcouru au moins 600 km ?

**d)** Comment peut-on évaluer, par rapport au groupe, un membre qui a parcouru 395 km ?

*Ski de fond au mont Saint-Bruno, en Montérégie.*

**16** L'inactivité augmente les risques de maladie. Les experts et expertes vont jusqu'à affirmer que l'inactivité cause autant de dommages à la santé que la consommation d'un paquet de cigarettes par jour. On présente ci-contre des données obtenues lors d'un sondage concernant le nombre de minutes consacrées à la pratique d'activités physiques en dehors du travail chaque semaine.

*Trente minutes de marche par jour permet de réduire les risques de décès prématuré, de maladies cardiaques, de diabète, d'hypertension, de cancer du colon, d'anxiété, de dépression, d'obésité, de fractures, et contribue au bien-être psychologique.*

Interprète ces données en utilisant les outils statistiques.

**Pratique d'activités physiques**

| Temps (en min) | Effectif |
|---|---|
| [0, 30[ | 172 |
| [30, 60[ | 150 |
| [60, 90[ | 133 |
| [90, 120[ | 60 |
| [120, 150[ | 42 |
| [150, 180[ | 18 |
| [180, 210[ | 12 |
| [210, 240[ | 8 |
| [240, 270[ | 4 |
| [270, 300[ | 1 |

**17** LES TOURISTES AU QUÉBEC

En surfant sur Internet, Luc a trouvé un tableau montrant la provenance des touristes qui dépensent le plus au Québec.

Fais l'étude de ces données : présente-les de manière à mieux les situer les unes par rapport aux autres, trace le ou les diagrammes pertinents, calcule les mesures appropriées et tire les conclusions qui s'imposent.

**Touristes au Québec**

| Pays, province ou État | Dépenses par touriste par jour (en $) |
|---|---|
| New York | 102 |
| France | 113 |
| Ontario | 94 |
| Nouveau-Brunswick | 87 |
| Manitoba | 78 |
| Allemagne | 121 |
| Hollande | 114 |
| Maine | 95 |
| Italie | 132 |
| Belgique | 107 |
| Espagne | 99 |
| Colombie-Britannique | 103 |
| Alberta | 92 |
| Illinois | 120 |
| New Jersey | 114 |
| Floride | 110 |
| Californie | 135 |

*Randonnée en motoneige à Percé. L'intérêt pour les randonnées en motoneige ne cesse de croître auprès des visiteurs étrangers en quête de grands espaces.*

## 18 LES POISSONS CONTAMINÉS AU MERCURE

Des biologistes vérifient la contamination au mercure des poissons d'une rivière du Nord québécois. Ils ont testé la concentration en mercure (en parties par million) pour 40 poissons pris au hasard. Voici les résultats (en ppm):

0,56  0,31  0,45  0,62  0,76  0,62  0,54  0,30  0,47
0,63  0,45  0,40  0,41  0,61  0,63  0,63  0,60  0,69
0,36  0,52  0,72  0,67  0,59  0,76  0,42  0,67  0,43
0,50  0,33  0,58  0,48  0,61  0,52  0,60  0,64  0,65
0,50  0,60  0,73  0,53

*Les plus grands prédateurs, tels le brochet et le maskinongé, sont aussi les plus contaminés.*

La tolérance recommandée par Santé Canada pour que le poisson soit comestible est de 0,50 ppm.

Organise les données, trace les diagrammes appropriés, calcule les mesures significatives et tire les conclusions qui s'imposent.

## 19 LE BOUCHE À OREILLE

Deux films québécois sont sortis en salle le mois dernier. Un cinéma les a simultanément mis à l'horaire pendant deux semaines complètes dans deux salles comptant chacune 200 sièges. Voici le nombre de spectateurs et spectatrices présents à chaque représentation pour chaque film:

*La Femme idéale :* 200, 200,198, 187, 175, 180, 168, 165, 143, 128, 98, 147, 125, 78, 111, 97, 45, 106, 112, 95, 68, 45, 43, 84, 32, 36, 28, 34, 23, 24, 12, 14.

*Le Marteau :* 45, 56, 23, 67, 112, 125, 145, 118, 154, 178, 200, 200, 200, 198, 200, 118, 200, 200, 178, 167, 198, 67, 168, 134, 125, 89, 98, 68, 39, 45, 78, 145.

Fais « parler » ces données.

## 20 AU CLUB MED

La directrice d'un club Med a relevé l'âge des vacanciers et vacancières dont le voyage est prévu pour la deuxième semaine de janvier. On présente ci-contre la distribution obtenue selon le groupe d'âge.

*a)* Interprète ces données.

*b)* Imagine qu'on te confie l'organisation des activités récréatives. Quelles activités conviennent le mieux à cette clientèle?

**Âges des vacanciers et vacancières**

| Groupe d'âge | Effectif |
|---|---|
| [18, 24[ | 6 |
| [24, 30[ | 22 |
| [30, 36[ | 18 |
| [36, 42[ | 26 |
| [42, 48[ | 32 |
| [48, 54[ | 37 |
| [54, 60[ | 62 |
| [60, 66[ | 52 |

## 1. LA FRÉQUENCE CARDIAQUE AVANT ET APRÈS

Un groupe de jeunes suit un entraînement physique. Au début, on demande à chacun et chacune de prendre son pouls. Après 15 min d'effort intensif, la même consigne est répétée. On a présenté les données recueillies dans les diagrammes de quartilles ci-dessous. Donne trois informations que l'on peut tirer de ce graphique.

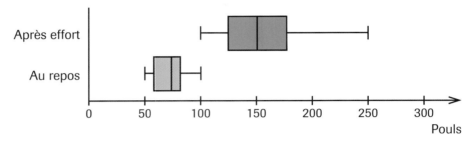

## 2. LES PLUS GRANDES SOCIÉTÉS FINANCIÈRES AU QUÉBEC

Voici la liste du nombre d'employés et employées des 15 plus grandes sociétés financières du Québec pour l'année 1996. Dégage six éléments d'information de ces données, inspirés de différents outils statistiques.

**Grandes sociétés financières**

| Nom | Nombre d'employés et employées |
|---|---|
| Caisses populaires Desjardins | 46 673 |
| Banque Nationale | 10 584 |
| Banque Royale | 8 982 |
| Banque de Montréal | 5 800 |
| Banque CIBC | 3 500 |
| Banque Scotia | 2 560 |
| Industrielle-Alliance | 2 281 |
| Banque Laurentienne | 2 275 |
| Banque TD | 1 875 |
| MFQ | 1 678 |
| Sun Life | 1 665 |
| AXA Canada | 1 300 |
| ING Canada | 1 254 |
| Promutuel | 1 050 |
| Standard Life | 1 000 |

*Source :* Magazine Les Affaires.

*Édifice de la Banque Nationale à Montréal.*

## 3. L'EXAMEN

Voici la liste des résultats de deux classes de mathématique à l'examen d'étape (les deux classes ont passé le même examen) :

Groupe 1 : 48, 49, 54, 58, 60, 64, 66, 70, 71, 72, 72, 72, 78, 79, 81, 83, 83, 85, 86, 87, 91, 94, 95, 97, 100.

Groupe 2 : 34, 38, 42, 48, 48, 54, 58, 58, 60, 60, 61, 64, 66, 67, 68, 69, 70, 72, 74, 75, 77, 79, 80, 84, 84, 86, 88, 90, 90.

**a)** Donne six éléments d'information de nature statistique à propos de chaque distribution.

**b)** Dégage quatre éléments d'information de la comparaison des deux distributions.

**c)** Indique qui, de Marc ou de Danielle, a le mieux réussi par rapport à son groupe. Marc fait partie du premier groupe et a eu la note 72 ; Danielle fait partie du second groupe et a obtenu 66.

# René Descartes

(1596 - 1650)

On m'a dit, M. Descartes, que vous aimiez passer vos matinées au lit. Est-ce vrai ?

C'est vrai, mais il ne faudrait pas en déduire que j'y perdais mon temps ! Au contraire... J'ai pris cette habitude alors que j'avais huit ans. Ma santé étant fragile, le recteur du collège me permettait de rester au lit le matin aussi longtemps que je le désirais. C'est ainsi que je passais mes matinées à réfléchir, dans la solitude et le calme. J'ai toujours conservé cette habitude et je suis persuadé que ces longues matinées silencieuses ont inspiré ma philosophie et sont à la source de mes découvertes mathématiques.

Le 10 novembre 1619, vous avez fait trois rêves qui ont changé votre vie ! Racontez-nous.

À cette époque, je n'avais pas encore trouvé un sens à ma vie. Cette nuit-là, je rêvai que des vents terribles me chassaient de mon collège pour m'emporter dans un endroit plus sécuritaire. Dans le deuxième rêve, je me voyais observant un orage terrible avec les yeux de la science. Dans le troisième, je me voyais récitant un poème sur l'orientation de ma vie. Je compris cette nuit-là que les mathématiques étaient la clé de l'univers tout entier et que, grâce à elles, je trouverais une explication à tous les phénomènes naturels. Je compris aussi cette nuit-là que c'était ma voie et que je pourrais apporter ma contribution en réunissant l'algèbre et la géométrie, fondant ainsi la géométrie analytique.

M. Descartes, votre image de grand philosophe et de mathématicien de renom vous donnait-elle une apparence d'homme sévère ?

Oh non ! J'aimais être vêtu avec élégance et porter des chapeaux extravagants ornés d'une plume d'autruche. Mon habillement attirait parfois les voleurs. Aussi, je ne sortais jamais sans mon épée et j'étais habile à les désarmer, surtout lorsque j'étais accompagné d'une jolie femme !

Vous ne vous êtes jamais marié. Pour quelle raison ?

J'ai beaucoup aimé une femme et nous avons eu une fille qui est morte très jeune. Cela m'a beaucoup affecté ! Par la suite, je disais toujours que je préférais la vérité à la beauté, mais ce n'était pas la vraie raison. En réalité, je ne voulais pas prendre le risque de perdre ma tranquillité, mes périodes d'intense réflexion. Je m'étais fixé un but et je tenais à l'atteindre.

Toute sa vie, Descartes s'est laissé guider par un doute fondamental : comment savoir quelque chose de façon certaine ? Le seul fait dont il était absolument certain est résumé dans cette phrase célèbre : « Je pense, donc je suis ! » Son oeuvre capitale a été imprimée en 1637 et s'intitule *Discours de la méthode.* Cette date correspond à la naissance de la géométrie analytique.

René Descartes a associé la géométrie des coordonnées à l'algèbre, permettant ainsi de résoudre des problèmes complexes à l'aide de solutions simples. Voici une méthode pour calculer l'aire de polygones de toutes formes dans le plan cartésien :

---

1° À partir d'un sommet quelconque, pose les coordonnées des sommets en suivant le sens anti-horaire. Pose à nouveau les coordonnées du sommet du début.
2° Calcule les produits, en diagonale, de gauche à droite.
3° Calcule les produits, en diagonale, de droite à gauche.
4° Fais la somme des deux colonnes de produits.
5° Calcule la différence des produits et divise cette différence par 2. C'est l'aire du polygone !

---

Exemple :

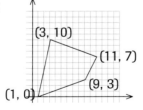

**Sommets**

|    | 1  | 0  |     |
|----|----|----|-----|
| 0  | 9  | 3  | 3   |
| 33 | 11 | 7  | 63  |
| 21 | 3  | 10 | 110 |
| 10 | 1  | 0  | 0   |
| 64 |    |    | 176 |

$$\text{Aire} = \frac{176 - 64}{2} = 56$$

Calcule l'aire de chacun des polygones ci-dessous en utilisant cette méthode.

**a)**

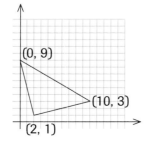

**b)**

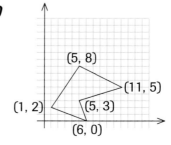

## Projet 1    Le jeu du promeneur solitaire

La personne qui désire jouer débourse d'abord 6 $. Elle place ensuite son jeton sur la case de départ de son choix, soit A soit B. Puis, elle lance un dé.

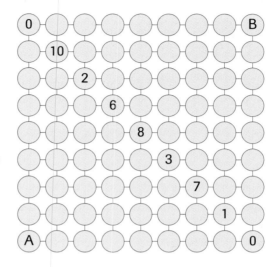

Chaque fois qu'elle obtient 1 ou 2, elle avance son jeton d'une case verticalement vers la ligne diagonale. Chaque fois qu'elle obtient un 3, un 4, un 5 ou un 6, elle avance horizontalement d'une case vers la ligne diagonale. La partie se termine lorsque le joueur atteint l'une des cases de la diagonale. Le joueur reçoit alors le montant indiqué sur la case qu'il a atteinte.

On désire savoir si ce jeu est équitable et si l'on a autant de chances de gagner en partant de A qu'en partant de B.

Pour répondre à ces interrogations, joue 100 parties (50 à partir de A et 50 à partir de B) et note le montant gagné chaque fois.

Un jeu est équitable si la moyenne des gains est égale au montant de la mise.

Présente les résultats obtenus à l'aide de tableaux et de diagrammes appropriés. Fais les calculs nécessaires pour répondre aux deux questions posées. Tire les conclusions qui s'imposent. Si les résultats ne sont pas satisfaisants, augmente la taille de l'échantillon.

*Source :* Teaching Statistics and Probability, *Carolyn Alexander Maher.*

## Projet 2    Le sondage

À partir d'un sondage effectué en 1988, Statistique Canada conclut que les Canadiens et les Canadiennes de 15 à 24 ans ont en moyenne 5,4 h de temps libre par jour. Le temps libre est défini comme celui qui n'est consacré ni au travail, ni aux études, ni au sommeil, ni aux repas, ni à l'hygiène. Vérifie, à l'aide d'un sondage, si cette affirmation est vraie dans ton milieu.

Cible bien la population à étudier, détermine la taille de l'échantillon, la méthode d'échantillonnage et le procédé de collecte des données. Présente les résultats à l'aide de tableaux et de graphiques adéquats. Calcule les mesures statistiques pertinentes. Divise la population choisie en cinq groupes selon le nombre d'heures consacrées au loisir. Tire les conclusions qui s'imposent.

# JE CONNAIS LA SIGNIFICATION DES EXPRESSIONS SUIVANTES :

**Population :** ensemble d'individus, d'objets ou d'événements ayant des caractéristiques communes.

**Échantillon :** sous-ensemble d'une population.

**Taille d'un échantillon :** nombre d'éléments qui composent l'échantillon.

**Recensement :** étude statistique qui porte sur tous les individus d'une population.

**Sondage :** étude statistique qui, à partir de données recueillies sur un échantillon, tire des conclusions sur la population entière.

**Enquête :** étude approfondie souvent effectuée par des experts ou expertes qui recueillent des données de différentes sources.

**Échantillon représentatif :** échantillon où l'on retrouve toutes les caractéristiques de la population.

**Échantillon biaisé :** échantillon non représentatif.

**Sources de biais :** différents phénomènes qui empêchent un échantillon d'être représentatif ou les résultats d'une étude d'être conformes à la réalité.

**Quartiles :** trois nombres qui divisent une liste de données ordonnées en quatre parties ayant le même nombre de données.

**Diagramme de quartiles :** diagramme qui met en évidence les quartiles, le minimum et le maximum d'une distribution.

**Mesures de position :** mesures qui permettent de situer une donnée parmi les autres et de comparer des données de même nature provenant d'ensembles différents.

**Rang cinquième :** mesure de position qu'on attribue aux données après les avoir ordonnées puis divisées en cinq groupes ayant à peu près le même nombre de données.

**Rang centile d'une donnée :** pourcentage des données inférieures ou égales à cette donnée.

# Réflexion 9

## LES FIGURES SEMBLABLES ...

### Les grandes idées

▶ Notion de similitude.

▶ Figures semblables dans le plan.

▶ Solides semblables dans l'espace.

▶ Relations entre les mesures de longueur, d'aire ou de volume dans les figures semblables.

▶ Rapports trigonométriques.

▶ Résolution de triangles.

### Objectif terminal

▶ Résoudre des problèmes en utilisant le concept de similitude de figures planes et de solides.

### Objectifs intermédiaires

▶ Identifier et décrire les similitudes et leurs composantes.

▶ Définir les figures semblables et énoncer les propriétés des figures planes semblables ou des solides semblables.

▶ Énoncer les conditions minimales entraînant la similitude de deux triangles et prouver certains énoncés relatifs aux figures semblables.

▶ Déterminer certaines mesures relatives aux figures semblables et aux solides semblables.

▶ Résoudre des triangles rectangles ou des triangles quelconques à l'aide des rapports trigonométriques.

▶ Résoudre des problèmes en justifiant les étapes de résolution.

## LES ISOMÉTRIES

### De la sérigraphie

Voici deux tableaux fabriqués par sérigraphie :

**a)** Explique le procédé de reproduction par sérigraphie.

**b)** Que signifie le rapport sur chaque tableau ?

**c)** Quelles caractéristiques ont deux tableaux reproduits par sérigraphie ?

Dans un plan, les figures isométriques sont obtenues par isométrie.

**d)** Quelles sont les principales isométries ?

**e)** Quelles caractéristiques ont les angles homologues des figures dans chaque cas ?

**f)** Quelles caractéristiques ont les côtés homologues dans chaque cas ?

**g)** Deux figures isométriques ont-elles la même forme ?

Les isométries font partie du groupe de transformations qui conservent la forme des figures. Outre les isométries, d'autres transformations du plan laissent intacte la forme des figures.

# LES HOMOTHÉTIES

## Des toiles et des faisceaux

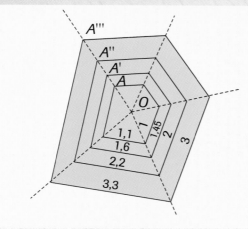

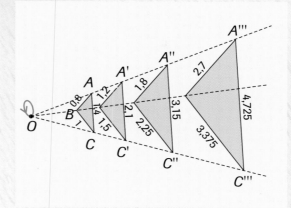

**a)** Dans chaque cas, quelles sont les caractéristiques des angles homologues des figures?

**b)** Dans chaque cas, quelles sont les caractéristiques des côtés homologues?

Les toiles et les faisceaux sont des techniques pour agrandir ou réduire des figures. Ces techniques utilisent un type particulier de transformations du plan appelées **homothéties.**

Les **homothéties** sont des transformations du plan qui utilisent un **point fixe,** appelé **centre d'homothétie,** et un **rapport,** appelé **rapport d'homothétie.**

Ce centre et ce rapport permettent d'associer à tout point du plan une et une seule image qui se trouve sur la droite passant par ce point et le centre. Cette droite est appelée **trace.**

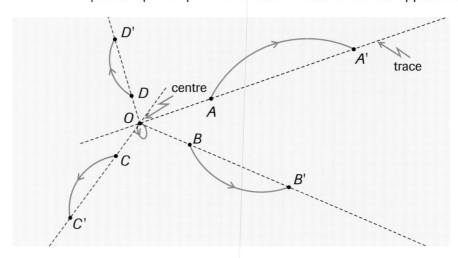

Le rapport d'homothétie est formé de la mesure du segment image *OA'*, de la mesure du segment initial *OA* et d'un signe:

* **positif** si un point et son image sont du même côté du centre;

* **négatif** si un point et son image sont de part et d'autre du centre.

Ainsi, on a :

Rapport d'homothétie $= \dfrac{+\,\mathrm{m}\,\overline{OA'}}{\mathrm{m}\,\overline{OA}} = \dfrac{+\mathrm{b}}{\mathrm{a}} = +k$   Rapport d'homothétie $= \dfrac{-\,\mathrm{m}\,\overline{OA'}}{\mathrm{m}\,\overline{OA}} = \dfrac{-\mathrm{b}}{\mathrm{a}} = -k$

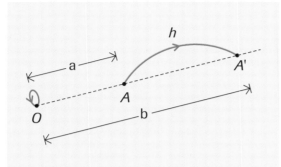
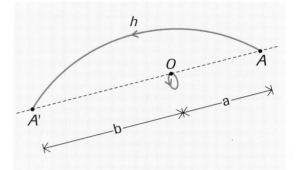

Une homothétie est complètement déterminée par son centre et son rapport ou encore par son centre et un point avec son image (flèche).

**c)** Dans chaque cas, détermine le rapport d'homothétie.

1)

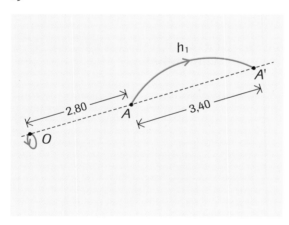

2)

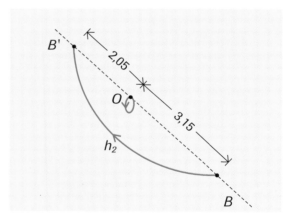

3)

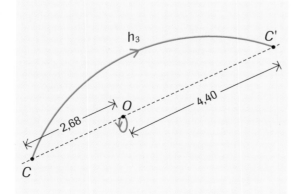

4)

**d)** Dans chaque cas, détermine le rapport d'homothétie et la valeur de $\dfrac{\text{m } \overline{A'B'}}{\text{m } \overline{AB}}$.

1)

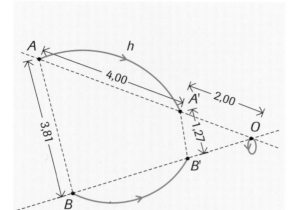

2)

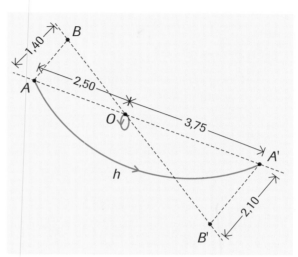

Le **rapport des mesures des segments** associés par une homothétie correspond à la **valeur absolue** du rapport de l'homothétie.

La valeur absolue du rapport d'homothétie est appelée **rapport de similitude.**

> Rapport de similitude = |Rapport d'homothétie| = |k|

Dans le plan cartésien, l'homothétie de rapport k dont le centre est l'origine se définit comme suit :

$$h: (x, y) \mapsto (kx, ky)$$

Ainsi les coordonnées de l'image de tout point sont obtenues en multipliant celles des points initiaux par le rapport d'homothétie.

 **e)** On a illustré ci-contre une homothétie $h_1$ de rapport 2 :

$$h_1 : (x, y) \mapsto (2x, 2y)$$

Détermine les coordonnées des images décrites.

1) $h_1(-2, 4)$    2) $h_1(0, 3)$

3) $h_1(-3, 0)$    4) $h_1(-2, -4)$

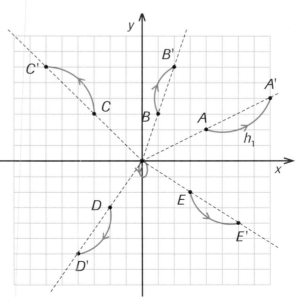

On peut facilement démontrer que le rapport des mesures des deux segments correspond à la valeur absolue du rapport d'homothétie.

**f)** Complète la démonstration amorcée pour une homothétie $h$ de centre $O$ et de rapport k.

1° $d(A, B) = \sqrt{(x_2 - x_1)^2 + (y_2 - y_1)^2}$

2° $d(A', B') = \ldots$

3° Par mise en évidence de k dans chaque parenthèse:

$d(A', B') = \sqrt{(k(x_2 - x_1))^2 + (k(y_2 - y_1))^2}$

4° En appliquant la loi sur la puissance d'un produit:

$d(A', B') = \sqrt{(k^2(x_2 - x_1)^2) + (k^2(y_2 - y_1)^2)}$

5° Par mise en évidence de k²:

$d(A', B') = \sqrt{k^2((x_2 - x_1)^2 + (y_2 - y_1)^2)}$

6° En appliquant la règle du produit de radicaux:

$d(A', B') = \sqrt{k^2} \cdot \sqrt{(x_2 - x_1)^2 + (y_2 - y_1)^2}$

7° En extrayant la première racine carrée:

$d(A', B') = |k| \cdot \ldots$

8° Ainsi, le rapport des mesures des deux segments $A'B'$ et $AB$ est:

$\ldots = \ldots$

**g)** Voici deux homothéties associant chacune deux figures du plan. Dans chaque cas, la figure image est-elle un agrandissement ou une réduction de la figure initiale?

1)
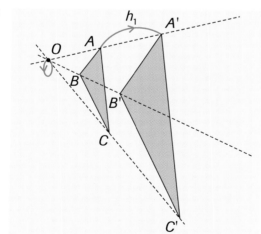

2)
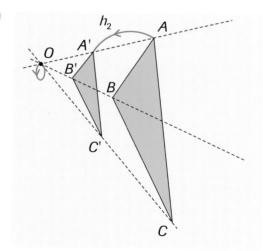

**h)** Quels liens y-a-t-il entre les homothéties $h_1$ et $h_2$ illustrées ci-dessus?

**i)** A-t-on un agrandissement ou une réduction si le rapport de similitude est:

1) 1 ?

2) compris entre 0 et 1 ?

3) supérieur à 1 ?

**j)** Quelles sont les caractéristiques des angles homologues des figures associées par une homothétie?

**k)** Quelles sont les caractéristiques des côtés homologues des figures associées par une homothétie?

**l)** Peut-on dire que les homothéties déforment les figures du plan?

**m)** Les transformations appelées «changements d'échelle verticaux ou horizontaux», que l'on définit respectivement comme suit: $C_h : (x, y) \mapsto (ax, y)$ et $C_v : (x, y) \mapsto (x, by)$, conservent-elles la forme des figures?

## LES COMPOSÉES D'ISOMÉTRIES ET D'HOMOTHÉTIES

Il est également possible de faire **suivre** ou **précéder** une isométrie d'une homothétie.

**a)** Dans chaque cas, identifie la composée qui permet d'associer la figure 1 à la figure 3 en passant par la figure 2.

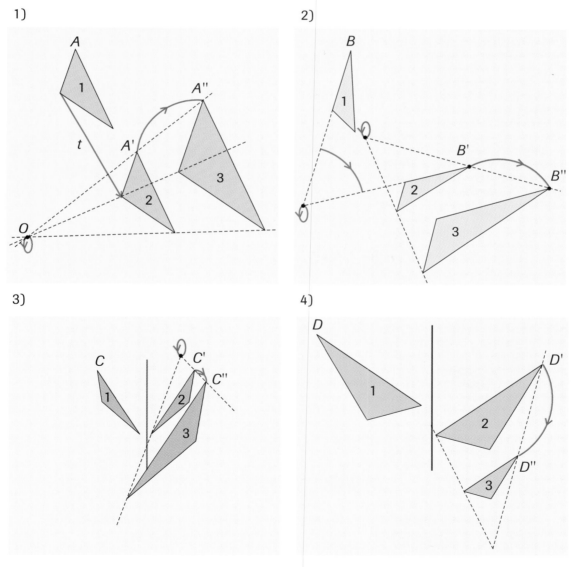

1)

2)

3)

4)

**b)** Quelles sont les caractéristiques des angles homologues des figures associées par la composée d'une isométrie et d'une homothétie?

***c)*** Quelles sont les caractéristiques des côtés homologues des figures associées par la composée d'une isométrie et d'une homothétie?

***d)*** Peut-on dire que les composées d'isométries et d'homothéties déforment les figures du plan?

Toutes les transformations qui **ne déforment pas** les figures du plan sont appelées des **similitudes.**

En ajoutant l'homothétie à la table de composition des isométries, on obtient toutes les **similitudes.**

| ∘ | t | r | ↺ | sg | h |
|---|---|---|---|---|---|
| t | t | t ou r | ↺ ou sg | ↺ ou sg | t ou h |
| r | t ou r | t ou r | ↺ ou sg | ↺ ou sg | r ∘ h |
| ↺ | ↺ ou sg | ↺ ou sg | t ou r | t ou r | ↺ ∘ h |
| sg | ↺ ou sg | ↺ ou sg | t ou r | t ou r | sg ∘ h |
| h | t ou h | h ∘ r | h ∘ ↺ | h ∘ sg | h |

$\Rightarrow$

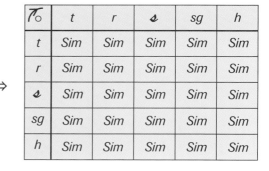

| ∘ | t | r | ↺ | sg | h |
|---|---|---|---|---|---|
| t | Sim | Sim | Sim | Sim | Sim |
| r | Sim | Sim | Sim | Sim | Sim |
| ↺ | Sim | Sim | Sim | Sim | Sim |
| sg | Sim | Sim | Sim | Sim | Sim |
| h | Sim | Sim | Sim | Sim | Sim |

On donne le nom de **figures semblables** aux figures associées par une **similitude.**

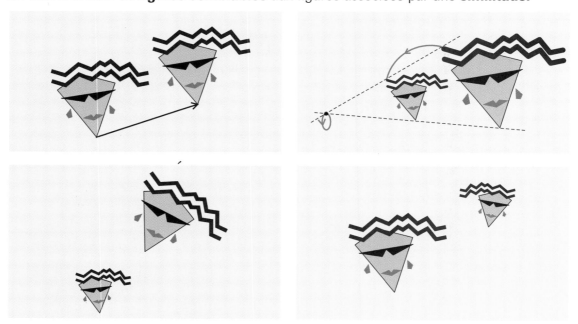

Quand on applique une similitude, les figures associées sont semblables.

**Similitude $\Rightarrow$ Figures semblables**

***e)*** Donne quelques propriétés que les similitudes confèrent aux figures semblables.

De plus, si l'on a des figures $A$ et $B$ semblables dans un même plan, il est toujours possible de trouver une similitude $Sim$ telle que $Sim\,(A) = B$.

**Similitude $\Leftarrow$ Figures semblables**

Et l'on dit:

Deux figures sont **semblables** si et seulement s'il existe une **similitude** qui applique l'une sur l'autre ou qui les associe.

**f)** Il est facile de trouver les composantes de cette similitude lorsqu'on voit la figure intermédiaire de la composition. Identifie la similitude qui associe les figures semblables 1 et 3.

1)

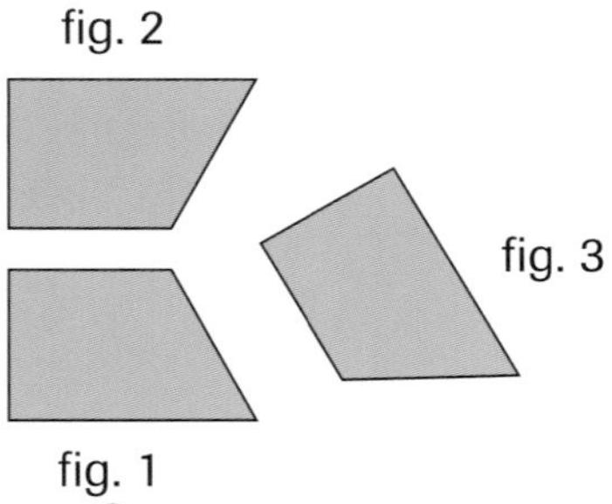

fig. 2

fig. 3

fig. 1

*ROS*

2)

fig. 1

fig. 3

*hosg*

fig. 2

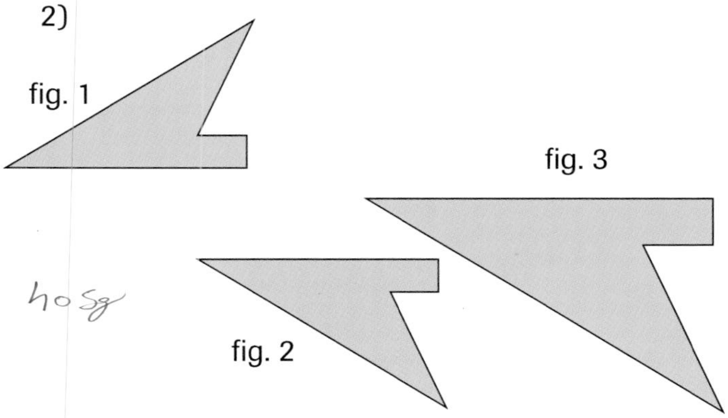

3)

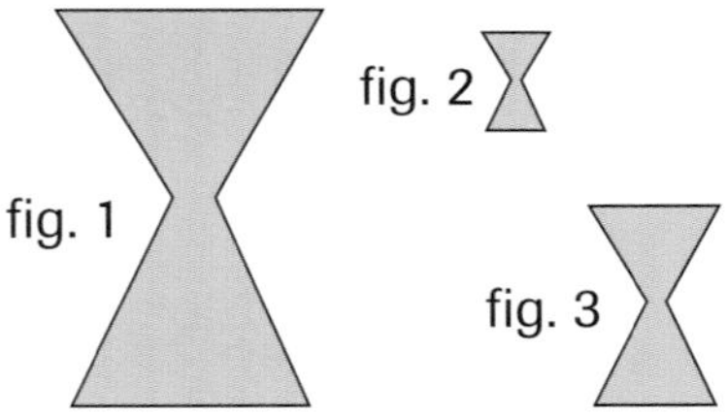

fig. 2

fig. 1

fig. 3

*h2oh1*

4)

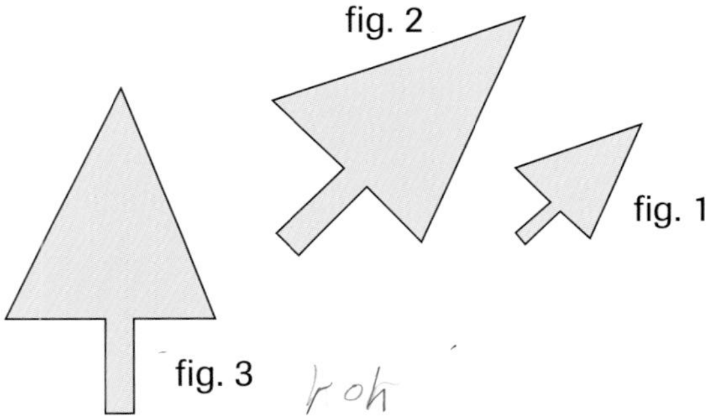

fig. 2

fig. 1

fig. 3

*roh*

5)

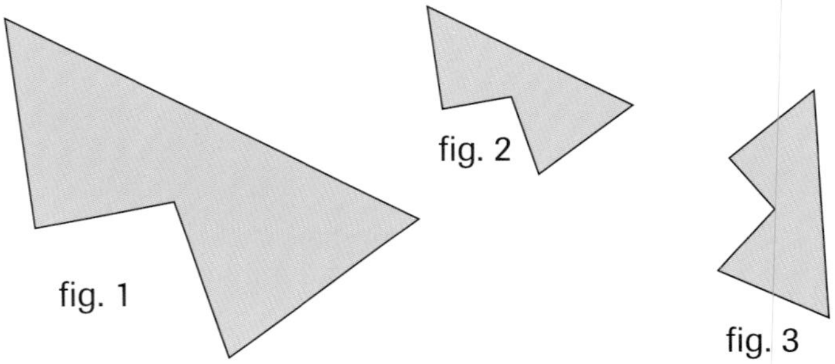

fig. 2

fig. 1

*Roh*

6)

fig. 2

fig. 3

fig. 3

fig. 1

*hot*

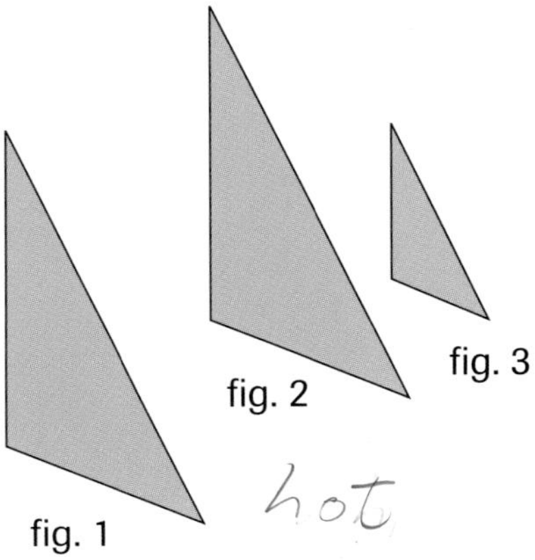

Lorsqu'on ne voit pas la figure intermédiaire de la composition, on peut trouver une similitude en procédant de la façon suivante:

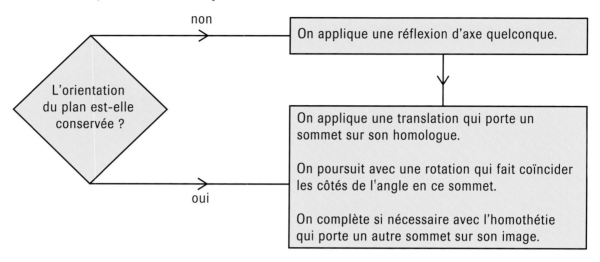

Dans le plan ci-contre, les figures *ABC* et *DEF* sont semblables; il existe donc une similitude entre ces deux figures. Cette similitude peut être la composée de la translation $t_1$ portant *B* en *F* suivie de la rotation $r_1$ de centre *F* et d'environ 30° dans le sens horaire, suivie de l'homothétie $h_1$ de centre *F* et de rapport approximativement égal à 2.

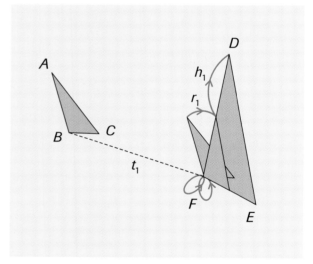

$Sim (\triangle ABC) = h_1 \circ r_1 \circ t_1 (\triangle ABC) = \triangle DEF$

De plus, on sait que la composée $r_1 \circ t_1$ est équivalente à une rotation $r$. Il existe donc une similitude de la forme $h \circ r$ qui associe ces deux figures.

***g)*** Sachant que les figures ci-dessous sont semblables, donne une similitude qui transforme la figure *ABC* ou *ABCD* en l'autre figure donnée.

1)                                                              2)

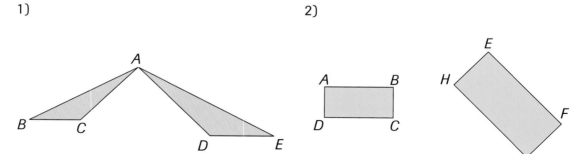

On observe donc l'équivalence logique suivante :

Deux figures sont semblables si et seulement s'il existe une similitude qui les associe :

**Figures semblables ⇔ Similitude**

À cause des propriétés des similitudes, les figures semblables ont fondamentalement les deux propriétés suivantes :

1° des **angles homologues congrus** ;

2° des **mesures de côtés homologues proportionnelles.**

Lorsque des segments ont des mesures proportionnelles, on dit aussi que les segments sont proportionnels.

# Investissement 1 ..................................

1. Détermine si l'énoncé est vrai ou faux.

    **a)** Toutes les figures isométriques sont semblables.

    **b)** Toutes les figures semblables sont isométriques.

    **c)** Les figures isométriques sont équivalentes.

    **d)** Les figures semblables sont équivalentes.

2. On a composé deux homothéties. Dans chaque cas, identifie la composée.

**a)**

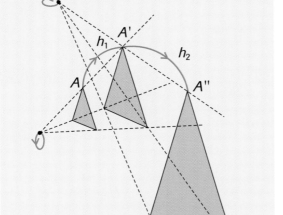

**b)**

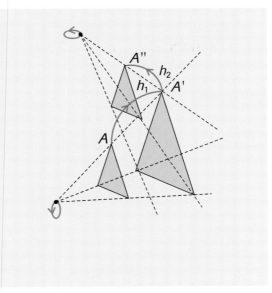

3. Est-il possible d'imaginer une composée d'homothéties qui serait équivalente à une rotation ou à une réflexion ? Explique ta réponse.

# Feuille de travail 17...............

**4.** Trace l'image de la figure donnée par la similitude décrite.

**a)** Homothétie *h* de centre *O* et de rapport 1/2, suivie de la translation *t*.

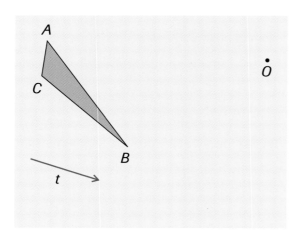

**b)** Homothétie de centre *O* et de rapport 2, suivie de l'homothétie de centre *X* et de rapport 1/2.

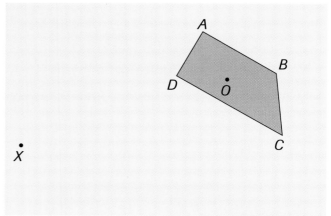

**c)** Homothétie de centre *O* et de rapport −1/2, suivie de la symétrie glissée donnée.

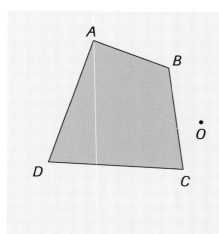

**d)** $h_2 \circ h_1$

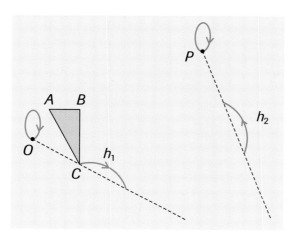

**e)** Homothétie de centre *O* et de rapport −3/4, suivie de la réflexion d'axe *m*.

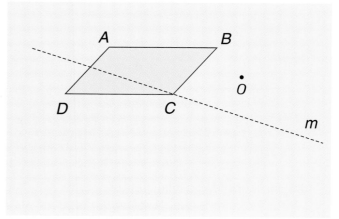

# Feuille de travail 18..............

**5.** Sachant que les figures données sont semblables, décris une similitude en traçant les flèches, les centres, etc., des composantes qui la définissent.

**a)**

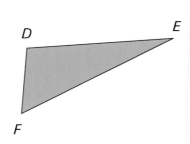

**b)**

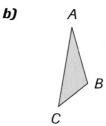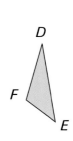

**c)**

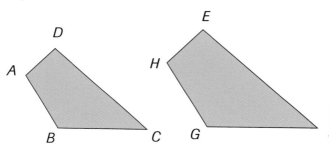

**d)**

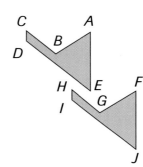

**e)**

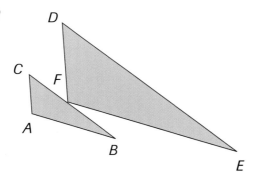

**f)**

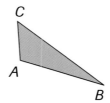

**g)**

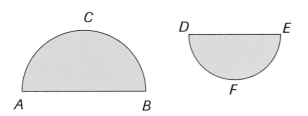

**h)**

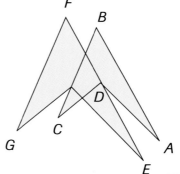

**6.** Considérons une homothétie de centre $O$ et de rapport 1 (l'identité).

    *a)* Trouve l'image de la figure donnée par la similitude décrite.

    *b)* Toute figure est-elle semblable à elle-même? Justifie ta réponse.

On dit que la relation de similitude entre deux figures est **réflexive.**

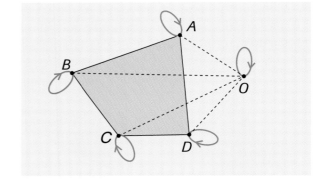

**7.** Voici une similitude $t \circ h$ qui applique la figure A sur la figure B.

    *a)* Existe-t-il une similitude qui applique la figure B sur la figure A? Si oui, décris-la.

    *b)* Si une figure A est semblable à une figure B, la figure B est-elle semblable à la figure A? Justifie ta réponse.

On dit que la relation de similitude entre deux figures est **symétrique.**

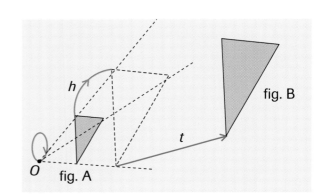

**8.** La similitude $h_1$ applique la figure A sur la figure B. La similitude $h_2$ applique la figure B sur la figure C.

    *a)* Décris une similitude qui applique la figure A sur la figure C.

    *b)* Si une figure A est semblable à une figure B et que la figure B est semblable à une figure C, la figure A est-elle semblable à la figure C?

On dit que la relation de similitude est **transitive,** c'est-à-dire que **si une figure A est semblable à une figure B et que la figure B est semblable à une figure C, alors la figure A est semblable à la figure C.**

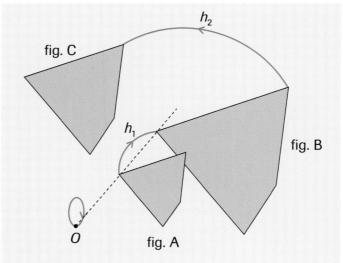

**9.** Que peut-on dire de deux figures planes dont le rapport de similitude est 1 ?

**10.** Combien de fois approximativement
le dessin de l'oiseau sera-t-il agrandi ?
(Utilise une règle graduée.)

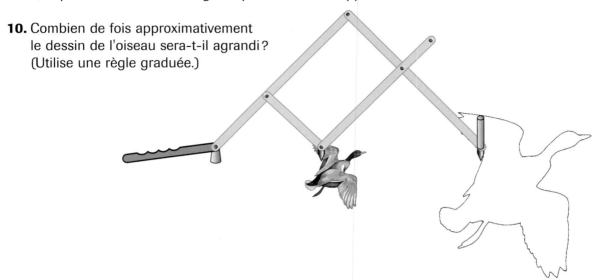

**11.** On a construit des suites de figures emboîtées en utilisant le même rapport de similitude
de l'une à l'autre. Détermine ce rapport.

**a)**

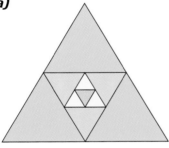

**b)**

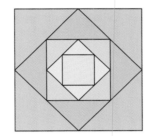

**c)**

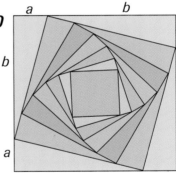

 **► FORUM**

Voici deux figures semblables. Leurs angles
homologues sont congrus.

**a)** Démontrez que si l'on prolonge deux
paires de côtés homologues, on forme
des angles M et N congrus.

**b)** Qu'en est-il si les côtés homologues
sont parallèles ?

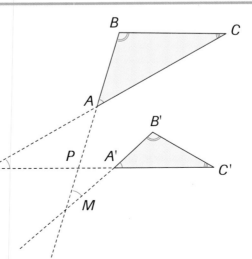

## PROPRIÉTÉS FONDAMENTALES

### Activité 1 : Découpage d'un rectangle

Voici un carton rectangulaire de 10 cm sur 15 cm.

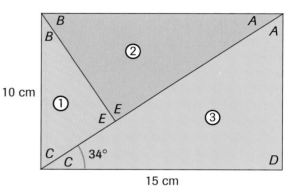

10 cm

15 cm

**a)** Trace la diagonale $AC$ et abaisse la hauteur issue de $B$ sur $\overline{AC}$.

**b)** Cette construction détermine trois triangles. Calcule la mesure de chacun des angles et des côtés de ces trois triangles et inscris-les sur chaque triangle.

**c)** Après avoir découpé les triangles, superpose-les comme il est illustré et calcule la valeur des rapports des côtés homologues.

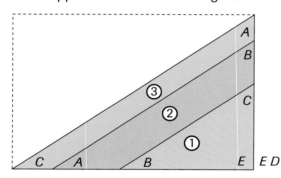

1) Comparaison de ① et ② :

$$\frac{\text{m } \overline{EC}}{\text{m } \overline{EB}} = \blacksquare, \quad \frac{\text{m } \overline{EB}}{\text{m } \overline{EA}} = \blacksquare \quad \text{et} \quad \frac{\text{m } \overline{CB}}{\text{m } \overline{BA}} = \blacksquare$$

2) Comparaison de ① et ③ :

$$\frac{\text{m } \overline{EC}}{\text{m } \overline{DA}} = \blacksquare, \quad \frac{\text{m } \overline{EB}}{\text{m } \overline{DC}} = \blacksquare \quad \text{et} \quad \frac{\text{m } \overline{CB}}{\text{m } \overline{AC}} = \blacksquare$$

3) Comparaison de ② et ③ :

$$\frac{\text{m } \overline{EB}}{\text{m } \overline{DA}} = \blacksquare, \quad \frac{\text{m } \overline{EA}}{\text{m } \overline{DC}} = \blacksquare \quad \text{et} \quad \frac{\text{m } \overline{BA}}{\text{m } \overline{AC}} = \blacksquare$$

**d)** Quelle conjecture peut-on émettre au sujet de ces rapports ?

**e)** À propos des angles, quelle conjecture suggèrent les trois superpositions suivantes ?

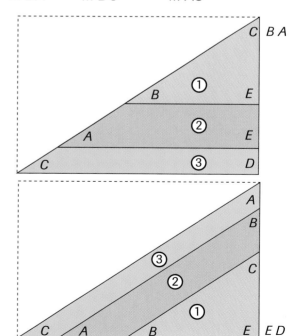

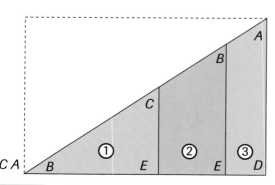

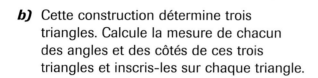

## Activité 2 : Des propriétés liées

Voici trois questions importantes.

1° Deux figures qui ont leurs angles homologues congrus sont-elles nécessairement semblables ?

2° Deux figures qui ont leurs mesures de côtés homologues proportionnelles sont-elles nécessairement semblables ?

3° Deux figures qui ont leurs angles homologues congrus et leurs mesures de côtés homologues proportionnelles sont-elles nécessairement semblables ?

Analyse les figures suivantes et propose une réponse aux questions ci-dessus.

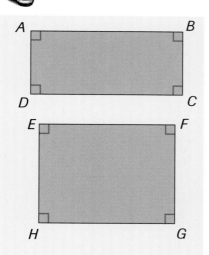

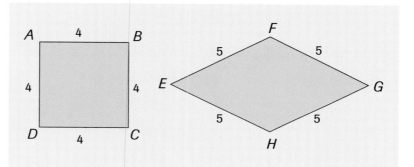

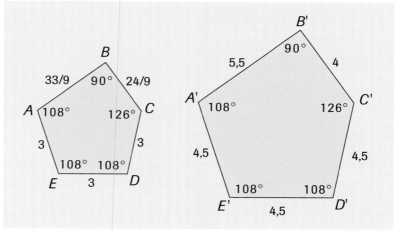

L'existence d'une similitude assure aux figures semblables deux propriétés simultanément.

Les propriétés fondamentales des figures semblables sont :

1° la congruence des **angles homologues** ;

2° la proportionnalité des **mesures des lignes homologues.**

# À PROPOS DE LA PROPORTIONNALITÉ

## Le logiciel de dessin

Un logiciel a la fonction suivante :

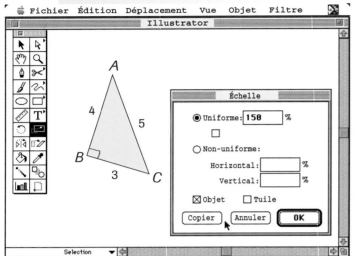 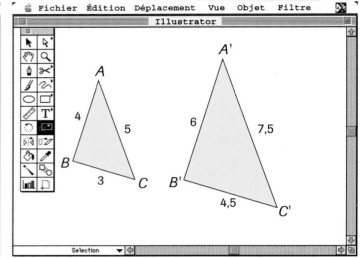

**a)** Quel travail peut effectuer l'option « échelle » ?

**b)** Quelle transformation a-t-elle appliquée au triangle *ABC* ?

**c)** Détermine trois proportions différentes à partir de ces deux figures.

*Willian Oughtred (1574-1660) serait celui qui a proposé l'utilisation des « : » pour noter des rapports.*

La résolution de problèmes sur les figures semblables est intimement reliée aux propriétés des proportions. Les mots **proportionnalité** et **proportionnel** viennent du mot **proportion.** On définit une proportion comme suit :

Une proportion est l'égalité entre deux rapports $\dfrac{a}{b}$ et $\dfrac{c}{d}$ où *a, b, c, d* sont non nuls :

$$\frac{a}{b} = \frac{c}{d} \text{ ou } a : b = c : d$$

*a* et *d* sont appelés les extrêmes et *b* et *c*, les moyens.
*a* et *c* sont les numérateurs et *b* et *d*, les dénominateurs.

Ainsi, dire que des **quantités sont proportionnelles, c'est affirmer que leurs rapports deux à deux forment une proportion.** Les proportions ont de nombreuses propriétés.

**d)** Complète la formulation symbolique des propriétés suivantes et illustre chacune de deux exemples numériques.

**Dans une proportion :**

**1° Le produit des extrêmes égale le produit des moyens.**

$$\frac{a}{b} = \frac{c}{d} \Leftrightarrow \rule{2cm}{0.3cm}$$

**2° Inverser les rapports donne une nouvelle proportion.**

$$\frac{a}{b} = \frac{c}{d} \Leftrightarrow \rule{2cm}{0.3cm}$$

**3°** **Intervertir les extrêmes donne une nouvelle proportion.**

$$\frac{a}{b} = \frac{c}{d} \Leftrightarrow \blacksquare$$

**4°** **Intervertir les moyens donne une nouvelle proportion.**

$$\frac{a}{b} = \frac{c}{d} \Leftrightarrow \blacksquare$$

**5°** **La somme (ou la différence) des numérateurs est à la somme (ou à la différence) des dénominateurs ce qu'un numérateur est à son dénominateur.**

$$\frac{a}{b} = \frac{c}{d} \Leftrightarrow \blacksquare$$

**6°** **La somme (ou la différence) des termes du premier rapport est à son dénominateur ce que la somme (ou la différence) des termes du second rapport est à son dénominateur.**

$$\frac{a}{b} = \frac{c}{d} \Leftrightarrow \blacksquare$$

> *On attribue à Pythagore (-540) et à Eudoxe (-370) le mérite d'avoir mis à jour les propriétés des proportions.*

Les propriétés des proportions jouent un rôle important dans la détermination ou le calcul des mesures des lignes homologues des figures semblables.

**e)** On a appliqué une homothétie de centre $A$ au triangle $ABC$. Détermine quelle propriété des proportions permet de passer d'une expression à l'autre.

$$\frac{4}{5} = \frac{2{,}4}{\text{m }\overline{AE}} \Rightarrow \frac{\text{m }\overline{AE}}{5} = \frac{2{,}4}{4} \Rightarrow 4 \times \text{m }\overline{AE} = 12$$

**f)** Pose une proportion qui permet de calculer la mesure de $\overline{DE}$.

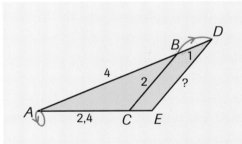

Les **propriétés des proportions** et les **règles de transformation des équations** simplifient le travail de résolution des équations.

**g)** Identifie les propriétés des proportions et les règles de transformation qu'on a utilisées pour trouver la valeur de la variable.

1) $\dfrac{2}{5} = \dfrac{3}{x} \Rightarrow \dfrac{x}{5} = \dfrac{3}{2} \Rightarrow 2x = 15 \Rightarrow x = 7{,}5$

2) $\dfrac{6}{n} = \dfrac{15}{120} \Rightarrow \dfrac{n}{6} = \dfrac{120}{15} \Rightarrow 15n = 6 \times 120 \Rightarrow n = 48$

**1.** Les figures suivantes sont-elles semblables?

**a)**

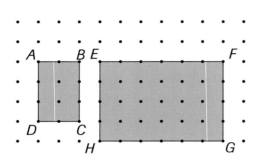

**b)**

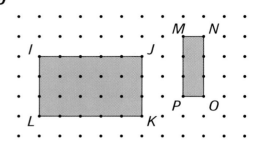

**c)**

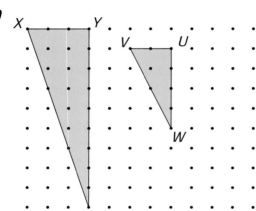

**d)**

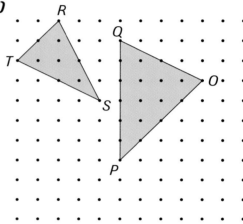

**2.** Vrai ou faux?

**a)** Les similitudes conservent la forme des figures, mais ne préservent pas nécessairement les dimensions comme le font les isométries.

**b)** Les similitudes conservent la distance entre les points.

**c)** Les similitudes conservent la mesure des angles.

**d)** Les similitudes transforment toute droite en une droite parallèle.

**3.** Voici quatre rectangles reposant sur une base horizontale. On a tracé une diagonale de chacun.

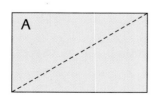
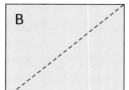
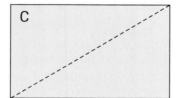

**a)** Quels sont les deux rectangles qui sont semblables?

**b)** Quelle caractéristique possèdent les diagonales des deux rectangles semblables?

**4.** Énonce la propriété qu'on a appliquée à la première proportion pour obtenir la seconde.

**a)** $\frac{4}{9} = \frac{24}{54} \Leftrightarrow \frac{54}{9} = \frac{24}{4}$

**b)** $\frac{3}{8} = \frac{15}{40} \Leftrightarrow \frac{11}{8} = \frac{55}{40}$

**c)** $\frac{2}{3} = \frac{8}{12} \Leftrightarrow \frac{10}{15} = \frac{2}{3}$

**d)** $\frac{5}{6} = \frac{10}{12} \Leftrightarrow \frac{6}{5} = \frac{12}{10}$

**e)** $\frac{3}{4} = \frac{9}{12} \Leftrightarrow \frac{6}{8} = \frac{3}{4}$

**f)** $\frac{4}{7} = \frac{12}{21} \Leftrightarrow \frac{-8}{-14} = \frac{4}{7}$

**5.** Détermine si l'énoncé est vrai ou faux.

**a)** $\frac{m}{n} = \frac{p}{q} \Rightarrow \frac{q}{n} = \frac{m}{p}$

**b)** $\frac{e}{d} = \frac{r}{s} \Rightarrow \frac{s}{r} = \frac{d}{e}$

**c)** $\frac{t}{u} = \frac{a}{s} \Rightarrow \frac{u}{t} = \frac{a}{s}$

**d)** $\frac{x}{y} = \frac{a}{b} \Rightarrow \frac{x+b}{y} = \frac{y+a}{b}$

**6.** Donne cinq nouvelles proportions formées à partir de celle qui est donnée.

**a)** $\frac{6}{20} = \frac{9}{30}$

**b)** $\frac{x}{y} = \frac{s}{t}$

**7.** Donne les proportions que l'on peut tirer du fait que les triangles ci-dessous sont semblables.

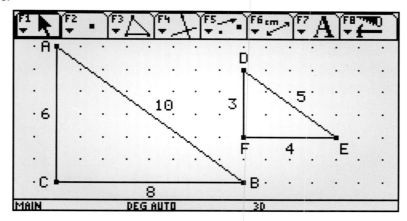

**8.** Applique les propriétés des proportions et résous les équations suivantes.

**a)** $\frac{12}{x} = \frac{18}{27}$

**b)** $\frac{2a+3}{a} = \frac{4}{5}$

**c)** $\frac{3}{b-4} = \frac{7}{b+5}$

**d)** $\frac{4}{n} = \frac{n}{9}$

**e)** $\frac{2s+7}{2} = \frac{2}{s}$

**f)** $\frac{x^2-4}{9} = \frac{4}{3}$

**9.** Si $\frac{a}{b} = \frac{c}{d}$ est une proportion, détermine si l'énoncé est vrai ou faux.

**a)** $\frac{b}{a} = \frac{c}{d}$

**b)** $\frac{a}{c} = \frac{b}{d}$

**c)** $ab = cd$

**d)** $\frac{b}{a+b} = \frac{d}{c+d}$

**10.** Dans chaque cas, détermine si la conclusion est une proportion. Justifie ta réponse.

**a)** Si $\dfrac{a}{b} = \dfrac{c}{d} \Rightarrow \dfrac{a+n}{b} = \dfrac{c+n}{d}$

**b)** Si $\dfrac{a}{b} = \dfrac{c}{d} \Rightarrow \dfrac{a+n}{b+n} = \dfrac{c+n}{d+n}$

**c)** Si $\dfrac{a}{b} = \dfrac{c}{d} \Rightarrow \dfrac{a}{a+b} = \dfrac{c}{b+d}$

**d)** Si $\dfrac{a}{b} = \dfrac{c}{d} = \dfrac{e}{f} \Rightarrow \dfrac{a+c+e}{b+d+f} = \dfrac{a}{b}$

**11.** Détermine si le rapport est conservé dans chaque situation.

**a)** On mélange 5 gouttes d'un colorant rouge à 10 gouttes d'un colorant bleu. On ajoute une goutte de chaque colorant au mélange. Obtient-on la même couleur?

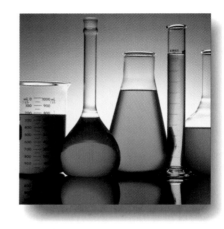

*Les colorants peuvent être d'origine naturelle, organique ou minérale, ou synthétique. Ils sont très utilisés dans toutes sortes d'industries.*

**b)** Dans un litre de lait, on retrouve 3 % de gras.

1) On sépare le litre en deux portions égales. A-t-on alors le même pourcentage de gras?

2) On retire du litre 2 cl de gras. Quel est le pourcentage de gras dans le reste du litre?

**12.** Le rapport des dimensions d'une photo est $\dfrac{8}{5}$. Ce rapport se rapproche du nombre d'or $\dfrac{\sqrt{5}+1}{2}$. Se rapproche-t-on davantage du nombre d'or si les dimensions sont dans le rapport donné?

**a)** $\dfrac{9}{6}$      **b)** $\dfrac{7}{4}$      **c)** $\dfrac{12}{7,5}$      **d)** $\dfrac{4}{2,5}$

**13.** Un joueur de baseball d'une ligue mineure a frappé jusqu'à maintenant 30 coups sûrs en 50 présences. Changera-t-il sa moyenne si ce soir il frappe 3 coups sûrs en 5 présences? Explique ta réponse par une propriété des proportions.

**14.** Un éleveur de lapins possède 5 mâles et 40 femelles. Il fait l'acquisition d'un nouveau mâle de reproduction. À combien doit-il porter le nombre de femelles pour conserver le rapport initial mâles/femelles? Justifie ta réponse en utilisant les propriétés des proportions.

*Le lapin est un petit mammifère très prolifique qu'on retrouve partout sur le globe.*

**15.** Les similitudes assurent la congruence des angles homologues et la proportionnalité des côtés. De même, **la congruence des angles homologues et la proportionnalité des côtés assurent la similitude des figures.** En utilisant cet énoncé, indique si les figures données sont semblables ou non.

**a)** Paire de parallélogrammes.

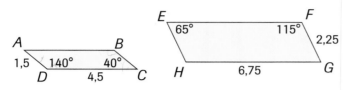

**b)** Paire de rectangles.

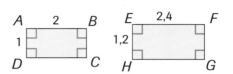

**c)**

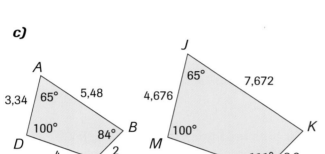

**d)** Paire de trapèzes rectangles.

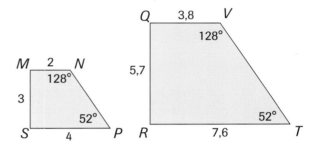

**e)**

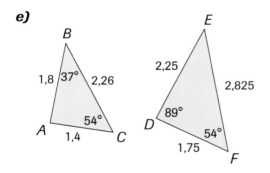

**f)** Paires de carrés.

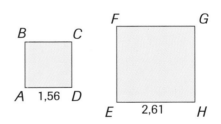

**16.** En comparant des figures semblables, on peut déduire des mesures manquantes. Sachant que les figures ci-dessous sont semblables, déduis les mesures qui correspondent au point d'interrogation.

**a)**

$$\frac{2,8}{3,5} = \frac{x}{1,75}$$

**b)**

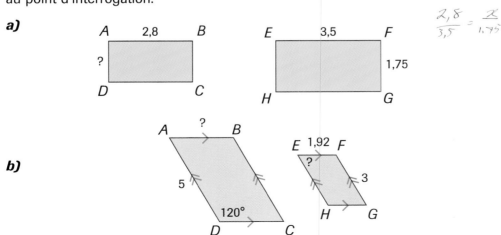

**c)**

 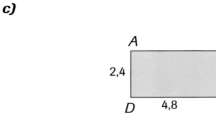

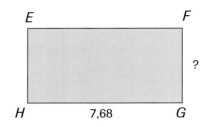

**d)**

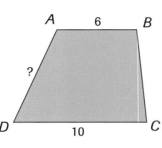

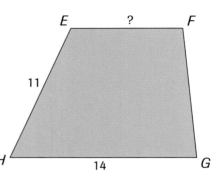

**17.** La similitude assure la **proportionnalité de toutes les lignes homologues.** En te basant sur cet énoncé, déduis la mesure demandée dans ces paires de figures semblables.

**a)** Mesure de la diagonale *DB* du rectangle *ABCD*.

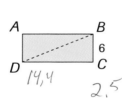     14,4     2,5

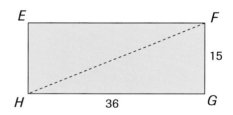

**b)** Hauteur *EK* du parallélogramme *EFGH*.

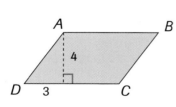

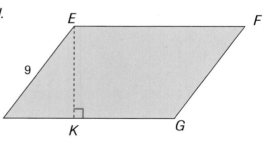

**c)** Mesure de la médiane *EH* du △*EFG*.

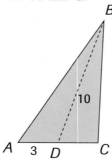

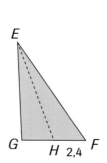

**18.** Une photo est entourée d'un cadre de 18 cm sur 12 cm, d'une largeur de 2 cm. Les deux rectangles (intérieur et extérieur) sont-ils semblables? Justifie ta réponse.

**19.** Deux photos de 8 cm x 10 cm et de 5 cm x 7 cm sont-elles semblables?

**20.** Complète la démonstration de la propriété fondamentale des proportions: le produit des extrêmes égale le produit des moyens.

1°  Soit une proportion $\dfrac{a}{b} = \dfrac{c}{d}$.

2°  Multiplions chaque membre de l'égalité par $bd$:
    …

3°  …

# ► FORUM

Montrez, en utilisant les règles de transformation des équations, que si $\dfrac{a}{b} = \dfrac{c}{d}$ alors:

**a)** $\dfrac{b}{a} = \dfrac{d}{c}$           **b)** $\dfrac{d}{b} = \dfrac{c}{a}$

**c)** $\dfrac{a+b}{b} = \dfrac{c+d}{d}$      **d)** $\dfrac{a-b}{b} = \dfrac{c-d}{d}$

# LES SOLIDES SEMBLABLES

## Des objets dans l'espace

On peut également parler de figures,
d'objets ou de solides semblables
dans l'espace.

*a)* Si le petit cornet coûte la
moitié du prix du grand,
doit-on penser que ses
dimensions sont également
diminuées de moitié?

*b)* Exprime les caractéristiques
géométriques que possèdent
les deux cornets ci-contre.

FORMAT DE 2 $        FORMAT DE 1 $

On peut imaginer des **transformations de l'espace** en termes de reproduction,
de réduction ou d'agrandissement de solides qui conservent les mesures d'angles et la
proportionnalité des mesures des lignes homologues.

*c)* A-t-on doublé, quadruplé ou octuplé la petite tortue?

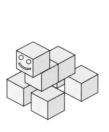

*d)* Voici deux solides dans l'espace.

   1) Évalue les dimensions de chacun.

   2) Détermine le rapport d'homothétie
       qui les associe.

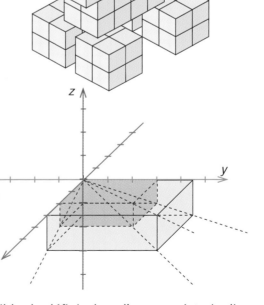

Comme on le fait dans le plan, il est possible de définir dans l'**espace** à trois dimensions
des isométries, des homothéties ou des composées d'isométries et d'homothéties qui, par
rapport aux solides, conservent **les mesures des angles** et la **proportionnalité des
mesures** de leurs lignes homologues. Deux solides associés par de telles transformations
constituent des **solides semblables.**

# Feuille de travail 19 ·············

## Investissement 3

1. Trace l'image du solide donné par la transformation décrite.

**a)** Translation correspondant au triplet (2, 5, 1). **b)** Rotation de 180° autour de l'axe des z.

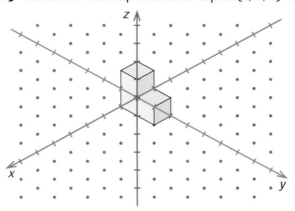

**c)** Homothétie de centre (0, 0, 0) et de rapport 2.

**d)** Homothétie de centre (0, 0, 0) et de rapport ⁻3, suivie d'une translation (2, ⁻5, ⁻1).

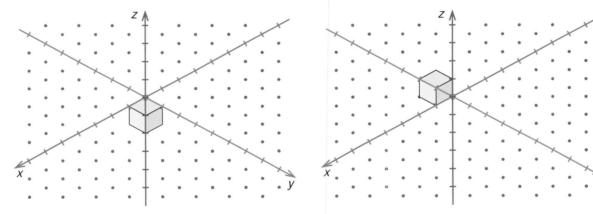

2. On a tracé l'image du solide A par une transformation dans l'espace. Trace l'image de l'objet B par la même transformation.

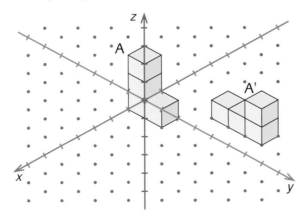

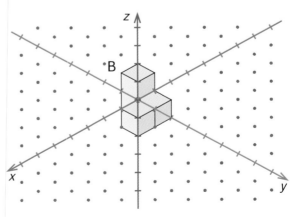

**3.** On a représenté deux objets à trois dimensions sur un même plan de base. Détermine si ces objets sont semblables. Si oui, identifie une transformation ou une composée qui peut les associer.

*a)*

*b)*

*c)*

*d)*

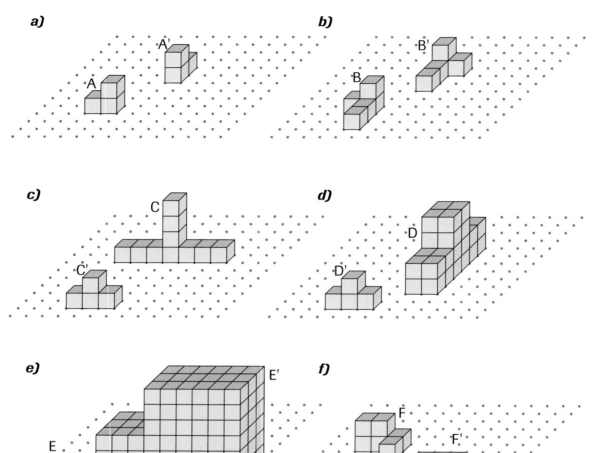

*e)*

*f)*

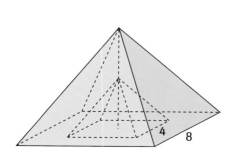

**4.** On donne des solides semblables. Détermine le rapport demandé.

*a)* Rapport des hauteurs.

*b)* Rapport des diamètres.

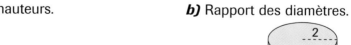

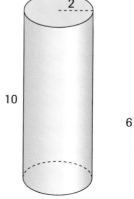

**5.** Ces trois cônes sont-ils semblables ?
Justifie ta réponse.

 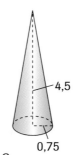 

**6.** On coupe une pyramide à l'aide d'un plan parallèle
au plan de la base. La pyramide obtenue est-elle semblable
à la pyramide initiale ? Justifie ta réponse.

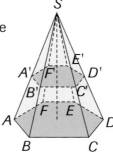

*Parmi les cinq polyèdres réguliers, on attribue générale-ment l'élaboration du tétraèdre, du cube et du dodé-caèdre aux Pythagoriciens, alors que les deux autres, l'octaèdre et l'icosaèdre auraient été construits par Théétète.*

**7.** Est-il vrai que tous les polyèdres réguliers (il y en a cinq) d'un même nombre
de faces sont semblables entre eux ?

**8.** Est-il vrai que toutes les sphères ou toutes les boules sont semblables entre elles ?

**9.** À partir du premier cône, décris comment,
en termes de transformations,
on peut obtenir le deuxième.

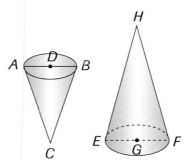 

**10.** À ton avis, ces deux solides sont-ils
semblables ? Justifie ta réponse.

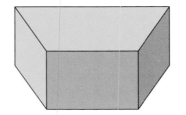

► FORUM

Voici des règles de fonctions quadratiques auxquelles
correspondent des paraboles.

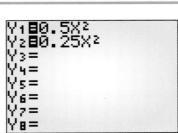

**a)** Déterminez le rapport d'une homothétie qui applique
une parabole sur l'autre.

**b)** Peut-on affirmer que toutes les paraboles sont semblables ?

**c)** Est-ce que les solides de même hauteur obtenus en faisant
tourner des paraboles autour de leur axe sont semblables ?
Justifiez votre réponse.

# Sujet 3 — LA SIMILITUDE DES TRIANGLES

## CONDITIONS MINIMALES DE SIMILITUDE DES TRIANGLES

On sait que les liens entre les angles et les côtés d'un triangle sont très forts. Peut-être n'est-il pas nécessaire, avec deux triangles, de vérifier la **congruence de tous les angles** et la **proportionnalité des mesures des côtés** avant de conclure qu'ils sont semblables? Peut-être existe-t-il des **conditions minimales** sur la similitude des triangles?

### Exploration :

À l'aide d'un logiciel de géométrie ou d'instruments de géométrie :

**a)** Construis deux triangles ayant des angles homologues de 50°, 60° et 70°. Les deux triangles ont-ils la même forme? Sont-ils semblables?

**b)** Construis deux triangles ayant chacun un angle de 40° formé par des côtés mesurant 3 cm et 4 cm pour le premier et 6 cm et 8 cm pour le second. Les deux triangles ont-ils la même forme? Sont-ils semblables?

**c)** Construis deux triangles ayant des côtés de 3 cm, 4 cm et 5 cm pour le premier et 4,5 cm, 6 cm et 7,5 cm pour le second. Les deux triangles ont-ils la même forme? Sont-ils semblables?

**d)** Quelles conjectures les constructions précédentes t'incitent-elles à formuler?

**e)** Marilla prétend que la congruence de deux paires d'angles est suffisante pour entraîner la similitude de deux triangles. A-t-elle raison? Justifie ta réponse.

**f)** Érika prétend que la proportionnalité de deux paires de côtés homologues est suffisante pour entraîner la similitude des deux triangles. A-t-elle raison? Justifie ta réponse.

Il est possible de démontrer chacune des conditions minimales identifiées dans cette exploration pour en faire des **théorèmes** sur la **similitude.** Ces mêmes théorèmes permettent la démonstration d'autres énoncés fort commodes pour résoudre des problèmes.

# THÉORÈMES SUR LA SIMILITUDE

## Des preuves formelles

Les conditions minimales de la similitude des triangles constituent la base d'une série d'énoncés fort importants pour la résolution de problèmes en géométrie.

***a)*** Complète la démonstration de la première condition minimale de similitude de deux triangles.

**THÉORÈME 1**

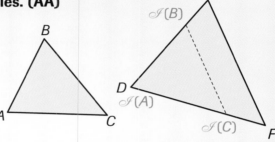

**Énoncé :** **Deux triangles qui ont deux angles homologues congrus sont semblables. (AA)**

**Hypothèses :** $\angle A \cong \angle D$; $\angle B \cong \angle E$.

**Conclusion :** $\triangle ABC \sim \triangle DEF$.

| AFFIRMATIONS | JUSTIFICATIONS |
|---|---|
| 1° Soit $\mathcal{I}$, l'isométrie qui associe $\angle A$ à $\angle D$ avec $\overline{AB}$ sur $\overline{DE}$ et $\overline{AC}$ sur $\overline{DF}$. | 1° Une telle isométrie existe puisque $\angle A \cong \angle D$. |
| 2° On a : $\overline{\mathcal{I}(B)\mathcal{I}(C)} \,/\!/\, \overline{EF}$. | 2° Puisque $\angle B \cong \angle E$ et que deux droites coupées par une sécante formant des angles correspondants congrus sont ▬▬▬. |
| 3° Soit $h$, l'homothétie de centre $\mathcal{I}(A)$ ou $D$ qui associe $\mathcal{I}(B)$ à $E$. | 3° Une homothétie est complètement déterminée par son centre avec un point et son image. |
| 4° Par $h$, on a : $h(\mathcal{I}(A)) = D$; $h(\mathcal{I}(B)) = E$; $h(\mathcal{I}(C)) = F$. | 4° Le centre d'une homothétie est un point ▬▬▬. Par définition de $h$. Puisque $F$ est le point d'intersection de la trace de $\mathcal{I}(C)$ avec la parallèle passant par $E$. |
| 5° Donc, $h \circ \mathcal{I}(\triangle ABC) = \triangle DEF$. | 5° À cause de la correspondance des sommets. |
| 6° Et $\triangle ABC \sim \triangle DEF$. | 6° Car il existe une similitude qui associe ▬▬▬. |

**b)**

*Complète la démonstration de la deuxième condition minimale de similitude des triangles.*

**Énoncé :** **Deux triangles possédant un angle congru compris entre des côtés homologues de longueurs proportionnelles sont semblables. (CAC)**

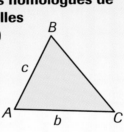

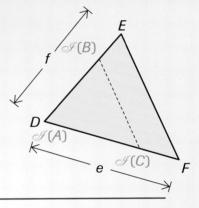

**Hypothèses :** $\angle A \cong \angle D$;
$\dfrac{c}{f} = \dfrac{b}{e}$.

**Conclusion :** $\triangle ABC \sim \triangle DEF$.

| AFFIRMATIONS | JUSTIFICATIONS |
|---|---|
| 1° Soit $\mathscr{I}$, l'isométrie qui applique $\angle A$ sur $\angle D$ avec $\overline{AB}$ sur $\overline{DE}$ et $\overline{AC}$ sur $\overline{DF}$. | 1° Une telle isométrie existe puisque $\angle A \cong \angle D$. |
| 2° Soit l'homothétie $h$ de centre $\mathscr{I}(A)$ ou $D$ qui porte $\mathscr{I}(B)$ sur $E$ ou de rapport $\dfrac{c}{f}$. | 2° Une homothétie est complètement déterminée par ▧ avec un point et son ▧. |
| 3° Par $h$, on a : $h(\mathscr{I}(A)) = D$; <br><br> $h(\mathscr{I}(B)) = E$; <br> $h(\mathscr{I}(C)) = F$. | 3° Le centre d'une homothétie est un point ▧. <br> Par définition de $h$. <br> Puisque $F$ est le point de la trace de $\mathscr{I}(C)$ tel que $\dfrac{b}{e} = \dfrac{c}{f}$. |
| 4° Donc, $h \circ \mathscr{I}(\triangle ABC) = \triangle DEF$. | 4° À cause de la correspondance des sommets. |
| 5° Et $\triangle ABC \sim \triangle DEF$. | 5° Car il existe une similitude... |

**c)** Voici la troisième conjecture portant sur les conditions minimales de similitude des triangles. Complète la démonstration.

**THÉORÈME 3**

**Énoncé :** **Deux triangles dont les mesures des côtés homologues sont proportionnelles sont semblables. (CCC)**

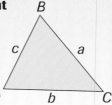
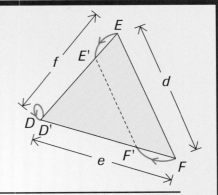

**Hypothèses :** $\dfrac{c}{f} = \dfrac{b}{e} = \dfrac{a}{d}$.

**Conclusion :** $\triangle ABC \sim \triangle DEF$.

| AFFIRMATIONS | JUSTIFICATIONS |
|---|---|
| 1° Soit $h$, l'homothétie de centre $D$ et de rapport $\dfrac{c}{f}$ ou $\dfrac{b}{e}$ ou $\dfrac{a}{d}$. | 1° Une homothétie est complètement déterminée par ▬▬ avec un point et son ▬▬. |
| 2° L'image du triangle $DEF$ par $h$ est le triangle $D'E'F'$ dont les mesures des côtés sont $c$, $b$ et $a$. | 2° Puisque $\dfrac{c}{f} \cdot f = c$, $\dfrac{b}{e} \cdot e = b$ et $\dfrac{a}{d} \cdot d = a$. |
| 3° Dès lors, le triangle $D'E'F'$ est isométrique au triangle $ABC$. | 3° Deux triangles qui ont leurs trois côtés homologues congrus sont isométriques. |
| 4° Soit $\mathscr{I}$ l'isométrie qui associe le $\triangle ABC$ au $\triangle D'E'F'$. | 4° Une telle isométrie existe puisque les triangles sont isométriques. |
| 5° Donc, il existe une similitude telle que l'image de $\triangle ABC$ est $\triangle DEF$. | 5° Cette similitude est $h^{-1} \circ \mathscr{I}$. |
| 6° Et $\triangle ABC \sim \triangle DEF$. | 6° Car il existe une similitude... |

Les trois conditions minimales de la similitude symbolisées par **AA, CAC** et **CCC** sont principalement utilisées pour établir la similitude de deux triangles. On les utilise également pour démontrer d'autres énoncés.

Outre ces trois théorèmes sur la similitude des triangles, on retient quatre autres énoncés.

**d)**

Voici le premier de ces énoncés. Complètes-en la démonstration.

**THÉORÈME 4**

**Énoncé :** **Toute droite sécante à deux côtés d'un triangle et parallèle au troisième côté forme un triangle semblable au premier.**

**Hypothèses :** $DE$ est sécante à $\overline{AB}$ et $\overline{CB}$ ; $DE$ est parallèle à $\overline{AC}$.

**Conclusion :** $\triangle DBE \sim \triangle ABC$.

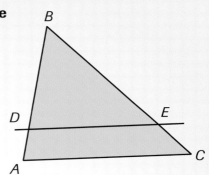

| AFFIRMATIONS | JUSTIFICATIONS |
|---|---|
| 1° On a : $\angle B \cong \angle B$. | 1° Car $\angle B$ est ▮▮▮▮. |
| 2° De plus : $\angle D \cong \angle A$. | 2° Car les angles correspondants… |
| 3° Donc, $\triangle DBE \sim \triangle ABC$. | 3° Puisque AA. |

Le quatrième théorème suggère un autre énoncé très utile en résolution de problèmes.

**e)** Complète la démonstration qui suit.

**Énoncé :** **Toute droite sécante à deux côtés d'un triangle et parallèle au troisième côté détermine sur ces deux côtés des segments dont les mesures sont proportionnelles.**

**Hypothèses :** $DE$ est sécante à $\overline{AB}$ et $\overline{CB}$; $DE$ est parallèle à $\overline{AC}$.

**Conclusion :** $\dfrac{m\,\overline{BD}}{m\,\overline{DA}} = \dfrac{m\,\overline{BE}}{m\,\overline{EC}}$.

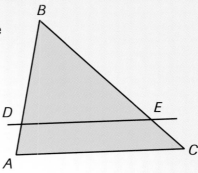

| AFFIRMATIONS | JUSTIFICATIONS |
|---|---|
| 1° On a : $\dfrac{m\,\overline{BA}}{m\,\overline{BD}} = \dfrac{m\,\overline{BC}}{m\,\overline{BE}}$. | 1° Toute droite sécante à deux côtés d'un triangle et parallèle au troisième côté forme... |
| 2° Et $\dfrac{m\,\overline{BA} - m\,\overline{BD}}{m\,\overline{BD}} = \dfrac{m\,\overline{BC} - m\,\overline{BE}}{m\,\overline{BE}}$ | 2° Dans une proportion, ... |
| ou $\dfrac{m\,\overline{DA}}{m\,\overline{BD}} = \dfrac{m\,\overline{EC}}{m\,\overline{BE}}$. | Par soustraction. |
| 3° Enfin, $\dfrac{m\,\overline{BD}}{m\,\overline{DA}} = \dfrac{m\,\overline{BE}}{m\,\overline{EC}}$. | 3° Dans une proportion, ... |

Tracer une parallèle au troisième côté d'un triangle entraîne donc différentes proportions qu'il ne faut pas confondre.

**f)** Pose les proportions que présente la situation ci-contre si $MN$ est parallèle au côté $DF$.

**g)** Laquelle des deux proportions précédentes a ses rapports égaux au rapport $\dfrac{m\,\overline{MN}}{m\,\overline{DF}}$ ou $\dfrac{m\,\overline{DF}}{m\,\overline{MN}}$?

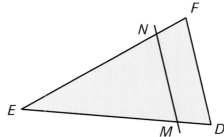

**h)** Le théorème précédent mène directement au suivant. Complètes-en la démonstration.

**THÉORÈME 6**

**Énoncé :** **Des parallèles qui coupent des sécantes déterminent des segments de longueurs proportionnelles.**

**Hypothèses :** $AD \parallel BE \parallel CF$; $AC$ et $DF$ sont deux sécantes.

**Conclusion :** $\dfrac{\text{m } \overline{AB}}{\text{m } \overline{BC}} = \dfrac{\text{m } \overline{DE}}{\text{m } \overline{EF}}$.

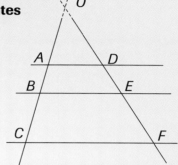

| AFFIRMATIONS | JUSTIFICATIONS |
|---|---|
| 1° En prolongeant les droites sécantes, on obtient des triangles. | 1° Deux droites sécantes se rencontrent en un ▆▆▆. |
| 2° On peut alors poser : $$\frac{\text{m } \overline{OA}}{\text{m } \overline{AB}} = \frac{\text{m } \overline{OD}}{\text{m } \overline{DE}}$$ et $$\frac{\text{m } \overline{OA}}{\text{m } \overline{AC}} = \frac{\text{m } \overline{OD}}{\text{m } \overline{DF}}.$$ | 2° Toute droite sécante à deux côtés d'un triangle et... |
| 3° On peut transformer ces deux proportions en les suivantes : $$\frac{\text{m } \overline{OA}}{\text{m } \overline{OD}} = \frac{\text{m } \overline{AB}}{\text{m } \overline{DE}}$$ et $$\frac{\text{m } \overline{OA}}{\text{m } \overline{OD}} = \frac{\text{m } \overline{AC}}{\text{m } \overline{DF}}.$$ | 3° Dans une proportion, ... |
| 4° D'où : $\dfrac{\text{m } \overline{AC}}{\text{m } \overline{DF}} = \dfrac{\text{m } \overline{AB}}{\text{m } \overline{DE}}$. | 4° Par transitivité. |
| 5° On a : $\dfrac{\text{m } \overline{AC}}{\text{m } \overline{AB}} = \dfrac{\text{m } \overline{DF}}{\text{m } \overline{DE}}$ | 5° Dans une proportion, ... |
| 6° On a : $\dfrac{\text{m } \overline{AC} - \text{m } \overline{AB}}{\text{m } \overline{AB}} = \dfrac{\text{m } \overline{DF} - \text{m } \overline{DE}}{\text{m } \overline{DE}}$ ou $\dfrac{\text{m } \overline{BC}}{\text{m } \overline{AB}} = \dfrac{\text{m } \overline{EF}}{\text{m } \overline{DE}}$. | 6° Dans une proportion, ... <br><br> Par soustraction. |
| 7° Et enfin : $\dfrac{\text{m } \overline{AB}}{\text{m } \overline{BC}} = \dfrac{\text{m } \overline{DE}}{\text{m } \overline{EF}}$. | 7° Dans une proportion, ... |

*i)* L'énoncé suivant remonte aux premiers éléments de la géométrie d'Euclide. Complètes-en la démonstration.

## THÉORÈME 7

**Énoncé:** **Tout segment joignant les points milieux de deux côtés d'un triangle est parallèle au troisième côté et sa mesure égale la moitié de celle de ce troisième côté.**

**Hypothèse:** $D$ et $E$ sont les points milieux de $\overline{AB}$ et $\overline{CB}$.

**Conclusions:** $\overline{DE} \,/\!/\, \overline{AC}$;

$$\mathrm{m}\,\overline{DE} = \frac{1}{2} \times \mathrm{m}\,\overline{AC}.$$

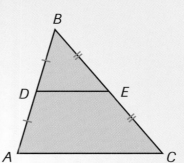

| AFFIRMATIONS | JUSTIFICATIONS |
|---|---|
| 1° On a: $\angle B \cong \angle B$;<br><br>$\dfrac{\mathrm{m}\,\overline{BD}}{\mathrm{m}\,\overline{BA}} = \dfrac{\mathrm{m}\,\overline{BE}}{\mathrm{m}\,\overline{BC}} = \dfrac{1}{2}.$ | 1° Puisque: $\angle B$ est ▆▆▆ ;<br><br>$D$ et $E$ sont des points ▆▆▆. |
| 2° Donc: $\triangle DBE \sim \triangle ABC$. | 2° Puisque CAC. |
| 3° On a donc: $\angle D \cong \angle A$. | 3° Dans les triangles semblables, les angles homologues… |
| 4° Par conséquent, $\overline{DE} \,/\!/\, \overline{AC}$. | 4° Deux angles correspondants congrus sont formés… |
| 5° De plus:<br><br>$\dfrac{\mathrm{m}\,\overline{DE}}{\mathrm{m}\,\overline{AC}} = \dfrac{1}{2} = \dfrac{\mathrm{m}\,\overline{BD}}{\mathrm{m}\,\overline{BA}} = \dfrac{\mathrm{m}\,\overline{BE}}{\mathrm{m}\,\overline{BC}}.$ | 5° Dans les triangles semblables, les mesures des côtés… |
| 6° D'où $\mathrm{m}\,\overline{DE} = \frac{1}{2} \times \mathrm{m}\,\overline{AC}$. | 6° Règle de transformation des équations par multiplication. |

Voilà les principaux énoncés sur la similitude. Il en existe cependant beaucoup d'autres dont certains seront traités sous la forme de problèmes.

1. Démontre que l'énoncé portant sur la sécante parallèle au troisième côté d'un triangle est également vrai si la parallèle coupe les prolongements de deux côtés du triangle.

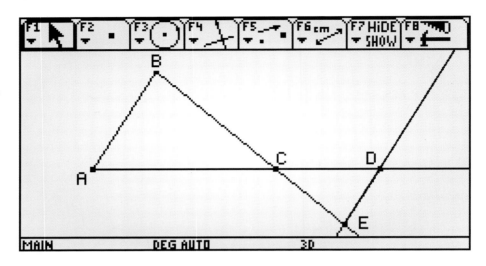

2. On sait que :
   «Tout segment joignant les points milieux de deux côtés d'un triangle est parallèle au troisième côté et sa mesure égale la moitié de celle de ce troisième côté.» Si le segment joint les points situés au quart des deux côtés, cela veut-il dire que sa mesure est le quart de la mesure du troisième côté? Justifie ta réponse.

3. On sait que des parallèles qui coupent des sécantes déterminent des segments de longueurs proportionnelles. Cela signifie-t-il qu'une parallèle qui coupe les deux côtés d'un triangle engendre sur ses côtés des segments dont les mesures sont proportionnelles ($\frac{n}{m} = \frac{p}{q}$)? Justifie ta réponse.

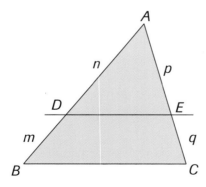

4. En te référant à la figure de la question précédente, peut-on affirmer que $\frac{n}{m} = \frac{m\,\overline{DE}}{m\,\overline{BC}}$? Justifie ta réponse.

**5.** Détermine la condition minimale (AA, CAC, CCC) qui permet d'affirmer que les triangles donnés sont semblables.

**a)**

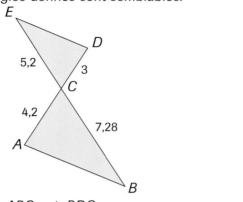

**b)**

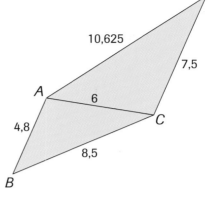

**c)** △ ABC ~ △ BDC

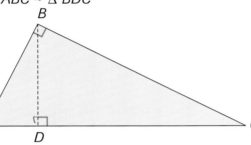

**d)**

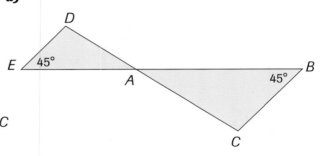

**6.** Énonce la condition minimale qui permet d'affirmer que les triangles sont semblables.

**a)**

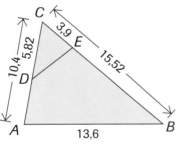

**b)**

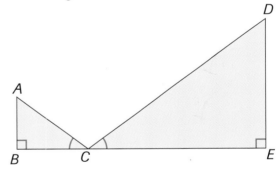

**c)**

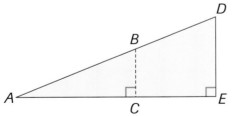

**7.** Démontre que deux triangles rectangles qui ont un angle aigu congru sont semblables.

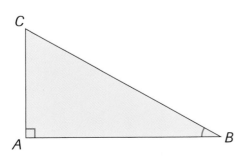

**8.**

Sur l'hypoténuse d'un triangle rectangle *ABC* dont les cathètes mesurent 12 cm et 16 cm, on a construit un second triangle rectangle *ACD* dont la cathète *DC* mesure 15 cm. Démontre, à l'aide d'une condition minimale, que les deux triangles sont semblables.

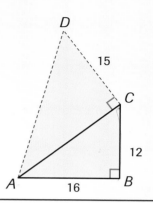

**Hypothèses :** ...

**Conclusion :** ...

| AFFIRMATIONS | JUSTIFICATIONS |
|---|---|
| 1° On peut calculer m $\overline{AC}$ :<br><br>    m $\overline{AC}$ = ▬▬ . | 1° Dans les triangles rectangles, le carré de l'hypoténuse... |
| 2° On a : $\angle ABC \cong \angle$ ▬▬ ;<br><br>    $\dfrac{m \ \overline{AB}}{m \ \overline{AC}}$ = ▬▬ . | 2° ▬▬ .<br><br>    Car le produit des extrêmes... |
| 3° Donc : $\triangle ABC \sim \triangle ACD$. | 3 À cause de la condition minimale ▬▬ . |

**9.** On a prolongé les côtés *AB* et *CB* du triangle *ABC* selon les mesures indiquées. Démontre que l'on a ainsi formé un triangle *DBE* semblable au triangle *ABC*.

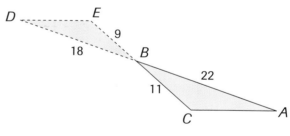

**10.** Démontre que, dans la figure ci-contre, les triangles *ABC* et *ADE* sont semblables.

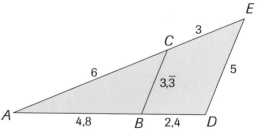

 ► FORUM

Dans le triangle rectangle *ABC*, on a abaissé la hauteur *CE*. Démontrez qu'on a ainsi formé deux triangles semblables (*ACE* et *CBE*).

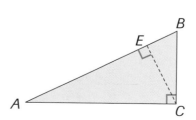

# À PROPOS DES MESURES DE FIGURES SEMBLABLES

## MESURES DES ÉLÉMENTS HOMOLOGUES

| MESURES DES ÉLÉMENTS HOMOLOGUES |
| --- |
| PÉRIMÈTRES ET AIRES DES FIGURES SEMBLABLES |
| VOLUMES DES SOLIDES SEMBLABLES |

### La hauteur de la pyramide de Khéops

Après avoir traversé la Perse, Thalès de Milet arrive en Égypte et visite les pyramides. Il n'a jamais rien vu d'aussi majestueux. Il est fasciné par la pyramide blanchâtre qui s'élève dans le ciel brillant. Retrouvons-le quelque 600 ans avant Jésus-Christ en discussion avec l'un des guides des lieux.

Retrouvons-les près de la pyramide du côté de l'ombrage.

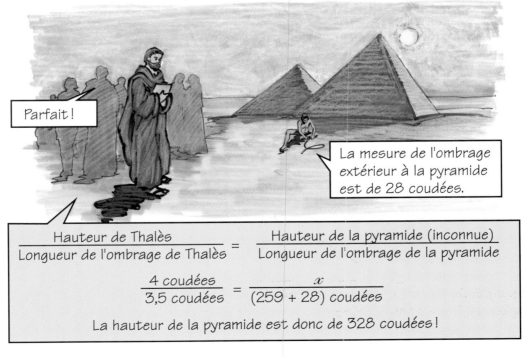

$$\frac{\text{Hauteur de Thalès}}{\text{Longueur de l'ombrage de Thalès}} = \frac{\text{Hauteur de la pyramide (inconnue)}}{\text{Longueur de l'ombrage de la pyramide}}$$

$$\frac{4 \text{ coudées}}{3,5 \text{ coudées}} = \frac{x}{(259 + 28) \text{ coudées}}$$

La hauteur de la pyramide est donc de 328 coudées!

**a)** Décris les triangles semblables qu'a imaginés Thalès.

**b)** Explique les calculs qu'a faits Thalès pour déterminer la hauteur de la pyramide.

**c)** Si une coudée mesure 0,4416 m, détermine, en mètres, la hauteur de la pyramide à l'époque de Thalès.

### La longueur de la lame

Un catalogue montre une scie et fait état de certaines dimensions. Malheureusement, le dernier utilisateur du catalogue a laissé une tache qui cache l'une des dimensions.

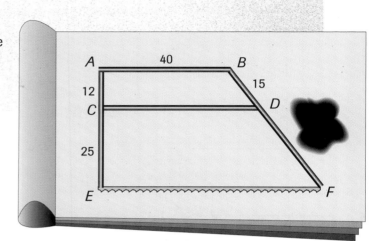

**a)** Peut-on calculer la dimension cachée à partir des autres? Si oui, calcule-la.

**b)** On désire avoir des lames de rechange. Peut-on, avec les données fournies, calculer la longueur de la lame? Si oui, comment?

Il est possible de poser une proportion à partir des mesures des côtés de triangles semblables ou des mesures de segments compris entre des parallèles. Cependant, les rapports dans la première proportion ne sont pas équivalents aux rapports dans la seconde.

Une fois la bonne proportion posée, les propriétés des proportions et les règles de transformation des équations permettent le calcul de la mesure recherchée.

Le même raisonnement s'applique lorsque la proportion provient des mesures des segments compris entre trois parallèles qui coupent deux sécantes.

## Investissement 5

**1.** Sachant que $\overline{ED}$ est parallèle à $\overline{AC}$, détermine la mesure de $\overline{EB}$.

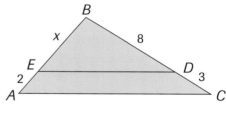

**2.** Dans le triangle ci-contre, $\overline{DE}$ est parallèle à $\overline{BC}$. Détermine la mesure de $\overline{DE}$.

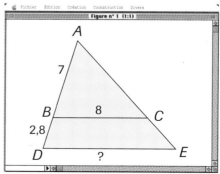

**3.** Dans la figure ci-contre, $\overline{DE}$ est parallèle à $\overline{AC}$.
Détermine la mesure de $\overline{DE}$.

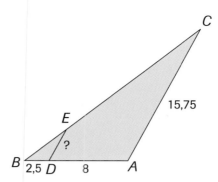

**4.** Dans chacun des cas ci-dessous, on a des droites parallèles qui coupent deux sécantes.
Détermine la mesure demandée.

**a)**

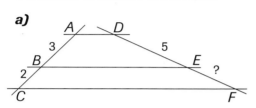

**b)**

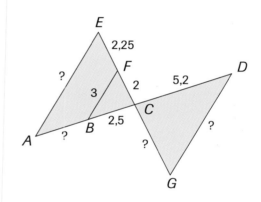

**5.** Dans la figure ci-contre, $\overline{AD}$ et $\overline{EG}$ se rencontrent
en $C$. De plus, $\overline{AE}$ est parallèle à $\overline{BF}$ et $\overline{BF}$
est parallèle à $\overline{GD}$. Détermine les mesures
recherchées à partir de celles qui sont fournies.

**6.** Voici l'illustration en perspective linéaire
d'une route sur 1 km.

**a)** Quelle est la largeur réelle de la
route 0,3 km plus loin?

**b)** Quelle est la largeur apparente de
la route 0,3 km plus loin?

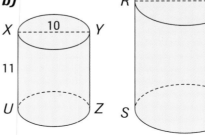

**7.** Voici des paires de solides semblables. Détermine la hauteur du second à partir des
données fournies.

**a)**

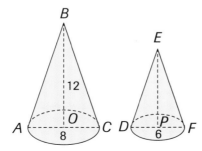

**b)**

**8.** Les triangles semblables sont particulièrement utiles dans les techniques de mesurage indirect. Trouve la mesure cherchée dans chaque cas.

**a)** La hauteur de la tour.

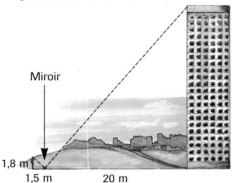

Miroir

1,8 m
1,5 m      20 m

**b)** La hauteur du drapeau.

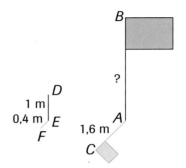

B

?

D
1 m
0,4 m   E
F
A
1,6 m
C

 ▶ FORUM

Faites la preuve que : « **La bissectrice d'un angle d'un triangle divise le côté opposé en deux segments dont les longueurs sont proportionnelles aux mesures des côtés formant cet angle** ».

Détermine la mesure de $\overline{DE}$.
(Pour vous aider, on donne la construction qu'il faut réaliser pour faire cette démonstration, c'est-à-dire on trace une parallèle à $\overline{BD}$ passant par $C$ et on prolonge le côté $\overline{AB}$.)

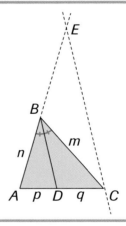

E

B

n        m

A   p   D   q   C

## PÉRIMÈTRES ET AIRES DES FIGURES SEMBLABLES

### Activité 1 : Rapport de périmètres et rapport d'aires

**a)** Voici des figures construites à l'aide de tuiles et dont on a doublé ou triplé les dimensions. Dans chaque cas, calcule les rapports des dimensions, des périmètres et des aires. Émets une conjecture à ce sujet.

1)
A   B

2)
A   C

3)
D   E

4)
D   F

**b)** On a défini deux homothéties sur des figures du plan. Dans chaque cas, détermine:

1) le rapport d'homothétie;       2) le rapport de similitude;

3) le rapport des périmètres;       4) le rapport des aires.

Cas 1:

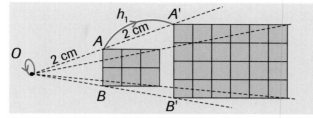

Cas 2:

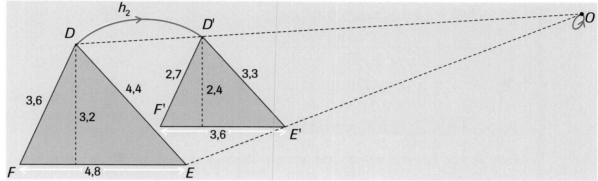

### Activité 2 : Des preuves formelles

**a)** Complète la démonstration de cet énoncé.

**THÉORÈME 8**

**Énoncé:** **Les périmètres de figures semblables sont dans le même rapport que les mesures des côtés.**

**Hypothèse:** $\triangle ABC \sim \triangle DEF$.

**Conclusion:** $\dfrac{P_1}{P_2} = \dfrac{m\,\overline{AB}}{m\,\overline{DE}} = |k|$.

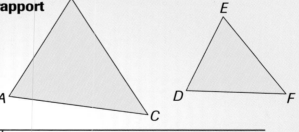

| AFFIRMATIONS | JUSTIFICATIONS |
|---|---|
| 1° On a : $\dfrac{m\,\overline{AB}}{m\,\overline{DE}} = \dfrac{m\,\overline{BC}}{m\,\overline{EF}} = \dfrac{m\,\overline{CA}}{m\,\overline{FD}}$. | 1° Car les figures sont semblables et, dans les figures semblables, les côtés homologues sont ▆▆▆▆. |
| 2° On a : $\dfrac{m\,\overline{AB} + m\,\overline{BC} + m\,\overline{CA}}{m\,\overline{DE} + m\,\overline{EF} + m\,\overline{FD}} = \dfrac{m\,\overline{AB}}{m\,\overline{DE}}$. | 2° Dans une proportion, la somme des... |
| 3° Donc : $\dfrac{P_1}{P_2} = \dfrac{m\,\overline{AB}}{m\,\overline{DE}} = |k|$. | 3° Le périmètre d'une figure est la ▆▆▆▆ des mesures de ses côtés. |

On a fait ici la démonstration avec des triangles semblables. On aurait pu la faire avec tout autre type de figures semblables.

**b)** Complète la démonstration de cet autre énoncé.

**THÉORÈME 9**

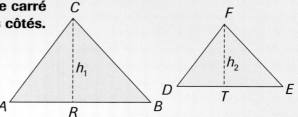

**Énoncé :** **Les aires de figures semblables sont dans le même rapport que le carré du rapport des mesures des côtés.**

**Hypothèse :** $\triangle ABC \sim \triangle DEF$.

**Conclusion :** $\dfrac{A_1}{A_2} = \left(\dfrac{m\,\overline{AB}}{m\,\overline{DE}}\right)^2 = |k|^2 = k^2$

| AFFIRMATIONS | JUSTIFICATIONS |
|---|---|
| 1° On a :<br><br>$\|k\| = \dfrac{m\,\overline{AB}}{m\,\overline{DE}} = \dfrac{m\,\overline{BC}}{m\,\overline{EF}} = \dfrac{m\,\overline{CA}}{m\,\overline{FD}} = \dfrac{h_1}{h_2}.$ | 1° Car les figures sont semblables et, dans les figures semblables, toutes les lignes homologues sont ▆▆▆▆▆▆. |
| 2° On a : $A_1 = \dfrac{m\,\overline{AB} \times h_1}{2}$ et<br><br>$A_2 = \dfrac{m\,\overline{DE} \times h_2}{2}.$ | 2° D'après la formule... |
| 3° Le rapport des aires est :<br><br>$\dfrac{A_1}{A_2} = \dfrac{\dfrac{m\,\overline{AB} \times h_1}{2}}{\dfrac{m\,\overline{DE} \times h_2}{2}} = \dfrac{m\,\overline{AB} \times h_1}{m\,\overline{DE} \times h_2}$ ou | 3°<br><br>... |
| $\dfrac{A_1}{A_2} = \dfrac{m\,\overline{AB} \times h_1}{m\,\overline{DE} \times h_2} = \dfrac{m\,\overline{AB}}{m\,\overline{DE}} \times \dfrac{h_1}{h_2}$ ou | Par définition de la multiplication de fractions. |
| $\dfrac{A_1}{A_2} = \|k\| \times \|k\| = \|k\|^2 = k^2.$ | Par substitution du rapport de similitude. |

La démonstration a été faite ici avec des triangles semblables. On pourrait montrer qu'il en est ainsi pour tout autre type de figures semblables.

# VOLUMES DES SOLIDES SEMBLABLES

**Activité 1 : Squelettes de solides**

Voici trois squelettes de solides obtenus en doublant les dimensions du squelette précédent.

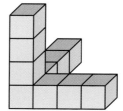

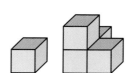

**a)** Indique combien de cubes comptera chaque solide si on complète le squelette afin d'obtenir un prisme droit.

**b)** Quel est le rapport des volumes d'un solide à l'autre ?

**c)** Quel serait ce rapport si l'on triplait les dimensions de chaque solide ? si on les quadruplait ?

## Activité 2 : Raisonnement logique

Les principaux solides se partagent en deux grandes catégories selon le calcul de leur volume.

| Solides | Volume |
|---|---|
| Prismes et cylindres | Volume = (aire de la base) • (hauteur) |
| Pyramides, cônes et boules | Volume = $\frac{1}{3}$ (aire de la base) • (hauteur) |

En utilisant la formule générale du calcul du volume, montre que le rapport des volumes de deux solides semblables est nécessairement $|k|^3$ si $|k|$ représente le rapport de similitude.

# Investissement 6 ................................

**1.** Détermine le rapport des hauteurs, des périmètres et des aires des paires de figures semblables données.

**a)**

8    6

**b)**

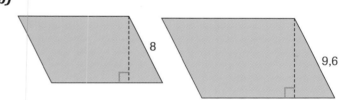

8    9,6

**c)**

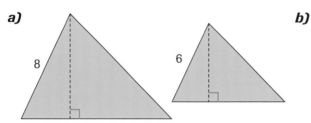

6,4    5,12

**d)**

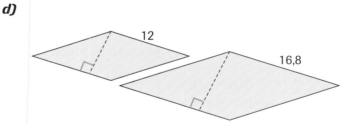

12    16,8

**2.** Le rapport des aires des deux triangles semblables ci-contre est 0,64. Détermine la hauteur du second triangle.

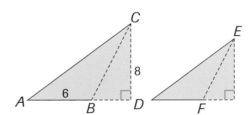

**3.** Imagine un cube de 4 cm de côté évidé d'un cube de 2 cm de côté. Quel est le rapport du volume du solide restant sur celui du cube initial ?

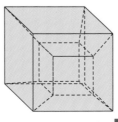

**4.** Détermine le rapport des hauteurs, des périmètres des bases, des aires des faces latérales et des volumes des solides semblables donnés.

**a)**

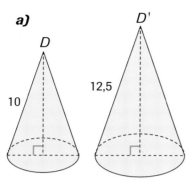

**b)**

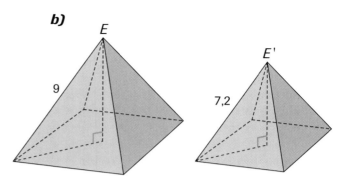

**5.** À partir des mesures de côtés données des figures semblables ci-dessous, détermine le périmètre demandé.

**a)** P de EFGH.

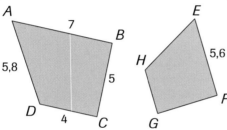

**b)** P de ABC et P de DEF.

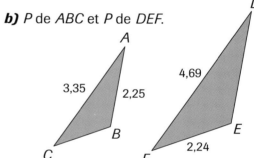

**6.** Le rapport de similitude entre deux parallélogrammes semblables est 5/4. Les côtés du parallélogramme initial mesurent 10 cm et 15 cm. Quel est le périmètre du parallélogramme image?

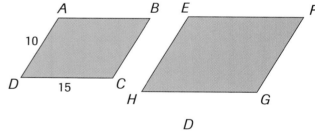

**7.** Les deux triangles ci-contre sont semblables et le rapport des mesures de leurs côtés est 2/3. Le périmètre du plus grand est 51 cm. Détermine les mesures inconnues des côtés des triangles.

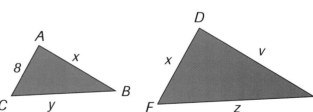

**8.** Détermine le rapport des aires de deux figures semblables si le rapport de similitude est:

**a)** $\frac{2}{5}$  **b)** $\frac{9}{5}$  **c)** 1  **d)** $\frac{8}{7}$

**9.** Les dimensions de deux planchers rectangulaires semblables sont dans le rapport 3/5. S'il en a coûté 125 $ pour recouvrir d'une moquette le plus petit, combien devrait-il en coûter pour recouvrir le second d'une moquette de même qualité?

**10.** Le rapport des aires de deux jardins rectangulaires semblables est de 25/81. Quelle est la longueur du plus petit si celle du plus grand est 12 m?

**11.** L'aire du rectangle *ABCD* est 72 m². Les points *E* et *G* sont les points milieux des côtés *AD* et *CD*. Quelle est l'aire du rectangle *EFGD*?

**12.** Les deux cônes ci-contre sont semblables et le rapport de leurs aires latérales est 9/25.

   **a)** Quel est le rapport des aires de leurs bases?

   **b)** Quel est le diamètre du plus petit si le rayon du grand est de 8 dm?

   **c)** Quel est le rapport de leurs hauteurs?

   **d)** Quel est le rapport de leurs volumes?

**13.** Voici deux prismes semblables. Détermine le volume du plus grand à partir des mesures données.

**14.** Voici deux cylindres semblables. Détermine le rayon et l'aire totale du plus petit à partir des mesures fournies.

**15.** Quel est le rapport:

   **a)** des aires de ces deux sphères?

   **b)** des volumes de ces deux sphères?

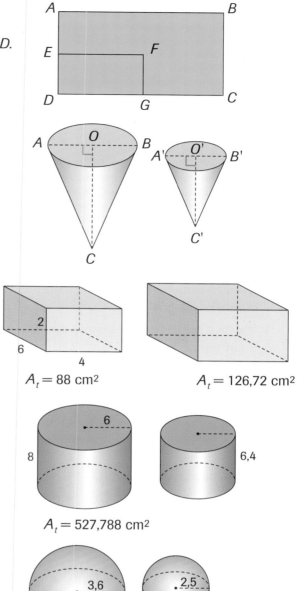

$A_t = 88$ cm²           $A_t = 126{,}72$ cm²

$A_t = 527{,}788$ cm²

▶ **FORUM**

Deux triangles rectangles ont chacun un angle de 30° et sont construits de sorte que leur hypoténuse commune mesure 12 cm.

1) Quel est le rapport de leurs aires?

2) Quelle est la somme des aires de ces deux triangles?

3) Quelle est l'aire de la partie commune?

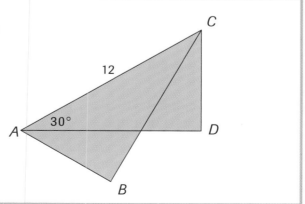

Les **similitudes** définissent les **figures semblables.** La notion de similitude peut être prolongée dans un espace à trois dimensions pour définir les **solides semblables.**

Les figures semblables ou les solides semblables ont leurs angles homologues congrus et les **mesures de leurs côtés homologues** sont **proportionnelles.**

On peut vérifier que **deux figures ou deux solides sont semblables** en montrant l'existence d'une **similitude** ou en montrant que les deux figures ont les **mêmes mesures d'angles homologues** et les **mesures de leurs côtés homologues proportionnelles.**

Cependant, dans le cas de deux triangles, il n'est pas nécessaire de vérifier la congruence des trois paires d'angles homologues et la proportionnalité des mesures des côtés homologues. Certaines conditions minimales assurent la similitude de deux triangles. Ce sont les suivantes:

- **Deux triangles qui ont deux angles homologues congrus ou isométriques sont semblables. (AA)**

- **Deux triangles dont les mesures des côtés homologues sont proportionnelles sont semblables. (CCC)**

- **Deux triangles possédant un angle congru ou isométrique compris entre des côtés homologues de longueurs proportionnelles sont semblables. (CAC)**

Les conditions minimales permettent de **prouver d'autres énoncés géométriques** très utiles et de **résoudre des problèmes.**

Les principaux énoncés sur la similitude sont les suivants:

- **Toute droite sécante à deux côtés d'un triangle et parallèle au troisième côté forme un triangle semblable au premier.**

- **Des parallèles qui coupent des sécantes déterminent des segments de longueurs proportionnelles.**

- **Le segment de droite qui joint le milieu de deux côtés d'un triangle est parallèle au troisième côté et sa mesure est la moitié de celle du troisième côté.**

La proportionnalité des mesures de côtés des figures semblables est utilisée pour calculer indirectement d'autres mesures: côtés, périmètres, aires, volumes...

Dans deux figures ou solides semblables:

- **Le rapport des mesures de deux côtés homologues est le rapport de similitude.**

- **Le rapport des périmètres est le rapport de similitude.**

- **Le rapport des aires de deux figures est le carré du rapport de similitude.**

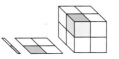

- **Le rapport des volumes de deux solides est le cube du rapport de similitude.**

**1** Voici une égalité entre deux rapports: $\frac{2}{3} = \frac{6}{9}$. Qu'a-t-on fait à cette proportion pour obtenir la proportion donnée?

**a)** $\frac{9}{3} = \frac{6}{2}$      **b)** $\frac{3}{2} = \frac{9}{6}$      **c)** $\frac{5}{3} = \frac{15}{9}$      **d)** $\frac{8}{12} = \frac{6}{9}$

**2** Vrai ou faux?

**a)** Si $\frac{a}{b} = \frac{c}{d} = \frac{e}{f}$, alors $\frac{a+c+e}{b+d+f} = \frac{a}{b}$.

**b)** Si $\frac{a}{b} = \frac{c}{d} = \frac{e}{f}$, alors $\frac{a-c+e}{b-d+f} = \frac{a}{b}$.

**c)** Si $\frac{a}{b} = \frac{c}{d}$, alors $\frac{ac}{bd} = \frac{a}{b}$.

**3** De façon générale, les affirmations suivantes sont-elles vraies?

**a)** $\frac{a}{b} + \frac{c}{d} = \frac{a+c}{b+d}$      **b)** $\frac{a}{b} \cdot \frac{c}{d} = \frac{ac}{bd}$

**4** Effectue mentalement les opérations suivantes.

**a)** $\frac{4}{5} + \frac{3}{2}$      **b)** $\frac{4}{7} - \frac{1}{5}$

**c)** $\left(\frac{5}{6} - \frac{1}{2}\right) + \left(\frac{1}{4} + \frac{1}{3}\right)$      **d)** $\left(\frac{2}{3} - \frac{1}{4}\right) \div \left(\frac{1}{4} + \frac{1}{3}\right)$

**5** Calcule mentalement les carrés ou les cubes suivants.

**a)** $0{,}1^2$      **b)** $0{,}4^2$      **c)** $0{,}2^3$      **d)** $\left(\frac{4}{5}\right)^3$

**6** Estime la valeur de $x$ dans les équations données.

**a)** $\frac{x}{24} = \frac{4}{9}$      **b)** $\frac{18}{x} = \frac{11}{30}$      **c)** $\frac{9}{x} = \frac{x}{36}$      **d)** $\frac{x+9}{x} = \frac{28}{17}$

**7** Identifie des figures semblables et estime leur rapport de similitude.

**a)**

**b)**

> *Dans le but de comparer deux grandeurs, les Pythagoriciens avaient élaboré une théorie des rapports. Cette théorie ne s'appliquait toutefois qu'aux grandeurs commensurables, c'est-à-dire à des grandeurs dont le rapport s'exprime à l'aide de nombres entiers.*

# Feuille de travail 20 ...............

**8** Décris (centre, flèche, etc.) la similitude qui associe les figures semblables données.

**a)**

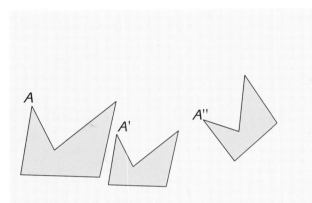

**b)**

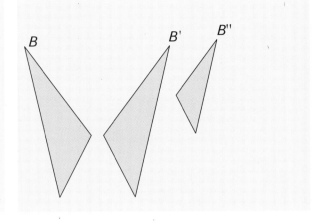

**c)**

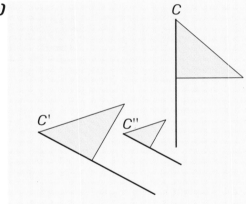

**d)**

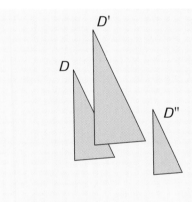

**9** Trace l'image de la figure donnée par la similitude décrite.

**a)** $r \circ s$

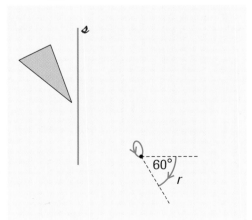

**b)** $h \circ sg$

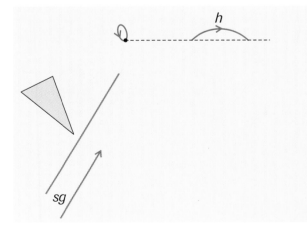

**10** Sachant que les triangles *EAD* et *ABC* sont semblables, calcule m ∠*FAD*.

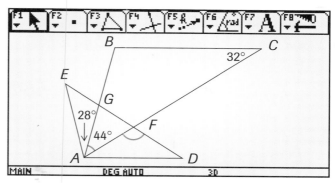

**11** Éric veut estimer la hauteur de la tour Eiffel. Tout près, il observe qu'un lampadaire de 3 m de hauteur projette une ombre de 25 cm. À partir du centre de sa base, l'ombre de la tour est de 26 pas. Il estime que ses pas ont une longueur de 1 m. Suivant ces données, à combien peut-il estimer la hauteur de la tour?

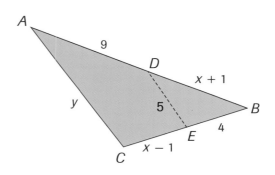

La tour Eiffel a été élevée à Paris par Gustave Eiffel à l'occasion de l'Exposition universelle de 1889.

**12** Dans la figure ci-contre, $\overline{KM}$ et $\overline{JL}$ se rencontrent en *N* et m ∠ *K* = m ∠ *L*. Détermine la valeur de *x* et de *y*.

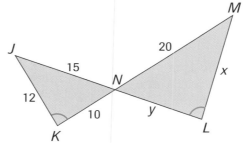

**13** On doit construire une station de pompage sur le bord d'une rivière pour desservir les municipalités de Saint-Simon (*S*) et de Saint-Benjamin (*B*). La première est située à 9 km de la rivière et la seconde à 15 km. L'ingénieure qui a préparé le projet sait que les distances de l'usine aux municipalités sont minimales lorsque l'angle *APS* est congru à l'angle *DPB*. Quelle est la longueur des deux canalisations qu'on devra installer pour desservir ces deux municipalités en eau?

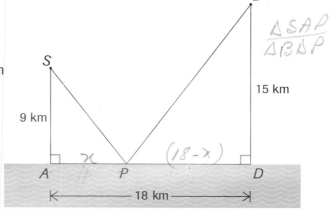

**14** Dans la figure ci-contre, $\overline{AC}$ est parallèle à $\overline{DE}$. Détermine le périmètre du triangle *ABC*.

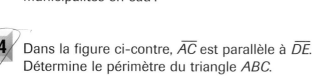

**15** Une lame a la forme d'un trapèze. Elle est recouverte sur l'un de ses côtés parallèles d'une bande protectrice. Cette bande partage le côté *CD*, qui mesure 10 mm, dans le rapport 1:4. Quelle est la mesure de $\overline{AE}$ sachant que celle de $\overline{AB}$ est 15 mm?

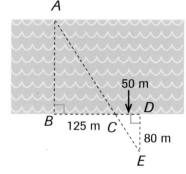

**16** Calcule la mesure demandée.

**a)** La largeur du lac.

**b)** La hauteur de l'arbre.

**c)** La largeur de la rivière.

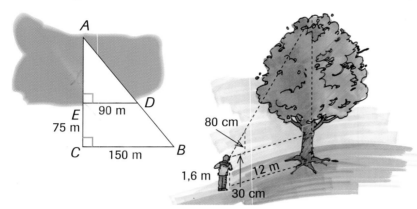

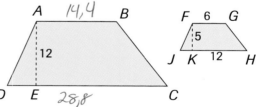

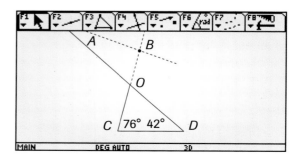

**17** Le trapèze *ABCD* est isocèle et sa grande base est le double de sa petite base qui mesure 6 unités. Sachant que m $\overline{AE}$ = 7,15, détermine m $\overline{DB}$.

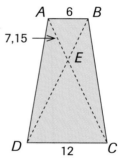

**18** Voici deux trapèzes semblables. À partir des mesures données, trouve l'aire du grand trapèze.

**19** Un trapèze isocèle a une grande base de 18 cm et une petite base de 12 cm. Ses deux côtés non parallèles mesurent chacun 9 cm. Trouve le périmètre du triangle isocèle obtenu en prolongeant les côtés non parallèles.

**20** Reproduis la figure ci-contre. Détermine deux positions pour le point *A* sur la droite *OD* afin que la droite *AB* engendre chaque fois un triangle semblable au triangle *COD*, le point *B* étant fixe.

**21** L'illustration ci-contre montre une partie d'une petite ville. Les rues sont toutes perpendiculaires à l'avenue des Cèdres. Sachant qu'entre la 1ʳᵉ Rue et la 4ᵉ Rue, le boulevard des Ormes mesure 400 m, détermine la longueur des trois sections de ce boulevard.

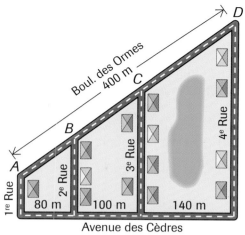

**22** Détermine si les deux triangles décrits sont nécessairement semblables.

**a)** Deux triangles équilatéraux.

**b)** Deux triangles isocèles.

**c)** Deux triangles rectangles.

**d)** Deux triangles rectangles isocèles.

**23** Dans un plan cartésien, un point $P$ partage un segment $P_1P_2$ dans le rapport $3:2$.

**a)** Les triangles $P_1AP$ et $PBP_2$ sont-ils semblables? Justifie ta réponse.

**b)** Quelle est la valeur du rapport donné?

1) $\dfrac{x_2 - x}{x - x_1}$

2) $\dfrac{y - y_1}{y_2 - y}$

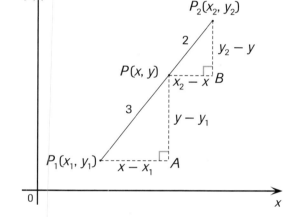

**24** Complète chaque énoncé en te référant aux solides ci-dessous.

**a)** Le solide A est ▬▬ au solide B.

**b)** Le solide A est ▬▬ au solide C.

**c)** Le rapport des aires totales du solide A et du solide B est ▬▬.

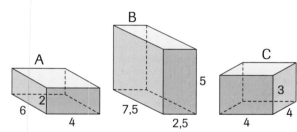

**d)** Le rapport des périmètres des bases homologues du solide A et du solide B est ▬▬.

**25** On triple la hauteur d'un cylindre et d'un cône.

**a)** Quel est le rapport des hauteurs du cylindre initial et du cylindre obtenu?

**b)** Quel est le rapport des hauteurs du cône initial et du cône obtenu?

**c)** Quel est le rapport des volumes du cylindre initial et du cylindre obtenu?

**d)** Quel est le rapport des volumes du cône initial et du cône obtenu?

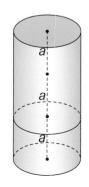
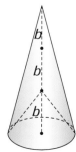

**26** Les aires des bases de deux tétraèdres réguliers sont dans le rapport 0,49.

  *a)* Quel est le rapport de leurs hauteurs?

  *b)* Quel est le rapport de leurs volumes?

  *c)* Quel est le rapport de la somme de leurs arêtes?

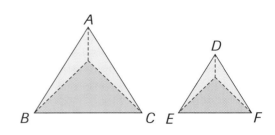

**27** On offre un concentré dans deux types de bouteilles ayant la même forme. L'une est trois fois plus haute que l'autre. Le contenu de la petite vaut 0,79 $. Quelle est la valeur du contenu de la grande?

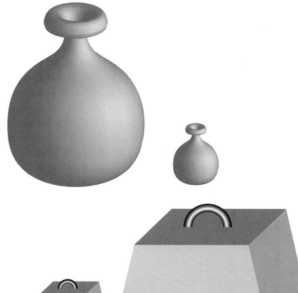

**28** Une cimenterie vend des blocs de ciment à différentes municipalités. Elle produit un bloc dont la masse atteint 200 kg. Un autre bloc de même forme que le premier a des dimensions 2,5 fois plus grandes.

  *a)* Quelle est l'aire totale du second bloc de ciment si celle du premier est de 1,8 m²?

  *b)* Quelle est la masse du second bloc?

**29** Un cône droit a un volume de 128 dm³. On le coupe parallèlement à sa base au milieu de sa hauteur et ensuite on fait de même avec le cône obtenu. Quel est le volume des trois sections de cônes obtenues?

**30** Détermine la mesure de $\overline{BC}$ et de $\overline{DF}$ si cela est possible.

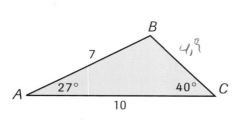

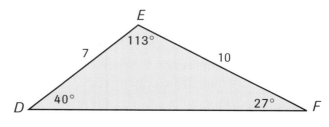

**31** Dans un triangle *ABC*, m $\overline{AB}$ = 8 cm, m $\overline{AC}$ = 6 cm et m $\overline{BC}$ = 7 cm. Le côté *BC* est prolongé de telle sorte que le triangle *PAB* soit semblable au triangle *PCA*. Détermine les mesures *x* et *y* après avoir résolu un système d'équations construites à partir des proportions relatives à cette situation.

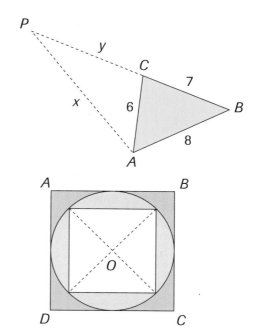

**32** Un carré est tracé (inscrit) dans un cercle qui lui-même est inscrit dans un carré. Quel est le rapport des aires de ces deux carrés?

**33** LES ÉCRANS DES TÉLÉVISEURS

Les écrans des téléviseurs ont la propriété d'être semblables, d'où le fait d'indiquer leur grandeur par la longueur de leur diagonale. Sachant qu'un écran de 18,6 cm a une hauteur de 11 cm et une largeur de 15 cm, détermine les dimensions de l'écran des téléviseurs de 66 cm et de ceux de 84 cm.

**34** LA DÉCORATION DES MÂTS

Deux mâts mesurant respectivement 10 m et 30 m sont distants de 30 m. On a relié le sommet de chaque mât à la base de l'autre par des guirlandes. À quelle hauteur est le point d'intersection des deux guirlandes?

*Le fleurdelisé est, depuis le 21 janvier 1948, le drapeau officiel du Québec.*

**35** UNE ÉCLIPSE DE SOLEIL «PARLANTE»

Les distances de la Lune à la Terre et du Soleil à la Terre sont à peu près dans le rapport de leurs rayons. On sait que la Lune évolue à une distance moyenne de 384 000 km et que la Terre tourne autour du Soleil à une distance moyenne de 150 000 000 km. La Lune a un rayon de 1728 km. Quel est approximativement le diamètre du Soleil?

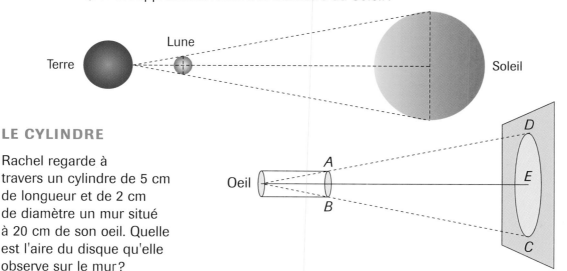

**36** LE CYLINDRE

Rachel regarde à travers un cylindre de 5 cm de longueur et de 2 cm de diamètre un mur situé à 20 cm de son oeil. Quelle est l'aire du disque qu'elle observe sur le mur?

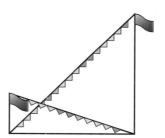

**1.** Identifie la similitude qui associe les paires de figures semblables suivantes.

**a)**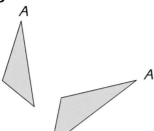

**b)**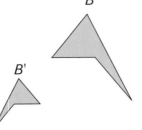

**c)**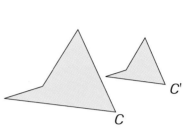

**2.** Énonce la condition minimale qui fait que les triangles sont semblables, et calcule la mesure demandée.

**a)** m $\overline{FK}$

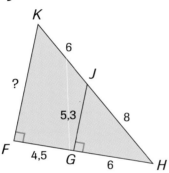

**b)** m $\overline{AB}$

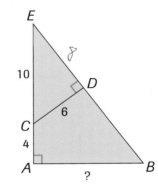

**3.** Voici deux triangles. Les segments *MP* et *NR* se coupent selon les mesures indiquées sur la figure.

**a)** Montre que les triangles sont semblables.

**b)** Détermine m $\overline{MN}$.

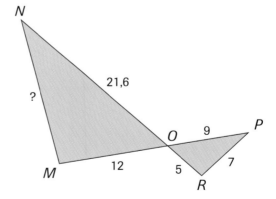

**4.** Sachant que *ABCD* est un parallélogramme, démontre que $\triangle ECB \sim \triangle EDF$.

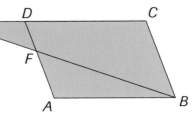

**5.** Voici deux solides semblables dont les diamètres sont 12 cm et 7,2 cm. Le plus grand cylindre a une hauteur de 15 cm.

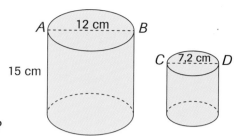

**a)** Quelle est la hauteur du plus petit cylindre?

**b)** Quelle est l'aire de l'étiquette latérale qui recouvre le plus petit cylindre?

**c)** Quel est le rapport des volumes de ces cylindres?

## 6. LA CAMÉRA

On prend une photo d'une personne dont la taille est de 1,80 m. La lentille de la caméra est à 300 cm de la personne et à 1,3 cm de la pellicule du film. Détermine la taille de cette personne sur le film.

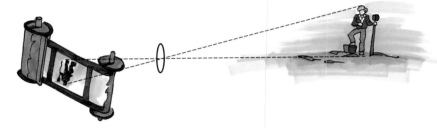

## 7. LA FEUILLE D'OR

Une petite feuille d'or de 5 cm sur 6 cm se vend 30 $. Quel doit être le prix d'une feuille d'or semblable dont les dimensions sont les 8/5 de la première?

## 8. KING KONG

Le modèle utilisé pour faire King Kong dans le film du même nom n'avait que 46 cm de hauteur. Le monstre semblait mesurer 18 m. Si, à la naissance, un gorille de 46 cm de hauteur pèse environ 2 kg, quelle était la masse approximative de King Kong?

## 9. L'ANANAS

Un ananas de 18 cm de hauteur se vend 2,89 $. Quel devrait être le prix d'un ananas semblable qui a 21 cm de hauteur?

| RAPPORTS TRIGONOMÉTRIQUES |
| RÉSOLUTION DE TRIANGLES RECTANGLES |
| RÉSOLUTION DE TRIANGLES QUELCONQUES :<br>- LOI DES SINUS<br>- LOI DES COSINUS |

## RAPPORTS TRIGONOMÉTRIQUES

### Les rampes d'accès pour personnes handicapées

Le Code du bâtiment prévoit que les édifices publics doivent être munis de rampes d'accès pour les personnes handicapées. L'angle d'inclinaison de ces rampes doit être de 5°. L'entreprise Libre-Accès se spécialise dans la fabrication de telles rampes. Voici les dessins des cinq modèles les plus en demande. Les mesures de longueur sont en mètres.

*Le mot trigonométrie veut dire «mesure des triangles».*

2,87    0,25

14,35    1,25

5,74    0,50

11,48    1,00

8,61    0,75

*a)* Les triangles rectangles illustrant les faces latérales sont-ils semblables? Justifie ta réponse.

*b)* Calcule le rapport de la hauteur à la longueur (hypoténuse) de chaque rampe. Donne tes observations.

Comparons l'un de ces triangles à un autre triangle rectangle semblable.

On a la proportion suivante :

$$\frac{\text{m } \overline{DE}}{\text{m } \overline{AB}} = \frac{\text{m } \overline{EF}}{\text{m } \overline{BC}}$$

*c)* Quelle propriété des proportions permet de passer de la proportion ci-dessus à la suivante?

$$\frac{\text{m } \overline{BC}}{\text{m } \overline{AB}} = \frac{\text{m } \overline{EF}}{\text{m } \overline{DE}}$$

Cette propriété des proportions permet de passer de rapports de mesures de côtés homologues dans deux triangles à des rapports de mesures de côtés dans un même triangle.

**d)** Pour tout triangle rectangle ayant un angle de 5°, le rapport $\frac{a}{c}$ est-il toujours le même?

Il devient donc intéressant de donner un **nom** à ce rapport.

Pour un angle aigu *A* d'un triangle *ABC*, rectangle en *C*, on appelle sinus *A* le rapport
$\frac{\text{mesure de la cathète opposée à } \angle A}{\text{mesure de l'hypoténuse}}$.

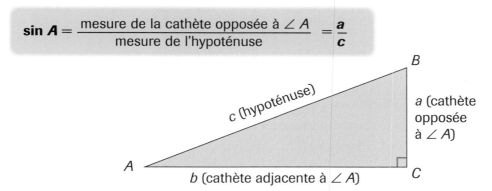

$$\sin A = \frac{\text{mesure de la cathète opposée à } \angle A}{\text{mesure de l'hypoténuse}} = \frac{a}{c}$$

*A désigne un sommet du triangle ou la mesure de l'angle en ce sommet.*

Le **sinus** d'un angle est un **rapport de mesures,** c'est-à-dire un **nombre.**

**e)** Sur ta calculatrice, repère la touche qui te permet de trouver le sinus d'un angle et détermine la valeur de:

1) sin 5°  2) sin 30°  3) sin 45°  4) sin 60°  5) sin 90°

## L'échelle extensible

Pour être sécuritaire, une échelle doit être installée de façon à former un angle d'au plus 75° avec le sol. Un couvreur de bâtiments utilise une échelle extensible. Lorsqu'elle mesure 6 m, il doit la placer à 1,55 m du mur pour former un angle de 75°.

**a)** S'il allonge son échelle à 7 m, à quelle distance du mur devra-t-il la placer pour qu'elle forme un angle de 75°?

**b)** Que peut-on dire de tous les triangles rectangles formés par le sol, le mur et l'échelle lorsque celle-ci forme un angle de 75° avec le sol? Justifie ta réponse.

**c)** Dans les triangles précédents, le rapport de la distance de l'échelle au mur à la longueur de l'échelle est-il toujours le même?

Il convient de donner un **nom** à ce rapport.

Pour un angle aigu *A* d'un triangle *ABC*, rectangle en *C*, on appelle cosinus *A* le rapport $\dfrac{\text{mesure de la cathète adjacente à } \angle A}{\text{mesure de l'hypoténuse}}$.

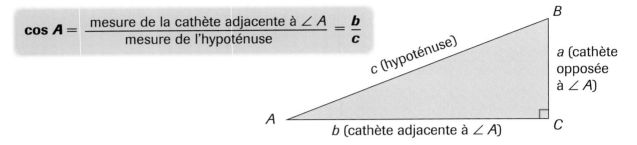

$$\cos A = \frac{\text{mesure de la cathète adjacente à } \angle A}{\text{mesure de l'hypoténuse}} = \frac{b}{c}$$

*B*

*c* (hypoténuse)

*a* (cathète opposée à ∠ *A*)

*A*

*b* (cathète adjacente à ∠ *A*)

*C*

Le cosinus d'un angle est un **rapport de mesures,** c'est-à-dire un **nombre.**

**d)** Identifie sur ta calculatrice la touche permettant de calculer le cosinus d'un angle et trouve la valeur de :

1) cos 75°          2) cos 50°          3) cos 25°          4) cos 10°          5) cos 5°

## L'ombre et la lumière

En un endroit donné et à un moment précis, les rayons du soleil éclairent tous les objets sous le même angle. On peut mesurer la hauteur des objets et la longueur de leur ombre. Supposons qu'à un moment l'angle d'élévation du soleil soit 56°. (Les mesures de longueur sont en mètres.)

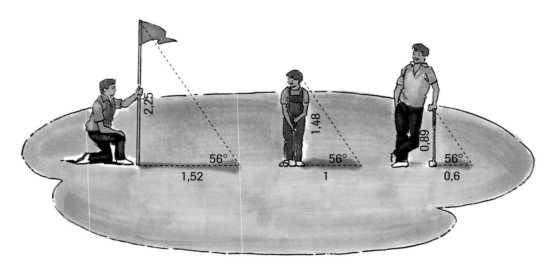

**a)** Ces trois triangles rectangles et tout autre triangle rectangle ayant un angle aigu de 56° sont-ils semblables? Justifie ta réponse.

**b)** Les rapports hauteur de l'objet/longueur de l'ombre ont-ils tous la même valeur?

Il convient de donner un **nom** à ce rapport.

Pour un angle aigu $A$ d'un triangle $ABC$, rectangle en $C$, on appelle tangente $A$ le rapport $\dfrac{\text{mesure de la cathète opposée à } \angle A}{\text{mesure de la cathète adjacente à } \angle A}$.

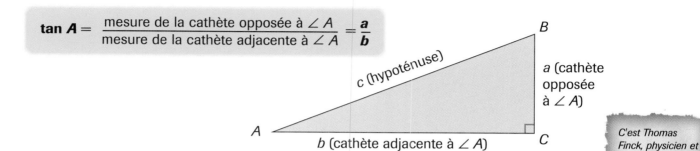

$$\mathbf{tan\ } \boldsymbol{A} = \frac{\text{mesure de la cathète opposée à } \angle A}{\text{mesure de la cathète adjacente à } \angle A} = \frac{\boldsymbol{a}}{\boldsymbol{b}}$$

*B*

*c* (hypoténuse)

*a* (cathète opposée à $\angle A$)

*A*

*b* (cathète adjacente à $\angle A$)

*C*

Il existe différentes **relations** entre les rapports trigonométriques sinus, cosinus et tangente.

**c)** Donne pour l'angle $B$ d'un triangle $ABC$, rectangle en $C$, le rapport correspondant à :

1) $\sin B$

2) $\cos B$

3) $\tan B$

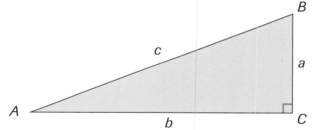

*B*

*c*

*a*

*A*

*b*

*C*

$\sin^2 A = (\sin A)^2$

**d)** Comme dans un triangle rectangle les angles aigus sont complémentaires, on peut substituer à $B$ la valeur $(90° - A)$. Quel rapport correspond alors à :

1) $\sin (90° - A)$ ?        2) $\cos (90° - A)$ ?        3) $\tan (90° - A)$ ?

**e)** Remplis le tableau suivant à l'aide d'une calculatrice.

| $A$ | $\sin A$ | $\cos A$ | $\sin (90° - A)$ | $\dfrac{\sin A}{\cos A}$ | $\tan A$ | $\sin^2 A$ | $\cos^2 A$ | $\sin^2 A + \cos^2 A$ |
|-----|----------|----------|------------------|--------------------------|----------|------------|------------|------------------------|
| 15° | ▬ | ▬ | ▬ | ▬ | ▬ | ▬ | ▬ | ▬ |
| 30° | ▬ | ▬ | ▬ | ▬ | ▬ | ▬ | ▬ | ▬ |
| 45° | ▬ | ▬ | ▬ | ▬ | ▬ | ▬ | ▬ | ▬ |
| 60° | ▬ | ▬ | ▬ | ▬ | ▬ | ▬ | ▬ | ▬ |

**f)** À partir de ce tableau, formule trois conjectures.

**g)** À l'aide d'une calculatrice, décris comment varie :

1) $\sin A$ lorsque $A$ croît de 0° à 90° ;        2) $\cos A$ lorsque $A$ croît de 0° à 90°.

**1.** Vrai ou faux?

   **a)** Tous les triangles rectangles qui ont un angle de 20° sont semblables.

   **b)** Tous les triangles rectangles qui ont une cathète de 5 cm sont semblables.

**2.** Soit deux triangles rectangles semblables. Détermine si les rapports donnés forment une proportion.

   **a)** $\dfrac{\text{m } \overline{CD}}{\text{m } \overline{BE}}$ et $\dfrac{\text{m } \overline{AC}}{\text{m } \overline{AB}}$

   **b)** $\dfrac{\text{m } \overline{CD}}{\text{m } \overline{AC}}$ et $\dfrac{\text{m } \overline{BE}}{\text{m } \overline{AB}}$

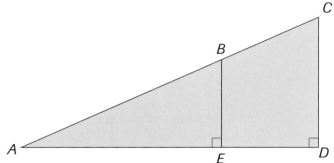

**3.** Soit les deux triangles rectangles semblables illustrés ci-dessous.

   **a)** Que faut-il faire à la proportion donnée pour avoir une égalité de deux sinus?

   $$\dfrac{\text{m } \overline{CD}}{\text{m } \overline{BE}} = \dfrac{\text{m } \overline{AC}}{\text{m } \overline{AB}}$$

   **b)** Que faut-il faire à la proportion donnée pour avoir une égalité de deux cosinus?

   $$\dfrac{\text{m } \overline{AD}}{\text{m } \overline{AE}} = \dfrac{\text{m } \overline{AC}}{\text{m } \overline{AB}}$$

   **c)** Que faut-il faire à la proportion donnée pour avoir une égalité de deux tangentes?

   $$\dfrac{\text{m } \overline{CD}}{\text{m } \overline{BE}} = \dfrac{\text{m } \overline{AD}}{\text{m } \overline{AE}}$$

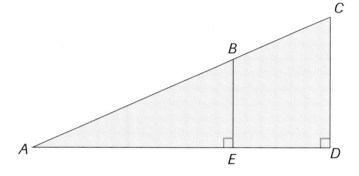

**4.** Voici six rapports provenant d'un triangle rectangle:

$$\dfrac{d}{e}, \ \dfrac{e}{f}, \ \dfrac{f}{d}, \ \dfrac{e}{d}, \ \dfrac{f}{e}, \ \dfrac{d}{f}$$

Détermine celui qui représente:

   **a)** sin D          **b)** cos D

   **c)** tan E          **d)** cos E

   **e)** sin E          **f)** tan D

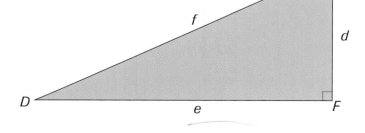

**5.** Détermine sin $A$ dans chacun des cas suivants.

**a)**

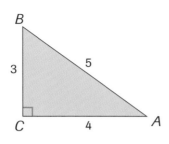

**b)**

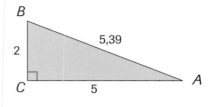

**c)**

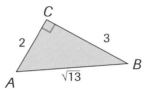

**d)**

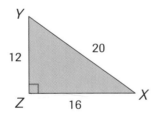

**6.** Dans chacun des cas suivants, détermine la valeur du sinus, du cosinus et de la tangente de l'angle $X$.

**a)**

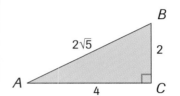

**b)**

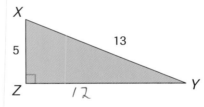

**c)**

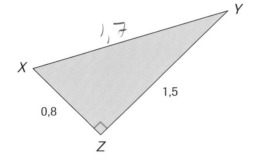

**d)**

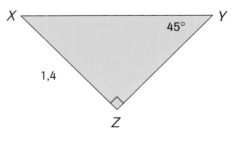

**7.** Donne le nom du rapport indiqué :

**a)** $\frac{9}{40}$      **b)** $\frac{40}{41}$

**c)** $\frac{9}{41}$      **d)** $\frac{40}{9}$

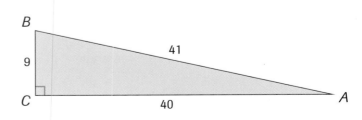

**8.** À l'aide d'une calculatrice, complète les tables ci-dessous.

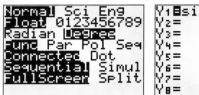

***a)***

| m ∠ *A* | 0° | 10° | 20° | 30° | 40° | 50° | 60° | 70° | 80° | 90° |
|---|---|---|---|---|---|---|---|---|---|---|
| sin *A* | ■ | ■ | ■ | ■ | ■ | ■ | ■ | ■ | ■ | ■ |

***b)***

| m ∠ *A* | 0° | 10° | 20° | 30° | 40° | 50° | 60° | 70° | 80° | 90° |
|---|---|---|---|---|---|---|---|---|---|---|
| cos *A* | ■ | ■ | ■ | ■ | ■ | ■ | ■ | ■ | ■ | ■ |

***c)***

| m ∠ *A* | 0° | 10° | 20° | 30° | 40° | 50° | 60° | 70° | 80° | 90° |
|---|---|---|---|---|---|---|---|---|---|---|
| tan *A* | ■ | ■ | ■ | ■ | ■ | ■ | ■ | ■ | ■ | ■ |

**9.** Dans le triangle ci-contre :

***a)*** détermine le côté opposé à l'angle *A* ;

***b)*** détermine le côté adjacent à l'angle *A* ;

***c)*** peut-on calculer sin *A* ? Pourquoi ?

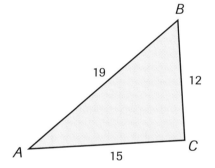

**10.**

F1 F2 Command F3 View F4 Execute F5 Find...

Les angles A et B sont les deux angles aigus d'un triangle rectangle.
Détermine lequel de A ou de B est le plus grand angle si:

a) sin(A) > sin(B)

b) tan(A) < tan(B)

c) cos(A) > cos(B)

MAIN RAD AUTO 3D

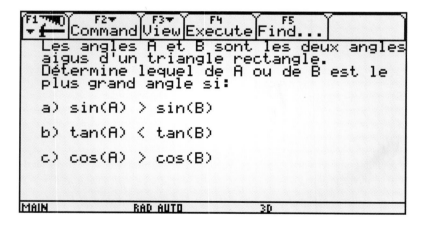

**11.** Détermine les rapports trigonométriques de l'angle *B* dans le triangle rectangle ci-contre.

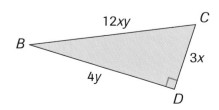

**12.** Nadine construit une niche pour son chien. Le toit a la forme d'un triangle rectangle isocèle. La longueur de la cathète $BC$ est de 1 m.

*a)* Quelle est la mesure de l'angle $A$?

*b)* Quelle est la mesure de $\overline{AC}$?

*c)* Quelle est la longueur de l'hypoténuse?

*d)* À l'aide de ta calculatrice, trouve la valeur des expressions suivantes et compare-les à sin 45° et cos 45°.

1) $\dfrac{1}{\sqrt{2}}$

2) $\dfrac{\sqrt{2}}{2}$

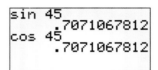

**13.** Un triangle rectangle a un angle de 30°. Son hypoténuse mesure 2 unités.

*a)* Détermine, en justifiant chacune des étapes de ta démarche, les longueurs des deux autres côtés.

*b)* Exprime $\dfrac{1}{2}$ à l'aide de deux rapports trigonométriques.

*c)* À l'aide de ta calculatrice, détermine l'équivalent décimal de :

1) cos 30°

2) sin 60°

3) $\dfrac{\sqrt{3}}{2}$

*d)* À l'aide de ta calculatrice, détermine l'équivalent décimal de :

1) tan 30°

2) $\dfrac{1}{\sqrt{3}}$

3) $\dfrac{\sqrt{3}}{3}$

**14.** Calcule sin $A$ sachant que :

*a)* $\cos(90° - A) = 0{,}543\ 21$

*b)* $\tan A = 1{,}732\ 05$ et $\cos A = 0{,}5$

*c)* $\cos A = 0{,}6$

*d)* $\cos^2 A = 9/25$

**15.** En utilisant les mesures $a$, $b$ et $c$, montre que les relations ci-dessous sont vraies quel que soit l'angle $A$.

*a)* $\sin(90° - A) = \cos A$

*b)* $\dfrac{\sin A}{\cos A} = \tan A$

*c)* $\sin^2 A + \cos^2 A = 1$

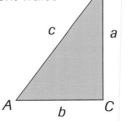

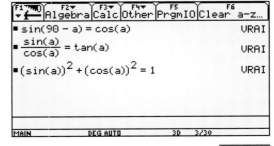

Les premiers mathématiciens grecs ne connaissaient pas les rapports trigonométriques.

On attribue surtout aux mathématiciens hindous du IV<sup>e</sup> au VI<sup>e</sup> s. le développement des rapports trigonométriques.

**16.** À un moment de la journée, un poteau de 4 m projette une ombre de 1 m. Exprime ces deux mesures en fonction de l'angle d'élévation du soleil.

4 = ▅

1 = ▅

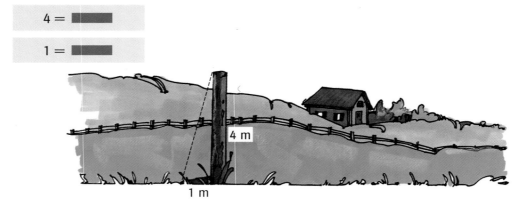

4 m

1 m

**17.** Un avion est à une distance horizontale *d* d'un aéroport. Pour atteindre l'aéroport, il doit amorcer sa descente sous un angle de dépression de 3°. Exprime l'altitude de l'avion en fonction de *d*.

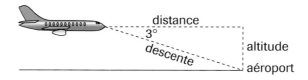

distance

3°

descente

altitude

aéroport

**18.** Dans un triangle rectangle, on constate que $\tan A = \dfrac{a}{b}$. De cette égalité, on déduit que $a = b \tan A$. Exprime *a*, *b* et *c* de deux façons en utilisant l'un des rapports trigonométriques de l'angle *A*.

**19.** Deux échelles de longueur différente sont posées contre un mur. Les pieds des échelles sont à la même distance du mur. Laquelle de ces deux échelles forme un triangle dans lequel :

**a)** sin *C* est le plus grand ?

**b)** cos *C* est le plus petit ?

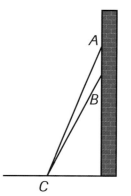

*A*

*B*

*C*

**20.** Quelle caractéristique ont les sinus et les cosinus des angles aigus d'un triangle rectangle isocèle ?

 ► FORUM

**a)** Peut-on dire que le sinus d'un angle est proportionnel à la mesure de cet angle ? Prouvez-le ou donnez un contre-exemple.

**b)** Le sinus d'un angle est-il proportionnel, inversement proportionnel, ou ni l'un ni l'autre, au cosinus de cet angle ? Justifiez votre réponse.

# RÉSOLUTION DE TRIANGLES RECTANGLES

## La hauteur de la chute Montmorency

En visite dans la région de Québec, Nadia se rend à la chute Montmorency. Elle veut connaître la hauteur de cet attrait touristique. Placée au pied de la chute, à une distance de 70 m, elle constate avec son clinomètre que l'angle d'élévation du sommet de la chute est de 50°. Peut-elle, avec ces seules données, déterminer la hauteur de la chute?

Chute Montmorency, Québec.

**Clinomètre artisanal**

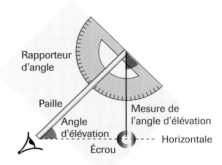

*a)* Quel rapport trigonométrique fait intervenir la hauteur de la chute et les deux données connues?

*b)* À l'aide de ta calculatrice, calcule la valeur de ce rapport et pose une équation à une inconnue ou à une variable.

*c)* Résous cette équation et trouve la hauteur de la chute.

*d)* Les chutes Niagara ont une hauteur de 47 m. De combien de mètres la chute Montmorency est-elle plus élevée que les chutes Niagara?

*e)* Quelle est la mesure de l'autre angle aigu du triangle?

*En regardant dans la paille l'objectif visé, on peut, grâce à la ficelle, lire sur le rapporteur la mesure de l'angle d'élévation.*

**Déterminer les mesures d'angles ou de côtés** d'un triangle rectangle, c'est **résoudre ce triangle.** Les rapports trigonométriques sont des outils pour résoudre des triangles rectangles.

## Le sentier forestier

Quand ils vont à leur chalet, Yannick et sa mère doivent stationner leur auto au point *A*, parcourir 8 km dans un sentier forestier et faire 5 km en chaloupe le long de la rive du lac pour arriver au chalet. Yannick pense qu'en se rendant directement au chalet à travers les bois, le trajet serait moins long. Quelle direction devraient-ils suivre?

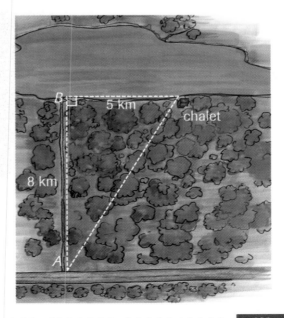

*a)* Quelle relation permet de calculer la distance qu'ils devraient parcourir à travers les bois?

*b)* Quelle est cette distance?

*c)* Quelle est la valeur de tan *A*?

Yannick aimerait connaître la direction qu'il doit prendre ou la mesure de l'angle *A*. Il connaît la valeur de tan *A*, mais pas celle de *A*.

**d)** En supposant diverses valeurs pour *A* et en utilisant la touche tan, détermine une valeur de *A* pour laquelle tan *A* s'approche de 0,625.

**e)** En définissant une fonction à l'aide de $Y_1 = \tan X$ et en modifiant le pas de variation de *X*, on peut repérer dans la table une valeur de *X* pour laquelle tan *X* s'approche de 0,625. Estime cette valeur de *X*.

**f)** Mieux encore, les touches **sin⁻¹**, **cos⁻¹** et **tan⁻¹** permettent de calculer directement la valeur de l'angle à partir de la valeur du rapport. En utilisant la touche puis la valeur du rapport (tan⁻¹ 0,625), détermine la mesure précise de l'angle *A* et celle de l'autre angle aigu.

Les touches **sin, cos** et **tan** permettent de calculer les rapports pour des mesures d'angles données. Les touches **sin⁻¹**, **cos⁻¹** et **tan⁻¹** permettent d'effectuer le travail inverse, c'est-à-dire de calculer les mesures d'angles à partir de la valeur des rapports. Il nous est donc possible de calculer des mesures de côtés et des mesures d'angles pour résoudre des triangles.

La relation de Pythagore et la complémentarité des angles aigus dans le triangle rectangle permettent également de déduire rapidement certaines mesures.

> Résoudre un triangle rectangle consiste à déterminer toutes ses mesures d'angles et de côtés à partir de celles d'un angle aigu et d'un côté ou de deux côtés de ce triangle.

## Investissement 8

**1.** Résous les triangles rectangles suivants. Donne les réponses arrondies au centième de centimètre ou au degré près selon le cas.

**a)**

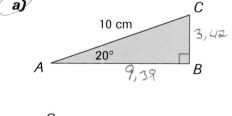

**b)**

**c)**

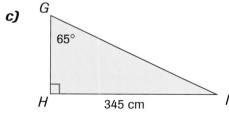

**d)**

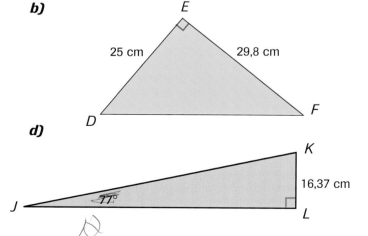

**2.** Trois madriers sont appuyés contre un mur. L'angle que forme chacun des madriers avec le sol est de 70°.

**a)** Si le premier madrier mesure 2 m, à quelle hauteur s'appuie-t-il contre le mur?

**b)** Quelle est la longueur du deuxième madrier si la distance entre son pied et le mur est de 1 m?

**c)** À quelle distance du mur est le pied du troisième s'il s'appuie sur le mur à une hauteur de 3,3 m?

**3.** Des jeunes font de la randonnée en montagne. Le sentier qu'ils suivent est en ligne droite et s'élève uniformément de 1 m tous les 20 m. Quelle est la mesure, au degré près, de l'angle que forme le sentier avec le plan horizontal?

**4.** Julie a coupé trois minces tiges métalliques mesurant respectivement 16 cm, 34 cm et 30 cm. Elle veut fabriquer un triangle en soudant par les bouts les trois tiges.

**a)** Peut-elle calculer les mesures, au degré près, des trois angles de ce triangle? Justifie ta réponse.

**b)** Si oui, quelles sont ces mesures?

**5.** À 25 m de la façade, l'angle d'élévation du sommet d'un édifice est de 58°.

**a)** Quelle est la hauteur de l'édifice?

**b)** Quelle est la distance entre le point d'observation et le sommet de l'édifice?

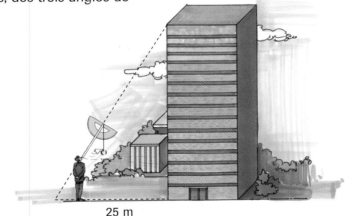

25 m

**6.** De deux points d'observation situés sur la rive et distants de 200 m, Nellie et Richard observent une planche à voile. Nellie la voit sur sa droite, dans une direction formant un angle de 39° avec la rive; Richard la voit sur sa gauche dans une direction formant un angle de 51° avec la rive. À quelle distance de chacun, au mètre près, se trouve la planche à voile? Justifie chacune des étapes de ta démarche.

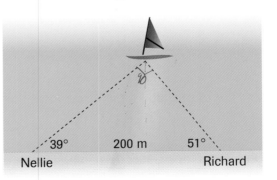

39°       200 m       51°

Nellie                    Richard

**7.** On donne les mesures de deux côtés d'un triangle rectangle en *X*. Résous chaque triangle en arrondissant les mesures au millième près.

**a)** m $\overline{AX}$ = 15 dm et m $\overline{BX}$ = 20 dm

**b)** m $\overline{XY}$ = 2,4 m et m $\overline{ZX}$ = 1 m

**c)** m $\overline{FX}$ = 38,9 cm et m $\overline{EF}$ = 77,8 cm

**d)** m $\overline{CD}$ = 8,45 mm et m $\overline{CX}$ = 6,51 mm

**8.** Voici l'endos d'une enveloppe. Quelles sont les mesures, au degré près, des angles formés par les diagonales? Justifie chacune des étapes de ta démarche.

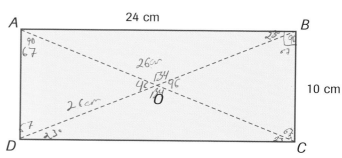

24 cm

10 cm

**9.** Un piquet haut de 1,25 m projette une ombre de 0,80 m de longueur.

**a)** Sous quel angle les rayons du soleil atteignent-ils le sol?

**b)** Au même moment de la journée, l'ombre d'un mât mesure 10,25 m. Quelle est la hauteur du mât?

**c)** Est-il possible de déterminer la hauteur du mât précédent sans utiliser les rapports trigonométriques? Si oui, comment? Sinon, pourquoi?

**10.** La façade d'une remise a la forme d'un rectangle surmonté d'un triangle. La largeur totale est de 4 m et la hauteur aux extrémités est de 3 m. La hauteur au milieu de la façade, au sommet du triangle, est de 3,5 m.

**a)** Quelle est la mesure de l'angle obtus au sommet de la remise?

**b)** Quelle est la mesure de chacun des versants du toit?

3,5 m

3 m

4 m

# ► FORUM

**a)** Expliquez le résultat de la calculatrice aux expressions données.

1) $\sin^{-1} 1,5$ 

2) $\cos^{-1} 1,5$ 

3) $\tan^{-1} 1,5$

**b)** On a formé des suites de pentagones et d'hexagones réguliers semblables. En utilisant un rapport trigonométrique, trouvez le rapport de similitude d'une figure à l'autre dans chaque suite.

1)

2)

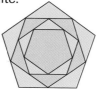

# RÉSOLUTION DE TRIANGLES QUELCONQUES
## LOI DES SINUS

### Le camp scout

Jean-Daniel, un chef scout, est allé visiter un emplacement pour le prochain camp d'été. Il a pris quelques notes et tente de reconstituer un plan de l'endroit, en particulier de la clairière où pourront se tenir les rassemblements. Malheureusement, il n'a pas pu tout mesurer. Voici ce qu'il a réussi à mettre sur papier.

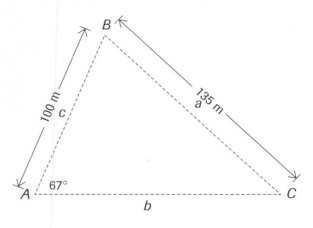

***a)*** Les trois angles du triangle *ABC* sont aigus. Comment appelle-t-on un tel triangle?

***b)*** Jean-Daniel peut-il utiliser directement les rapports trigonométriques pour trouver la mesure de l'angle *B* ou peut-il se servir de la relation de Pythagore pour trouver la mesure du troisième côté? Pourquoi?

Pour résoudre son problème, Jean-Daniel a lancé un appel à tous sur Internet.

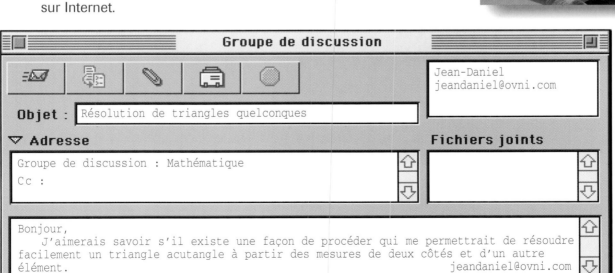

Voici la réponse la plus élégante qu'il a obtenue :

---

**Groupe de discussion «Réponse»**

▽ **Adresse**                                          **Fichiers joints**

À : jeandaniel@ovni.com                                Loi des sinus
De : nounou@humhum.com

Mon cher Jean-Daniel,
    Il me fait plaisir de vous envoyer votre réponse dans le fichier appelé Loi des sinus.
                                          nounou@humhum.com

---

**Loi des sinus**

Dans le cas d'un triangle acutangle comme celui que vous décrivez, la solution à votre problème est la suivante.

En traçant la hauteur issue de $B$, on obtient deux triangles rectangles dans lesquels on a les relations suivantes :

$$\sin A = \frac{h}{c} \Rightarrow h = c \sin A$$

$$\sin C = \frac{h}{a} \Rightarrow h = a \sin C$$

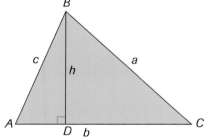

D'où **$a \sin C = c \sin A$** qui est le produit des extrêmes et des moyens de la proportion $\dfrac{a}{\sin A} = \dfrac{c}{\sin C}$.

En traçant la hauteur issue de $A$, on obtient deux triangles rectangles dans lesquels on a les relations suivantes :

$$\sin B = \frac{k}{c} \Rightarrow k = c \sin B$$

$$\sin C = \frac{k}{b} \Rightarrow k = b \sin C$$

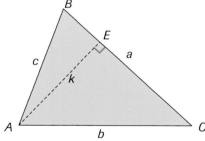

D'où **$b \sin C = c \sin B$** qui implique la proportion $\dfrac{b}{\sin B} = \dfrac{c}{\sin C}$.

Comme $\dfrac{a}{\sin A}$ et $\dfrac{b}{\sin B}$ égalent tous deux $\dfrac{c}{\sin C}$, on a la loi suivante :

> **Loi des sinus :** $\dfrac{a}{\sin A} = \dfrac{b}{\sin B} = \dfrac{c}{\sin C}$

Cette loi est utilisable dès que l'on connaît les mesures d'un angle avec son côté opposé et un autre élément dans un triangle acutangle.

                                          nounou@humhum.com

---

*c)* Résous maintenant le triangle de Jean-Daniel en recherchant dans l'ordre:

1) m ∠ C

2) m ∠ B

3) m $\overline{AC}$

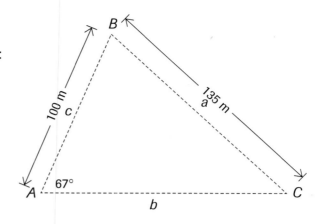

## L'incendie de forêt

Deux stations forestières sont situées à 12 km l'une de l'autre le long d'un chemin rectiligne. À un moment donné, les gardes forestiers repèrent une colonne de fumée. Celui de la station *A* voit la fumée dans une direction qui forme un angle de 50° avec le chemin. Celui de la station *B* la voit dans une direction qui forme un angle de 120° avec le chemin. On désire résoudre ce triangle.

*a)* Détermine m ∠ *ABF*. Justifie ta réponse.

*b)* Détermine m ∠ *F*. Justifie ta réponse.

*c)* Quelle est la distance entre la fumée et chacune des stations?

Le triangle est ainsi résolu!

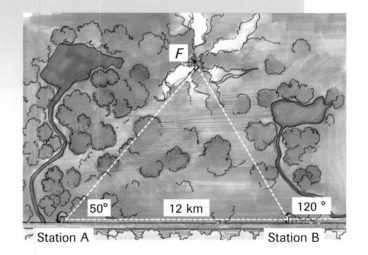

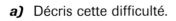

## Le mont Fuji Yama

En feuilletant un livre, Jean-Daniel tombe sur la photo du Fuji Yama, qu'on appelle aussi Fuji San, le plus haut sommet du Japon.

Sur cette photo, l'auteur du livre a inscrit certaines mesures: l'angle de son sommet (135°), la longueur du versant *AS* (4 km) et la distance entre la base des deux versants (9,15 km). Il manque les mesures des angles à la base et la longueur du versant *SB*.

Fier de son nouvel apprentissage, Jean-Daniel part à la recherche de ces mesures. Toutefois, il se heurte rapidement à une difficulté.

*a)* Décris cette difficulté.

*b)* Qu'est-ce qu'un triangle obtusangle?

Nouvel appel à tous!

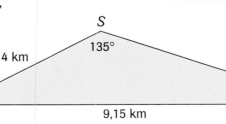

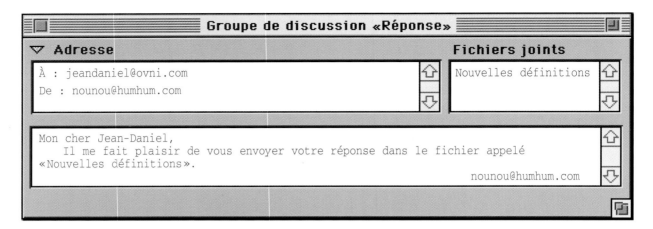

Groupe de discussion «Réponse»

**▽ Adresse**

À : jeandaniel@ovni.com
De : nounou@humhum.com

**Fichiers joints**

Nouvelles définitions

Mon cher Jean-Daniel,
　Il me fait plaisir de vous envoyer votre réponse dans le fichier appelé
«Nouvelles définitions».

nounou@humhum.com

---

Nouvelles définitions

Dans les triangles rectangles, les angles aigus ne peuvent évidemment égaler ou dépasser 90°. Il faut recourir à une extension du concept de sinus qui englobe la définition première. Pour ce faire, on se transporte dans le plan cartésien.

Selon la définition première du sinus d'un angle aigu $A$ d'un triangle rectangle :

$$\sin A = \frac{y_1}{c} = \frac{\text{ordonnée}}{c}$$

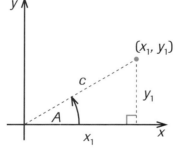

Pour un angle aigu $A$, on constate qu'un angle obtus $(180° - A)$ a exactement le même sinus :

$$\sin (180° - A) = \frac{\text{ordonnée}}{c} = \frac{y_1}{c}$$

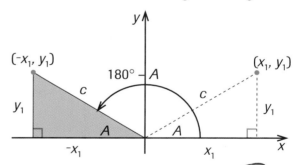

$$\sin (180° - A) = \sin A$$

Cependant, on peut observer ce qui suit :

$$\cos (180° - A) = {}^{-}\cos A$$
$$\tan (180° - A) = {}^{-}\tan A$$

nounou@humhum.com

---

***c)*** Détermine les mesures manquantes sur ce croquis du mont Fuji Yama.

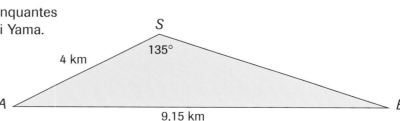

$S$

135°

4 km

$A$

9,15 km

$B$

## Le mât

Deux filins mesurant respectivement 10 m et 8,15 m sont attachés du même côté d'un mât. Ils sont fixés au même point sur le mât. L'angle que forme le plus long filin avec le pont est de 50°.
On cherche la distance entre les points d'arrimage des filins sur le pont du bateau (les points *A* et *B*).

**a)** À l'aide de la loi des sinus, calcule m ∠ *ABM*.

**b)** La mesure trouvée pour ∠ *ABM* est-elle convenable?

Quand on trouve la **mesure d'un angle** par la **loi des sinus,** il faut examiner la situation pour déterminer si l'angle est **aigu** ou **obtus**. Parfois, on a les deux possibilités.

**c)** Calcule maintenant la distance entre les deux filins.

En résumé, la **loi des sinus** rend possible la résolution de triangles quelconques dès que l'on connaît les **mesures d'un angle, de son côté opposé** et d'un **autre élément.**

$$\frac{a}{\sin A} = \frac{b}{\sin B} = \frac{c}{\sin C}$$

> On retrouve dans les travaux de Ptolémée (vers 168) une forme algébrique comparable à celle qui est maintenant utilisée pour la loi des sinus. Toutefois, on doit attendre Al-Birûni (973-1048) avant que la loi des sinus soit clairement établie.

# Investissement 9

**1.** Dans chacun des triangles suivants, calcule la valeur de sin *B*; trouve ensuite la mesure de l'angle *B*.

**a)**

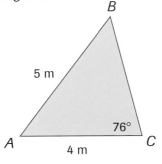

**b)**

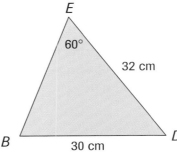

**c)**

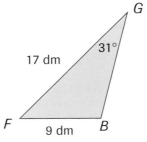

**d)**

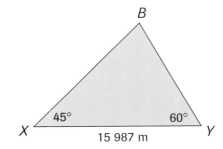

**2.** Dans chaque cas, détermine les mesures des angles *B* et *C* selon les positions possibles du sommet *C*.

**a)**
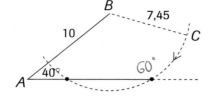

**b)**
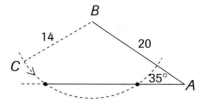

**3.** Résous les triangles suivants.

**a)**
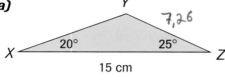

**b)**
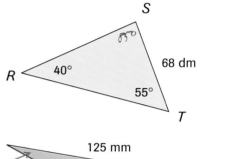

**c)**
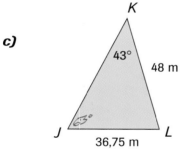

**d)**
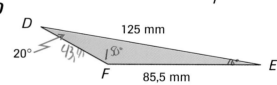

**4.** On donne certaines mesures au sujet du triangle *ABC*. Dans chacun des cas, détermine la valeur de sin *A*.

**a)** sin *B* = 0,75, *a* = 10 cm et *b* = 15 cm

**b)** sin *C* = 0,665, m $\overline{AB}$ = 1 km et m $\overline{AC}$ = 1,4 km

**c)** m ∠ *B* = 30°, m $\overline{AB}$ = 22,55 m, m $\overline{BC}$ = 23,64 m et m $\overline{AC}$ = 12,00 m

**d)** sin *B* = sin *C* = 0,5

**5.** Le parquet de la salle du trône d'un château datant de la Renaissance est composé d'une série de motifs identiques à ceux qui sont illustrés ci-dessous. Les mesures de certains éléments d'un des motifs triangulaires sont données.

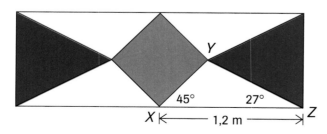

**a)** Quelle est la longueur du côté du motif carré rouge?

**b)** Quelle est la mesure du côté *YZ* du triangle bleu?

*Le château de Chambord, en bordure de la Loire (France), est l'un des chefs-d'oeuvre architecturaux de la Renaissance.*

**6.** Lors d'un voyage à New York, Magalie observe le sommet de la statue de la Liberté sous un angle d'élévation de 30°. Elle avance de 68 m en direction de l'édifice. L'angle d'élévation est alors de 45°.

a) Détermine m ∠ ABS.

b) Détermine m ∠ ASB.

c) Quelle est la distance entre le second point d'observation B et le sommet S de la statue?

d) Quelle est la hauteur de la statue de la Liberté?

e) À quelle distance de la statue la seconde observation a-t-elle été faite?

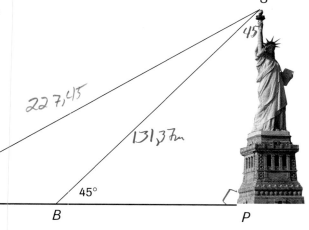

227,45

131,37 m

30°          45°

A        68 m       B                    P

**7.** On a fait fabriquer des fanions pour une journée récréative organisée par le service des loisirs. Les côtés du fanion mesurent 20 cm, 22 cm et 25 cm. Le plus petit angle est de 50°. Quelles sont les mesures des deux autres angles, au degré près?

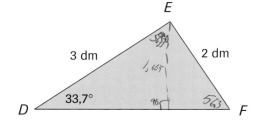

**8.** Un stand d'information touristique a la forme d'un hexagone régulier. Dans l'un des angles se trouve une table triangulaire. L'un des côtés longeant le mur mesure 1,15 m et le devant 1,75 m. Détermine la longueur du troisième côté et la mesure des angles de la table.

1,75 m

1,15 m

**9.** Deux triangles ont chacun un angle de 33,7° et des côtés de 3 dm et 2 dm. Trouve l'aire de chaque triangle.

B

3 dm     2 dm

33,7°

A    3,62    C

E

3 dm     2 dm

1,665

D    33,7°    96    563    F

**10.** Montre que l'aire d'un triangle quelconque ABC correspond à l'expression Aire $= \frac{1}{2} bc \sin A$.

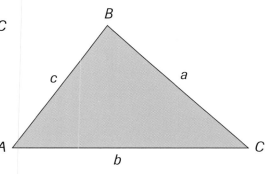

B

c        a

A    b    C

**11.** Un navire quitte le port et franchit 18 km en direction nord. Puis, il dévie de sa route initiale de 30° vers l'est. Une heure après ce changement de cap, un relevé de la position du navire indique au capitaine que sa distance du port, en ligne directe, est de 36,7 km.

Quelle distance le navire a-t-il parcourue depuis son changement de direction?

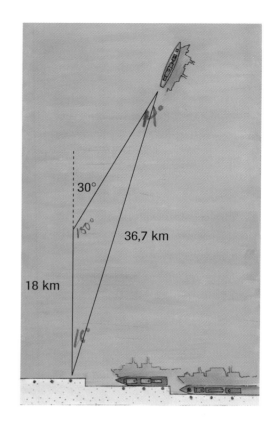

30°

36,7 km

18 km

**12.** Les côtés *a* et *b* d'un triangle mesurent respectivement 2*x* cm et 3*x* cm. L'angle *A* mesure 30°.

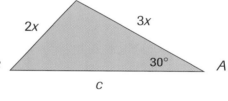

*C*

2*x*    3*x*

*B*    30°    *A*

*c*

**a)** On peut déterminer la mesure de l'angle *B*, peu importe la valeur que prend *x*. Quelle est cette mesure?

**b)** Quelle est la mesure de l'angle *C*? Justifie ta réponse.

**c)** Exprime la mesure du côté *c* par une expression algébrique contenant la variable *x*.

**d)** Pourquoi est-il impossible de déterminer une valeur unique pour la variable *x*?

 ▶ FORUM

**a)** La loi des sinus est-elle valable pour un triangle rectangle? Justifiez votre réponse.

**b)** En utilisant la loi des sinus, montrez qu'il est impossible d'avoir un triangle dont les mesures des côtés sont $a = 3$ cm, $b = 2$ cm et m $\angle B = 50°$.

**c)** Dans un triangle *ABC*, si $a = 2$ m et $b = 4$ m, quelle est la plus grande valeur que peut prendre la mesure de l'angle *A*?

# RÉSOLUTION DE TRIANGLES QUELCONQUES
## LOI DES COSINUS

### Les avions

Deux avions décollent au même moment du même porte-avions. L'un prend la direction est, l'autre vole dans une direction qui forme un angle de 53,1° avec la direction est. Dix minutes plus tard, le premier a parcouru 150 km et le second 100 km. Les deux pilotes doivent alors communiquer entre eux par radio; leurs radios ont un rayon d'action de 125 km. Jean-Daniel se demande si les pilotes pourront établir la communication.

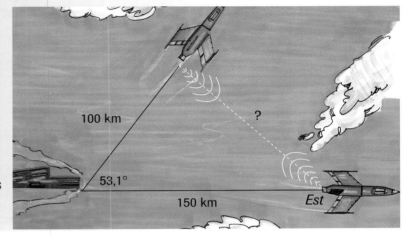

**a)** Est-il possible d'utiliser directement la loi des sinus pour résoudre ce triangle? Justifie ta réponse.

**b)** Il est cependant possible de résoudre ce triangle en construisant une hauteur appropriée afin d'obtenir deux triangles rectangles. Montre-le.

**c)** Les deux pilotes peuvent-ils communiquer entre eux par radio?

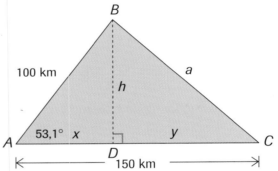

La démarche empruntée pour résoudre ce problème est assez longue. Il existe peut-être une formule qui permet de résoudre directement le problème. Un appel aux internautes peut nous être d'un grand secours.

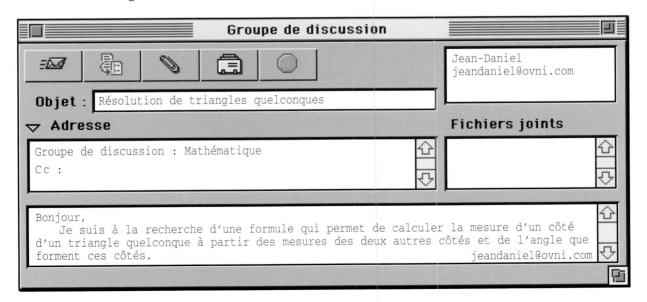

**Groupe de discussion**

Jean-Daniel
jeandaniel@ovni.com

**Objet :** Résolution de triangles quelconques

▽ **Adresse**

Groupe de discussion : Mathématique
Cc :

**Fichiers joints**

Bonjour,
    Je suis à la recherche d'une formule qui permet de calculer la mesure d'un côté d'un triangle quelconque à partir des mesures des deux autres côtés et de l'angle que forment ces côtés.                                    jeandaniel@ovni.com

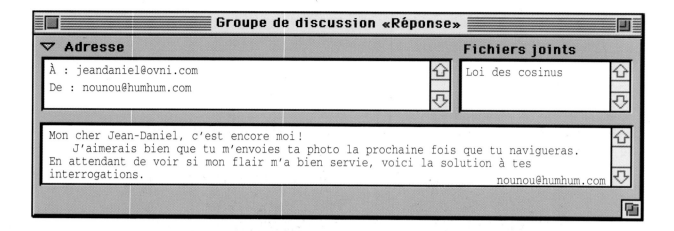

**Groupe de discussion «Réponse»**

**Adresse**

À : jeandaniel@ovni.com
De : nounou@humhum.com

**Fichiers joints**

Loi des cosinus

Mon cher Jean-Daniel, c'est encore moi!
   J'aimerais bien que tu m'envoies ta photo la prochaine fois que tu navigueras. En attendant de voir si mon flair m'a bien servie, voici la solution à tes interrogations.
                                                                      nounou@humhum.com

**Loi des cosinus**

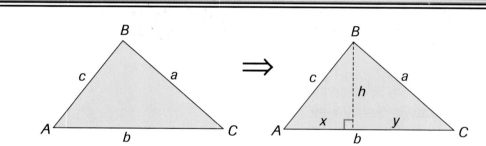

La construction de la hauteur $h$ forme deux triangles rectangles dans lesquels on a :

$$\sin C = \frac{h}{a} \Rightarrow \textbf{\textit{h}} = \textbf{\textit{a}} \textbf{ sin } \textbf{\textit{C}} \qquad\qquad \sin A = \frac{h}{c} \Rightarrow \textbf{\textit{h}} = \textbf{\textit{c}} \textbf{ sin } \textbf{\textit{A}}$$

$$\cos A = \frac{x}{c} \Rightarrow \textbf{\textit{x}} = \textbf{\textit{c}} \textbf{ cos } \textbf{\textit{A}} \qquad\qquad \cos C = \frac{y}{a} \Rightarrow \textbf{\textit{y}} = \textbf{\textit{a}} \textbf{ cos } \textbf{\textit{C}}$$

La relation de Pythagore permet de poser les équations suivantes :

$$c^2 = h^2 + x^2$$
$$c^2 = h^2 + (b - y)^2$$
$$c^2 = a^2\sin^2 C + (b - a \cos C)^2$$
$$c^2 = a^2\sin^2 C + b^2 - 2ab \cos C + a^2\cos^2 C$$
$$c^2 = a^2\sin^2 C + a^2\cos^2 C + b^2 - 2ab \cos C$$
$$c^2 = a^2(\sin^2 C + \cos^2 C) + b^2 - 2ab \cos C$$
$$\boldsymbol{c^2 = a^2 + b^2 - 2ab \cos C}$$

$$a^2 = h^2 + y^2$$
$$a^2 = h^2 + (b - x)^2$$
$$a^2 = c^2\sin^2 A + (b - c \cos A)^2$$
$$a^2 = c^2\sin^2 A + b^2 - 2bc \cos A + c^2\cos^2 A$$
$$a^2 = c^2\sin^2 A + c^2\cos^2 A + b^2 - 2bc \cos A$$
$$a^2 = c^2(\sin^2 A + \cos^2 A) + b^2 - 2bc \cos A$$
$$\boldsymbol{a^2 = c^2 + b^2 - 2bc \cos A}$$

On trouve ainsi trois relations appelées **loi des cosinus** et qui expriment la **mesure d'un côté** en fonction des mesures des **deux autres côtés et de l'angle** que forment ces côtés. Je te laisse découvrir la dernière.

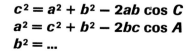

$$\boldsymbol{c^2 = a^2 + b^2 - 2ab \cos C}$$
$$\boldsymbol{a^2 = c^2 + b^2 - 2bc \cos A}$$
$$\boldsymbol{b^2 = \ldots}$$

nounou@humhum.com

***d)*** Montre à l'aide de la loi des cosinus que les pilotes peuvent encore communiquer.

## Les planètes

Une astronome observe des planètes à l'aide d'un téléscope. Ce jour-là, Jupiter est à 600 000 000 km et Mars à 100 000 000 km de notre planète.

Pour voir successivement Mars et Jupiter, l'astronome doit faire pivoter son appareil de 120°. Elle voudrait connaître la distance entre ces deux planètes.

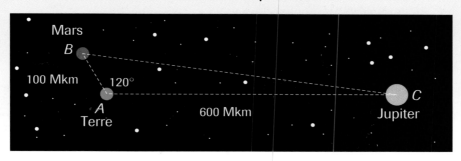

*Le développement de la trigonométrie a surtout été relié à celui de l'astronomie. La trigonométrie serait une géométrie du ciel.*

***a)*** Quelle particularité présente ici la loi des cosinus?

***b)*** Quelle est la distance entre Mars et Jupiter?

***c)*** Quelle particularité a le cosinus d'un angle *A* par rapport au cosinus de son supplément (180° − *A*)?

## Le détour

Jacques se balade en voilier sur le fleuve Saint-Laurent. En ligne droite, il est à 4,5 km du club nautique où il gare son embarcation. S'il dévie de sa route de 45°, il pourra s'arrêter sur une petite île située à 3,6 km de sa position.

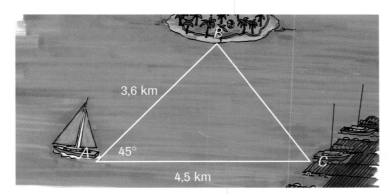

***a)*** Calcule la distance entre l'île et le club nautique.

***b)*** À l'aide de la loi des sinus, détermine la valeur de sin *B* et la mesure de l'angle *B*.

***c)*** Quelle est la mesure de l'angle *C*?

***d)*** On peut vérifier que sin 82,5° a la même valeur que sin 97,5°. Montre que, dans cette situation, il est impossible que l'angle *B* mesure 97,5°.

## Un petit tour au Québec

La propriétaire d'un petit avion de plaisance projette d'aller en ligne droite de Montréal à Sherbrooke (135 km) puis de Sherbrooke à Québec (165 km) et de retourner directement à Montréal (225 km). Pour déterminer son plan de vol, elle doit connaître les angles du triangle dont les sommets sont les villes qu'elle compte relier.

*a)* En utilisant la loi des cosinus, trouve la valeur de cos $M$ du triangle formé par Québec, Montréal et Sherbrooke, et ensuite calcule la valeur de l'angle $M$.

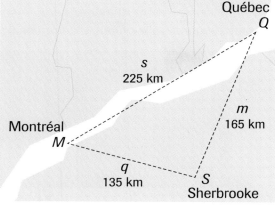

*Dans Les Éléments II d'Euclide, on retrouve aux propositions 12 et 13 des expressions algébriques équivalentes à celles qui sont utilisées maintenant pour la loi des cosinus.*

*b)* Calcule la mesure de l'angle $S$, à l'aide :

   1) de la loi des sinus ;

   2) de la loi des cosinus.

*c)* Calcule la mesure de l'angle $Q$.

*d)* Comment peut-on calculer la hauteur issue de $S$ dans ce triangle ?

*e)* Quelle est l'aire de ce triangle ?

La **loi des cosinus** permet de calculer la **mesure d'un côté** étant donné la mesure des deux autres côtés et de l'angle formé par ces côtés ou encore la **mesure des angles** à partir de celle des côtés.

# Investissement 10

**1.** Dans chacun des triangles suivants, détermine $h$ et $a$.

**a)**

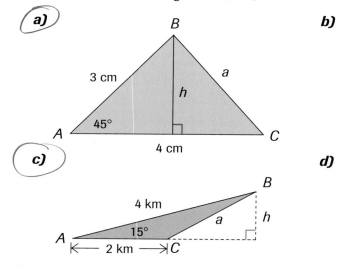

**b)**

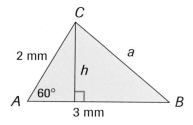

**c)**

**d)**

**2.** Détermine l'aire des triangles ci-dessus.

**3.** Résous les triangles suivants.

**a)**

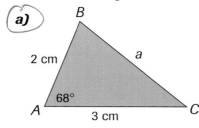

**b)**

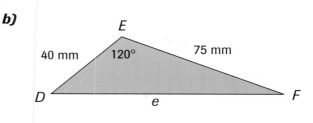

**c)**

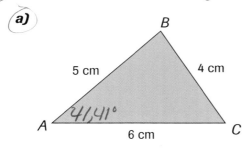

**d)**

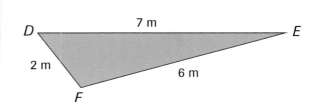

**4.** Détermine la mesure des angles dont le cosinus est:

**a)** 0,939 69          **b)** -0,5          **c)** 0,121 87          **d)** -0,121 87

**5.** Détermine les mesures des angles des triangles suivants.

**a)**

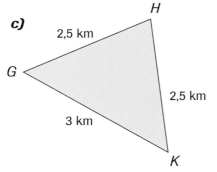

**b)**

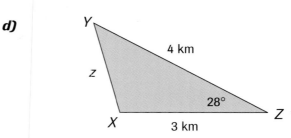

**c)**

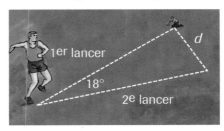

**d)** Un triangle *XYZ* dont les côtés mesurent 20 mm, 21 mm et 22 mm.

**6.** On soude bout à bout trois tiges de métal de façon à former un triangle. Les tiges mesurent 1,2 m, 1,0 m et 0,80 m. Quelles sont les mesures des angles du triangle?

**7.** Dans une compétition internationale, un discobole projette le disque à une distance de 64 m à son premier essai et de 70 m à son deuxième essai. L'angle formé par les directions de ses deux lancers est de 18°. Quelle est la distance *d* entre les deux points d'impact?

**8.** Dans une mine, une galerie mesurant 400 m de longueur et formant un angle de 20° avec l'horizontale a été bouchée par un éboulis. Pour atteindre le gisement, on décide de creuser une autre galerie à 820 m de l'entrée de la première.

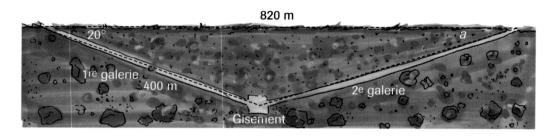

820 m

20°

1re galerie

400 m

2e galerie

a

Gisement

**a)** Quelle sera la longueur de cette seconde galerie?

**b)** Sous quel angle devra-t-on effectuer le forage?

**9.** Trois stations de pompage de pétrole sont situées respectivement à 2 km, 2,5 km et 3,1 km l'une de l'autre. Quelles sont les mesures des angles formés par les lignes imaginaires qui les relient?

**10.** Détermine la hauteur issue de *B*, la hauteur issue de *C* et l'aire du triangle *ABC* sachant que:

**a)** m ∠ *A* = 45°, *c* = 14 cm et *b* = 12 cm

**b)** m ∠ *A* = 25°, *c* = 15 mm et *b* = 9 mm

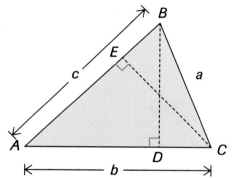

**11.** À la suite du déversement d'un polluant toxique, les policiers ont déterminé une zone de sécurité de forme triangulaire, à l'aide d'un ruban en matière plastique. Les trois côtés mesurent 60 m, 72 m et 90 m. Quelle est l'aire de cette zone?

 ► FORUM

**a)** La loi des cosinus est-elle valable dans le cas d'un triangle rectangle? Justifiez votre réponse.

**b)** Peut-on affirmer que la relation de Pythagore est un cas particulier de la loi des cosinus? Expliquez votre réponse.

**c)** À l'aide de la loi des cosinus, trouvez les mesures des angles d'un triangle dont les côtés mesurent 4 cm, 3 cm et 8 cm. Justifiez votre réponse.

Tous les **triangles rectangles** ayant un **angle aigu congru** sont **semblables.**

Cette propriété des triangles rectangles permet de définir des rapports trigonométriques. Les trois principaux **rapports trigonométriques** sont les suivants :

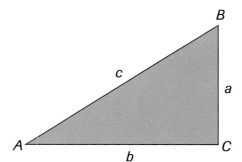

$$\sin A = \frac{\text{mesure de la cathète opposée à } \angle A}{\text{mesure de l'hypoténuse}} = \frac{a}{c}$$

$$\cos A = \frac{\text{mesure de la cathète adjacente à } \angle A}{\text{mesure de l'hypoténuse}} = \frac{b}{c}$$

$$\tan A = \frac{\text{mesure de la cathète opposée à } \angle A}{\text{mesure de la cathète adjacente à } \angle A} \quad \frac{a}{b}$$

**Résoudre un triangle** consiste à **calculer les mesures des côtés et des angles** de ce triangle à partir de quelques-unes d'entre elles.

Les **triangles rectangles** se résolvent directement à partir des rapports trigonométriques et à l'aide principalement de deux propriétés des triangles rectangles : la relation de Pythagore et la complémentarité des angles aigus.

Les **triangles quelconques** se résolvent :

1° à l'aide de la **loi des sinus,** dès que l'on connaît les mesures d'un angle, de son côté opposé et d'un autre élément ;

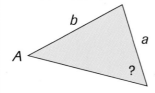

$$\frac{a}{\sin A} = \frac{b}{\sin B} = \frac{c}{\sin C}$$

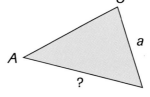

2° à l'aide de la **loi des cosinus,** si l'on connaît les mesures de deux côtés et celle de l'angle que forment ces côtés ou les mesures des trois côtés.

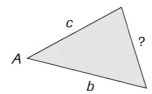

$$a^2 = b^2 + c^2 - 2bc \cos A$$
$$b^2 = a^2 + c^2 - 2ac \cos B$$
$$c^2 = a^2 + b^2 - 2ab \cos C$$

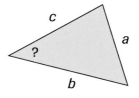

Si l'un des angles est obtus, on utilise les relations :

$$\sin (180° - A) = \sin A$$
$$\cos (180° - A) = \text{-}\cos A$$

**1** Sachant que sin 30° = 0,5, exprime chacun des nombres donnés en utilisant au moins une fois sin 30°.

*a)* 1          *b)* 2          *c)* 0,25          *d)* 0,75          *e)* 0

**2** Si $\sin A = \dfrac{a}{c}$ et que $\cos A = \dfrac{b}{c}$, donne l'expression qui représente :

*a)* sin A + cos A          *b)* sin A − cos A          *c)* (sin A)(cos A)          *d)* (sin A) ÷ (cos A)

**3** Si sin 30° = 0,5 et que cos 45° ≈ 0,7071, calcule :

*a)* sin 30° ÷ 2          *b)* sin 30° + 1,5          *c)* 4 ÷ sin 30°          *d)* $\dfrac{\sin 30°}{0,5}$

*e)* 2 + cos 45°          *f)* sin 30° + cos 45°          *g)* 2sin 30° − cos 45°          *h)* cos 45° − 1

**4** Sachant que sin 10° ≈ 0,1736, sin 20° ≈ 0,3420 et sin 30° = 0,5, détermine si les énoncés suivants sont vrais.

*a)* sin 10° + sin 20° = sin 30°          *b)* 2sin 10° = sin 20°          *c)* sin 30° ÷ sin 10° = 3

**5** Sachant que sin 20° ≈ 0,3420, sin 50° ≈ 0,7660 et sin 75° ≈ 0,9659, estime :

*a)* sin 20° + sin 50°          *b)* sin 75° − sin 20°          *c)* (sin 20° + sin 50°) ÷ sin 75°

**6** Sachant que sin 35° ≈ 0,5736 et que cos 35° ≈ 0,8192, estime :

*a)* 2sin 35°          *b)* 5cos 35°          *c)* $\sin^2 35°$          *d)* $\cos^2 35°$

*e)* tan 35°          *f)* 1/sin 35°          *g)* $\sin^2 35° + \cos^2 35°$          *h)* $\dfrac{\cos 35°}{\sin 35°}$

**7** Sachant que cos 30° ≈ 0,87 et que cos 45° ≈ 0,71, estime la valeur de :

*a)* $a^2 = 10^2 + 15^2 - 2 \times 10 \times 15 \times \cos 45°$          *b)* $c^2 = 8^2 + 11^2 - 2 \times 8 \times 11 \times \cos 30°$

*c)* $b^2 = 12^2 + 20^2 - 2 \times 12 \times 20 \times \cos 45°$          *d)* $a^2 = 25^2 + 30^2 - 2 \times 25 \times 30 \times \cos 30°$

**8** Sachant que sin 30° = 0,5, sin 40° ≈ 0,64 et sin 60° ≈ 0,87, estime la valeur de *a*.

*a)* $\dfrac{20}{\sin 30°} = \dfrac{a}{\sin 40°}$          *b)* $\dfrac{30}{\sin 40°} = \dfrac{a}{\sin 30°}$

*c)* $\dfrac{a}{\sin 60°} = \dfrac{12}{\sin 30°}$          *d)* $\dfrac{30}{\sin 30° + \sin 60°} = \dfrac{a}{\sin 40°}$

```
sin 30
                      .5
sin 40
          .6427876097
sin 60
          .8660254038
```

**9** Estime la mesure de l'angle à partir du rapport donné dans chaque expression.

*a)* $\sin^{-1} 0,5$          *b)* $\sin^{-1} 0,25$          *c)* $\sin^{-1} 0,75$          *d)* $\sin^{-1} 0,95$

**10** Estime la mesure de l'angle à partir du rapport donné dans chaque expression.

*a)* $\cos^{-1} 0,5$          *b)* $\cos^{-1} 0,1$          *c)* $\cos^{-1} 0,6$          *d)* $\cos^{-1} 0,8$

**11** Soit le triangle *PQR*, rectangle en *P* avec un angle *R* de 13°. Estime le rapport demandé.

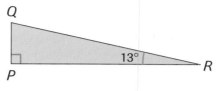

**a)** tan *R*        **b)** cos *Q*        **c)** sin *Q*

**d)** sin *R*        **e)** cos *R*        **f)** tan *Q*

**12** Un hauban retient un mât. Le câble mesure 9 m. Il forme avec l'horizontale un angle de 66°. À quelle hauteur est-il fixé sur le mât?

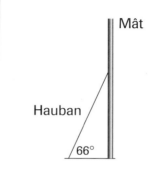

**13** Deux pistes d'atterrissage *A* et *B* se coupent à angle droit. À 150 m de leur intersection, une troisième piste *C* coupe la première sous un angle de 30°. À quelle distance de la première intersection la piste *C* croise-t-elle la piste *B*?

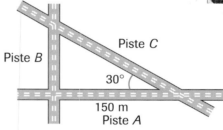

**14** Une montgolfière s'élève directement au-dessus de l'église locale. De la nacelle, on peut voir l'église du village voisin dans une direction qui forme un angle de 20° avec l'horizontale. Quelle est, au mètre près, l'altitude de la montgolfière si les deux églises sont distantes de 4,5 km? Justifie les étapes de ta démarche.

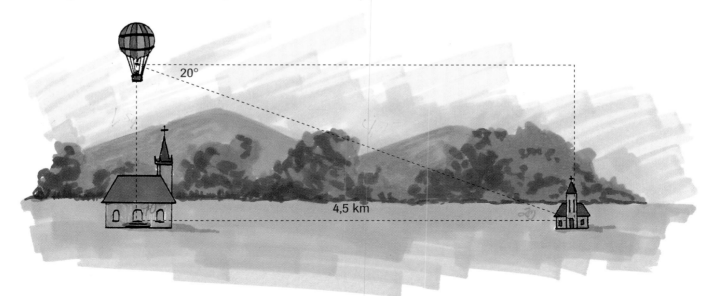

**15** Isabelle est à Lévis sur la rive du fleuve Saint-Laurent. À l'aide d'un instrument précis, elle observe le sommet de la Citadelle de Québec sous un angle d'élévation de 5,6°. Son poste d'observation est placé à exactement 1 km de la forteresse. À quelle hauteur au-dessus du fleuve s'élève le sommet de la Citadelle? Justifie les étapes de ta démarche.

*Citadelle de Québec.*

**16** Une conductrice de machinerie lourde opère une grue dont la flèche mesure 25 m. Lorsque la charge est exactement à la hauteur de la base de la flèche, cette dernière forme un angle de 60° avec l'horizontale. Quelle est la longueur du câble déroulé à ce moment?

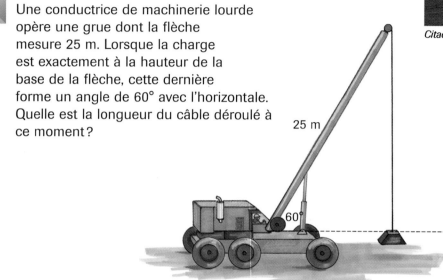

25 m

60°

**17** Dans les figures suivantes, les mesures de côtés sont en centimètres. Détermine, dans chaque cas, les valeurs de *x* et de *y* qui représentent des mesures d'angles ou de côtés. Garde la même précision dans les résultats que dans les données.

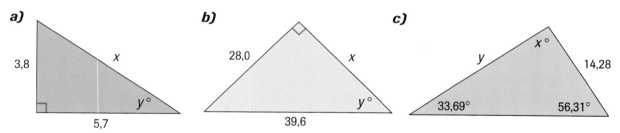

*a)*
3,8
x
y°
5,7

*b)*
28,0
x
y°
39,6

*c)*
x°
y
14,28
33,69°
56,31°

**18** Dans un parc, on a aménagé de petits espaces floraux. L'un d'eux, de forme triangulaire, a des côtés mesurant 2,25 m, 10 m et 10,25 m. Quelles sont les mesures des angles formés par ces côtés?

**19** Résous les triangles déterminés par les mesures suivantes. Garde la même précision dans les résultats que dans les données.

*a)* m ∠ X = 90°, m ∠ Z = 23,5° et m $\overline{XY}$ = 0,7 m

*b)* m ∠ I = 35,75°, m ∠ J = 54,25° et m $\overline{HJ}$ = 15,5 km

*c)* m $\overline{KL}$ = 3,39 dm, m $\overline{KM}$ = 4,52 dm et m $\overline{LM}$ = 5,65 dm

**20** Dans la figure ci-dessous, les segments *BD* et *AC* sont perpendiculaires. Résous les quatre triangles rectangles de cette figure.

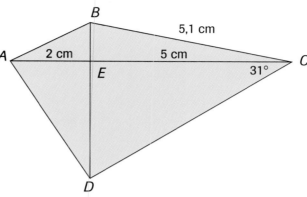

**21** Dans la figure ci-contre, l'angle *D* est droit, m ∠ *A* = 25°, m ∠ *DBE* = 40° et m $\overline{BD}$ = 80 cm. Calcule la mesure de chacun des segments de cette figure.

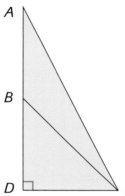

**22** Un bateau de plaisance s'éloigne de la côte. À 500 m, une passagère observe le sommet d'une falaise sous un angle d'élévation de 15°. Quelques instants plus tard, l'angle n'est plus que de 10°.

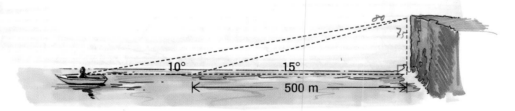

***a)*** Quelle est la hauteur de la falaise?

***b)*** Quelle est la distance entre les deux points d'observation?

**23** Résous chacun des triangles suivants.

***a)***

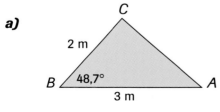

***b)***

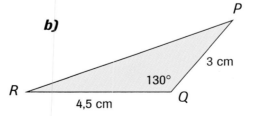

***c)*** Un angle *A* de 33° est compris entre les côtés *AB* de 6 cm et *AC* de 8 cm.

***d)*** *a* = 4 m; *b* = 6 m; *c* = 9 m

**24** La façade d'un petit entrepôt a la forme d'un triangle obtusangle. Les deux versants du toit mesurent 16 m et 24 m. Le faîte est à 8 m du sol.

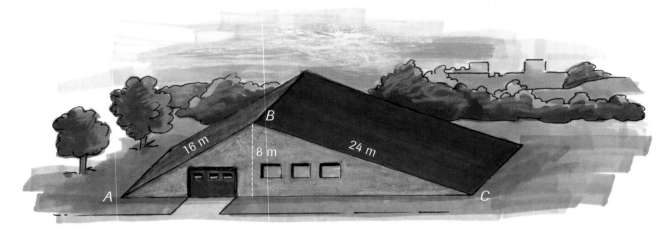

**a)** Quelle est la mesure de chacun des angles de la façade ?

**b)** Quelle est la longueur de la base de la façade ?

**c)** Quelle est l'aire de la façade ?

**25** Un triangle rectangle a une hypoténuse de 32,5 cm et une cathète de 12,5 cm. On applique une homothétie de rapport 2,5. Résous le triangle image.

**26** Dans un triangle $ABC$, m $\angle A = 23°$, m $\overline{AB} = 6$ mm et m $\overline{BC} = 5$ mm. Détermine la mesure de :

**a)** la hauteur $BD$                  **b)** $\angle C$

**c)** $\angle B$                        **d)** $\overline{AC}$

**27** Le logo d'une entreprise de réparation d'appareils électriques a la forme d'un triangle ayant des angles de 50°, 60° et 70°. Sur le modèle qui orne les camions de l'entreprise, le plus grand côté mesure 80 cm. Sur le modèle imprimé sur le papier à lettres, ce côté mesure 2 cm.

**a)** À l'aide de la loi des sinus, détermine la longueur des deux autres côtés du modèle ornant le camion.

**b)** Détermine la longueur de ces mêmes côtés sur le modèle imprimé sur le papier à lettres.

**28** À partir des données du croquis ci-dessous, détermine la largeur de la rivière.

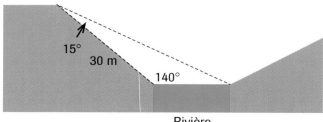

Rivière

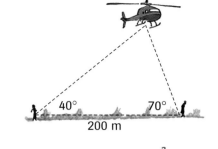

**29** Deux jeunes filles sont placées face à face à 200 m de distance. Elles regardent un hélicoptère en vol stationnaire au-dessus d'elles. L'une voit l'appareil sous un angle d'élévation de 40° et l'autre, sous un angle de 70°.

**a)** Quelle est la distance entre l'hélicoptère et chacune des jeunes filles?

**b)** Quelle est l'altitude de l'appareil?

Après quelques minutes, l'hélicoptère change de position. Elles le voient sous les mêmes angles d'élévation que précédemment, mais, cette fois, les deux regardent dans la même direction.

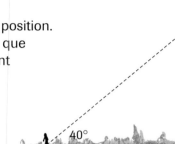

**c)** Quelle est alors la distance entre l'appareil et chacune des jeunes filles?

**d)** Quelle est alors l'altitude de l'appareil?

**30** L'hypoténuse d'un triangle rectangle mesure 40 cm. L'un de ses angles aigus mesure 53°.

**a)** Quelle est la longueur de chacune des cathètes?

**b)** Quelle est l'aire du triangle?

**c)** Ce triangle est la base d'un prisme droit de 10 cm de hauteur. Quel est le volume de ce prisme?

**d)** Quelle est son aire totale?

**31** De jeunes adeptes de la planche à roulettes ont fabriqué une rampe en bois pour rendre la pratique de leur sport plus intéressante. L'objet est un solide formé d'une base rectangulaire, de deux faces ayant la forme d'un trapèze et de deux autres faces triangulaires. On s'intéresse à l'un des triangles.

**a)** Quelle est la mesure de l'autre côté de ce triangle?

**b)** Quelle est l'aire du triangle *ABC*?

**32** Calcule l'aire des polygones suivants:

**a)** un parallélogramme ayant des côtés de 10 cm et 7 cm et un angle de 30°;

**b)** un trapèze ayant des bases de 5 cm et 12 cm, des côtés non parallèles de 5 cm et 4,24 cm et des angles de 45° et 36,9°;

**c)** un parallélogramme ayant des côtés de mesures *a* et *b* et un angle de 30°.

**33** Le gratte-ciel le plus élevé du monde est situé en Malaisie. Il s'agit des tours jumelles Petronas, à Kuala Lumpur. D'un certain point, l'angle d'élévation des tours est de 45°. Si l'on s'approche de 190 m, l'angle d'élévation devient de 60°.

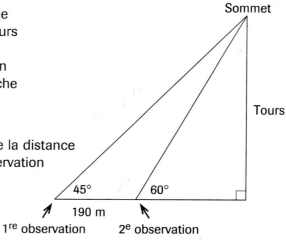

*Construites par l'architecte Cesar Pelli, les tours jumelles Petronas sont les plus hautes du monde.*

**a)** À l'aide de la loi des sinus, trouve la distance entre le point de la seconde observation et le sommet de la tour.

**b)** Quelle est la hauteur des tours?

**34** Un site archéologique a la forme d'un quadrilatère dont les côtés mesurent 75 m, 70 m, 50 m et 58,5 m. Par ailleurs, une des diagonales du quadrilatère mesure 65 m.

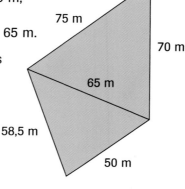

*Les fouilles archéologiques effectuées à Pointe-du-Buisson, en Montérégie, montrent que cet endroit était un lieu de rassemblement des peuples autochtones.*

**a)** Quelles sont les mesures des angles intérieurs du quadrilatère?

**b)** Quelle est l'aire de ce site?

**35** Une droite passe par l'origine et par le point (3, 5).

**a)** Quelle est la mesure de l'angle que forme cette droite avec l'axe des $x$?

**b)** On applique à la droite une translation $t_{(5, -2)}$. Quelle est la mesure de l'angle que forme son image avec l'axe des $y$? Justifie ta réponse.

**c)** Quelle est la mesure de l'angle d'inclinaison de la droite d'équation $y = 3x$?

**36** Une chaloupe est attachée à un quai avec une corde de 7 m qui forme un angle de 65° avec le poteau du quai. La hauteur de la chaloupe est de 1 m. De combien de mètres avancera la chaloupe si l'on raccourcit la corde de 2 m?

## 37 LE PHARE

Pablo estime, à l'aide d'un clinomètre artisanal, que l'angle d'élévation de la lumière d'un phare est de 40°. Il s'éloigne du phare de 50 m et constate que l'angle d'élévation de la lumière n'est plus que de 20°.

**a)** Quelle est la hauteur du phare?

**b)** À quelle distance du phare a-t-il effectué chacune de ses observations?

*Phare de Cap-des-Rosiers, Gaspésie.*

## 38 LE PISTON

Un piston glissant dans un cylindre entraîne la rotation d'une roue dont le rayon est de 5 cm. La bielle qui relie le piston et l'extrémité du bras radial mesure 12 cm. Sur quelle distance doit avancer le piston pour que l'angle passe de 40° à 140°?

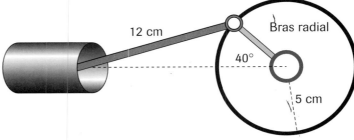

## 39 LE STATIONNEMENT

Un espace de stationnement mesure 6 m sur 2,6 m. En bordure d'un tronçon de rue de 180 m de long, un ingénieur en circulation prévoit des espaces qui formeront un angle de 60° avec le trottoir.

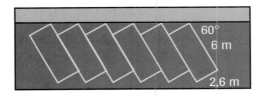

**a)** Combien d'espaces peut-on placer dans cette aire de stationnement de 180 m de long?

**b)** Si l'ingénieur optait pour un stationnement parallèle au trottoir, il faudrait prévoir une longueur de 7 m par espace. Combien d'espaces seraient alors perdus?

## 40 LA BOÎTE DE GUITARE

On veut construire une boîte pour ranger une guitare. Le plus petit angle mesure 25° et le plus grand 85°. Le côté qui joint les sommets de ces deux angles mesure 1,6 m. Quelle quantité de velours sera nécessaire pour tapisser l'intérieur si l'épaisseur de la boîte doit être de 15 cm?

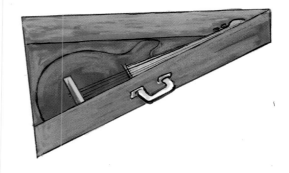

## 1. LA CASCADEUSE

Pour effectuer une cascade, une motocycliste doit rouler à grande vitesse sur une rampe de lancement qui fait un angle de 14° avec l'horizontale. À quelle hauteur quittera-t-elle la rampe si elle doit parcourir 21 m sur celle-ci?

## 2. LA PLATE-BANDE

Une plate-bande a une forme triangulaire. Ses côtés mesurent 3,5 m, 8,4 m et 9,1 m.

**a)** Qu'est-ce qui permet de justifier qu'il s'agit d'un triangle rectangle?

**b)** Quelle est la mesure de l'angle opposé au côté de 3,5 m?

**c)** Quelle est la mesure de l'angle opposé au côté de 8,4 m?

**d)** Quelle est la mesure de l'angle opposé au côté de 9,1 m?

## 3. L'ÉNERGIE SOLAIRE

Un propriétaire utilise l'énergie solaire pour chauffer sa maison. Pour obtenir des périodes d'ensoleillement plus longues, il a construit un toit asymétrique.

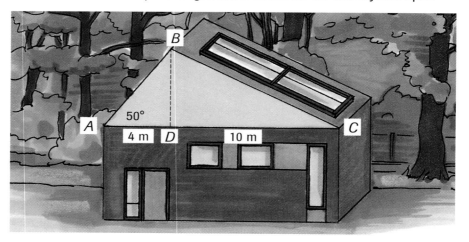

**a)** Si le premier versant fait un angle de 50° avec l'horizontale et que la distance de A à D est de 4 m, quelle est la hauteur du toit?

**b)** Quelle est la mesure de l'angle formé par l'horizontale et l'autre versant du toit?

## 4. LES VÉLIPLANCHISTES

Deux jeunes s'éloignent d'un quai sur des planches à voile. L'angle formé par leurs directions mesure 20°. Après quelque temps, l'un a parcouru 800 m et l'autre 700 m. On suppose qu'ils ont gardé la même direction pendant tout ce temps. À quelle distance sont-ils l'un de l'autre à ce moment-là?

## 5. LA GRANGE

Pour soutenir le toit d'une grange, on a fabriqué des structures de bois telles que celles qui sont illustrées ci-dessous.

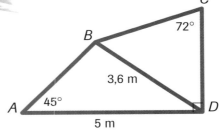

**a)** Quelle est la mesure de l'angle *ABD*?

**b)** Quelle est la mesure de l'angle *BDC*?

**c)** Quelle est la longueur de $\overline{BC}$?

**d)** Quelle est la longueur de $\overline{CD}$?

## 6. L'AFFICHE PUBLICITAIRE

L'affiche publicitaire d'un marchand de pièces d'automobiles a la forme d'un trapèze dont l'une des diagonales mesure 8 m. D'autres mesures sont indiquées sur le graphique ci-dessous.

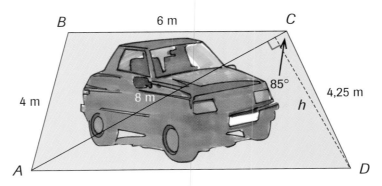

**a)** Quelle est la mesure de l'angle *ABC*?

**b)** Quelle est la mesure de la hauteur *h* issue du sommet *D* du triangle *ACD*?

**c)** Quelle est la longueur de la grande base de l'affiche?

# Rencontre avec... Thalès de Milet

(vers 624 av. J.-C. - vers 548 av. J.-C.)

Vous êtes considéré, maître Thalès, comme étant l'un des Sept Sages de l'Antiquité. D'où vient cette renommée ?

Vous n'avez exercé le métier de marchand que très peu de temps. Pourquoi ?

Mes contemporains m'ont connu sous plusieurs facettes. Je fus tour à tour homme d'État, marchand, ingénieur, astronome, philosophe et mathématicien. J'ai réussi dans tous ces domaines tout en appliquant un principe de vie fondamental pour moi: « On doit s'abstenir de pratiquer ce que nous blâmons chez les autres. »

Plusieurs personnes me faisaient remarquer que ma sagesse ne m'avait pas apporté la richesse. J'ai décidé de prouver à ces gens qu'il était facile de devenir riche rapidement. Ainsi, par mes prévisions astronomiques, j'ai su que la prochaine récolte d'olives serait abondante. Durant l'hiver, je me suis approprié le contrôle absolu des pressoirs à olives du pays. Puis, à l'été, j'ai imposé mon prix pour les utiliser, ce qui m'a rapporté une fortune. J'ai donc démontré que l'on peut aisément devenir riche, mais que ce n'est pas le but d'une vie !

Vous avez visité l'Égypte, et les pyramides vous ont fasciné, tout particulièrement la grande pyramide de Khéops. Vous êtes le premier à avoir réussi à déterminer sa hauteur. Comment avez-vous fait ce calcul ?

J'ai été tout d'abord surpris de constater que personne ne connaissait la hauteur de cette pyramide datant de 2000 ans. J'ai trouvé le moyen de la calculer en utilisant les propriétés des triangles semblables.

On dit que vous avez réussi à dompter un mulet qui était des plus têtus !

On vous a déjà offert une rétribution en échange de certaines de vos découvertes en astronomie. Qu'avez-vous répondu ?

En effet ! Je conduisais une caravane de mulets affectés au transport du sel. Un jour, un mulet est tombé à l'eau au passage d'un gué. Lorsqu'il s'est relevé, il a constaté que sa charge était plus légère. Aussi, à chacun des passages à gué, ce mulet se jetait à l'eau pour alléger son fardeau. J'ai eu alors l'idée de le charger d'éponges au lieu de sel. Après sa deuxième chute, il fut guéri pour toujours de son défaut !

J'ai répondu que je serais bien assez payé si l'on présentait cette découverte comme venant de moi, et non d'un autre.

Est-ce vrai que vous avez prédit qu'une éclipse du Soleil aurait lieu le 28 mai de l'an 585 av. J.-C. ?

C'est vrai, mais personne ne croyait à cette prédiction. Aussi, lorsque l'éclipse se produisit au jour prédit, la population fut saisie de terreur, puisque le Soleil était à cette époque l'objet de plusieurs mythes. Il y avait à ce moment une terrible bataille entre deux armées qui virent l'éclipse comme un signe du ciel voulant que la guerre cesse ; elles signèrent le jour même un traité de paix !

Thalès de Milet est le premier homme auquel on attribue des découvertes précises en mathématique. Sa renommée comme mathématicien provient de plusieurs énoncés en géométrie. On lui reconnaît également le théorème suivant : «L'angle inscrit dans un demi-cercle est un angle droit.»

En t'inspirant de ce théorème, décris les mesures des angles et des côtés, en fonction du rayon, d'un triangle inscrit dans un demi-cercle et dont l'aire est :

**a)** $r^2$

**b)** $\dfrac{r^2}{2}$

## Projet 1  Tout n'est pas encore découvert

**a)** À l'aide d'un logiciel de géométrie pouvant calculer des aires, vérifie si la conjecture suivante est vraie :

« Les produits des aires des deux triangles semblables opposés formés par les diagonales d'un trapèze isocèle sont égaux. »

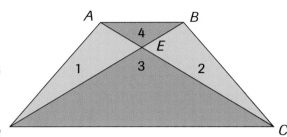

**b)** Dans le cas de quadrilatères quelconques, les triangles opposés sont-ils encore semblables ?

**c)** En utilisant la figure ci-dessous, démontre que les produits des aires de deux triangles opposés formés par les diagonales d'un quadrilatère quelconque sont égaux.

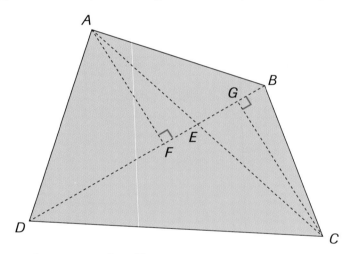

## Projet 2  Les polygones réguliers

Prépare un tableau indiquant les formules pour trouver l'aire d'un polygone régulier (ou d'un polyèdre régulier) à partir de la longueur ($c$) de ses côtés.

Voici quelques étapes à suivre pour un polygone à $n$ côtés :

1° Diviser le polygone en $n$ triangles congrus dont l'un des sommets est le centre du polygone.

2° Déterminer la mesure des angles de ces triangles.

3° Déterminer l'apothème en utilisant le rapport trigonométrique approprié.

4° Appliquer la formule permettant de calculer l'aire d'un polygone régulier à partir de son périmètre et de l'apothème.

Prépare une présentation attrayante pour les polygones réguliers de 3 à 10 côtés.

# JE CONNAIS LA SIGNIFICATION DES EXPRESSIONS SUIVANTES :

**Isométrie :** ensemble des transformations qui conservent les distances entre les points.

**Homothétie :** transformation du plan qui a un point fixe et qui, pour tout autre point, associe une image à partir d'un rapport donné.

**Rapport d'homothétie :** rapport formé dans une homothétie de centre *O* des mesures des segments *OA*' et *OA* et auquel on attribue un signe selon la position relative d'un point et de son image par rapport au centre.

**Similitude :** ensemble des transformations qui conservent les mesures des angles et la proportionnalité des lignes homologues.

**Figures semblables :** figures dont l'une est l'image de l'autre par une similitude, ou figures ayant les mêmes mesures d'angles et des mesures de lignes homologues proportionnelles.

**Solides semblables :** solides dont l'un est l'image de l'autre par une similitude dans l'espace.

**Rapport de similitude :** rapport des mesures de deux lignes homologues de figures ou de solides semblables, ou valeur absolue du rapport d'homothétie.

**Rapport trigonométrique :** rapport des longueurs de deux côtés d'un même triangle rectangle.

**Cathète opposée à l'angle *A* :** côté (ou mesure du côté) faisant face à l'angle *A* d'un triangle rectangle *ABC*.

**Cathète adjacente à l'angle *A* :** côté (ou mesure du côté) qui forme l'angle *A* et qui n'est pas l'hypoténuse dans un triangle rectangle *ABC*.

**Sinus de l'angle *A* :** le rapport de la cathète opposée à l'angle *A* sur l'hypoténuse du même triangle rectangle *ABC*.

**Cosinus de l'angle *A* :** le rapport de la cathète adjacente à l'angle *A* sur l'hypoténuse du même triangle rectangle *ABC*.

**Tangente de l'angle *A* :** le rapport de la cathète opposée à l'angle *A* sur la cathète adjacente à l'angle *A* dans un même triangle rectangle *ABC*.

**Résoudre un triangle :** rechercher les mesures des angles et des côtés d'un triangle à partir de quelques-unes d'elles.

**Loi des sinus :** relations entre les mesures des côtés de triangles quelconques et les sinus des angles opposés.

**Loi des cosinus :** relations entre les mesures des trois côtés d'un triangle quelconque et du cosinus d'un des angles.

# INDEX

# SOURCE DES PHOTOS

*Nous tenons à remercier les personnes et organismes qui nous ont gracieusement fourni des documents photographiques. Nous remercions également le Collège Notre-Dame, la polyvalente Chanoine-Armand-Racicot, le Lower Canada College et leurs enseignants et enseignantes, Gérald St-Amand, Claude Boucher et Gary Harvey qui ont collaboré lors des séances de photographie.*

p. 1 Université de Montréal - Département d'éducation physique. Normand Montagne

p. 1 Oiseau : Réflexion Photothèque

p. 4 Grêlons : Michel Gagné/Réflexion Photothèque

p. 25 Adolescente : Gilles Perreault

p. 52 Adolescentes : Réflexion Photothèque

p. 64 Jeune femme : Réflexion Photothèque

p. 68 Jeune femme : Réflexion Photothèque

p. 69 Enseignant : Gilles Perreault

p. 71 Enseignant : Gilles Perreault

p. 73 Enseignant : Gilles Perreault
Adolescent : Gilles Perreault

p. 74 Enseignant : Gilles Perreault

p. 90 Stade : Walter Bibikow/Réflexion Photothèque

p. 98 Adolescent : Réflexion Photothèque

p. 113 Voie ferrée : Réflexion Photothèque

p. 114 Vidéoclub : Nawrocki/Stock Photo/Réflexion Photothèque

p. 115 Rhinocéros : Réflexion Photothèque

p. 116 Hippopotame : Réflexion Photothèque
Globe et téléphone : Mike Agliolo/Int'l Stock/Réflexion Photothèque

p. 117 Fibres optiques : Bob Firth/Int'l Stock/Réflexion Photothèque
Jeune femme en jeans : Mauritius/Réflexion Photothèque

p. 118 Marathon : Michel Gagné/Réflexion Photothèque

p. 119 Marathonienne : Bob Burch/Réflexion Photothèque
Montgolfière : Ron Behrmann/Int'l Stock/Réflexion Photothèque

p. 122 Saint-Jérôme : Municipalité de Saint-Jérôme
Rimouski : Michel Gascon/Réflexion Photothèque

p. 123 Motomarines : Michel Gagné/Réflexion Photothèque

p. 124 Physiothérapeute : Nathalie Breton

p. 125 Gazelle : Mauritius-Reinhard/Réflexion Photothèque
Guépard : Bob Burch/Réflexion Photothèque

p. 127 Disques compacts : Horst Oesterwinter/Int'l Stock/Réflexion Photothèque

p. 132 Basketball : Tony Demin/Int'l Stock/Réflexion Photothèque

p. 134 Chimpanzé : Réflexion Photothèque
Gorille : T. Zelenak/Camérique/Réflexion Photothèque

p. 135 Piscine : Perry Mastrovito/Réflexion Photothèque

p. 136 Danse aérobique : Nawrocki/Stock Photo/Réflexion Photothèque
Jeune femme qui fait du jogging : L. J. Schneider/Int'l Stock/Réflexion Photothèque

p. 138 Athlète en fauteuil roulant : Sean O'Neill/Réflexion Photothèque

p. 139 Athlète féminine : Mauritius-Pigneter/Réflexion Photothèque

p. 140 Athlète féminine : Mauritius-E. Gebhardt/Réflexion Photothèque

p. 143 Cosmonaute : Agence spatiale canadienne

p. 147 Motocross : Michel Gascon/Réflexion Photothèque

p. 149 Haltérophile : Ryan Williams/Int'l Stock/Réflexion Photothèque

p. 150 Diamant : Réflexion Photothèque

p. 151 Lingot d'or : Nawrocki/Stock Photo/Réflexion Photothèque

p. 152 Électrocardiographie : Jay Thomas/Int'l Stock/Réflexion Photothèque

p. 156 Épinettes : André Jenny/Int'l Stock/Réflexion Photothèque
Microscope électronique : Nawrocki/Stock Photo/Réflexion Photothèque

p. 280 Décharge : Réflexion Photothèque
Prélèvement d'échantillons d'eau :
John Zoiner/Int'l Stock/Réflexion
Photothèque

p. 281 Médecin : Réflexion Photothèque

p. 283 Autobus : Michel Gagné/Réflexion
Photothèque

p. 285 Athlète féminine : B. Burch/Réflexion
Photothèque

p. 287 Stationnement : Réflexion Photothèque
Espace vert : Michel Gagné/Réflexion
Photothèque

p. 288 Planètes : Stock Imagery/Réflexion
Photothèque

p. 289 Famille devant télé : Mauritius
Hubatka/Réflexion Photothèque

p. 291 Cigarettes : H. Kaiser/Camérique/
Réflexion Photothèque

p. 293 Musiciens : Réflexion Photothèque
Colisée de Rome : Nawrocki Stock
Photo/Réflexion Photothèque

p. 294 Patineurs : Bob Burch/Réflexion
Photothèque

p. 295 Laitues :  W. Meinderts/Réflexion
Photothèque
Formule 1 :  Campion/Camérique/
Réflexion Photothèque

p. 296 Mains menottées : Réflexion
Photothèque

p. 297 Jeu de quilles : Nawrocki Stock
Photo/Réflexion Photothèque
Adolescent : Anne Gardon/Réflexion
Photothèque

p. 299 Gymnaste : Bob Burch/Réflexion
Photothèque

p. 301 Enseignante : Anne Gardon/Réflexion
Photothèque
Adolescent : Anne Gardon/Réflexion
Photothèque

p. 302 Stade de baseball : Walter
Bibikow/Réflexion Photothèque

p. 304 Policier : Réflexion Photothèque

p. 305 Basketball : Bob Burch/Réflexion
Photothèque

p. 306 Mont Sainte-Anne : Yves Tessier/
Réflexion Photothèque

p. 309 Hockey : Bob Burch/Réflexion
Photothèque

p. 311 Ringuette : Bob Burch/Réflexion
Photothèque

p. 312 Cirque de Chine : Daniel
Desbiens/Réflexion Photothèque

p. 313 Cross-country : Michel
Gascon/Réflexion Photothèque

p. 315 Groupe d'élèves : Anne Gardon/
Réflexion Photothèque

p. 316 Nouveau-né : Nawrocki Stock
Photo/Réflexion Photothèque
Wimbledon : Mauritius/Réflexion
Photothèque

p. 318 Course de chevaux : Réflexion
Photothèque

p. 319 Jeune hockeyeur : Mauritius-
Cupak/Réflexion Photothèque

p. 323 Lancer du javelot : Mauritius-
Cupak/Réflexion Photothèque
Premiers ministres :  Service d'informa-
tion publique, Ottawa

p. 326 Joueuse de tennis : Mauritius-E.
Gebhardt/Réflexion Photothèque

p. 327 Golf : Réflexion Photothèque

p. 329 Séisme : Warren Faidley/Int'l
Stock/Réflexion Photothèque

p. 330 Mariage : Hollenbeck Photography/Int'l
Stock/Réflexion Photothèque

p. 331 Montréal : Perry Mastrovito/Réflexion
Photothèque
Groupe de professionnels : Nawrocki
Stock Photo/Réflexion
Photothèque

p. 333 Mont McKinley : Sheila Naiman/
Réflexion Photothèque

p. 335 Coulée de lave : Stock
Imagery/Réflexion Photothèque

p. 336 Vagues : Réflexion Photothèque
Famille : B. Bachmann/
Camérique/Réflexion Photothèque

p. 337 Saint-Pierre-de-Rome :
Nawrocki Stock Photo/Réflexion
Photothèque

p. 339 Camions : Jerg Kroener/Réflexion
Photothèque

p. 341 Usine et minerai : QIT-Fer et Titane inc.

p. 342 Saut en hauteur : Mauritius-
Leser/Réflexion Photothèque

p. 345 Jeunes qui lisent : Al Lock/Int'l
Stock/Réflexion Photothèque

p. 346 Monteur de ligne : Gil Jacques/
Réflexion Photothèque

p. 348 Pêche à la mouche : Karl
Neumann/Stock Imagery/Réflexion
Photothèque

p. 351 Mécanicienne : John Zoiner/Int'l
Stock/Réflexion Photothèque

p. 354 Homme à l'ordinateur : Anne
Gardon/Réflexion Photothèque

p. 355 Cyclistes : Steve Easton/Int'l Stock/
Réflexion Photothèque
Ski de fond : Michel Gagné/Réflexion
Photothèque

p. 356 Motoneige à Percé : S. Larose/
Réflexion Photothèque

p. 357 Plage et voilier : Nawrocki Stock
Photo/Réflexion Photothèque

p. 358 Banque Nationale : Perry
Mastrovito/Réflexion Photothèque

p. 363 Structure métallique : Nawrocki Stock
Photo/Réflexion Photothèque

p. 364 Sérigraphie : Claude Delisle

p. 384 Colorants : Al Clayton/Réflexion
Photothèque
Lapin : H. Kayser/Camérique/Réflexion
Photothèque

p. 387 Groupe de jeunes : Stock
Imagery/Réflexion Photothèque
Tournesol : Stock Imagery/Réflexion
Photothèque

p. 394 Enseignante : Anne Gardon/Réflexion
Photothèque

p. 396 Enseignante : Anne Gardon/Réflexion
Photothèque

p. 405 Route : Stock Imagery/Réflexion
Photothèque

p. 415 Tour Eiffel : Tibor Bognar/Réflexion
Photothèque

p. 419 Fleurdelisé : Gil Jacques/Réflexion
Photothèque

p. 422 Édifice : Anne Gardon/Réflexion
Photothèque

p. 423 Adolescent : Anne Gardon/Réflexion
Photothèque

p. 425 Adolescente : Anne Gardon/Réflexion
Photothèque

p. 431 Chute Montmorency : Yves Tessier/
Réflexion Photothèque

p. 435 Adolescent à l'ordinateur : Anne
Gardon/Réflexion Photothèque

p. 437 Mont Fuji : Nawrocki Stock
Photo/Réflexion Photothèque

p. 438 Adolescente à l'ordinateur : Anne
Gardon/Réflexion Photothèque

p. 440 Château de Chambord : I.T.P./
Int'l Stock/Réflexion Photothèque

p. 451 Enseignante et adolescents : Anne
Gardon/Réflexion Photothèque

p. 452 Citadelle de Québec : Yves Tessier/
Réflexion Photothèque

p. 456 Fouilles archéologiques : Sheila
Neiman/Réflexion Photothèque

p. 457 Phare : Perry Mastrovito/Réflexion
Photothèque

# NOTATIONS ET SYMBOLES

{...} : ensemble

$\mathbb{N}$ : ensemble des nombres naturels = {0, 1, 2, 3, ...}

$\mathbb{N}^*$ : ensemble des nombres naturels, sauf zéro = {1, 2, 3, ...}

$\mathbb{Z}$ : ensemble des nombres entiers = {..., -3, -2, -1, 0, 1, 2, 3, ...}

$\mathbb{Z}_+$ : ensemble des nombres entiers positifs = {0, 1, 2, 3, ...}

$\mathbb{Z}_-$ : ensemble des nombres entiers négatifs = {0, -1, -2, -3, ...}

$\mathbb{Q}$ : ensemble des nombres rationnels

$\mathbb{Q}'$ : ensemble des nombres irrationnels

$\mathbb{R}$ : ensemble des nombres réels

$A \cup B$ : A union B

$A \cap B$ : A intersection B

$A'$ : A complément

$A \setminus B$ : A différence B

$\in$ : ... est élément de ... ou ... appartient à ...

$\notin$ : ... n'est pas élément de ... ou ... n'appartient pas à ...

$\subseteq$ :     ... est inclus ou égal à ...

$\subset$ :     ... est un sous-ensemble propre de ...

$\not\subset$ :     ... n'est pas inclus ...

$\dfrac{a}{b}$ : fraction $a$, $b$

$a : b$ : le rapport de $a$ à $b$

$^-a$ : opposé de $a$

$a^2$ : $a$ au carré

$\dfrac{1}{a}$ : inverse de $a$

$a^x$ : $a$ exposant $x$

$[x]$ : plus grand entier inférieur ou égal à

$a!$ : factorielle $a$

$|a|$ : valeur absolue de $a$

$\sqrt{a}$ : racine carrée positive de $a$

$-\sqrt{a}$ : racine carrée négative de $a$

$\sqrt[3]{a}$ : racine cubique de $a$

$\sqrt[n]{a}$ : racine $n^{\text{ième}}$ de $a$

$\overline{x}$ : moyenne arithmétique

$\sum(x)$ : somme des $x$

Méd : médiane

Mo : mode

$a \cdot 10^n$ : notation scientifique avec $1 \leq a < 10$ et $n \in \mathbb{Z}$

$(a, b)$ : couple $a$, $b$

$[a, b[$ : intervalle a, b ou classe a, b

$f$ : fonction $f$

$f(x)$ : $f$ de $x$, ou image de $x$ par $f$

dom $f$ : domaine de $f$

codom $f$ : codomaine de $f$

ima $f$ : image de $f$

max $f$ : maximum absolu de $f$

min $f$ : minimum absolu de $f$

$x_1, x_2, \ldots$ : valeurs spécifiques de $x$

$y_1, y_2, \ldots$ : valeurs spécifiques de $y$

$\neq$ : ... n'est pas égal à ... ou ... est différent de ...

$<$ : ... est inférieur à ...

$>$ : ... est supérieur à ...

$\leq$ : ... est inférieur ou égal à ...

$\geq$ : ... est supérieur ou égal à ...

$\approx$ : ... est approximativement égal à ...

$\cong$ : ... est congru à ... ou ... est isométrique à ...

$\equiv$ : ... est identique à ...

$\sim$ : ... est semblable à ...

$\triangleq$ : ... correspond à ...

$\wedge$ : et

$\vee$ : ou

$\Rightarrow$ : ... implique logiquement ...

$\Leftrightarrow$ : ... est logiquement équivalent à ...

$\mapsto$ : ... a comme image ...

$\Omega$ : univers des possibles ou ensemble des résultats

$P(A)$ : probabilité de l'événement $A$

$\overline{AB}$ : segment $AB$

m $\overline{AB}$ ou mes $\overline{AB}$ : mesure du segment $AB$

$AB$ : droite $AB$

$/\!/$ : ... est parallèle à ...

$\not{/\!/}$ : ... n'est pas parallèle à ...

$\perp$ : ... est perpendiculaire à ...

$\angle A$ : angle $A$

$\overset{\frown}{AB}$ : arc d'extrémités $A$ et $B$

$\overset{\frown}{AOB}$ : arc $AB$ passant par $O$

m $\angle A$ ou mes $\angle A$ : mesure de l'angle $A$

$n°$ : $n$ degré

$\llcorner$ : angle droit

$\triangle ABC$ : triangle $ABC$

$t$ : translation $t$

$t^{-1}$ : réciproque de $t$

$r$ : rotation $r$

$\mathcal{L}$ : réflexion $\mathcal{L}$

$sg$ : symétrie glissée $sg$

$h$ : homothétie $h$

E : changement d'échelle

... $\circ$ ... : opération composition

k\$ : millier de dollars

M\$ : million de dollars

G\$ : milliard de dollars

km/h : kilomètre par heure

m/s : mètre par seconde

°C : degré Celsius

$C$ : circonférence

$P$ : périmètre

$P_b$ : périmètre de la base

$d$ : diamètre

$r$ : rayon

$\pi$ : 3,141 59... ou $\approx$ 3,14

$A_l$ : aire latérale

$A_b$ : aire des bases

$A_t$ : aire totale

$V$ : volume

$P(x)$ : polynôme en $x$

$P(x, y)$ : polynôme en $x$, $y$

$\Delta$ : discriminant

$R_5$ : rang cinquième

$R_{100}$ : rang centile

$Q_1, Q_2, Q_3$ : quartiles

EI : étendue interquartile